事典 日本の年号

小倉慈司
Shigeji Ogura

吉川弘文館

はしがき

年号とは、年につけられた称号のことである。基準となる年に固有の名称を付けてその元年とし、以後、二年、三年というように年数を加えて、年を呼称（紀年）するのに使用されてきた。養老儀制令《ようろうぎせいりょう》26公文条《くもん》に「凡《およ》そ公文に年を記すべくは、皆年号を用いよ」と見えるように、もともとは「年号」という語が用いられていたが、年号を建ててはじめの年を定めることを「建元」、年号を変えてはじめの年を改めることを「改元」と言ったところから、年号を元号とも呼ぶようになり、近代以降は法制用語として元号が用いられている。したがって年号と元号はほぼ同じ意味であるが、元号という言葉は、通常、改元のあることを前提としている場合にのみ使用されている。

これまでに刊行された年号（元号）に関する一覧や事典類は少なくないが、主要なものとして、以下の書が挙げられる。

神宮司庁古事類苑出版事務所編『古事類苑』歳時部三・四（神宮司庁　一九〇八年　のち古事類苑刊行会・吉川弘文館等より復刻）

森鷗外（吉田増蔵補）「元号考」（『鷗外全集』二〇　岩波書店　一九七三年　初刊一九五三年）

森本角蔵『日本年号大観』（目黒書店　一九三三年、のち講談社より復刻）

米田雄介編『歴代天皇・年号事典』（吉川弘文館　二〇〇三年）（『国史大辞典』より関連項目を編集）

所功編著『日本年号史大事典』（雄山閣　二〇一四年、普及版二〇一九年）

これらはいずれも大変貴重な成果であり、なかでも『日本年号大観』は、すべての年号について典拠となった漢籍だけでなく、典拠とはされなかった漢籍、あるいは典拠が不明な年号について典拠の可能性が考えられる漢籍を挙げ、また実際には選ばれなかった年号字の候補についても典拠とともに掲げるといった、きわめて行き届いたつくりとなっている。ただあまりにも充実した内容であったため、それ以降の研究においては『日本年号大観』以上の年号字史料を捜索、あるいは再検証することには力が注がれず、また『日本年号大観』が年号字の典拠の候補として掲げたに過ぎない漢籍が、あたかも実際の典拠であったかのように記述されている場合なども、まま見うけられる。

筆者は、『古語大鑑』一（東京大学出版会　二〇一一年）の付録である「日本の年号」という年号一覧表を作成したことがある。一覧表とはいえ『古語大鑑』は古語辞典であったから、特に年号字の典拠や年号の訓みについては丁寧に調べ、できる限り反映させるよう努力した。

本事典は、そのときの経験を活かし、今回の改元を機会として、先行研究を参考にしながらも、今一度、史料にあたり直し、あるいは新規の史料を捜索し、確実な史料に基づいて典拠を具体的に挙げつつ　それぞれの年号が制定された過程を簡潔に記し紹介することを目的として編纂したものである。記述にあたっては、数十年来研究が進んでいる地震史・環境史等の隣接諸分野の成果も、取り込むよう心がけた。

とはいえ、当然ながら関連史料を網羅したものとはなっておらず、また特に未翻刻史料については充分に調査できていない。基本的に、複数の史料が存在する場合には、できる限り改元に関わった人物が作成した史料を挙げるよう心がけたが、時間的制約と本人の能力により、必ずしも充分なものとはなっていない点、諒とされたい。

今後の年号研究に多少なりとも役に立つことがあれば幸いである。

二〇一九年四月

小倉慈司

凡　例

一　記載の順序は年次順である。ただし、南北朝期は南朝年号を先に記した。また「1大化」の次に参考として「法興」を掲げた。

二　主な記載事項は、次の通りである。

・年号（元号）。現代において一般的になされている訓みを付した。

・年号（元号）の期間に在位した天皇。

・年号（元号）の期間の将軍（室町幕府・江戸幕府）。

・改元日、次の年号（元号）への改元日。年月日はその当時の暦による日付であり、参考に付した西暦も太陽暦換算したものではない。

・改元理由、改元にいたる経緯、勘進者等年号字決定の過程、年号（元号）の典拠・訓み。

記述の末尾には、はしがきに掲げた事典類以外に参照した論文等を参考文献として掲げた。

三　改元理由は大きく分けて、a代始《だいはじめ》改元、b祥瑞《しょうずい》改元、c災異改元、d革年《かくねん》改元、eそのほか、の五つに分類できる。

a代始改元は天皇が皇位についたことによって行なう改元である。必ずしも即位直後に行なうとは限らない。b祥瑞改元は祥瑞（天が君主の徳に感じて出現させた珍しい動植物や自然現象）の出現をことほいで行なう改元である。c災異改元は地震や炎旱などの災害や彗星《すいせい》などの凶兆、また兵乱に対し、災いを攘《はら》い人心を一新するために行なう改元である。d革年改元は（政令が革《あらた》まる）や革命（天命が革まる）が起こるという讖緯《しんい》思想に基づいて、その難を避けるために改元するもの。一〇世紀より日本で行なわれるようになった。eそのほかの事例としては、「発乱帰正」を理由とした建武改元などがある。改元理由は必ずしも一つに絞られるものではなく、複数の理由が重ねられることも少なくない。また実際の改元理由を表に出さず、副次的な理由を挙げる場合もあった。

四　本事典で使用する時代区分は以下の通りである。

Ⅰ飛鳥・奈良・平安時代前期（1大化より31昌泰まで）

Ⅱ平安時代中後期（32延喜より103治承まで）

Ⅲ鎌倉時代（104養和より157建武まで）

Ⅳ南北朝時代（158延元より181明徳まで）

Ⅴ室町・戦国・安土桃山時代（182応永より208慶長まで）

Ⅵ江戸時代（209元和より243慶応まで）

Ⅶ近現代（244明治より248令和まで）

延喜が初の革年改元であり、以後、祥瑞改元より災異改元に転換することをもって平安時代前期までと平安時代中後期を区分した。また平安時代と鎌倉時代は養和をもって区切ることとした。便宜的に建武までを鎌倉時代に含め、延元改元以降の二年号並立期を南北朝時代の年号とした。

五　史料名は簡潔に記すことを旨とし、巻末に具体的な所蔵先や刊本等を記した一覧を付した。史料の年月日等について特に言及していない場合は、本文より読みとれる年月日もしくは該当の改元に関わる記事であることを意味する。

関連史料は必ずしも網羅せず、改元に関与した人物による記録など、原則としてより信頼性が高いと考えられる史料を選択して掲げることとした。

史料の捜索にあたっては、『大日本史料』『大日本史料稿本』『天皇皇族実録』『孝明天皇紀』『明治天皇紀』『大正天皇実録』『昭和天皇実録』を活用している。参照の便を考え、史料は必ずしも最善本にはよらず、できる限り翻刻刊本・影印本を優先している。また写本等については所蔵先を挙げた場合にも、『大日本史料』や『天皇皇族実録』の翻刻によっている場合がある。

史料の確認は、必ずしも史料所蔵機関による公開だけでなく、東京大学史料編纂所にて公開のデジタル画像（東山御文庫本、宮内庁書陵部所蔵伏見宮本・九条家本・三条西家本・壬生家本・柳原家本、西尾市岩瀬文庫本）や写真帳、国文学研究資料館にて公開のデジタル画像等によった場合がある。

六　原則として年号の典拠に関わる記事は原文のままとし、それ以外は書き下すこととした。引文は、その原資料が現存するものについてはそれにあたって比較するよう心がけた。原資料（現行刊本）と異同が存在する場合もあるが、その場合もできる限り年号勘文の引文をそのまま挙げることとし、現行刊本との異同は参考として傍注にて掲げることとした。必ずしも現行刊本が正しいことを意味しない。勘文にはないものの前後に文字を補った方が内容を理解しやすい場合には、その部分に丸括弧を付して掲げることとした。また原資料と比較して、引文に中略があると判断される場合には、その箇所に「(中略)」と記した。

七　人名の訓みについては橋本政宣編『公家辞典』(吉川弘文館　二〇一〇年)等の既刊辞典類によったほか、推測によって付したものもある。

目次

Ⅲ 鎌倉時代

Ⅳ 南北朝時代

V　室町・戦国・安土桃山時代

Ⅵ 江戸時代

Ⅶ 近現代

＊カバー図版（裏）「北野縁起絵」岩松宮本
源公忠が冥官の言を承けて醍醐天皇に改元を進言する場面。

I　飛鳥・奈良・平安時代前期

1 大《たい》化《か》

天皇　孝徳天皇

皇極天皇四年(六四五)六月一九日乙卯　建元
大化六年(六五〇)二月一五日甲申　白雉に改元

倭国で初めて公的に使用された年号。『日本書紀《にほんしょき》』によれば、孝徳《こうとく》天皇は、皇極《こうぎょく》天皇四年(六四五)六月庚戌《こうじゅつ》(一四日)に位を譲られ、その五日後である乙卯《いつぼう》(一九日)に天豊財重日《あめとよたからいかしひ》足姫《たらしひめ》天皇(皇極)四年を改めて大化《たいか》元年としたという。とすれば、孝徳天皇即位を契機に建元されたということになる。もっとも実際に使用された明証がなく、孝徳朝には干支《かんし》の使用が一般的であったと考えられることもあって、後にさかのぼって記した追号《ついごう》、あるいは造作と考える説が根強い。その時期をめぐっては諸説存するが、白雉《はくち》年号制定時に評《ひょう》制の施行など空間的支配を念頭に置いて「大化」と追号したとする河内春人説が注目される。

ただし、たとえ広く使用されなかったとしても、大化以前に「法興《ほうこう》」年号が朝廷周辺で用いられることがあったことを認めるならば、そうした前例をふまえ、皇極退位、孝徳即位という政変を契機に大化年号が実際に創始された可能性が充分に考えられる。

大化の号の出典は未詳であるが、たとえば『宋書《そうじょ》』巻二一楽志《がくし》の明帝櫂歌《めいていとうか》行《こう》に「王者布㆓大化㆒」と見える。また、陳の徐陵《じょりょう》が作成した陳文帝登祚尊㆓皇太后㆒詔に「遂以㆓庸質㆒、升纂㆓帝基㆒、対㆓揚大化㆒、弥増㆓号懽㆒」(『芸文類聚《げいもんるいじゅ》』巻一五)と見えており、皇極を陳武帝の皇后章氏(武帝崩御《ほうぎょ》後、文帝を即位させた)になぞらえて大化の語を見出した可能性も考えられよう。

なお「大化」と記した最古の確実な史料は宇治橋断碑《うじばしだんぴ》で、「大化二年丙午《へいご》の歳、この橋を構立し、人畜を済度《さいど》す」と僧道登《どうとう》が大化二年に宇治橋を架けたことを記している（ただし現存碑はその上部三分の一のみであり、該当部分は一四世紀後半成立とみられる『歴代編年集成《れきだいへんねんしゅうせい》（帝王編年記《ていおうへんねんき》）』孝徳天皇大化二年条に引用される形で伝わる）。この碑がいつ制作されたものであるかが問題となるが、碑文《ひぶん》の書風は中国六朝《りくちょう》風を伝えており、用いられている尺度も前期難波宮《なにわのみや》の造営尺度に近いので、七世紀後半と考えられ、僧道昭《どうしょう》が宇治橋再建に際し、先学道登を讃えて制作した可能性が高い。

「大化」が当時、何と訓まれていたかは未詳であるが、『日本書紀』巻二五の現存最古写本である北野《きたの》天《てん》満宮《まんぐう》所蔵本（院政時代初期写、付訓も同時期と推定されている）では大化元年七月丁卯《ていぼう》朔条に「タイクワ」との傍訓が振られている。

―参考文献―

小倉慈司「道昭」鎌田元一編『古代の人物』一　清文堂出版　二〇〇九年
　「「退位」「譲位」の誕生」『日本歴史』八四〇　二〇一八年
河内春人「年号制の成立と古代天皇制」『駿台史学』一五六　二〇一六年
国立歴史民俗博物館展示図録『古代の碑』同館　一九九七年
新川登亀男「「大化」「白雉」「朱鳥」年号の成り立ち」新川登亀男・早川万年編『史料としての『日本書紀』』勉誠出版
　二〇一一年
田中　卓「年号の成立」『田中卓著作集』六　国書刊行会　一九八六年　初出一九七七年
東野治之「法興年号と仏法興隆」『大和古寺の研究』塙書房　二〇一一年　初出二〇〇八年
所　　功「大宝以前の公年号」『年号の歴史』増補版　雄山閣出版　一九九六年　初出一九七八年

（参考）

法《ほう》興《こう》

天皇　崇峻天皇・推古天皇

崇峻天皇四年（五九一）を起点とする（『釈日本紀』巻一四所引伊予国風土記逸文）

法隆寺《ほうりゅうじ》金堂《こんどう》釈迦《しゃか》三尊像《さんぞんぞう》光背銘《こうはいめい》の冒頭に「法興元卅一年歳次辛巳《しんし》」、また『釈日本紀《しゃくにほんぎ》』巻一四所引伊予国風土記逸文に引かれる湯岡側碑文《ひぶん》（道後温湯碑）に「法興六年十月、歳在二丙辰《へいしん》一」と見える年号。辛巳は西暦六二一年、丙辰は五九六年に相当するので、崇峻《すしゅん》天皇四年（五九一）が元年ということになる。『日本書紀《にほんしょき》』はこの年号について記さないものの、東野治之は、光背銘は「像が作られたとみられる七世紀前半に、像と一体のものとして作成されていたと判断」する。これには異論も提出されているが、湯岡側碑文もまた用字より七世紀に実際に作成されたと考えられるので、七世紀代には法興年号の存在が認識されていたとみるべきであろう。

一方で、光背銘においても冒頭部分以外には法興年号が用いられておらず、実用レベルで広く一般に用いられていたとは考え難い。そこから僧侶の間で用いられた私年号《しねんごう》であったとする説が有力であるが、東野は蘇我《そが》氏主導のもと、仏法興隆の施政方針を示す意味で使用され、『日本書紀』編纂時に仏教的色彩を薄める動きの中でわざと記述を落とした可能性を推測する。もっとも法興年号の使用が一般に流布したものでなかったとするならば、必ずしも後世の意図的な削除を想定しなくても良いのではないかとも考えられる。

なお隋《ずい》の文帝の開皇一一年（五九一）三宝紹隆《さんぼうしょうりゅう》詔に法興年号の起点を求める説があるが、数ある文帝の仏教施策の中で特にこの詔に結びつけなければいけない理由は見出せないとの批判がある。

―参考文献―

石田尚豊「聖徳太子の生涯と思想」同編『聖徳太子事典』柏書房　一九九七年
鈴木　勉『造像銘・墓誌・鐘銘　美しい文字を求めて―金石文学入門Ⅱ技術篇―』雄山閣　二〇一三年
田中　卓「年号の成立」『田中卓著作集』六　国書刊行会　一九八六年　初出一九七七年
東野治之「法興年号と仏法興隆」『大和古寺の研究』塙書房　二〇一一年　初出二〇〇八年
『聖徳太子』岩波ジュニア新書　二〇一七年
所　功「大宝以前の公年号」『年号の歴史』増補版　雄山閣出版　一九九六年　初出一九七八年

2 白《はく》雉《ち》

天皇　孝徳天皇

大化六年(六五〇)二月一五日甲申　改元
白雉五年(六五四)一二月孝徳天皇崩御以降用いられなくなるか

『日本書紀《にほんしょき》』によれば大化《たいか》六年(六五〇)二月戊《ぼ》寅《いん》(九日)に穴戸《あなと》(のちの長門)国司草壁連《くさかべのむらじ》醜経《しこふ》が、国造《くにのみやつこ》首《のおびと》の同族である贄《にえ》が正月九日に麻山《おのやま》にて捕まえたという白雉《はくち》を献上してきた。そこで百済君《くだらのきみ》(豊《ほう》璋《しょう》)や僧侶らに尋ねたところ、百済君は後漢明帝の永平一一年(六八)に白雉が現れたとの記事があることを述べ、僧侶らはいまだ見聞きしたことがなく、赦令を施して民を喜ばすべきだと答えた。道登法師《どうとうほうし》も、高句《こうく》麗《り》において白鹿が現れた地に白鹿薗寺を建立した例や白雀が現れた事例、三足のカラスを持ち帰った遣唐使の例などを挙げ、吉祥であるとし、さらに僧旻《みん》法師も王化の表れを示す吉祥であることを述べた。そこで甲申《こうしん》(一五日)に祥瑞であるとして、白雉進献儀式や大赦《たいしゃ》が行なわれ、白雉への改元が実施されたという。このうち「王者旁二流四表一、則白雉見」との僧旻の言は『芸文類聚《げいもんるいじゅ》』巻九九所引春秋感精符《しゅんじゅうかんせいふ》に同文が見える。改元は政権への求心力回復、王権の権威回復を目的としたものであり、さらに中国的世界観を体現した即位儀としての意味合いも持っていたとする見方がある。『日本書紀』ではこの後、孝徳《こうとく》天皇の崩御《ほうぎょ》・葬礼(白雉五年〈六五四〉一二月)までを記す巻二五まで白雉年号が使用されるが、斉明《さいめい》天皇が即位してからは用いられなくなる(巻二六の斉明天皇即位前紀では白雉五年を「後五年」と記している)。白雉の訓みについては、『釈日本紀《しゃくにほんぎ》』に「シラキ、ス」の傍訓が付されている。

この白雉年号については後世の追号《ついごう》と考える見方も強い。しかし、白雉は八世紀の祥瑞では大瑞とされていないことなどから考え、実際に孝徳朝に定められたが、口誦を基本とするものであって、その使用に政治的強制力は付随していなかったとみるべきであろう。なお、兵庫県芦屋市三条九《さんじようく》ノ《の》坪《つぼ》遺跡出土木簡に「三壬子年」とあり、白雉三年（六五二）に相当すると考えられることは、称元紀年更新（即位の年から元年、二年と数えていく称元紀年を途中で元年に戻して数え直す）の事実を実際に裏づけるものである。ちなみに同時代の金石文《きんせきぶん》や木簡では白雉年号が記されたものは確認されておらず、干支《かんし》表記が用いられている。また新羅《しらぎ》では六五〇年に唐の正朔《せいさく》を奉じ（同じ暦を使用すること。その支配下に入ることを意味する）、独自年号を廃して唐の年号を使用することとした。そのことが、白雉以降、倭国で年号の使用が継続しなかった理由となった可能性が考えられる。

白雉年号は『続日本紀《しょくにほんぎ》』神亀《じんき》元年（七二四）一〇月丁亥《ていがい》朔条や『類聚三代格《るいじゅさんだいきゃく》』所収天平《てんぴょう》九年（七三七）三月一〇日太政官符《だいじょうかんぷ》・『（藤氏《とうし》）家伝』上など八世紀の史料で「白鳳」と表記されることがある。これは白雉は祥瑞のランクで中瑞とされたため、大瑞である鳳の字を用いた白鳳が使用されるようになったとの説のほか、百済系と高句麗系の文化的差異に由来するとみる説があり、また口誦が前提であったためにグループによる異表記につながったとの見方がある。「白鳳」は『家伝』上では孝徳崩御後の記述にも用いられている。

なお「白鳳」は『扶桑略記《ふそうりやつき》』や『袖中抄《しゅうちゅうしょう》』などの後世の史料で天武《てんむ》天皇の代の年号とされていることがあるが、史実とはみなしがたい。また文化史区分として、七世紀半ばより平城遷都《へいじょうせんと》が行なわれた七一〇年までの時代を指して「白鳳（時代・文化）」と称されることがある。

―参考文献―

河内春人「年号制の成立と古代天皇制」『駿台史学』一五六　二〇一六年
坂本太郎「白鳳朱雀年号表」『坂本太郎著作集』七　吉川弘文館　一九八九年　初出一九二八年
新川登亀男「「大化」「白雉」「朱鳥」年号の成り立ち」新川登亀男・早川万年編『史料としての『日本書紀』』勉誠出版　二〇一一年
内藤　栄「白鳳の美術」奈良国立博物館展示図録『白鳳―花ひらく仏教美術―』同館　二〇一五年
水口幹記「表象としての〈白雉進献〉」『日本古代漢籍受容の史的研究』汲古書院　二〇〇五年　初出一九九八年
「祥瑞災異と改元」仁藤敦史編『古代王権の史実と虚構』竹林舎　二〇一九年

3　朱《しゅ》鳥《ちょう》

天皇　天武天皇

天武天皇一五年（六八六）七月二〇日戊午　改元
朱鳥元年（六八六）九月天武天皇崩御以降用いられなくなるか

『日本書紀《にほんしょき》』によれば天武《てんむ》天皇一五年（六八六）五月より天武天皇は病に臥《ふ》しており、それ以降、読経《どきょう》や燃燈《ねんとう》供養、悔過《けか》、大赦《たいしゃ》、神社への奉幣《ほうべい》などが行なわれ、七月癸丑《きちゅう》（一五日）には天下のことは大小を問わず皇后および皇太子に申すとの勅《ちょく》が下った。そして戊午《ぼご》（二〇日）に朱鳥《しゅちょう》元年とし、宮の名を「飛鳥《あすかの》浄御原宮《きよみはらのみや》」と定めた。改元の理由について、『扶桑略記《ふそうりゃくき》』は大倭《やまと》国が赤雉を献《たてまつ》ったことによるとし、また天武朝にしばしば赤烏や朱雀《すざく》の出現が確認されることに関連づける見方もあるが、おそらくは天皇の病気平癒を祈ったものであって、朱を生命の充実と反映と見なす陰陽五行《いんようごぎょう》思想に基づき、天皇の不予という不祥を嘉号の宮号と祥瑞改元によって祓おうとしたものと推測される。また天武が自らを漢の高祖になぞらえたことと関連させ、さらに白雉《はくち》に対抗する意図を持っていたと推測する説もある。

朱鳥の訓みにつき、『日本書紀』は「朱鳥、此云二阿訶美苔利《あかみとり》一」と注しており、「アカミトリ」と訓まれたことが判明する。八世紀以降とは異なり、この段階の年号は口誦性が強かった。改元の甲斐なく天武天皇は九月丙午《へいご》（九日）に崩御《ほうぎょ》する。朱鳥年号は持統《じとう》天皇即位前紀において天武天皇が崩御し皇后であった持統が称制《しょうせい》したことを記す記事にも使用されているが、翌年は「元年」と記しており、天武天皇崩御後まもなく使用が停止したらしい。ただし『日本霊異記《にほんりょういき》』や『万葉集《まんようしゅう》』所引日本紀《にほんぎ》には持統朝において朱鳥の年号を用いた例が見える。

白雉同様、同時代の金石文《きんせきぶん》や木簡に朱鳥年号が記されたものは確認されておらず、干支《かんし》表記が用いられている。

『続日本紀《しょくにほんぎ》』神亀《じんき》元年（七二四）一〇月丁亥《ていがい》朔条に「白鳳以来、朱雀以前」という表現が見えるのを初めとして、八世紀以降、朱鳥を「朱雀」と表記する例が確認される。アカミトリという訓から派生したものであろうか。なお、後世には『扶桑略記』など天武天皇元年壬申《じんしん》（六七二）を朱雀元年と記す史料も見られるようになるが、「白鳳」同様、史実とは考えられない。

―参考文献―

今泉隆雄「「飛鳥浄御原宮」の宮号命名の意義」『古代宮都の研究』吉川弘文館　一九九三年　初出一九八五年
「飛鳥浄御原宮の宮号について」『東アジアの古代文化』一一八　二〇〇四年
河内春人「年号制の成立と古代天皇制」『駿台史学』一五六　二〇一六年
坂本太郎「白鳳朱雀年号考」『坂本太郎著作集』七　吉川弘文館　一九八九年　初出一九二八年
新川登亀男「「大化」「白雉」「朱鳥」年号の成り立ち」新川登亀男・早川万年編『史料としての『日本書紀』』勉誠出版　二〇一一年
所　功「大宝以前の公年号」『年号の歴史』増補版　雄山閣出版　一九九六年　初出一九七八年
直木孝次郎「持統天皇と呂太后」『飛鳥奈良時代の研究』塙書房　一九七五年　初出一九六四年
福永光司「古代日本と江南の道教」『道教と古代日本』人文書院　一九八七年　初出一九八五〜八六年

4　大《たい》宝《ほう》

天皇　文武天皇

文武天皇五年（七〇一）三月二一日甲午　改元
大宝四年（七〇四）五月一〇日甲午　慶雲に改元

『続日本紀《しょくにほんぎ》』大宝《たいほう》元年（七〇一）三月甲午《こうご》（二一日）条に「対馬嶋、金を貢《みつ》ぐ。元を建てて大宝元年としたまう」と記されており、対馬からの貢金がきっかけとなって大宝の年号が定められた。同年八月丁未《ていび》（七日）条によれば、正月に没した大納言大伴《おおともの》御行《みゆき》が大倭《やまと》国忍海《おしみ》郡の人三田首《みたのおびと》五瀬《いつせ》を遣わして対馬より産出した黄金を冶金させたという。しかし同条の注によれば、後に五瀬が偽っていたことが明らかになった。金を祥瑞とすることについて、『天地《てんち》瑞祥志《ずいしょうし》』巻一六所引礼斗《れいと》威儀《いぎ》には「君乗レ金而王、其政平則黄金見二深山一」とある。

ちなみに、これより以前の天武《てんむ》天皇三年（六七四）三月には対馬国司守忍海造《おしぬみのみやつこ》大国《おおくに》が銀を献上している（『日本書紀《にほんしょき》』）。なお、中国では南北朝時代の梁《りょう》においてこの年号が使用された例がある（五五〇～五五一）。

『続日本紀』改元日の記事には新令によって官名・位号が改制されたこと、服制も改められ、左大臣以下に新位階が授けられたことが記されており、実際には新令施行のための建元といえる。この新令とは前年に編纂が終了していた大宝令のことで、儀制令《ぎせいりょう》に公文《くもん》に記す年には年号を用いることが規定されており（現存するのは養老《ようろう》令条文であるが、古記《こき》により大宝令条文の存在が確認できる）、そのためにも年号の施行が急がれたのであろう。この後、六月に諸国に令の施行が宣言され、八月には律も完成した（律の施行は翌年二月）。

年号字について、『続日本紀』は「大宝」とするも、正倉院《しょうそういん》文書の大宝二年御野《みの》国戸籍や同年豊前国戸籍の継目裏書・外題《げだい》、陸奥国戸口損益帳《ここうそんえきちょう》の注記では「太宝」とされ、木簡では両様見られるものの「太宝」の方が多い傾向にある。また福岡市元岡・桑原遺跡群出土木簡が「太宝元年辛丑《しんちゅう》十二月廿二日」と記すように、年号と干支《かんし》を併記する例も確認される。

大宝の訓みを記した古代の文献は存在しないが、かつては東山御文庫本『皇年代記頌《こうねんだいきしょう》』（室町写）や石川県立図書館森田文庫本『本朝年代歴《ほんちょうねんだいれき》』、文部省一八七四年刊『御諡号及年号読例《ごしごうおよびねんごうどくれい》』などに見えるように、「ダイホウ」と訓ませるのが一般的であった（「ダイ」は呉音。ロドリゲス『日本大文典』は「Daifô」とする）。

大宝以降、年号制度は広く社会に広がり、現在まで途切れることなく続いている。

―参考文献―

鐘江宏之「大宝建元とその背景」佐藤信編『律令制と古代国家』吉川弘文館　二〇一八年
佐藤宗諄「年号制成立に関する覚書」『日本史研究』一〇〇　一九六八年
所　功「大宝以前の公年号」『年号の歴史』増補版　雄山閣出版　一九九六年　初出一九七八年
水口幹記「『天地瑞祥志』の成立と伝来に関する一考察」『日本古代漢籍受容の史的研究』汲古書院　二〇〇五年

5 慶《けい》雲《うん》

天皇 文武天皇・元明天皇

大宝四年(七〇四)五月一〇日甲午 改元
慶雲五年(七〇八)正月一一日乙巳 和銅に改元

『続日本紀《しょくにほんぎ》』慶雲《けいうん》元年(七〇四)五月甲午《こうご》(一〇日)条に備前国が神馬《じんめ》を献《たてまつ》ったこと、西楼の上に慶雲が現れたことを記した後、天下に大赦《たいしゃ》し、慶雲元年に改元すること、高齢者と六一歳以上の障害者に賑給《しんごう》を行なうこと、壬寅年《じんいん》(大宝《たいほう》二年)以前の大税(出挙《すいこ》の元本と利稲《りとう》)と神馬を出した郡の今年の調を免除すること、皇族・官人への賜禄などが記される。『延喜式《えんぎしき》』巻二一治部省に収められる祥瑞の規定では神馬と慶雲は大瑞とされ、神馬の例や慶雲についての説明(烟《けむり》のごとくして烟に非ず、雲のごとくして雲に非ず)がなされている。また『類聚国史《るいじゅこくし》』巻一六五所引天長《てんちょう》三年(八二六)一二月己未《きび》(二七日)条には「孫氏《そんし》瑞応図《ずいおうず》曰、慶雲太平之応也、礼斗《れいと》威《い》儀《ぎ》曰、政和平則慶雲至、孝経援神契《こうきょうえんしんけい》曰、徳至二山陵一、則慶雲出」とある。祥瑞を理由とした改元であるが、二年前の大宝二年一二月に持統《じとう》太上天皇が崩御《ほうぎょ》し、前年の三年一二月に火葬および埋葬が行なわれて一段落したことと関連するか。西楼について、『扶桑略記《ふそうりゃっき》』は「大極殿西楼上」と記し、『歴代編年集成《れきだいへんねんしゅうせい》』(帝王編年記《ていおうへんねんき》)は「朝堂西楼上」と記している。

慶雲期から『延喜式』の祥瑞規定に合致する祥瑞が増え、それ以外の祥瑞が減っていることから、慶雲年間にはすでに『延喜式』祥瑞規定の原型となるべきものが存在していたと考えられる。

四年六月に文武《もんむ》天皇が崩御し、翌七月にその母である阿閇《あべ》皇女が即位した(元明《げんめい》天皇)。

慶雲の訓みを記した古代の文献は存在しないが、『改元部類』所収冬平公記《ふゆひらこうき》徳治《とくじ》三年(一三〇八)一〇月九日条に、慶の訓みについて「慶雲・元慶・天慶、皆呉音也、改二漢音一之条、猶無二左右一難二計申一之由、人々多申之」と見えるので、呉音で「キヤウウン」と訓むのが一般的であったらしい。なお、『教訓《きょうくん》抄《しょう》』巻六によれば、雅楽の慶雲楽はもと両鬼楽という名であったが、慶雲年中に伝来したことにより、「慶雲楽」の名が付けられたという。同書御所本には「キヤウウムラク」の訓が付され、『楽家録《がっかろく》』二八楽曲訓法にも「気也宇宇牟羅具」と訓が振られている。

―参考文献―

水口幹記「延喜治部省式祥瑞条の成立過程」『日本古代漢籍受容の史的研究』汲古書院　二〇〇五年　初出一九九七年

6 和《わ》銅《どう》

天皇　元明天皇

慶雲五年(七〇八)正月一一日乙巳　改元
和銅八年(七一五)九月二日庚辰　霊亀に改元

『続日本紀《しょくにほんぎ》』和銅《わどう》元年（七〇八）正月乙巳《いっし》条に武蔵国秩父郡が「和銅」を献《たてまつ》ったことにより詔が下され、天神地祇《てんじんちぎ》が顕《あらわ》した瑞宝であるとして改元がなされた。詔の本文では「和銅」は「自然《おのずから》に作成《な》れる和銅《にきあかがね》」と記されており、精錬を必要としない自然銅を意味する。同日、あわせて官人や諸国郡司への叙位、大赦《たいしゃ》、八〇歳以上の高齢者への賜物、孝子等への表彰・課役免除、困窮者への賑給《しんごう》、官人への賜禄、武蔵国の庸と秩父郡の調の免除などが実施された。祥瑞改元であるが、この前年に文武《もんむ》天皇が崩御《ほうぎょ》して元明《げんめい》天皇が即位しており、代始《だいはじめ》としての意味を持つ。改元が先帝崩御の翌年正月であったことは、中国の例にならったものか。

翌二月に催鋳銭司《さいじゅせんし》が置かれ、五月には和同銀銭が行なわれた。七月二六日には近江国に銅銭を鋳造させ、八月一〇日には和同銅銭が行なわれた。この間、二月一五日には平城遷都《へいじょうせんと》の詔が出されている。

年号和銅と和同開珎《わどうかいちん》との関係については、無関係とする説や祥瑞としての和銅が先であるとする説、吉祥語としての和同が先である説などがあるが、いずれにせよ、改元詔に「此《こ》の物は、天《あめ》に坐《ま》す神、地《くに》に坐す祇《かみ》の相《あい》うづないまつり福《さき》わえまつる事に依《よ》りて、顕《うつし》く出《い》でたる宝に在《あ》るらしとなも、神随《かむがら》念《おも》おしめす」と記されることについて、『文選《もんぜん》』巻四六王元長三月三日曲水詩序の李善《りぜん》注に引かれた「詩緯」に「天下和同、天瑞降、地符升」と見えることとの関連が想定される。

和銅年間には、この後、和銅三年三月に平城遷都が行なわれ、また五年に『古事記』の撰上がなされている。

―参考文献―

岡田芳朗「「和同開珎」について」『女子美術大学紀要』一　一九六七年

栄原永遠男「和同開珎の銭文」『日本古代銭貨流通史の研究』塙書房　一九九三年

土橋　誠「即位改元について」『京都府埋蔵文化財論集』六　二〇一〇年

森　明彦「和同開珎の基礎的考察」薗田香融編『日本古代社会の史的展開』塙書房　一九九九年

7　霊《れい》　亀《き》

天皇　元正天皇

和銅八年(七一五)九月二日庚辰　改元
霊亀三年(七一七)一一月一七日癸丑　養老に改元

和銅《わどう》八年（七一五）九月二日、この日、元明《げんめい》天皇は五五歳にて娘の氷高《ひだか》内親王（元正《げんしょう》天皇）に譲位《じょうい》した。心身ともに衰えたことを理由とし、皇太子（首《おびと》親王。のちの聖武《しょうむ》天皇）に譲るべきであるが、まだ年歯幼稚であるため、氷高内親王に譲ることにしたという。皇太子はこのとき一五歳で、父文武《もんむ》天皇が即位した年齢と同じであり、前年に立太子《りったいし》し元服《げんぷく》もしていたが、文武天皇のときは即位後もしばらく持統《じとう》太上天皇が補佐しており、自身の気力のこともあって、中継ぎとして娘でありかつ皇太子の伯母にあたる氷高内親王を即位させたのであろう。六月に一品長《いっぽんなが》親王が、七月に知太政官事《ちだいじょうかんじ》一品穂積《ほづみ》親王が相次いで薨じたことも影響を与えたかもしれない。

元正天皇は即位の詔において、左京職より瑞亀が献《たてまつ》られたことにより改元して霊亀《れいき》元年とし、あわせて大赦《たいしゃ》、賜物、高齢者等への賑給《しんごう》、孝子等への表彰および課役免除、今年の租の免除等を行なった。瑞亀とは八月二八日に左京の人大初位下《だいそいのげ》高田首久比麻呂《たかだのおびとくいまろ》より献られた長さ七寸（一寸は約三㌢）、広さ六寸の霊亀のことで、左目が白く右目が赤く、首には三つの星、背には北斗七星を負い、前足には離《り》の卦《け》（八卦《はっけ》の一）、後ろ足には一爻《こう》（卦を組み立てる横画）、腹には赤・白の点があって八の字を作っていたという（『続日本紀《しょくにほんぎ》』）。即位当日に改元したのは、譲位による即位のときは即日改元が通例であった中国の例にならったものか。

霊亀について、『続日本紀』養老《ようろう》七年（七二三）一〇月乙卯《いつぼう》（二三日）条が引く「熊氏《ゆうし》瑞応図《ずいおうず》」には、「王者不レ偏不レ党、尊二用耆老《きろう》一、不レ失二故旧一、徳沢流洽《とくたくりゅうこう》、則霊亀出」とあり、『文徳天皇実録《もんとくてんのうじつろく》』嘉《か》祥《しょう》三年（八五〇）八月丙辰《へいしん》（一一日）条が引く「礼含文嘉《れいがんぶんか》（礼緯含文嘉）」には、「外内之制、各得二其宜一、則山沢出二霊亀一」とある。また延喜《えんぎ》治部《じぶ》式《しき》の祥瑞規定では大瑞に神亀《じんき》が挙げられ、「黒神の精なり。五色鮮明にして存亡を知り、吉凶を明らかにするなり」との注が付けられている。

霊亀の訓みを記した古代の文献は存在しないが、冷泉家本『皇年代記《こうねんだいき》』・東山御文庫本『皇年代記《こうねんだいき》頌《しょう》』（室町写）から文部省一八七四年刊『御謚《ごし》号及年号読例《ごうおよびねんごうどくれい》』にいたるまで、すべて「レイキ」と訓まれてきている（「レイ」は漢音）。

霊亀年間の出来事としては、三年（七一七）三月の遣唐使派遣や同年五月の郷里《ごうり》制《せい》施行などがある。『旧《く》唐書《とうじょ》』東夷伝日本国条には、遣唐使が「白亀元年調布」と記された布をもたらしたことが記されているが、これは養老元年のことと考えられるので、「白亀」は「霊亀」の誤りであろう。

—参考文献—

土橋　誠「即位改元について」『京都府埋蔵文化財論集』六　二〇一〇年

8　養《よう》　老《ろう》

天皇　元正天皇

霊亀三年(七一七)一一月一七日癸丑　改元
養老八年(七二四)二月四日甲午　神亀に改元

霊亀《れいき》三年(七一七)九月、元正《げんしょう》天皇は近江・美濃行幸《ぎょうこう》を行なった。一一日に出発、途中、諸国の土風の歌舞《うたまい》、風俗の雑伎の奏上を受けた後、二〇日美濃国当耆《たぎ》郡にて多度《たど》山の美泉《びせん》を覧た。二八日に帰京している(『続日本紀《しょくにほんぎ》』)。それから二ヵ月後の一一月一七日にいたり、次のような詔を出す。

「私は今年九月に美濃国不破《ふわ》行宮《のかりみや》に行き、数日とどまった。さらに当耆郡多度山の美泉を覧て、自ら手や顔を洗ったところ、皮膚は滑らかになり、痛むところを洗ったところ回復した。我が身にとってはなはだ効果があった。泉を飲み浴びた者は白髪が黒髪に戻り、髪が生えてきたり、目がよく見えるようになった。その他の病も皆、平癒したという。昔、後漢の光武帝のときに醴泉が出て、それを飲んだ者は皆病が癒えたという、符瑞書《ふずいしょ》に「醴泉は美泉なり、もって老を養うべし。けだし水の精なり」と見える。考えてみると、美泉は大瑞にかなう。私は愚かであるけれども天からの賜りものを受け止め、天下に大赦《たいしゃ》して、改元して養老《ようろう》元年とする」。

　次いで八〇歳以上の高齢者に位一階を与えて物を賜うこと、孝子等は表彰し課役を免除すること、病気等により自存できない者への賑給《しんごう》、美濃国司・当耆郡司への叙位、当耆郡の来年の調・庸免除、他の郡の庸免除、官人への賜物などが行なわれた。ちなみに、このときの美濃守は笠朝臣麻呂《かさのあそんまろ》、介は藤原朝臣麻呂《ふじわらのあそんまろ》(不比等《ふひと》の四男)であった。笠朝臣麻呂は慶雲《けいうん》三年(七〇六)より長期にわたっての在任であり、和銅《わどう》六年（七一三）五月に風土記撰上の命が下されたときにも美濃守であった。『白虎通《びゃっこつう》』巻五封禅《ほうぜん》には「醴泉者、美泉也、状若₌醴酒₋、可₌以養₋レ老也」と見え、また『太平御覧《たいへいぎょらん》』巻八七三・醴泉の部所引「孫氏瑞応図《そんしずいおうず》」には「醴泉者水之精也」とあって、改元詔が引く「符瑞書」に近い内容が確認される。この後、一二月二二日に美濃国をして立春の暁に醴泉を汲んで都に献《たてまつ》らせることが定められ、翌年二月には再度、美濃国醴泉への行幸が実施された。

この時期に改元がなされたことの背景には、左大臣であった石川朝臣麻呂が三月に薨じ、藤原朝臣不比等が名実ともに首班となったことを言祝《ことほ》ぐ意味合いがあったのかもしれない。このときの叙位によって不比等の四子がすべて貴族に列することになった。また、高齢かつ数少なくなりつつあった壬申《じんしん》の乱従事者への慰安と顕彰も込められていたのではなかったかとの推測もある。

なお、『十訓抄《じっきんしょう》』第六および『古今著聞集《ここんちょもんじゅう》』巻八には、貧しく賤しい男が、あるとき山で薪をとろうとしたところ苔のついた石に滑ってころんだことをきっかけに酒が流れ出ている泉を見つけ、日々これを汲んで老父に与えていたところ、天皇の耳に達し行幸に及んだ、酒の出るところは養老《ようろう》の滝と名づけられたという説話が伝えられている。

―参考文献―
仁藤敦史「美濃行幸と養老改元」『美夫君志』九三　二〇一六年
野村忠夫「美濃守としての笠朝臣麻呂」『古代貴族と地方豪族』吉川弘文館　一九八九年　初出一九七九年
早川万年「元正天皇の美濃行幸をめぐって」『岐阜県歴史資料館報』二〇　一九九七年
「古代の美濃・飛騨と壬申の乱」岐阜県博物館編『壬申の乱の時代―美濃国・飛驒国の誕生に迫る―』同館

二〇一七年
水口幹記「祥瑞災異と改元」仁藤敦史編『古代王権の史実と虚構』竹林舎　二〇一九年
和田　萃「養老改元」『日本古代の儀礼と祭祀・信仰』中　塙書房　一九九五年　初出一九八九年

9　神《じん》亀《き》　天皇　聖武天皇

養老八年(七二四)二月四日甲午　改元
神亀六年(七二九)八月五日癸亥　天平に改元

改元以前、『続日本紀《しょくにほんぎ》』養老《ようろう》七年（七二三）一〇月乙卯《いつぼう》（二三日）条に、今年九月七日に左京の人紀家が献《たてまつ》った白亀を得たので、所司（治部省《じぶしょう》）に下して図牒を勘検させたところ、「「孝経援神契《こうきょうえんしんけい》」に「天子《てんし》孝あるときは、天竜降り、地亀出づ」と見え、「熊氏瑞応図《ゆうしずいおうず》」に「王者偏せず党《とう》せず、耆老《きろう》を尊び用い、故旧を失わず、徳沢流洽《とくたくりゅうこう》するときは、霊亀《れいき》出づ」とあります。これによって天地の霊妙な賜い物であり、国家の大瑞であることがわかります」との奏上があったとして、曲赦、親王および京官・舎人《とねり》らへの賜禄、亀を出した郡の租調免除、紀朝臣家への叙位賜物、大倭《やまと》国造大倭忌寸《いみき》五百足への賜物が行なわれたとの記事がある。『続日本紀』には一〇月癸卯《きぼう》（一一日）条に「左京人无位紀朝臣家、白亀を献る。長さ一寸半、広さ一寸、両の眼並びに赤し」とあるが、日付の誤りであろうか。『扶桑略記《ふそうりゃっき》』では九月七日癸卯（九月七日の干支《かんし》は己巳《きし》）として、捕獲者の名前を「紀朝臣家裨（七年九月七日条。八年二月四日条では「稗」）」、捕獲地を「大和国白髪池」とする。新日本古典文学大系はこれを城上《しきのかみ》郡の白河（現桜井市白河）の池と推測する。この祥瑞には左京大夫であった藤原朝臣麻呂《ふじわらのあそんまろ》が関与した可能性が高い。

翌年二月甲午《こうご》（四日）に譲位《じょうい》が行なわれ、聖武《しょうむ》天皇が即位したが、これにあわせて改元が実施された。即位詔には「去年の九月、天地の貺《たま》える大き瑞物顕《あらわ》れ来り。又四方《しほう》の食国《おすくに》の年実豊に、むくさかに得たりと見賜いて、神ながらも念《おもお》し行《め》すに、うつしくも、皇朕《すめらわ》が御世に当りて、顕見《あらわ》るる物には在らじ。今嗣ぎ坐《ま》さむ御世の名を記して、応《こた》え来りて顕《あらわ》れ来《け》る物に在るらしと念し坐して、今神亀《じんき》の二字を御世の年名と定め」て改元し、皇太子に皇位を譲ると述べられており、白亀が譲位および改元のきっかけとなったとしている。

神亀の語については、たとえば『続日本紀』天平《てんぴょう》一八年（七四六）三月己未《きび》（七日）条にも「謹検㆓瑞《ずい》図《ず》及援神契㆒云、王者徳沢洽、則神亀来、孝道行、則地亀出、実合㆓大瑞㆒者」と見えている。

神亀の訓みを記した古代の文献は存在しないが、東山御文庫本『皇年代記《こうねんだいき》頌《しょう》』（室町写）や『本朝年代《ほんちょうねんだい》歴《れき》』などに見えるように「ジンキ」と訓ませるのが一般的であったらしい（「ジン」は呉音）。

なお、神亀年号は中国では南北朝時代の北魏において使用されたことがある（五一八〜五二〇）。

—参考文献—

水口幹記「藤原朝臣麻呂の祥瑞関与」『古代日本と中国文化』塙書房　二〇一四年　初出一九九六年

10　天《てん》平《ぴょう》

天皇　聖武天皇

神亀六年(七二九)八月五日癸亥　改元
天平二一年(七四九)四月一四日丁未　天平感宝に改元

『続日本紀《しょくにほんぎ》』天平《てんぴょう》元年(七二九)六月己卯《きぼう》(二〇日)条に左京職が長さ五寸三分、広さ四寸五分、背に「天王貴平知百年」の文がある亀を献《たてまつ》ったとの記事が見える。その後、八月癸亥《きがい》(五日)条にこの祥瑞を理由とした改元の詔が出された。天皇は、「自分は未熟であるとして太上天皇の教えを請いつつ天下の政治を行なってきたところ、京職大夫《きょうしきのだいぶ》藤原朝臣麻呂《ふじわらのあそんまろ》らが図を背に負った亀を献上してきた。これは自分の行ないの故ではなく、太上天皇の厚く広い徳をこうむってきたことによるものである。この大瑞は、天神《てんじん》地祇《ちぎ》が祝福して顕《あらわ》した貴い瑞であるから、年号を改めようと思う」として改元し、大赦《たいしゃ》、官人への叙位、親王以下官人への賜物を命じ、また八〇歳以上の高齢者および孝子等、また困窮者へは和銅《わどう》の改元時と同様、表彰や課税免除等がなされた。さらに左右両京の今年の田租や在京僧尼の父の租等、大宰府《だざいふ》までの駅《えき》戸《こ》の租調、神亀《じんき》三年(七二六)以前の官物未納についての免除、陸奥鎮守および三関《さんげん》に勤務する模範的な兵士や諸衛府の武芸に優れた者についての奏上、大陵への奉幣《ほうべい》、諸陵司の寮への昇格、天神地祇への国司奉幣、諸社祝部《はふりべ》に対する今年の田租の免除、近江国紫郷《しが》山寺《さんじ》(崇福寺《すうふくじ》)の官寺への列格、五世王の嫡子以上と天皇の孫王との間に生まれた男女を皇親(皇族)とすることが命じられた。この皇親規定拡大は母系に配慮を払ったものである。続いて亀を捕獲した河内国古市郡の人無位賀茂子虫《かものこむし》に従六位上《じゅろくいのじょう》と物を賜い、子虫を教え導いて亀を献上させた唐僧道栄《どうえい》にも僧位が与えられた。

これ以前の瑞亀による改元（霊亀《れいき》・神亀）は天皇即位と関連するものであったが、このたびは改元の五日後である戊辰《ぼしん》一〇日に夫人であった藤原安宿媛《あすかべひめ》（光明子《こうみょうし》）を皇后に立てるためのものであったと考えられる。すなわち、この年二月の長屋《ながや》王《おう》の変を経て、光明立后を演出するための祥瑞改元であった。養《よう》老《ろう》・神亀に引き続き、藤原麻呂が関与しているが、改元に結びついたもの以外にも麻呂は神亀三年から天平四年にかけて三度祥瑞進献に関与している。

天平の出典は直接的には瑞亀の背に記された「天王貴平知百年」に由来し、中国では南北朝時代の東魏において使用した例がある（五三四〜五三七）。訓みを記した古代の文献は存在しないが、ロドリゲス『日本大文典』では「Tembiŏ」、『本朝年代歴《ほんちょうねんだいれき》』や文部省一八七四年刊『御謚《ごし》号《ごう》及《および》年号《ねんごう》読例《どくれい》』では「テンビヤウ」と訓ませる（平の呉音は「ビヤウ」）。

―参考文献―

岸　俊男「県犬養宿禰橘三千代をめぐる憶説」『宮都と木簡』吉川弘文館　一九七七年　初出一九六七年
『藤原仲麻呂』吉川弘文館　一九六九年
水口幹記「藤原朝臣麻呂の祥瑞関与」『古代日本と中国文化』塙書房　二〇一四年　初出一九九六年

11 天平感宝《てんぴょうかんぽう》

天皇　聖武天皇

天平二一年(七四九)四月一四日丁未　改元
天平感宝元年(七四九)七月二日甲午　天平勝宝に改元

聖武《しょうむ》天皇の治世下、天平《てんぴょう》の年号は長く使用された。天平二〇年（七四八）四月には元正《げんしょう》太上天皇が六九歳で崩御《ほうぎょ》している。

天平二一年二月二二日丁巳《ていし》、陸奥国より黄金が献上された（『続日本紀《しょくにほんぎ》』）。国内における初めての金の産出である。当時、東大寺《とうだいじ》盧舎那《るしゃな》大仏《だいぶつ》の建立を進めていた聖武天皇にとって、これは大きな喜びであった。四月一日甲午《こうご》、天皇は光明《こうみょう》皇后および皇太子阿倍《あべ》内親王とともに東大寺に行幸《ぎょうこう》し、建立中の大仏に北面して、陸奥国小田郡にて金が発見され、陸奥守百済王《くだらのこにきし》敬福《きょうふく》より献《たてまつ》られたことを奉告した。そしてこのめでたい瑞を天下とともに喜ぶために、御代の年号に字を加えることにすると宣命《せんみょう》を下す（『続日本紀』）。

実際に改元されたのは、再び東大寺に行幸した一四日のことで、このとき左大臣等に叙位を行ない、天《てん》平感宝《ぴょうかんぽう》元年に改めた。これから神護景雲《じんごけいうん》まで続く四字年号の時代の始まりである。日本で四字年号が用いられたのはこの八世紀のみであるが、中国において武周の武則天《ぶそくてん》（則天武后）が証聖元年（六九五）を天冊万歳に改めて以降、万歳通天（六九七年に神功に改元）にいたるまで四字年号を使用しており、その背景に光明皇后の意向を想定する説もある。なお中国では武則天以前、前漢の哀帝が太初元将、後漢の光武帝が建武中元（『後漢書』祭祀志など。同書光武帝紀では「中元」とする）、北魏の太武帝が太平真君という年号を採用した事例がある。

　四月一日の最初の行幸の際には、伊勢神宮等の諸神への神田奉授、寺院への墾田《こんでん》施入、祝部《はふりべ》・僧侶・陵《りよう》戸《こ》等への叙位、すぐれた臣下の墓への墓標建立、大臣の子孫や諸王、三国真人《みくにのまひと》・石川朝臣・鴨《かも》朝臣・伊勢大鹿首《おおかのおびと》、県犬養橘宿禰《あがたのいぬかいたちばなのすくね》三千代《みちよ》およびその孫、大伴・佐伯氏の男女、官人もしくはその子孫等への叙位、賜物その他も実施された。翌二日には大赦《たいしや》が実施され、五月二七日には困窮者への給穀や孝子等への表彰・課役免除、農事に励んでいる無位の者への位一階叙位、陸奥国の調・庸三年間免除等が命じられている。また陸奥以外の諸国で国ごとに一年に二郡ずつ調・庸を免除していき、一巡させるといったことも命じられた。

　なお、『続日本紀』四月乙卯《いつぼう》（二二日）条に「陸奥守従三位《じゆさんみ》百済王敬福、黄金九百両を貢《たてまつ》る」とあり、二月に届いた金は一部であった。閏五月一一日甲辰《こうしん》には敬福以外の陸奥国司や金を獲た上総国の人丈部《はせつかべ》大麻呂《おおまろ》、左京の人朱牟須売《あけのむすめ》、私度の沙弥《しやみ》小田郡の人丸子連宮麻呂《まろこのむらじみやまろ》、冶金した左京の人戸浄山《へのきよやま》、金を出した山の神主日下部深淵《くさかべのふかぶち》への叙位が行なわれている（『続日本紀』）。この神社は官社となり、黄金山《こがねやま》神社として『延喜式《えんぎしき》』巻一〇神名下に掲載されている。

　正倉院《しようそういん》文書の中には天平感宝の年号を「天感」や「感宝」の二字に略して使用した例が確認される。

—参考文献—

池田　温「東亜年号管見」『東方学』八二　一九九一年
遠藤慶太「聖武太上天皇の御葬」『史料』二一一　二〇〇七年
岡田　登「伊勢大鹿氏について」『史料』一三五・一三六　一九九五年

瀧川政次郎「紫微中台考」『法制史論叢』四　角川書店　一九六七年　初出一九五四年
林　陸朗『光明皇后』吉川弘文館　一九六一年

12 天平勝宝《てんぴょうしょうほう》

天皇　孝謙天皇

天平感宝元年(七四九)七月二日甲午　改元
天平勝宝九歳(七五七)八月一八日甲午　天平宝字に改元

『扶桑略記《ふそうりゃっき》』は天平《てんぴょう》二一年(七四九)正月一四日に聖武《しょうむ》天皇が行基《ぎょうき》を戒師《かいし》として菩薩戒《ぼさつかい》を受けたと記し、『東大寺要録《とうだいじようろく》』巻一所引「或日記」は天平二〇年正月八日に出家し、四月八日に行基を戒師として菩薩戒を受けたとする。『続日本紀《しょくにほんぎ》』では天平感宝元年《てんぴょうかんぽう》(七四九)閏《うるう》五月癸丑《きちゅう》(二〇日)条に「太上天皇沙弥《しゃみ》勝満《しょうまん》」と見えるが、同月丙辰《へいしん》(二三日)条には「天皇《てんのう》、薬師寺宮《やくしじみや》に遷御《せんぎょ》し、御在所と為《な》す」とあり、譲位《じょうい》を明記するのは七月甲午《こうご》(二日)条になる。同日、阿倍《あべ》内親王(孝謙《こうけん》天皇)への譲位が行なわれ、ついで「感宝元年を改めて勝宝元年と為す」と記されるように、天平勝宝《てんぴょうしょうほう》への改元が実施された。すでに天平感宝改元にともなって様々な恩典が施されていたためか、この改元では叙位が実施されるにとどまった。なお、正倉院文書《しょうそういんもんじょ》には「勝宝」二字に略して使用した例が確認される。

一年のうちに複数回改元することは日本ではこれが唯一の事例であるが、中国では六九五年一月に証聖、九月に天冊万歳、さらに臘月《ろうげつ》に万歳登封と改元した例など武則天《ぶそくてん》(則天武后)の時代を中心に数例見出せる。

天平勝宝七年(七五五)正月四日には「思うところ有るが為」として「天平勝宝七年を改めて天平勝宝七歳」にし(『続日本紀』同日〈甲子《かっし》〉条)、次の年号である天平宝字《てんぴょうほうじ》に改元されるまで「歳」が使用された。これは天平勝宝五年に帰国した遣唐使によって、唐の玄宗が天宝三年(七四四)に「年」を「載」に改めたという情報が伝えられたことによるのではないかと考えられている。

なお、その後、天平宝字二年（七五八）八月九日戊申《ぼしん》に、故聖武太上天皇（天平勝宝八歳崩御《ほうぎょ》）に「勝宝感神聖武皇帝」の尊号が贈られている（『続日本紀』）。

—参考文献—

遠藤慶太「聖武太上天皇の御葬」『史料』二一一　二〇〇七年
勝浦令子「聖武天皇出家攷」大隅和雄編『仏法の文化史』吉川弘文館　二〇〇三年
岸　俊男『藤原仲麻呂』吉川弘文館　一九六九年
「天皇と出家」同編『日本の古代』七　中央公論社　一九八六年
瀧川政次郎「紫微中台考」『法制史論叢』四　角川書店　一九六七年　初出一九五四年
中川　収「聖武天皇の譲位」『奈良朝政治史の研究』高科書店　一九九一年　初出一九八三年
本郷真紹「聖武天皇の生前退位と孝謙天皇の即位」『日本史研究』六五七　二〇一七年

13 天平宝字《てんぴょうほうじ》

天皇　孝謙天皇・淳仁天皇

天平勝宝九歳(七五七)八月一八日甲午　改元
天平宝字九年(七六五)正月七日己亥　天平神護に改元

『続日本紀《しょくにほんぎ》』天平勝宝《てんぴょうしょうほう》九歳(七五七)八月己丑《きちゅう》(一三日)条に「駿河国益頭《ましず》郡の人金刺舎人麻自《かなさしのとねりまじ》、蚕産みて字を成すを献《たてまつ》る」とあり、その五日後の甲午《こうご》(一八日)にこれを祥瑞とした改元の勅《ちょく》が出された。それによると、孝謙《こうけん》天皇は、「三月二〇日に天が私に「天下大平」四字の祥瑞を下してくださり、逆臣廃皇子の道祖《ふなど》と安宿《あすかべ》、黄文《きぶみ》、橘奈良麻呂《たちばなのならまろ》らは反逆を企てたが、天の責めを受けて罪に服し、都は平安を保たれた、そこに駿河国益頭郡の人金刺舎人麻自が蚕が字を造ったものを献上してきた。その文は「五月八日開下帝釈標知天皇命百年息」というものであった。この解釈を群臣に議《はか》ったところ、「天平勝宝九歳五月八日は、陛下が聖武《しょうむ》太上天皇のために行なわれた一周忌斎会《さいえ》の最後の日です。ここに帝釈天《たいしゃくてん》が天皇と光明《こうみょう》皇太后の至誠に感動して天に通じる門を開き、陛下の御宇を記念して一〇〇年の遠期を授けたのです。蚕は室の中で静かに成長して、麗しい錦繍《きんしゅう》となり政事や祭事にも用いられるようになる神虫です。そこでその蚕に字を作らせ神異を表したのです。このたび、逆徒がまだ活動している間に霊字を表し、鎮まった日に朝廷に奏上されたのは、まことに天祐といえます。五と八の字は陛下の不惑(四〇歳)に対応し、日と月の字は組み合わせれば明であって、天皇と皇太后が永遠に天下をお治めになることを象徴しています」と奏上してきた。このような慶事は私の力ではなく、賢臣の助けがあるからである」として、恵沢を天下に及ぼすために天平勝宝九歳八月一八日を天平宝字元年と改元することを述べている。加えて天平《てんぴょう》感宝《かんぽう》時に導入した一年ごとに一郡を選んで庸・調を免除していく制度（『続日本紀』天平勝宝元年五月庚寅《こういん》条では「二郡」とする）に関し、まだ免除されていない郡をすべて今年の免除とすることとしたほか、雑《ぞう》徭《よう》の半減や昨年までの出挙《すいこ》の利の免除、今年の田租半減なども命じられた。献瑞関係者への褒賞も記されているが、それによれば、瑞物を都に運んだのは駅使中衛舎人《ちゅうえのとねり》賀茂君継手《かものきみつぎて》であり、国郡司らの奏上はなかったことが知られる。継手は益頭郡もしくはその近辺の出身であったか。

改元詔にもあるように、三月二〇日戊辰《ぼしん》に天皇の寝殿の承塵《しょうじん》の裏に「天下大平」の四字が生じた（『続日本紀』）が、それを承けて聖武太上天皇の遺詔によって立てられた皇太子道祖王が廃されることとなり（『続日本紀』同月丁丑《ていちゅう》条）、さらに四月辛巳《しんし》（四日）には大炊王《おおいおう》（淳仁《じゅんにん》天皇）が新たに皇太子に立てられることとなった（『続日本紀』）。五月には藤原仲麻呂《ふじわらのなかまろ》が紫微内相《しびないしょう》となり、六月九日には反仲麻呂派の動きを抑えるための戒厳令《かいげんれい》として勅五条が制される。こうしたなかで同月二八日に山背王《やましろおう》が橘奈良麻呂の計画を密告し、反仲麻呂派に対する弾圧が開始された。事件は七月一二日までにほぼ収束したが、その後も改元の直前まで関係者への処分は続いていた。

宝字年間には、改元翌年の二年八月一日に譲位が行なわれ、淳仁天皇が即位したが、改元は実施されなかった。四年六月には光明皇太后が薨去し、八年九月に藤原仲麻呂の乱が起こる。乱後の一〇月九日、孝謙太上天皇は淳仁天皇を廃位し、重祚《ちょうそ》した（称徳《しょうとく》天皇）。

—参考文献—

土橋　誠「即位改元について」『京都府埋蔵文化財論集』六　二〇一〇年
仁藤敦史「天平宝字改元と益頭郡」『静岡県史』通史編一　静岡県　一九九四年

14 天平神護《てんぴょうじんご》

天皇　称徳天皇

天平宝字九年（七六五）正月七日己亥　改元
天平神護三年（七六七）八月一六日癸巳　神護景雲に改元

藤原仲麻呂《ふじわらのなかまろ》の乱の翌年である天平宝字《てんぴょうほうじ》九年（七六五）正月七日、天平神護《てんぴょうじんご》と改元された。『続日本紀《しょくにほんぎ》』同日（己亥《きがい》）条の勅《ちょく》によれば、「賊臣仲麻呂に対し、幸いに「神霊の国を護り、風雨の軍《いくさ》を助くる」により、一〇日を満たずに壊滅させることができた。今、旧穢を洗い流して新たにするために、改元する」として、諸国神社の祝部《はふりべ》への叙位、仲麻呂の乱が起きてから鎮圧するまでの期間である前年九月一一日から一八日までの間に職務に従事した者への叙位、京中の名七〇歳以上の者への叙位が行なわれた。直接の改元理由は仲麻呂の乱であり、そこに災異改元の先駆けとみる見方がある。ただし重祚《ちょうそ》による代始《だいはじめ》改元としての意味合いも込められていると考えるべきであろう。なお、昌泰《しょうたい》四年（九〇一）二月二二日に辛酉《しんゆう》改元を建議した三善清行《みよしのきよゆき》は、逆臣誅伏後の改元例としてこの天平神護改元を挙げている（三善清行『革命勘文《かんもん》』）。

神護の語は改元勅に見える「神霊護国」の語にちなんだものと考えられる。『宮寺縁事抄《ぐうじえんじしょう》』末二には「九年正月七日、改為㆓天平神護元年㆒、是内天神垂㆑護、地祇加㆑力、逆臣仲麿之輩、悉伏㆓祓種〔誅戮〕㆒、仍改定為㆓神護㆒也」と見えている。ちなみに『続日本紀』天平宝字八年九月壬子《じんし》（一八日）条には乱時の仲麻呂の行動について「押勝、進退拠《ところ》を失い、即ち船に乗りて浅井郡塩津に向う。急《たちまち》に逆風有りて、船漂没せんとす」と記されており、他方孝謙《こうけん》側については、同年一一月癸丑《きちゅう》（二〇日）条に「使を遣して幣を近江国の名神社に奉らしむ。是より先、仲麻呂が近江に走り拠るや、朝庭遥《はるか》に望みて国神に禱《の》み請う。而して境内を出づること莫《な》くして、即ちその誅に伏す。所以に宿禱を賽《かえりもうし》す」とあって、神に祈禱し、乱後に報賽《ほうさい》したことを記している。この神について、護国寺本『諸寺縁起集《しょじえんぎしゅう》』所収竹生島縁起《ちくぶしまえんぎ》や『歴代編年集成《れきだいへんねんしゅうせい》（帝王編年記《ていおうへんねんき》）』天平神護元年（七六五）条は都布夫島神（竹生島明神）を挙げており、ほかに伊香郡伊香神社・野洲郡兵主《ひょうず》神社も同じ従五位上《じゅごいのじょう》勲八等を有しているので、このときに報賽に預かった可能性が考えられる。

神護の訓みを記した古代の文献は存在しないが、東山御文庫本『皇年代記頌《こうねんだいきしょう》』（室町写）や『本朝年代歴《ほんちょうねんだいれき》』などでは「ジンゴ」と訓ませる（神の呉音は「ジン」）。

―参考文献―

佐藤宗諄「年号制成立に関する覚書」『日本史研究』一〇〇　一九六八年
渡辺直彦「藤原仲麻呂をめぐって」『歴史教育』一五―四　一九六七年
「神階勲位の研究」『日本古代官位制度の基礎的研究』吉川弘文館　一九七二年　初出一九六八年

15　神護景雲《じんごけいうん》

天皇　称徳天皇

天平神護三年(七六七)八月一六日癸巳　改元
神護景雲四年(七七〇)一〇月一日己丑　宝亀に改元

改元年は藤原仲麻呂《ふじわらのなかまろ》亡き後、道鏡《どうきよう》が法王《ほうおう》に任じられた翌年にあたる。年号の「神護」は前の年号の「天平神護《てんぴようじんご》」から採り、それに祥瑞である「景雲」を加えたものであろう。このような年号の組み合わせ方は、やはり中国に先例を見出せる（天冊万歳→万歳登封など）。

改元にいたるまでの経緯は『続日本紀《しよくにほんぎ》』の改元当日条に収められた改元詔に詳しい。それによれば、「六月一六日の申の時に東南の方角にたいそう霊妙で特別に麗しい七色の雲が立ちのぼった。これを私（称徳天皇《しようとく》）自身も見たし、近侍の者どもも共に見て怪しみ喜んでいたところ、伊勢国守阿倍朝臣東人《あべのあそんあずまひと》らが、「六月一七日に度会《わたらい》郡の豊受宮《とゆけのみや》（外宮《げくう》）の上に五色の瑞雲が起こり覆いました。そこでその形を書き写して進上します」と奏上してきた。また陰陽寮《おんようりよう》も「七月一〇日（『類聚国史《るいじゆこくし》』は一五日とする）に西北の方向に美しい変わった雲が立ちました。また二三日には東南の方角に本は朱色で末は黄色になった五色の雲がありました」と奏上してきた。このような変わった雲が出現した原因を調べさせたところ、式部省（治部省の誤りか）は「瑞書にあたって調査したところ、これは景雲です。まことに大瑞にあたります」と奏上してきた。私が思うに、このような大変貴く立派な大瑞は、聖皇（すぐれた君主）の御代の徳に天地が応えて顕《あらわ》すものであると常に聞いている。これは私の徳が天地を感動させたものではないであろう。けれどもこれは天照大神の宮の上に現れているのだから、天照大神がお示しになられたものなのであろう。

また代々の先皇の御霊がお助けになられたものである。去る正月に二七日《にしち》の間（＝一四日間。一七日《いちしち》＝七日間の誤りか）諸大寺の大法師《だいほつし》らを請せて最勝王経《さいしょうおうきょう》を講読させ、また吉祥天悔過《きっしょうてんけか》を多くの大法師らが勤めてくれ、さらに臣下の者たちが天下の政事を理にかなった形で勤めてくれたことに対し、仏も諸天も天地の神々もともに感応して示してくださった大瑞の雲なのであろう」と称徳は考え、改元することにしたという。改元詔には挙げられていないが、このほか、『続日本紀』には八月乙酉《いつゆう》（八日）に三河国が「慶雲が顕《あらわ》れました」と言上してきたことが記され、改元後の九月戊申《ぼしん》朔にも「日の上に五色の雲有り」と記している。また『大神宮諸雑事記《だいじんぐうしょぞうじき》』は七月七日に皇太《こうたい》神宮（内宮《ないくう》）が鎮座する五十鈴川《いすずがわ》上の宇治山の峰頂に五色の雲がかかったとする。なお、延喜治部式《えんぎじぶしき》の祥瑞規定において、慶雲について「状は烟《けむり》のごとくして烟に非ず、雲のごとくして雲に非ず」と注記し、大瑞の一つに挙げている。

恩典としては、伊勢神宮の神職や神郡司、諸国祝部《はふりべ》、六位以下と左右京の男女六〇歳以上、孝子等への叙位や諸国の田租半減、大赦《たいしゃ》などが合わせ実施された。

景雲の訓みを記した古代の文献は存在しないが、冷泉家本『皇年代記《こうねんだいき》』や東山御文庫本『皇年代記頌《こうねんだいきしょう》』（室町写）など「ケイウン」と訓ませている（「ケイ」は漢音。ロドリゲス『日本大文典』は「queiun」）。

16　宝《ほう》亀《き》　天皇　光仁天皇

神護景雲四年(七七〇)一〇月一日己丑　改元
宝亀一一年(七八一)正月一日辛酉　天応に改元

称徳《しょうとく》天皇は神護《じんご》景雲《けいうん》四年（七七〇）四月六日に由義宮《ゆげのみや》行幸《ぎょうこう》より還御《かんぎょ》した後、病に臥《ふ》していた（『続日本紀《しょくにほんぎ》』宝亀《ほうき》元年〈七七〇〉六月辛丑《しんちゅう》条）が、八月四日（癸巳《きし》）、五三歳にて崩御《ほうぎょ》し、即日、白壁王《しらかべおう》（光仁《こうにん》天皇）が遺詔を理由に皇太子に立てられた。四十九日を終えた翌日の九月二三日（壬午《じんご》）に服期を停め、一〇月一日に白壁王が即位し、それと同時に宝亀への改元が行なわれた。

即位詔によれば、八月五日に肥後国葦北郡の人日奉部広主売《ひまつりべのひろぬしめ》が、同月一七日には同国益城《ましき》郡の人山稲主《やまのいなぬし》が、それぞれ白亀を献上した。即位詔ではこれらは大瑞にかなうものであると説明しているが、延喜《えんぎ》治《じ》部《ぶ》式《しき》の祥瑞規定では神亀は大瑞とされるものの、白亀が大瑞とは明記されていない。しかしながら、この二つの祥瑞を理由にして改元が実施された。ただしこの祥瑞は、都と肥後国の距離と日付から考えて、白壁王の立太子を祝したものではなく、称徳天皇と道鏡に追従する目的で行なわれた可能性が高い。

改元にあわせて大赦《たいしゃ》のほか、奉仕者の一部、六位以下有位者、伊勢神宮以下諸社の禰宜《ねぎ》等への叙位、僧綱《そうごう》以下諸寺僧尼への布施、高齢者への賜物、困窮者等への賑給《しんごう》、孝子・義夫への課役免除、今年の諸国田租の免除が行なわれた。『続日本紀』丁酉《ていゆう》（九日）条には二名の貢瑞者に叙位および賜物がなされているが、このうち広主売については「日奉公広主女」と記されており、改元に際して賜姓が行なわれた可能性が考えられる。

宝亀の語に関わる漢籍としては、『爾雅《じが》』釈魚があり、「一曰㆓神亀㆒、二曰㆓霊亀㆒、三曰㆓摂亀㆒、四曰㆓宝亀㆒、五曰㆓文亀㆒、六曰㆓筮亀㆒、七曰㆓山亀㆒、八曰㆓沢亀㆒、九曰㆓水亀㆒、十曰㆓火亀㆒」と見えている。

17 天《てん》応《おう》

天皇 光仁天皇・桓武天皇

宝亀一二年(七八一)正月一日辛酉 改元
天応二年(七八二)八月一九日己巳 延暦に改元

改元について『続日本紀《しょくにほんぎ》』天応《てんおう》元年（七八一）正月辛酉《しんゆう》朔条には次のように記されている。「私（光仁《こうにん》天皇）は徳が薄いにもかかわらず皇位を受け継いだが、万民に良いことがないままむなしく一紀（一二年）が過ぎたので、毎日慎んでこのことを思っていた。そのところに所司より「伊勢の斎宮《さいくう》に顕《あらわ》れた美しい雲は、まさに大瑞にかないます」との奏上があった。伊勢神宮は国家の鎮めである。天よりこれに応え、吉にして利あらずということはない（「自㆑天応㆑之、吉無㆑不㆑利」）。そもそも私は不徳であるから、これはすべての臣下の助けによるものであることがわかる。今、新年を迎えたところで、ともにこの立派な賜りを喜びたい」として、天応に改元し、あわせて赦令が出され、斎宮寮の主典《さかん》以上、大神宮司、禰宜《ねぎ》以下の神職、多気《たけ》・度会《わたらい》両郡司、その他の官人への叙位も実施された。さらに伊治公呰麻呂《これはりのきみあざまろ》に欺かれたものの戻ってくることができた者には賦役を三年免除し、征夷軍に従軍した諸国百姓がいる戸《こ》の当年の田租を免除するほか、昨年免除された神寺《しんじ》封《ふう》の租について正税より補塡すること、八〇歳以上の高齢者への賜米、困窮者への賑給《しんごう》、孝子等への表彰および課役免除なども命じられている。

天応元年は辛酉年であり、正月一日もまた辛酉であるが、これは本来元日が庚申《こうしん》となるべきところを暦日操作を行なって辛酉としたものであり、辛酉革命説を意識した改元である可能性が高い。ただし、だとすれば後世の辛酉改元のような災異改元としての改元ではなく、光仁が桓武《かんむ》の即位を天命の交代として正当化するための措置ということになる。祥瑞そのものではなく、瑞雲の意味を汲んで年号字を選んだことに意義を見出す見解もある。

光仁天皇はこの年三月頃より体調をくずし（『続日本紀』三月甲申《こうしん》〈二五日〉条に「朕枕席《しんせき》安からぬこと稍《やや》晦朔《かいさく》を移せり。医療を加うと雖も未だ効験有らず」とあって大赦《たいしゃ》が実施された）、四月三日（辛卯《しんぼう》）には皇太子山部《やまべ》親王（桓武天皇）への譲位が行なわれた。太上天皇となって後、一二月二三日（丁未《ていび》）に七三歳にて崩御《ほうぎょ》した。

—参考文献—

今井　湊「奈良朝前後の暦日」『科学史研究』四〇　一九五六年

遠藤慶太「年号と祥瑞」『日本歴史』八四六　二〇一八年

東野治之「飛鳥奈良朝の祥瑞災異思想」『史料学遍歴』雄山閣　二〇一七年　初出一九六九年

林　陸朗「元号「天応」「延暦」について」『国学院短期大学紀要』二〇　二〇〇三年

細井浩志「日本古代の改暦と政治・制度」『古代の天文異変と史書』吉川弘文館　二〇〇七年　初出二〇〇二年

18 延《えん》暦《りゃく》

天皇 桓武天皇・平城天皇

天応二年(七八二)八月一九日己巳　改元
延暦二五年(八〇六)五月一八日辛巳　大同に改元

前年の天応《てんおう》元年（七八一）一二月二三日に光仁《こうにん》太上天皇が崩御《ほうぎょ》し、服喪期間は一年とされた（『続日本紀《しょくにほんぎ》』天応元年一二月辛亥《しんがい》〈二七日〉条）。しかし天応二年七月二九日（庚戌《こうじゅつ》）に右大臣以下の公卿が、官人が喪服を着用して神事に参列するため、吉凶が混雑し、伊勢大神および諸社が皆、祟りを起こそうとしているとして、服期の短縮を求めたため、翌八月辛亥朔日に服喪を繰り上げて終えることとした。そしてその同月一九日（己巳《きし》）、次のような詔を出して改元を実施した。「年号は漢の武帝に始まり、代々受け継がれてきた。位を継いだり、祥瑞があると改元をするのが習わしとなっている。私は薄徳をもって皇位を受け継いだが、改元は行なってこなかった。今、伊勢神宮が霊異を降して、神々が大きな幸福を授け、年穀が豊かに稔ってめでたいしるしが顕《あらわ》れた。そこでこれを祝いたい。天応二年を改めて延暦《えんりゃく》元年とする」（『続日本紀』）。加えて有位者および伊勢神宮の禰宜《ねぎ》・大物忌《おおものいみ》・内人《うちびと》、諸社の禰宜・祝部《はふりべ》等に叙位を行なった。すなわち代始《だいはじめ》改元と位置づけられる。これ以前の祥瑞の強調とは異なり、中国古代以来の年号の歴史を略述する点に、年号観念の転換が明瞭に刻印されている。またこの改元には恩赦がともなわず、これ以降、元慶《がんぎょう》度を除いて代始改元には恩赦を行なわないことが通例となった。この後、桓武《かんむ》天皇は崩御するまで二五年間、改元を実施しなかった。

延暦の出典は不詳であるが、『群書治要《ぐんしょちよう》』巻二六に「民詠二徳政一、則延レ期レ〔過脱〕歴」とある（その原拠は『三国志』魏書二五高堂隆伝。「歴」と「暦」とは通用。95永暦の項参照)。

また「延」字を上とする年号で、漢土(中国)に先例のないものを日本人が案出し、その際、記憶に新しい唐の大暦(七六六~七七九)、渤海の宝暦(七七四~?)両年号にある「暦」字を加え、国家と天皇・官民の長久を祈念する意味合いをこめて「延暦」を創り出した、撰定の候補者として淡海三《おうみのみ》船《ふね》が挙げられるとする説がある。これ以降、平安時代には「延」字を使った年号が目立つ。なお、桓武天皇に関わる印と推測される「延歴勅定」印が宮内庁三の丸尚蔵館《しょうぞうかん》所蔵『喪乱帖《そうらんじょう》』や尊経閣《そんけいかく》文庫所蔵『搨王羲之《とうおうぎし》書《しょ》(孔《こう》侍中帖《じちゅうじょう》)』に押捺されている。弘仁《こうにん》一四年(八二三)二月二六日、嵯峨《さが》天皇より比叡山《ひえいざん》に延暦寺《えんりゃくじ》の寺号が与えられた(『天台座主記《てんだいざすき》』)。比叡山にはその前年六月の大乗戒允許《だいじょうかいいんきょ》時に年分度者《ねんぶんどしゃ》を桓武天皇国忌日に得度受戒させることが定められている(『類聚国史《るいじゅこくし》』巻一七九　同月壬戌《じんじゅつ》条)。

延暦の訓みを記した古代の文献は存在しないが、冷泉家本『皇年代記《こうねんだいき》』や東山御文庫本『皇年代記頌《こうねんだいきしょう》』(室町写)など「エンリヤク」と訓ませるのが一般的である(「リヤク」は呉音。ロドリゲス『日本大文典』は「Yenriacu」)。

―参考文献―

遠藤慶太「年号と祥瑞」『日本歴史』八四六　二〇一八年

佐竹　昭「日本古代の皇位継承と恩赦・改元」『古代王権と恩赦』雄山閣出版　一九九八年

清水　潔「年号の制定方法」『神道史研究』二五―五・六　一九七七年

林　陸朗「元号「天応」「延暦」について」『国学院短期大学紀要』二〇　二〇〇三年

林屋辰三郎「延暦の改元」『京都市歴史資料館紀要』一二　一九九五年

細井浩志「日本古代の改暦と政治・制度」『古代の天文異変と史書』吉川弘文館　二〇〇七年　初出二〇〇二年
皆川完一「延暦」『国史大辞典』二　吉川弘文館　一九八〇年

19 大《だい》同《どう》

天皇　平城天皇・嵯峨天皇

延暦二五年(八〇六)五月一八日辛巳　改元
大同五年(八一〇)九月一九日丙辰　弘仁に改元

延暦《えんりやく》二五年（八〇六）三月辛巳《しんし》（一七日）に桓武《かんむ》天皇が崩御《ほうぎよ》した。皇太子安殿《あて》親王は四十九日の仏事を五月己巳《きし》（六日）に終えた後、同月辛巳（一八日）に即位儀を実施し、即日、大同《だいどう》に改元した。『日本後《にほんこう》紀《き》』は「礼に非ざるなり。国君位に即けば、年を踰《こ》えて後改元するは、臣子の心一年にして二君有るに忍びざるに縁《よ》ればなり。今未だ年を踰えずして改元す。先帝の残年を分ちて当身の嘉号と成すは、終わりを慎みて改むること无《な》きの義を失い、孝子の心に違うなり。これを旧典に稽《かんが》うれば、失と謂《い》うべきなり」として、批判する。実際には譲位《じょうい》にともなう即日改元の事例はあり、崩御の場合も光仁《こうにん》天皇は称徳《しょうとく》崩御同年に改元している。ただし、太上天皇が崩御した年の改元は一般に避けられていたようである。これ以降、踰年《ゆねん》改元が一般的となる。ただし次の弘仁《こうにん》の改元詔書には、延暦時と同様、即位後ただちに改元することが望ましいとする思想がうかがえることから、弘仁末期から天長《てんちょう》初期にかけての時期に踰年改元の考えが強まったと考えられる。譲位後も平城《へいぜい》太上天皇の権能が生きており、嵯峨《さが》天皇は改元できなかったのではないかとの推測がある。

平城天皇は大同四年（八〇九）春頃より不予となり（『日本後紀』同年二月壬申《じんしん》〈二六日〉条に「皇帝不予」とある）、四月一日（丙子《へいし》）に皇太弟賀美能《かみの》（神野）親王（嵯峨《さが》天皇）に譲位した。

大同の訓みを記した古代の文献は存在しないが、東山御文庫本『皇年代記頌《こうねんだいきしょう》』（室町写）や石川県立図書館森田文庫本『本朝年代歴《ほんちょうねんだいれき》』などでは「ダイドウ」と訓ませる（「ダイ」は呉音、「ドウ」は慣用音。ロドリゲス『日本大文典』は「Daidŏ〔ô〕」）。中国では南北朝時代に梁《りょう》の武帝が使用した例がある。

—参考文献—
久禮旦雄「平安時代初期の王権と年号」水上雅晴編『年号と東アジア』八木書店　二〇一九年
清水　潔「年号の制定方法」『神道史研究』二五—五・六　一九七七年

20　弘《こう》仁《にん》

天皇　嵯峨天皇・淳和天皇

大同五年(八一〇)九月一九日丙辰　改元
弘仁一五年(八二四)正月五日乙卯　天長に改元

病気を理由に退位した平城《へいぜい》太上天皇は、その後健康を回復し、大同《だいどう》五年（八一〇）九月に平城太上天皇の変が起こることになる。変が終結した翌日の一三日（庚戌《こうじゅつ》）に嵯峨《さが》天皇は皇太子高丘《たかおか》親王を廃し、大伴《おおとも》親王を皇太弟とした。そして一九日（丙辰《へいしん》）、改元が実施される。改元詔では、年号が大化《たいか》に始まり、今にいたるまで用いられていること、皇位継承した場合には年号を改めることが常のならいとなっているが、私はいまだに新年号を定めていないこと、今、豊稔を迎えているのは、私の力ではなく、宗廟社稷《そうびょうしゃしょく》（国家を守護する神々）の加護によるものであること、これを天下とともに喜び合いたいと述べて、弘仁《こうにん》元年への改元が命じられた。この改元詔の述べるところからすれば、代始《だいはじめ》の踰年《ゆねん》改元ということになるが、直接的には平城太上天皇の変平定がきっかけとなったと考えられる。弘仁一四年（八二三）四月庚子《こうし》（一六日）、嵯峨天皇は皇太弟大伴親王（淳和《じゅんな》天皇）に譲位《じょうい》した。

弘仁の訓みを記した古代の文献は存在しないが、冷泉家本『皇年代記《こうねんだいき》』や東山御文庫本『皇年代記頌《こうねんだいきしょう》』（室町写）などにもあるように、「コウニン」と訓むのが通例である（「コウ」は漢音、「ニン」は呉音。ロドリゲス『日本大文典』は「Cônin」）。

—参考文献—

清水　潔「年号の制定方法」『神道史研究』二五—五・六　一九七七年

21　天《てん》長《ちょう》

天皇　淳和天皇・仁明天皇

弘仁一五年(八二四)正月五日乙卯　改元
天長一一年(八三四)正月三日甲寅　承和に改元

淳和《じゅんな》天皇が皇位について二年目となる弘仁《こうにん》一五年(八二四)正月乙卯《いつぼう》(五日)に改元が行なわれた(『日《に》本紀《ほんき》略《りゃく》』)。代始《だいはじめ》の踰年《ゆねん》改元である。

『元秘抄《げんぴしょう》』巻三および『元秘別録《げんぴべつろく》』によれば、文章博士《もんじょうはかせ》都腹赤《みやこのはらか》・左少将(ママ)南淵弘貞《みなぶちのひろさだ》・弾正大弼菅原《だんじょうだいひつすがわらの》清公《きよとも》の三名の連署《れんしょ》により年号が勘進《かんしん》された。その勘文《かんもん》は、

定二年号一事
　天長《てんちょう》
右、依二宣旨《せんじ》一定如レ件、
文章博士都宿禰《すくね》腹赤　右近衛(ママ)権少将南淵朝臣弘貞
弾正大弼菅原朝臣清公

というもので、引文(典拠)は載せられず、また仗議《じょうぎ》にも及ばなかったという。現存する最古の年号勘文である。

淳和天皇は天長一〇年(八三三)二月乙酉《いつゆう》(二八日)に皇太子正良《まさら》親王(仁明《にんみょう》天皇)に譲位した。

—参考文献—

遠藤慶太「年号と祥瑞」『日本歴史』八四六　二〇一八年

22 承《じょう》和《わ》

天皇　仁明天皇

天長一一年(八三四)正月三日甲寅　改元
承和一五年(八四八)六月一三日庚子　嘉祥に改元

仁明《にんみょう》天皇が皇位について一二年目となる天長《てんちょう》一一年（八三四）正月甲寅《こういん》（三日）に改元された（『続日本《しょくにほん》後紀《こうき》』）。代始《だいはじめ》の踰年《ゆねん》改元である。改元詔は代替わりに年号を改めるべきことを漢風表現をもって述べるが、文中に「摂提《せってい》発レ歳、天紀《てんき》更始《こうし》之辰」とあり、摂提は寅であり、天紀更始は甲を指しているとすれば、この年が甲寅年であることを意識して、甲寅の日に改元した可能性が考えられる。なお『杜史抄《ちゅうししょう》』によれば、代始改元には珍しく恩赦があったという。承和《じょうわ》二年（八三五）正月には銅銭承和昌宝《じょうわしょうほう》が発行された。

承和の訓みについては、『河海抄《かかいしょう》』巻一二に「そうわ」とあり、冷泉家本『皇年代記《こうねんだいき》』や東山御文庫本『皇年代記頌《こうねんだいきしょう》』（室町写）は「セウワ」とする。承は呉音「ジョウ」、漢音「ショウ」、和は呉音「ワ」、漢音「クワ」。仁明天皇が黄菊を好んだことから、黄菊を「承和菊」、菊花色を「承和色」と呼ぶが、前者については『拾遺和歌集《しゅういわかしゅう》』一一二〇等に「そかきく」、後者については『延喜《えんぎ》十三年亭子院歌合《ていじいんうたあわせ》』（二〇巻本）に「ぞかいろ」と見える。また承和年間に仁明天皇の勅《ちょく》によって大戸清上《おおべのきよかみ》が作曲、三島武蔵《みしまのむさし》が作舞をした雅楽の曲として承和楽があるが、御所本『教訓抄《きょうくんしょう》』巻三には「シヨワ」（同書巻六には「承和帝」に対し「セウワテイ」の訓あり）、曼殊院《まんしゅいん》本『教訓抄』巻三には「シヨウワ」の訓が付され、『楽家録《がっかろく》』二八楽曲訓法には「勢宇和羅具」との訓みが付されている。

23 嘉《か》祥《しょう》

天皇 仁明天皇・文徳天皇

承和一五年(八四八)六月一三日庚子　改元
嘉祥四年(八五一)四月二八日庚午　仁寿に改元

承和《じょうわ》一五年（八四八）六月庚寅《こういん》（三日）、豊後国大分郡擬少領 膳 伴 公家吉《かしわでのともきみいえよし》が同郡寒川の石の上にて捕らえた白亀が大宰大貳《だざいのだいに》紀朝臣長江《きのあそんちょうこう》から献上され、宮中の庭に放たれたことに関し、左大臣 源 常《みなもとのときわ》・右大臣藤原良房《ふじわらのよしふさ》ら公卿が、「礼含文嘉云、外内之制、各得二其宜一、則山沢出二霊亀《れいき》一、孝経援神契《こうきょうえんしんけい》云、王者徳沢《とくたく》洽、則神亀《じんき》来、孝道行、則地亀出、熊氏瑞応図《ゆうしずいおうず》云、王者不レ偏不レ党、尊二用耆老《きろう》一、不レ失二故旧一、徳沢流洽、則霊亀出、後魏書《ぎしょ》曰、冀州《きしゅう》献二白亀一、王者不私レ人以レ官、尊レ耆任レ旧、無レ偏無レ党之瑞也」により大瑞であるとして、賀する上表文を提出した（『続日本後紀《しょくにほんこうき》』）。これに対し、壬辰《じんしん》（五日）に天皇は辞退したが、乙未《いつび》（八日）に左大臣以下は再び朝堂に詣で、再度上表し、式部省および僧綱《そうごう》も表（臣下が天皇に奉る文書）を奉って白亀の瑞を賀した。天皇は臣下の奏請を無視できず、庚子《こうし》（一三日）、大瑞にかなうとして改元詔をくだした。あわせて恩赦、田租の免除、亀献上者への叙位賜物、官人への叙位、高齢者への賜物、困窮者等への賑給《しんごう》、孝子等への表彰および課役免除が行なわれた。また伊勢神宮および賀茂下上二社・松尾社に奉幣《ほうべい》し、改元の奉告および水害防止祈願が行なわれた。七月甲戌《こうじゅつ》（一七日）には大瑞の出現を祝うために、五畿内七道諸国の天神地祇《てんじんちぎ》に対しても奉幣された（『続日本後紀』）。

仁明《にんみょう》天皇は嘉祥《かしょう》三年（八五〇）三月丁酉《ていゆう》（一九日）病気により出家し、同月己亥《きがい》（二一日）清涼殿にて崩御《ほうぎょ》、同日皇太子道康《みちやす》親王（文徳《もんとく》天皇）が践祚《せんそ》した。文徳天皇は仁明天皇のために清涼殿を移築して仏堂とし、嘉《か》祥《じょう》寺《じ》と号した（『文徳天皇実録』仁寿《にんじゅ》元年〈八五一〉二月丙辰《へいしん》〈一三日〉条）。

嘉祥の訓みについては、千葉本『大鏡』（鎌倉写）や冷泉家本『皇年代記《こうねんだいき》』・東山御文庫本『皇年代記《こうねんだいき》頌《しょう》』（室町写）などに「カシヤウ」とある（嘉の呉音は「ケ」、漢音は「カ」、祥の呉音は「ザウ」、漢音は「シヤウ」）。

―参考文献―

遠藤慶太「年号と祥瑞」『日本歴史』八四六　二〇一八年
佐伯有清『伴善男』吉川弘文館　一九七〇年
清水　潔「年号の制定方法」『神道史研究』二五―五・六　一九七七年
中野渡俊治「古代日本における公卿上表と皇位」『古代太上天皇の研究』思文閣出版　二〇一七年　初出二〇一一年
西山良平「〈陵寺〉の誕生―嘉祥寺再考―」大山喬平教授退官記念会編『日本国家の史的特質　古代・中世』思文閣出版　一九九七年

24 仁《にん》寿《じゅ》

天皇　文徳天皇

嘉祥四年(八五一)四月二八日庚午　改元
仁寿四年(八五四)一一月三〇日辛亥　斉衡に改元

嘉《か》祥《しょう》四年（八五一）三月をもって仁明《にんみょう》天皇崩御《ほうぎょ》一年の喪が明けたため、その翌月二八日（庚午《こうご》）に代《だい》始《はじめ》改元が実施された。改元詔には以下のことが記される。「去年即位したときにしきりに白亀や甘露の瑞を得た。そこで私は不徳であるけれども、公卿に尋ね、宗廟にそのことを告げた。今、夏を迎え万物が美しく成長している。先の霊応を顧みて、今日、改元することとする。孫氏《そんし》瑞応図《ずいおうず》には「甘露降㆓於草木㆒食㆑之令㆓人寿㆒」と見える（嘉祥三年八月丙辰《へいしん》条が引く「瑞応図」には、その前に「王者和気茂、則」の字がある）。そこで嘉祥四年を改め仁寿《にんじゅ》元年とする」（『文徳天皇実録《もんとくてんのうじつろく》』）。すなわち、「人寿」から仁寿という語を選んだのである。

改元詔で述べられている祥瑞とは、嘉祥三年五月戊戌《ぼじゅつ》（二一日）に石見国が甘露が降ったことを言上してきたことや、六月丁巳《ていし》（一一日）に美作《みまさか》国が雪白の霊亀《れいき》を献上してきたこと、七月庚辰《こうしん》（五日）に備前国が白亀を献上してきたこと、同月乙酉《いつゆう》（一〇日）石見国が甘露を献上してきたこと（いずれも『文徳天皇実録』）を指す。後条により、美作国の白亀は英多《あいだ》郡大領財田祖麻呂《たからだのおやまろ》が同郡川合郷の英多河《あいだがわ》の石の上で捕らえたものであり、備前国の白亀は磐梨《いわなし》郡少領石生別公長貞《いわなしわけのきみながさだ》が同郡石生《いわなし》郷雄神河《おかみがわ》で捕らえたものであること、甘露は安農《あのう》郡川合郷にて降ったものであることが知られる。

これに対し、同年八月丙辰（一一日）には公卿が祥瑞を慶賀する表（臣下が天皇に奉る文書）を奉ったが、天皇はこれを受けなかった。甲子《かつし》（一九日）に群臣が瑞を奏したが、これも受けず、丙寅《へいいん》（二一日）に重ねて公卿が上表したことによって、ようやく天皇は受け入れた。九月壬午《じんご》（八日）にも右京人村主《すぐりの》岑成《みねなり》が摂津国島上《しまのかみ》郡の河上にて白亀を捕らえ献上した。同月己丑《きちゆう》（一五日）には吉日を選んで祥瑞のことを宗社に告げしめること、新たに神亀《じんき》を得た摂津国島上郡は今年の調を免じ、美作国英多郡・石見国安農郡・備前国磐梨郡は当年の庸を免じること、捕獲者への叙位賜物、諸国祝部《はふりべ》への免租、承和《じようわ》六年（一三五〇）以前の未進の調庸を免除することとした。庚子《こうし》（二六日）には伊勢神宮・賀茂社・尾張に使が差遣され、また諸国の名神《みようじん》にも班幣《はんぺい》がなされ、賀瑞の由が告げられた。一〇月己酉《きゆう》（五日）には諸山陵へも使が差遣されている。なお、延喜治部式《えんぎじぶしき》の祥瑞規定では、甘露には「美しき露なり。神霊の精なり。凝ること脂の如く、その甘きこと飴《あめ》の如し。一名、膏露」との注があり、上瑞に分類されている。

仁寿の訓みを記した古代の文献は存在しないが、『本朝年代歴《ほんちようねんだいれき》』などにあるように「ニンジユ」と訓ませたと考えられる（「ニン」「ジユ」とも呉音。ロドリゲス『日本大文典』は「Ninjŭ」）。なお中国では隋の文帝の代に年号として使用されている。

25 斉《さい》衡《こう》

天皇　文徳天皇

仁寿四年（八五四）一一月三〇日辛亥　改元
斉衡四年（八五七）二月二一日己丑　天安に改元

仁寿《にんじゅ》四年（八五四）七月丙午《へいご》（二三日）に、石見国が醴泉が出たが三日にして涸《か》れたと言上してきた。これを承けて一一月辛亥《しんがい》（三〇日）、祥瑞があった場合には改元することを述べた後、石見国から醴泉について言上されたことを喜び、吉日を選んで宗社に告げるべきこと、斉衡《さいこう》元年に改元すること、瑞を出した美濃郡大領檜前淡海麻呂《ひのくまのおうみまろ》への叙位賜物、郡内の当年の徭の免除、伊勢神宮禰宜《ねぎ》・大物忌《おおものいみ》・内人《うちびと》、諸社禰宜・祝部《はふりべ》、内外文武官把笏《はしやく》者への叙位、八〇歳以上の高齢者への賜穀などが命じられた。「欲レ使下曠代禎符及二万邦一以共レ慶、随レ時徳政逐二五帝一而斉衡上」として皆とともに祥瑞の出現を喜び、徳のある政治を行ない、中国の聖君とされる五帝に並ぶようになりたいと述べており、それより斉衡の語が採られたと考えられる。一二月甲寅《こういん》（三日）には嵯峨《さが》天皇陵に改元の由が告げられ、甲子《かっし》（一三日）には諸国の諸神に幣帛《へいはく》が奉られた。なお、嵯峨陵への策文《さくもん》では、石見国が醴泉を奉った日を九月二七日としている（『文《もん》徳天皇実録《とくてんのうじつろく》』）。

醴泉は延喜治部式《えんぎじぶしき》の祥瑞規定では「美泉《びせん》なり。その味、美甘にして状は醴酒の如し」との注があり、大瑞に分類される。祥瑞改元ではあるが、なぜこの時期に改元したかは明確でない。ちなみにこの年六月に左大臣　源常《みなもとのときわ》が薨じ、右大臣藤原良房《ふじわらのよしふさ》が名実ともに首班となっている。『一代要記《いちだいようき》』は改元理由を「依〔年脱カ〕去疱瘡」とするが、そのことは他の史料に見えない。ただし、仁寿三年に疱瘡が流行したことは『文徳天皇実録』同年二月条、四月乙酉《いつゆう》条・丙戌《へいじゅつ》条などに見える。

斉衡の訓みについては、千葉本『大鏡』や前田本『方丈記』等に「サイカウ」「さいかう」とある（「サイ」は慣用音、「カウ」は漢音）。

26 天《てん》安《あん》

天皇　文徳天皇・清和天皇

斉衡四年（八五七）二月二一日己丑　改元
天安三年（八五九）四月一五日庚子　貞観に改元

斉衡《さいこう》三年（八五六）一二月丙申《へいしん》（二七日）に常陸国より木連理《もくれんり》の言上があり、翌丁酉《ていゆう》（二八日）には美作《みまさか》国が白鹿を献上した（後述の奉幣《ほうべい》・改元記事では前者を一〇月二〇日、後者を一二月一三日とする）。延喜治部《えんぎじぶ》式《しき》の祥瑞規定では、木連理は「仁木なり。木は異なるも枝を同じくし、或いは枝、旁《かたわら》より出でて、上は更た還り合う」と注記して下瑞に分類し、白鹿は「仁鹿なり。色は霜雪の如し」と注記して上瑞に分類される。

これを受けて四年二月乙酉《いつゆう》（一七日）に内外諸名神社に瑞を賀す使者が派遣され、天安《てんあん》元年と改元することが奉告され、同月己丑《きちゅう》（二一日）に改元が実施された。あわせて諸山陵への奉告、美作・常陸二国の当年の徭役の免除、瑞を出した美作国苫田《とまた》郡の調および常陸国真壁郡の庸の免除、祥瑞発見者への褒賞、諸国の徭半免、伊勢神宮禰宜《ねぎ》・大物忌《おおものいみ》・内人《うちびと》、諸社禰宜・祝部《はふりべ》、内外文武官把笏《はしやく》者への叙位、七〇歳以上の高齢者への賜穀、貧窮者等への賑恤《しんじゅつ》、孝子等への表彰・課役免除等がなされた。

祥瑞改元であるが、乙酉の奉幣と己丑の改元の間には藤原良房《ふじわらのよしふさ》が太政大臣に任じられており（『文徳天皇実録《もんとくてんのうじつろく》』同月丁亥《ていがい》〈一九日〉条）、そのこととの関連が想定される。この年正月には大衍暦《だいえんれき》に加えて五紀暦《ごきれき》が併用されることになったが、これについて良房の治世の到来を印象づけるための新暦法の採用とみる説がある。

天安二年（八五八）八月二七日乙卯《いつぼう》に文徳《もんとく》天皇は病により崩御《ほうぎょ》、皇太子惟仁《これひと》親王が践祚《せんそ》した（『文徳天皇実録』『日本三代実録《にほんさんだいじつろく》』）。文徳天皇陵の近くに所在した双丘寺《そうきゆうじ》では故天皇のために三昧《さんまい》が修されるなどし、後に天安寺《てんあんじ》と改称された（『日本三代実録』天安二年一〇月一七日条、貞観《じょうがん》八年〈八六六〉正月五日条）。

天安の出典は不詳であるが、中国南北朝時代の北魏において年号に使用されたことがある。訓みは冷泉家本『皇年代記《こうねんだいき》』（室町写）等にあるように「テンアン」と考えられるが、『本朝年代暦《ほんちようねんだいれき》』は「ナン」と連声させて訓むとの説を伝える。

―参考文献―

細井浩志「日本古代の改暦と政治・制度」『古代の天文異変と史書』吉川弘文館　二〇〇七年　初出二〇〇二年

『日本史を学ぶための〈古代の暦〉入門』吉川弘文館　二〇一四年

27　貞《じょう》観《がん》

天皇　清和天皇・陽成天皇

天安三年(八五九)四月一五日庚子　改元
貞観一九年(八七七)四月一六日丁亥　元慶に改元

清和《せいわ》天皇践祚《せんそ》の翌年となる天安《てんあん》三年(八五九)は、元日の朝賀《ちょうが》や正月一六日踏歌節会《とうかのせちえ》、五月五日端午節《たんごのせち》会《え》などは諒闇《りょうあん》により停止されたものの、二月丁亥《ていがい》朔日には伊勢神宮および諸社に対し即位の由を告げる奉《ほう》幣《べい》が実施されることとなった。そして四月一五日庚子《こうし》に詔が出され、今、夏を迎え衆鳥が翼を整えて飛び立ち、百花が実を結ぶ時期になったとして、貞観《じょうがん》元年への改元がなされた。同日には大嘗祭《だいじょうさい》の悠紀《ゆき》・主《す》基《き》の郡も定められている。すなわち代始《だいはじめ》改元である。同月二八日癸丑《きちゅう》には饒益神宝《じょうえきしんぽう》鋳造の詔が出された。これ以前、正月二一日戊寅《ぼいん》には美濃国が紫雲が現れたことを言上しているが、特に改元とは関連づけられていない(『日本三代実録《にほんさんだいじつろく》』)。

貞観年号は、中国では唐の太宗の時代に使用された例があり、それがこの年号を選定した理由であったとみなす見解がある。

なお、嘉《か》祥寺《じょうじ》西院には天安三年より清和天皇の誕生日(三月二五日)に年分度者《ねんぶんどしゃ》三人が与えられた(『日本三代実録』同月一九日条)が、貞観四年(八六二)七月二七日には同寺を貞観寺《じょうがんじ》と改号した(『日本三代実録』貞観一四年七月一九日条)。

貞観の訓みを記した古代の文献は現存しないが、冷泉家本『皇年代記《こうねんだいき》』(室町写)には「チヤウクワン」、『本朝年代歴《ほんちょうねんだいれき》』には「デウグワン」とあり、「ヂヤウグワン」と訓まれたらしい(貞の呉音は「ヂヤウ」、観は漢音・呉音ともに「クワン」)。『改元部類』所収冬平公記《ふゆひらこうき》徳治《とくじ》三年（一三〇八）一〇月九日条には「貞字・元字等、漢音呉音先例相共に用いらる」と見え、年号の先例においては「貞」は漢音で訓む場合も呉音で訓む場合もあったとされる。呉音で訓む先例の一つが貞観なのであろう（徳治以前に貞を用いた先例としては、他に貞元《じようげん》・貞応《じようおう》・安貞《あんてい》・貞永《じようえい》がある）。ただし、ロドリゲス『日本大文典』は「Teiquan」と記す。

—参考文献—

遠藤慶太「年号と祥瑞」『日本歴史』八四六　二〇一八年

28 元《がん》慶《ぎょう》

天皇　陽成天皇・光孝天皇

貞観一九年（八七七）四月一六日丁亥　改元
元慶九年（八八五）二月二一日丁未　仁和に改元

貞観《じょうがん》一八年（八七六）一一月二九日、清和《せいわ》天皇は自身の病気や災異、皇太子の成長を理由に貞明《さだあきら》親王（陽成《ようぜい》天皇）へ譲位《じょうい》し、翌貞観一九年正月三日に即位式が実施された。四ヵ月後の四月一六日丁亥《ていがい》、代始《だいはじめ》改元がなされる。改元詔には、「私が皇位を受け継いだところ、即位日に但馬国が白雉を献じ、二月一〇日には尾張国の木連理《もくれんり》言上、閏《うるう》二月二一日に備後国の白鹿貢上があった（『日本三代実録《にほんさんだいじつろく》』にはこのほか、正月二五日条に客星《かくせい》が見えたことを記し、備後国白鹿貢上は三月三日甲辰《こうしん》条にかける）。そこでこれらの祥瑞を祝い、元慶《がんぎょう》元年に改元することとする」といった内容が記され、あわせて恩赦や内外文武官主典《さかん》以上・僧尼満位以上への叙位、尾張・但馬・備後への当年徭役免除、備後国葦田郡の今年の調免除、尾張国春部郡および但馬国養父《やぶ》郡の今年の庸免除、祥瑞発見者への叙位等が実施された。六月二八日には諸山陵に改元のことが奉告され、七月一九日に伊勢神宮・上下賀茂社・松尾社・平野《ひらの》・大原野《おおはらの》社に奉幣《ほうべい》がなされた（以上、『日本三代実録』）。改元詔の作者は文章博士《もんじょうはかせ》大内記《だいないき》都良香《みやこのよしか》で、『都氏文集《としぶんしゅう》』に収録されている（同書群書類従《ぐんしょるいじゅう》本では「元慶元年三月六日」の日付を付す）。なおこれ以降、祥瑞を強調した改元の事例は見えなくなる。

元慶の訓みについては、千葉本『大鏡』に「クワンキヤウ」とあり、『改元部類』所収冬平公記《ふゆひらこうき》徳治《とくじ》三年（一三〇八）一〇月九日条には慶について「慶雲・元慶・天慶、皆呉音也」と記していて、呉音で「キヤウ」と訓んだことが知られる。同日条は元に関しては「貞字・元字等、漢音呉音先例相共に用いらる」とある（漢音「グエン」、呉音「ゴン」、慣用音「グワン」）。徳治以前に元字を用いた先例としては、ほかに貞元《じょうげん》・天元《てんげん》・長元《ちょうげん》・元永《げんえい》・保元《ほうげん》・安元《あんげん》・元暦《げんりゃく》・元久《げんきゅう》・承元《じょうげん》・元仁《げんにん》・寛元《かんげん》・康元《こうげん》・正元《しょうげん》・乾元《けんげん》・嘉《か》元《げん》がある。ロドリゲス『日本大文典』は「Guenquŏ」と記す。

なお、陽成天皇誕生に際し加護のため遍昭《へんしょう》が堂宇を構えたが、この寺は元慶元年（八七七）一二月九日に元慶寺《がんぎょうじ》として定額寺《じょうがくじ》に列し、天皇の誕生日（一二月一六日）に毎年年分度《ねんぶんど》者《しゃ》三人が与えられることとなった（『日本三代実録』・『類聚国史』巻一七九元慶元年一二月九日条）。

29 仁《にん》和《な》

天皇　光孝天皇・宇多天皇

元慶九年（八八五）二月二一日丁未　改元
仁和五年（八八九）四月二七日戊子　寛平に改元

元慶《がんぎょう》八年（八八四）二月四日に陽成《ようぜい》天皇が退位し、光孝《こうこう》天皇が践祚《せんそ》した。二月二三日に即位式が実施され、一一月には大嘗祭《だいじょうさい》も行なわれたが、改元が行なわれたのは、二年目となる翌元慶九年二月二一日のことであった。改元詔では、即位して二年になり、ここで改元しないと、先例を忘れているといわれてしまうので、改元を行ない仁和《にんな》元年と改めることが述べられている。

仁和の語の出典は不詳であるが、たとえば『芸文類聚《げいもんるいじゅ》』巻一二所引漢二祖優劣論には「帰㆓心聖徳㆒宣㆑仁以和㆑衆」と見えている。また訓みについても古代の文献に記されたものは現存しないが、冷泉家本『皇年代記《こうねんだいき》』（室町写）には「ニンワ」とあり、『本朝年代歴《ほんちょうねんだいれき》』では「ニンア」と振って「ナトヨム」と注し、さらに一説として「ワ」との訓みを朱記する。「ニン」「ワ」とも呉音。雅楽「仁和楽」について、御所本『教訓抄《きょうくんしょう》』巻五は「ニムワラク」、『龍鳴抄《りゅうめいしょう》』上は「にんわらく」、『楽家録《がっかろく》』巻二八楽曲訓法には「仁牟奈羅具」との訓みを記す。仁和年中に作られたため、この名がついたという。ほかに『枕草子』一三一に仁和寺《にんなじ》のことを「にわし」と表記した例が見える。

光孝天皇は仁和三年（八八七）八月二六日に崩御《ほうぎょ》し、直前に立太子した定省《さだみ》親王が践祚《せんそ》した（宇多《うだ》天皇）。翌四年八月一七日に周忌が行なわれ、建立された金堂は仁和寺と名づけられた（『本要記』、『伊呂波字類抄《いろはじるいしょう》』）。

30 寛《かん》平《ぴょう》

天皇　宇多天皇・醍醐天皇

仁和五年（八八九）四月二七日戊子　改元
寛平一〇年（八九八）四月二六日乙丑　昌泰に改元

宇多《うだ》天皇は仁和《にんな》三年（八八七）八月二六日に践祚《せんそ》したが、藤原基経《ふじわらのもとつね》を関白に任じるにあたり、「阿衡《あこう》」の語をめぐって一年間国政が滞ったためか、翌仁和四年には代始《だいはじめ》改元は行なわれず、仁和五年四月二七日にいたってようやく改元がなされた。『日本紀略《にほんきりゃく》』同日条には「天祚《てんそ》の後三年に及びて改元の例、此の時より始まる」と記されている。菅原道真《すがわらのみちざね》『菅家文草《かんけぶんそう》』にはこのときの改元詔書について詠んだ「読開元詔書絶句」が収録されており、道真は「寛平《かんぴょう》両字幾千年」とうたっている。翌二年四月には寛平大宝《かんぴょうたいほう》鋳造が命じられた（『日本紀略』同年四月二七〔八カ〕日癸未《きび》条。『拾芥抄《しゅうがいしょう》』は五月鋳造とする）。

寛平の語の訓みについては『光源氏物語抄』一に「くはん平法皇」と見え、冷泉家本『皇年代記《こうねんだいき》』（室町写）には「クワンヘヰ」、『本朝年代歴《ほんちょうねんだいれき》』には「クワンペイ」とある。ロドリゲス『日本大文典』にも「Quampei」とあり、平は「ペイ」と訓むのが一般的であったか（「ヘイ」は漢音）。

—参考文献—

清水　潔「年号の制定方法」『神道史研究』二五—五・六　一九七七年

31　昌《しょう》泰《たい》

天皇　醍醐天皇

寛平一〇年（八九八）四月二六日乙丑　改元
昌泰四年（九〇一）七月一五日甲子　延喜に改元

寛平《かんぴょう》九年（八九七）七月三日、宇多《うだ》天皇は皇太子敦仁《あつひと》親王（醍醐《だいご》天皇）に譲位《じょうい》し、翌年、代始《だいはじめ》改元がなされる。改元日について、『日本紀略《にほんきりゃく》』『元秘抄《げんぴしょう》』は四月一六日乙卯《いつぼう》とし、『皇年代略記《こうねんだいりゃっき》』や『愚管抄《ぐかんしょう》』も四月一六日とする。これに対し、『扶桑略記《ふそうりゃっき》』『公卿補任《くぎょうぶにん》』『一代要記《いちだいようき》』『歴代編年集成《れきだいへんねんしゅうせい》（帝王編年記《ていおうへんねんき》）』『皇代暦《こうだいれき》』などは八月一六日とする。『菅家文草《かんけぶんそう》』巻八によれば四月二〇日、『西宮記《さいきゅうき》』恒例正月下除目《じもく》の勘物《かんもつ》によれば四月二三日はそれぞれ改元前であったことが判明し、また『菅家文草』巻一二によれば六月二六日、『類聚三代格《るいじゅさんだいきゃく》』によれば六月一六日には改元していたことがわかる。これらより四月二六日乙丑《いっちゅう》改元とする『元亨釈書《げんこうしゃくしょ》』の説が有力視されている。

Ⅱ　平安時代中後期

32 延《えん》喜《ぎ》　天皇　醍醐天皇

昌泰四年(九〇一)七月一五日甲子　改元
延喜二三年(九二三)閏四月一一日乙酉　延長に改元

辛酉《しんゆう》革命の年であることを理由に改元する辛酉改元の初例。文章博士《もんじょうはかせ》三善清行《みよしのきよゆき》は昌泰《しょうたい》三年（九〇〇）一〇月一一日に右大臣菅原道真《すがわらのみちざね》に辞職を勧告する書状を送ったが、その中で「明年辛酉、運変革に当たる」と述べ（『本朝文粋《ほんちょうもんずい》』巻七）、一〇月二一日には、朝廷に明年二月が革命（中国の讖緯《しんい》説において天命が革《あらた》まるとされる年）にあたることを建議した（『革暦類《かくれきるい》』所収予論革命議、『日本紀略《にほんきりゃく》』。『革暦類』には一一月二一日とする写本もある）。四年正月に道真が左遷された後、二月二二日（二一日とする写本もあり）に清行は革命勘文《かんもん》を提出し、「易緯《えきい》」の辛酉革命・甲子《かっし》革令説を採用して、本年改元すべきことを説いた。同月二三日には算暦博士《さんれきはかせ》阿保経覧《あぼのつねみ》と算博士《さんはかせ》惟宗弘経《これむねのひろつね》（弘緒《ひろお》と異本注記する写本もあり）の連署《れんしょ》による勘文も提出される。清行は三月一四日（五月一三日とする写本もあり）にも「請勘文議」を奉り、最終的に七月一五日改元が実施された。改元詔書では逆臣のことに加え、去年の秋に老人星《ろうじんせい》が出現したことと、今年が辛酉革命にあたることが理由とされた（『扶《ふ》桑略記《そうりゃくき》』、『建仁度革命諸道勘文』所収正治《しょうじ》二年〈一二〇〇〉一〇月一三日清原良業《きよはらのよしなり》勘例）。老人星とはカノープスのことで、寿星とされていた。『一代要記《いちだいようき》』は改元理由として「旱〔潦〕淹疾疫《しつえき》」を挙げるが他書には見えず、あるいは延長《えんちょう》改元と混同したものか。恩赦や賜物があったことが『元秘別録《げんぴべつろく》』応和度所引村上天皇宸記《むらかみてんのうしんき》天徳《てんとく》五年（九六一）二月一六日条等により知られる。八月二九日には伊勢以下八社に改元の由を告げる奉幣《ほうべい》がなされた（『扶桑略記』、清原良業勘例等。『日本紀略』は一九日条にかける）。『扶桑略記』裏書によれば、諸国疫癘《しょこくえきれい》（流行病）群盗《ぐんとう》の事も辞別《ことわけ》（特別に言及されること）として載せられたという。さらに九月二六日には山陵にも奉告された（『日本紀略』）。道真もまた改元詔書を目にしたことが、『菅家《かんけ》後集《こうしゅう》』所収の「読改元詔書」によって知られる。ちなみに、改元の際の諸神・山陵への奉幣は、延喜《えんぎ》を最後として行なわれなくなる。

延喜の号は『江吏《ごうり》部集《ほうしゅう》』巻中によれば、左大弁紀長谷雄《きのはせお》の勘進《かんしん》であった。出典については『元秘別録』に「或書云、禹錫玄珪、文云延喜」、『台記《たいき》』仁平《にんぴょう》四年（一一五四）一〇月二八日条に「師長《もろなが》披曰、延喜者、禹治㆓洪水㆒所㆑得之玄珪之銘也、見㆓尚書並初学記㆒、諱引㆓尚書㆒」と記されている。『芸文類聚《げいもんるいじゅ》』巻一一帝禹《ていう》夏《か》后《こう》氏《し》に「尚書旋璣《しょうしょせんき》鈐《けん》曰、禹開㆓龍門㆒、導㆓積石㆒、玄圭出、刻曰延喜玉受㆑徳、天賜㆑佩」、あるいは『初学記《しょがくき》』九帝王部に「尚書璇璣鈐曰、禹授㆑啓握玄珪出、刻曰、延喜之玉受㆑徳、天賜㆓之佩㆒」と見えるのがこれにあたるか。

延喜の訓みについては、『信貴《しぎ》山縁起《さんえんぎ》』に「えむき（のみかと）」と見え、『本朝年代歴《ほんちょうねんだいれき》』には「エンギ」、ロドリゲス『日本大文典』には「Yengui」と見える。雅楽の曲「延喜楽」は延喜年間に藤原忠房《ふじわらのただふさ》によって作舞されたというが、御所本『教訓抄《きょうくんしょう》』巻五には「エムキラク」、巻七には「エンキ」、『楽家《がっか》録《ろく》』巻二八楽曲訓法には「江牟気羅具、喜字濁」と見える。

—参考文献—

斉藤国治「南極老人星」『星の古記録』岩波新書　一九八二年
「老人星」『国史国文に現れる星の記録の検証』雄山閣出版　一九八六年
佐藤　均「平安時代の革命・革令勘文の勘申者」『革命・革令勘文と改元の研究』佐藤均著作集刊行会　一九九一年　初

出一九七八年
「『革暦類』についての考察」『革命・革令勘文と改元の研究』佐藤均著作集刊行会　一九九一年　初出一九八〇年
清水　潔「年号の制定方法」『神道史研究』二五―五・六　一九七七年
田島　公「延喜・天暦の「聖代」観」『岩波講座日本通史』五　岩波書店　一九九五年
所　功『三善清行』吉川弘文館　一九七〇年
水口幹記「天文・祥瑞の典拠とその意味」『日本古代漢籍受容の史的研究』汲古書院　二〇〇五年　初出一九九九年
「災異改元のはじまり」『日本歴史』八四二　二〇一八年

33 延《えん》長《ちょう》

天皇　醍醐天皇・朱雀天皇

延喜二三年(九二三)閏四月一一日乙酉　改元
延長九年(九三一)四月二六日甲寅　承平に改元

初の災異改元。改元理由について、『日本紀略《にほんきりやく》』には「水潦・疾疫《しつえき》に依るなり。赦令有り」、『扶桑略記《ふそうりやつき》』には「天下咳疫《がいしつ》、多く以て夭亡す」、『平戸記《へいこき》』延応《えんおう》二年（一二四〇）七月五日条所引の大外記《だいげき》中原師兼《なかはらのもろかね》注進では「旱澇《かんろう》・疾疫に依るなり」、『園太暦《えんたいりやく》』延文《えんぶん》四年（一三五九）八月二六日条所引八月二七日付洞院《とういん》公賢《きんかた》書状では「旱魃《かんばつ》に依り改元」「旱魃・疾疫」とし、『一代要記《いちだいようき》』には「旱淹〔潦〕疾疫に依るなり。或いは云わく、公忠《きんただ》弁の夢想なり」と記す。前年の延喜《えんぎ》二二年（九二二）には五月に京中病厄（『日本紀略』『扶桑略記』二九日条）、七月に炎旱（『扶桑略記』裏書一三日・一九日条、『日本紀略』二七日条。八月にも祈雨のことあり）があり、年が明けてからは京中に咳病が流行し（『日本紀略』正月二一日・二七日条、『類聚符宣抄《るいじゆふせんしよう》』正月二九日宣旨《せんじ》）、二月には諸国に広まったらしい（『扶桑略記』裏書九日条）。三月二一日には皇太子保明《やすあきら》親王が薨じ、二〇年前に配所にて亡くなった菅原道真《すがわらのみちざね》の霊魂《れいこん》の所為とのうわさが生まれた（『日本紀略』同日条。『扶桑略記』には「病無くして薨ず」と記される）。

そのため四月二〇日に道真を右大臣に復し正二位《しようにい》を贈り、左遷を命じた詔書を焼却するとともに（『日本紀略』、『政事要略《せいじようりやく》』巻二二）、二九日には保明親王王子慶頼王《よしよりおう》を新たに皇太子に立てた（『日本紀略』）。改元後には二二日に疫癘《えきれい》を理由とした諸社奉幣《ほうべい》を行なっている（『扶桑略記』）。源公忠《みなもとのきんただ》の夢想については『江談抄《ごうだんしよう》』巻三に、公忠が頓死した三日後に蘇生して、冥界で冥官が「延喜の帝はすこぶるもって荒涼なり。もしくは改元有るか」と語ったのを聞いたと醍醐《だいご》天皇に報告したことにより、改元されたとの説話を伝えている（『古事談《こじだん》』第一にも同内容の説話あり）。赦令については『帥記《そちき》』康平《こうへい》八年（一〇六五）八月三日条の記事により、強窃盗も恩赦の対象とされたことが知られる。

延長の語は、博士が進めた字が不快であったため、勅定により『文選《もんぜん》』東都賦・白雉詩《はくちし》の「彰二皇徳一侔〔分脱〕二周成一、永延長号膺〔分〕二天慶一」より選ばれたという（『西宮記《さいきゅうき》』臨時一、『元秘別録《げんぴべつろく》』）。幼い皇太子の長命への祈りが込められたものとみる説があり、出典に白雉詩が選ばれたことについて、白雉詩が日本初の祥瑞改元である白雉改元を連想させるものであったことに由来するとする説がある。

—参考文献—

笠井昌昭「天神信仰の成立とその本質」『日本の文化』ぺりかん社　一九九七年　初出一九八七年
水口幹記「災異改元のはじまり」『日本歴史』八四二　二〇一八年
「祥瑞災異と改元」仁藤敦史編『古代王権の史実と虚構』竹林舎　二〇一九年

34 承《じょう》平《へい》

天皇　朱雀天皇

延長九年（九三一）四月二六日甲寅　改元
承平八年（九三八）五月二二日戊辰　天慶に改元

醍醐《だいご》天皇は病により延長《えんちょう》八年（九三〇）九月二二日に皇太子寛明《ゆたあきら》親王（朱雀《すざく》天皇）に譲位《じょうい》し、二九日に崩御《ほうぎょ》した。改元はそれより約七ヵ月後である。改元理由は『元秘別録《げんぴべつろく》』が記すように代始《だいはじめ》であり、『改元部類』所収不知記《ふちき》に引かれる改元詔書の内容によってそれが裏づけられる。四月一三日に左大臣藤原《ふじわらの》忠平《ただひら》が大内記《だいないき》大江朝綱《おおえのあさつな》を召して改元詔書を作らせ、あわせて年号の字を定めることを命じ、翌一四日に文《もん》章博士《じょうはかせ》大江維時《これとき》に改元のことを仰せた（『貞信公記抄《ていしんこうきしょう》』）とあり、この二名に年号字の勘進《かんしん》が命じられた。『元秘抄《げんぴしょう》』等によれば、式部大輔は欠員で、権大夫藤原元方《ふじわらのもとかた》は進《たてまつ》らず、文章博士三善文江《みよしのふみえ》は重服《じゅうぶく》により吉事に預からなかった。改元日当日に陣において諸卿によって年号字が定められ、改元詔書が出され、翌二七日には詔書覆奏がなされた（『貞信公記抄』）。

承平《じょうへい》の年号は、中国では南北朝時代の北魏に使用された例がある。訓みについては、冷泉家本『皇年代《こうねんだい》記《き》』（室町写）には「セイヘイ」、東山御文庫本『皇年代記頌《こうねんだいきしょう》』（室町写）には「せウヘイ」と見える（承は呉音「ジヨウ」漢音「シヨウ」、平は呉音「ビヤウ」漢音「ヘイ」）。ロドリゲス『日本大文典』は「Xôfei」。

35 天《てん》慶《ぎょう》

天皇　朱雀天皇・村上天皇

承平八年(九三八)五月二二日戊辰　改元
天慶一〇年(九四七)四月二二日丁丑　天暦に改元

『日本紀《にほんき》略《りやく》』には「厄運・地震・兵革の慎み」により改元したとあり、『改元部類』所収外記記《げききき》承平《じようへい》八年(九三八)五月二二日条が引く改元詔には「保章司暦《しれき》(暦博士《れきはかせ》のこと)去春厄運の期を以て、坤徳宜《こんとくよろしき》を失うを奏し、今夏其の地動の異に驚く。静かに彼の咎を思うに、実に懐に疚《なや》む」として春に暦《こよみ》のめぐり合わせが悪いことの奏上があり、夏には地震のあったことが述べられている。前者については『貞信公記《ていしんこうき》抄《しよう》』三月一一日条に天変により延暦寺《えんりやくじ》に御修法《みしほ》を修せしめたとあることと関連するか。後者についてはマグニチュード約七と推測されている四月一五日をはじめとして以後、一〇月にいたるまで『日本紀略』『扶桑略記《ふそうりやつき》』『貞信公記抄』に地震記事をしばしば見出すことができる。兵革については『日本紀略』四月一五日条の「陰陽寮《おんようりよう》東西に兵乱有る事を占い申す」という記事(『扶桑略記』にも同内容あり)と関連するか。

『貞信公記抄』五月七日条に「地震《ないふ》る。朝綱《あさつな》・維時《これとき》朝臣《あそん》等、年号字・詔書草を将来す」と見え、一一日条には改元詔書の準備が進められたことが記されている。改元日である二二日は内裏《だいり》物忌《ものいみ》であるため、前日に大内記《だいないき》菅原《すがわらの》庶幾《ちかし》を召して候宿せしめた。当日は公卿が左近陣座《じんのざ》に参集し、文章博士《もんじようはかせ》二人(大江朝綱、大江維時)による年号字勘進《かんしん》が行なわれた後、詔書の清書、天皇への奏聞がなされた。両人ともに天慶《てんぎよう》と定め申したという。恩赦のことも定められた。詔書覆奏は二八日に行なわれる(以上、『政事《せいじ》要略《ようりやく》』巻三〇、

『改元部類』所収外記記、『貞信公記抄』)。

年号字の訓みは、「慶」について千葉本『大鏡』に「キヤウ」とあり、また『改元部類』所収冬平公記《ふゆひらこうき》徳治《とくじ》三年(一三〇八)一〇月九日条にも「慶雲《きょううん》・元慶《がんぎょう》・天慶、皆呉音也」と記していて、呉音で「キヤウ」と訓んだことが知られる。ロドリゲス『日本大文典』も「Tenquiŏ」。

―参考文献―

宇佐美龍夫ほか『日本被害地震総覧　五九九～二〇一二』東京大学出版会　二〇一三年
大長昭雄「承平八年(天慶元年、九三八)の地震」萩原尊禮ほか編『続古地震』東京大学出版会　一九八九年

36 天《てん》暦《りゃく》

天皇　村上天皇

天慶一〇年（九四七）四月二二日丁丑　改元
天暦一一年（九五七）一〇月二七日庚辰　天徳に改元

朱雀《すざく》天皇は天慶《てんぎょう》九年（九四六）四月二〇日に皇太弟成明《なりあきら》親王（村上《むらかみ》天皇）に譲位《じょうい》した。この譲位について『山槐記《さんかいき》』永暦《えいりゃく》元年（一一六〇）一二月四日条は、天皇および皇太弟の母藤原穏子《ふじわらのやすこ》が成明親王が天皇となるのを見られないことが遺恨であると語ったためだとする話を掲載している。翌年にいたり「天祚《てんそ》改むるに依り」改元した（『日本紀略《にほんきりゃく》』）。すなわち代始《だいはじめ》改元である。改元の前後には、一六日に一代一度仁王会《にんのうえ》の僧数等、一七日に一代一度諸社神宝使《じんぽうし》が定められ、二〇日に大奉幣《だいほうべい》、二五日に一代一度仁王会が実施されている。改元直前の地震記事としては『日本紀略』四月六日条に「卯刻、地震三箇度」と見える。

『改元部類』所収外記記《げきき》によれば、年号字は左中弁大江朝綱《おおえのあさつな》に勘進《かんしん》が命じられ、『元秘別録《げんぴべつろく》』にその勘文《かんもん》が収められているが、勘進された字は「天受」と「治安」であり、叡慮にかなわず、延長《えんちょう》時と同様、御所より年号字が下されたらしい（『江家次第《ごうけしだい》』巻一八改元事、『改元部類記』所収長兼卿記〈三長記《さんちょうき》〉建久《けんきゅう》一〇年〈一一九九〉四月二七日条）。『江吏部集《ごうりほうしゅう》』巻中に大江維時《これとき》が献じたと見えるので、天皇の命を承けて維時が改めて献じたのであろう。『論語』『史記』『魏書』を出典とするとの説があるが、おそらくは森鷗外《もりおうがい》『元号考』の記述を誤解したものであろう。『元秘抄《げんぴしょう》』巻三に年号中有他字例として「天暦《てんりゃく》 天之暦数、」とあり、『元秘別録』永長《えいちょう》度所収嘉保《かほう》三年（一〇九六）一二月一七日不知記《ふちき》に「通俊《みちとし》曰、如二天暦・長久一、生合之年号也。予曰、皆成文也、天三〔之〕暦数、是尚書《しょうしょ》之文、然而文選《もんぜん》応吉甫詩、天暦在レ虞」とあることからすれば、『尚書』大禹謨《だいうぼ》に見える「天之歴数」を出典としたと考えられる（『尚書』・『文選』とも原文は「歴」）。訓みについては、千葉本『大鏡』に「暦」字を「リヤク」と記し、ロドリゲス『日本大文典』も「Tenriacu」とあって、「テンリヤク」と訓んだと考えられる（「リヤク」は呉音）。

―参考文献―

田島　公「延喜・天暦の「聖代」観」『岩波講座日本通史』五　岩波書店　一九九五年

37 天《てん》徳《とく》　天皇　村上天皇

天暦一一年(九五七)一〇月二七日庚辰　改元
天徳五年(九六一)二月一六日庚辰　応和に改元

『日本紀略《にほんきりやく》』は「水旱災」による改元と記し、『改元部類』所収外記記《げきき》に収められる改元詔では、皇位について一紀(一二年)になるが、最近、水旱や怪異がたびたび起こり、民が苦しんでいるため、漢日(中国)の故実にならい改元することにしたと述べられている。あわせて赦令や天暦《てんりやく》六年(九五二)以前の調庸未進免除も布告された。『日本紀略』には二月二日に桙星《ほこほし》(彗星《すいせい》)が現れたこと、一一日に神祇官に失火があり、倉一宇や宮城大垣五間が焼亡したこと、三月四日に天変怪異により石清水《いわしみず》等の六社に奉幣《ほうべい》したこと、一六日より祈雨の読経《どきょう》が行なわれ、二五日には一六社に祈雨の奉幣使が差遣されたこと、四月九日に去今年の旱損飢饉《ききん》により大和国の不動穀を同国諸寺に支給したこと、五月二四日に左右両京に賑給《しんごう》したこと(『西宮記《さいきゅうき》』恒例二・定賑給使事によれば、天文変異により徳を施したものという)、六月三日に今年が三《さん》合《ごう》の年にあたり水旱疾疫《しつえき》の災が絶えないため、一四社に僧綱《そうごう》を遣わして仁王経《にんのうきょう》を読誦させたこと、八月一日に丹生《にう》・貴布禰《きふね》社に祈雨奉幣が行なわれたことなどが記されている。

森鷗外《もりおうがい》『元号考』以来、陰陽寮《おんようりょう》官人の秦具瞻《はたのともみ》が年号字を勘進《かんしん》したとの説があるが、村上天皇宸記《むらかみてんのうしんき》天徳《てんとく》五年(九六一)二月一六日条(『西宮記』臨時一、『改元部類』等所収)の誤読に基づくものであって、事実ではない。菅原文時《すがわらのふみとき》は応和《おうわ》度より以前に年号勘文《かんもん》を勘進しているが、文章博士《もんじょうはかせ》に任じられたのはこの年六月のこと(『二中歴《にちゅうれき》』儒職歴《じゅしきれき》)なので、勘文を勘進した可能性がある。ちなみに応和改元時には、陰陽寮により「天徳」が火神の号であることが指摘されている（『西宮記』臨時一所引村上天皇宸記等）。中国ではこの年号はこれ以前、五代十国時代の閩《びん》において使用されている（九四三〜九四五）。

38 応《おう》和《わ》　天皇　村上天皇

天徳五年(九六一)二月一六日庚辰　改元
応和四年(九六四)七月一〇日癸未　康保に改元

『日本紀《にほんき》略《りやく》』は「皇居火災并《なら》びに辛酉《しんゆう》革命の御慎に依るなり。天下に大赦《たいしや》す」と記す。また『革命』元《げん》応《おう》三年(一三二一)二月八日中原師緒《なかはらのもろお》勘文《かんもん》所引の改元詔には「比年災異荐《しき》りに臻《いた》り、去秋皇居の妖急《にわ》かに起こる。此の歳辛酉革命の符既に呈《しめ》さる」と改元理由を述べ、あわせて大赦、老人・僧尼の七〇歳以上に賜穀を行なうことが述べられている。これは延喜《えんぎ》元年(九〇一)の詔法によったものであった。恩赦を行なったのは、火災の後、変異が止まないためであるという(『元秘《げんぴ》別録《べつろく》』所引村上天皇宸記《むらかみてんのうしんき》)。改元理由のうち、皇居の火災は平安京で最初となる焼亡であり、前年九月二三日に起きている(『日本紀略』等)。また辛酉改元は延喜に次ぐ二例目となるが、辛酉年である天徳《てんとく》五年(九六一)を革命年とみなすことは、天徳四年一二月一七日臨時仁王会《にんのうえ》呪願文《じゅがんもん》(菅原文時《すがわらのふみとき》作)に「明年革命、時運相当、今歳推期、天朔正半」と見えている。

年号字勘進者《かんしんしや》は文章博士《もんじようはかせ》の菅原文時・藤原後生《ふじわらののちおう》および元文章博士の公卿である中納言大江維時《おおえのこれとき》で、忌《いみ》がなく称謂《しようい》に便ある字を選ぶこととされたが、結局、文時の前年勘文が奏上された(『元秘別録』所引村上天皇宸記)。なおこのとき、維時の勘文は蔵人《くろうど》であったその男斉光《なりみつ》をもって召したという(『元秘《げんぴ》抄《しよう》』巻三)。

39 康《こう》保《ほう》

天皇　村上天皇・冷泉天皇

応和四年(九六四)七月一〇日癸未　改元
康保五年(九六八)八月一三日甲子　安和に改元

『日本紀略《にほんきりやく》』が「甲子《かつし》の慎に依るなり」と記すように、甲子改元の初例。『扶桑略記《ふそうりやつき》』は旱魃《かんばつ》も理由に挙げる。『応和《おうわ》四年甲子革令勘文《かくれいかんもん》』によれば、応和四年（九六四）が革令（政令が革《あら》まり、変革が起こるめぐり合わせとなる甲子の年）にあたることについて、応和二年三月二一日に算博士《さんはかせ》小槻糸平《おづきのいとひら》・大蔵具傅《おおくらのともまもり》の連署《れんしょ》による算道勘文、同年一二月二二日に天文博士《てんもんはかせ》賀茂保憲《かものやすのり》による暦道勘文、応和四年五月二八日に直講時原長列《はらのながつら》による明経道《みようぎようどう》勘文が提出され、六月四日には天皇が左大臣藤原実頼《ふじわらのさねより》の意見を尋ねた。その後、一七日に兵部少丞三善道統《みよしのみちむね》より改元反対の勘文が提出され、一八日には保憲・長列・道統を召して再度意見を聴取、翌一九日、本年を革令とみるかどうかについて諸説あることをふまえつつも徳政を行ない改元することが決定した。改元詔書には「今歳天変地震、災難相頻りなり。須《すべから》く徳政を施し年号を改め、以て災殃《さいおう》を攘《はら》うべし」との趣が記されたが、革令か否かについては「偏《ひとえ》に革令と称し難し、只ほぼ事の旨を挙ぐるべし」とされ、さらに大赦《たいしや》および高齢の困窮者に賜物のことがあった（『応和四年甲子革令勘文』所引村上天皇宸記《むらかみてんのうしんき》七月一〇日条）。なお「天変地震」が具体的に何を指しているかは不詳。前年であるが七月二八日に修された臨時仁王会《にんのうえ》は旱災および天変地震を攘《はら》うことを目的としていた（『祈雨記《きうき》』所引村上天皇宸記）。この年四月一四日には心前星《しんぜんせい》が月の縁を通過している。

年号字は文章博士《もんじようはかせ》菅原文時《すがわらのふみとき》・藤原後生《のちおう》に勘進《かんしん》させたが、天皇は「此の度択び申すところの字、頗る不快に似たり」として大江維時《おおえのこれとき》・大江朝綱《あさつな》がかつて勘進した年号字も合わせ下し、大納言藤原在衡《ありひら》がその中から選定した「嘉保」「康保」「乾徳（「綱」と記す史料もあり）」より最終的に「康保《こうほう》」（大江維時旧年勘進）を選んだ（『応和四年甲子革令勘文』、『元秘別録《げんぴべつろく》』・『西宮記《さいきゅうき》』所引村上天皇宸記）。したがって『日本紀略』が「文章博士〔後〕俊生択申之字」と記すのは疑問。

—参考文献—

斉藤国治「月星の食犯」『国史国文に現れる星の記録の検証』雄山閣出版　一九八六年
佐藤　均「応和四年甲子革令勘文について」『革命・革令勘文と改元の研究』佐藤均著作集刊行会　一九九一年　初出一九七七年
「平安時代の革命・革令勘文の勘申者」『革命・革令勘文と改元の研究』佐藤均著作集刊行会　一九九一年　初出一九七八年

40 安《あん》和《な》

天皇　冷泉天皇・円融天皇

康保五年（九六八）八月一三日甲子　改元
安和三年（九七〇）三月二五日丙寅　天禄に改元

代始《だいはじめ》改元。康保《こうほう》四年（九六七）五月二五日に村上《むらかみ》天皇の崩御《ほうぎょ》により、皇太子憲平《のりひら》親王（冷泉《れいぜい》天皇）が践《せん》祚《そ》、一〇月一一日に即位した。翌年二月二〇日、太政大臣藤原実頼《ふじわらのさねより》の命により大外記《だいげき》菅野正統《すがののまさむね》が即位以後の改元および大嘗会《だいじょうえ》・一代一度仁王会《にんのうえ》・大奉幣《だいほうべい》等の実施時期に関する昌泰《しょうたい》・承平《じょうへい》・天暦《てんりゃく》等の先例を勘《かん》申《じん》している（田中本『本朝世紀《ほんちょうせいき》』同日条）。

『日本紀略《にほんきりゃく》』は改元日を八月一五日丙寅《へいいん》と記し、『元秘別録《げんぴべつろく》』も一五日とするが、『改元部類』所収不知《ふち》記《き》や異本『元秘別録』は八月一三日甲子《かっし》と記し、『扶桑略記《ふそうりゃくき》』『百練抄《ひゃくれんしょう》』『公卿補任《くぎょうぶにん》』も一三日としており、一三日が正しいと考えられる。文章博士《もんじょうはかせ》藤原後生《のちおう》が年号字を勘進《かんしん》し、改元詔は大内記《だいないき》高階成忠《たかしなのなりただ》が草した（『改元部類』所収不知記）。

年号字の訓みについては、冷泉家本『皇年代記《こうねんだいき》』等は「アンワ」とし、『本朝年代暦《ほんちょうねんだいれき》』は「和」について連声により「ナ」と訓むと記す。

この後、一〇月二〇日に大神宝使《だいじんぽうし》発遣が、一一月二四日より大嘗祭《だいじょうさい》が、翌年三月一五日に一代一度仁《にん》王会《のうえ》が行なわれた（『日本紀略』等）。

41 天《てん》禄《ろく》

天皇 円融天皇

安和三年(九七〇)三月二五日丙寅　改元
天禄四年(九七三)一二月二〇日庚子　天延に改元

代始《だいはじめ》改元である。安和《あんな》二年(九六九)三月の安和の変の後、同年九月一日に冷泉《れいぜい》天皇は皇太弟守平《もりひら》親王(円融《えんゆう》天皇)に譲位《じょうい》、新天皇は九月二三日に即位式を行なった。翌年二月二〇日、文章博士《もんじょうはかせ》藤原後生《ふじわらのちおう》に年号字の勘進《かんしん》が命じられ、三月二五日に改元の運びとなった(『日本紀略《にほんきりやく》』)。詔書は右少弁藤原雅材《まさき》が草し、少内記《しょうないき》大江昌言《おおえのまさこと》が清書した。『改元部類』所収外記《げき》記に詔書本文が収録されている。大赦《たいしゃ》および天下の今年の半徭を免除すること、高齢者および僧尼七〇歳以上へ穀を賜うことが加えられているが、代始改元に恩赦が行なわれたのは承和《じょうわ》度以来であり(『柱史抄《ちゅうししょう》』)、賜穀も希有のことであったという(『元秘別録《げんぴべつろく》』)。復除《ふくじょ》についても代始改元で行なわれるのは、『改元部類』所収経頼《つねより》記(左経記《さけいき》)長和《ちょうわ》六年(一〇一七)四月二二日条によれば、元慶《がんぎょう》度と天禄《てんろく》度ぐらいであるという。

42 天《てん》延《えん》　天皇 円融天皇

天禄四年(九七三)一二月二〇日庚子　改元
天延四年(九七六)七月一三日戊寅　貞元に改元

『日本紀略《にほんきりゃく》』によれば、改元理由は天変地震であるという。また『改元部類』所収外記《げき》記に改元詔書が収められており、祥瑞や天変を理由に改元することは古今の通例であり、去春以来天譴《てんけん》が頻りに示され地震がしばしば起きていることにより改元し、妖を払い徳をもって仁を施し邪を退けるため、大赦《たいしゃ》を行なうこと、安和《あんな》元年(九六八)以前の調庸未進を免除すること、八〇歳以上の高齢者や困窮者に賜穀賑給《しんごう》を行なうことが述べられている。

『親信卿記《ちかのぶきょうき》』によれば、天禄《てんろく》四年(九七三)は正月九日、四月一九日、一二月三日に天文博士《てんもんはかせ》安倍晴明《あべのはるあきら》が天の変異を奏しており、五月一九日にも大風暴雨につき「五穀不レ出、兵革縦横、民無二道路一」との勘文《かんもん》を献《たてまつ》っている(『河海抄《かかいしょう》』野分《のわけ》)。六月二六日には主税頭中原以忠《ちからのかみなかはらのもちただ》が天文密奏《てんもんみっそう》を奏した(『親信卿記』)。星食や惑星の星宿中の星への接近が密奏対象となったらしい。また三月七日には大和国で水晶玉の破片のごときものが降り、同月二四日には地震があったこと、九月五日には止雨のため一五社に奉幣《ほうべい》がなされたこと、二七日には大地震があったとも記されている(『日本紀略』)。なお改元詔書は大内記《だいないき》紀伊輔《きのこれすけ》が作成した(『改元部類』所収外記記)。

訓みについては、冷泉家本『皇年代記《こうねんだいき》』(室町写)等に「テンエン」とあり、『本朝年代歴《ほんちょうねんだいれき》』には「延」を連声により「ニエン」と訓むとの注記が付されている。

―参考文献―

斉藤国治「月星の食犯」「惑星現象」『国史国文に現れる星の記録の検証』雄山閣出版　一九八六年

43 貞《じょう》元《げん》

天皇　円融天皇

天延四年（九七六）七月一三日戊寅　改元
貞元三年（九七八）一一月二九日庚戌　天元に改元

『日本紀略《にほんきりゃく》』によれば、改元理由は「災並びに地震」であるという。このほか、『元秘別録《げんぴべつろく》』は「火事・地震に依」るとし、『百練抄《ひゃくれんしょう》』は「去年七月一日の日蝕皆虧《か》くに依」るとする。また『皇年代略記《こうねんだいりゃっき》』は諸説を併記する。

「災」「火事」とは五月一一日の内裏焼亡を指すのであろう。地震については六月一八日に大地震が起き、『日本紀略』に「其の響き雷の如し。宮城諸司多く以て破壊顚倒す。両京の舎屋其の数甚多し。其の中に八省院・豊楽院《ぶらくいん》・東寺《とうじ》・西寺《さいじ》・極楽寺《ごくらくじ》・清水寺《きよみずでら》・円覚寺《えんがくじ》等顚倒す。地震の甚《はなは》だしきこといまだかつて有らず」と記されており、以後も九月にいたるまで余震が続いた。マグニチュード六・七以上と推測されている。前年七月一日の日蝕についても『日本紀略』に「日に蝕有り、十五分の十一。或いは皆既と云う。卯辰の刻皆虧《き》し、墨色の如く光無し。群鳥飛乱し、衆星尽く見わる」と記されている。万治《まんじ》四年（一六六一）四月一三日押小路師定《おしこうじもろさだ》・壬生忠利《みぶただとし》注進（『押小路文書』七二）では、火災改元であったが詔書にはその旨を注さなかった例とする。なお改元詔書は大内記《だいないき》紀伊輔《きのこれすけ》が作成し、赦令のことが記された（『日本紀略』、『改元部類』所収不知記《ふちき》）。

中国では唐の徳宗の時代に用いられた先例がある。訓みについては、『改元部類』所収冬平公記《ふゆひらこうき》徳治《とくじ》三年（一三〇八）一〇月九日条に「貞字・元字等、漢音呉音先例相共に用いらる」と見え、年号の先例においては「貞」は漢音で訓む場合も呉音で訓む場合もあったとされる（徳治以前に貞を用いた先例としては、ほかに貞観《じようがん》・貞応《じようおう》・安貞《あんてい》・貞永《じようえい》がある）。冷泉家本『皇年代記《こうねんだいき》』（室町写）には「テイケン」、東山御文庫本『皇年代記頌《こうねんだいきしよう》』には「テイゲン」、ロドリゲス『日本大文典』には「Teiguen」とあり、「ていげん」と訓むのが一般的であったらしい（「テイ」は漢音）が、『本朝年代暦《ほんちようねんだいれき》』には「ヂヤウ」と訓む異説が示されている。

―参考文献―

宇佐美龍夫ほか『日本被害地震総覧　五九九～二〇一二』東京大学出版会　二〇一三年
大長昭雄「天延四年（貞元元年、九七六）の地震」萩原尊禮ほか編『続古地震』東京大学出版会　一九八九年

44 天《てん》元《げん》

天皇　円融天皇

貞元三年(九七八)一一月二九日庚戌　改元
天元六年(九八三)四月一五日庚子　永観に改元

改元日について、四月一五日あるいは四月一九日、五月七日などと記す史料も存在するが、『日本紀《にほんき》略《りゃく》』や『扶桑略記《ふそうりゃくき》』、『改元部類記』所収不知記《ふちき》には一一月二九日とあり、『類聚符宣抄《るいじゅふせんしょう》』に貞元《じょうげん》三年(九七八)一一月二八日宣旨《せんじ》が収録されていることからも、一一月二九日改元が正しい。

『日本紀略』は改元理由について「明年陽五《ようご》の御慎に依る」と記し、『百練抄《ひゃくれんしょう》』は「災変に依る」、『元秘《げんぴ》別録《べつろく》』は「災変の上、太一・陽五の厄に依る」、『一代要記《いちだいようき》』は「天反〔変〕に依る」とする。太一は北天を運行して兵乱や禍災をつかさどる星のこと。陽五は『漢書』律暦志《りつれきし》上によれば、初元より三六四七年めから五年間、旱《ひでり》などの災害が起こるとされている。これ以前、七月九日には「天変・怪異・太一厄・霜旱等」を理由として一六社に奉幣《ほうべい》が行なわれている(『日本紀略』)。なお、この頃の天文博士《てんもんはかせ》として安倍晴明《あべのはるあきら》が確認できる。

『日本紀略』によれば、改元に合わせて大赦《たいしゃ》と高齢者への賜穀が行なわれた。

年号字の出典は不詳であるが、たとえば『史記』歴書に「王者易姓受命、必慎二始初一、改二正朔一、易二服色一、推二本天元一、順二承厥意一」などと見える。天元とは万物が生育する根元である天の元気の意であるため、陽五の厄に際し、あえてこの語が選ばれた可能性も考えられよう。訓みについて、千葉本『大鏡』に「元」の訓を「クエン」と記しており、漢音で訓まれたらしい(ロドリゲス『日本大文典』も「Tenguen」)。

45 永《えい》観《かん》

天皇 円融天皇・花山天皇

天元六年（九八三）四月一五日庚子　改元
永観三年（九八五）四月二七日辛丑　寛和に改元

『日本紀略《にほんきりゃく》』には「去年の炎旱並びに皇居火災等」を改元理由としたことが記され、『本朝文粋《ほんちょうもんずい》』に収録される慶滋保胤《よししげのやすたね》作の改元詔には、去年黍稷《しょしょく》（五穀）の炎旱に遇《あ》ったこと、宮室が灰燼《かいじん》に帰したことが挙げられ、恩赦および高齢者および僧尼の七〇歳以上への賜穀のことが述べられている。ただし、改元詔において火災そのもののことは明記されていない。炎旱について天元《てんげん》五年（九八二）七月一七日に丹生《にう》・貴布禰《きふね》に祈雨の奉幣使《ほうべいし》が遣わされ（『小記目録《しょうきもくろく》』）。『日本紀略』は一六日条）、一八日からは権律師《ごんのりつし》元杲《げんごう》が神泉苑《えん》にて請雨経法《しょううきょうほう》を修した。二二日には大雨が降ったが充分ではなかったため、二七日まで延行されている（『日本紀略』等）。皇居火災は、新嘗祭《にいなめさい》辰日節会《せちえ》を終えたその夜となる天元五年一一月一七日寅刻の出来事であった（『日本紀略』等）。円融《えんゆう》朝では三度目となる焼亡で、天元三年一一月に二度目の焼亡があった後、翌四年一〇月に新造内裏に遷御しており、それから一年余りしか経っていなかった。

年号字の勘進者《かんしんしゃ》は文章博士《もんじょうはかせ》菅原資忠《すがわらのすけただ》（『一代要記《いちだいようき》』）。訓みについては、千葉本『大鏡』に「エイクワン」とあり、漢音で訓まれたらしい。

46 寛《かん》和《な》

天皇 花山天皇・一条天皇

永観三年(九八五)四月二七日辛丑 改元
寛和三年(九八七)四月五日丁酉 永延に改元

『日本紀略《にほんきりゃく》』に「天祚《てんそ》改むるに依る」とあるように、代始《だいはじめ》改元である。永観《えいかん》二年（九八四）八月二七日に円融《えんゆう》天皇から甥である皇太子師貞《もろさだ》親王（花山《かざん》天皇）への譲位《じょうい》が行なわれ、皇太子には五歳の円融第一皇子懐仁《やすひと》親王（一条《いちじょう》天皇）が立てられた。即位式は同年一〇月一〇日である。

改元に先立ち、外記《げき》に四月中改元の例と中納言以下が上卿《しょうけい》を勤めた例の勘申《かんじん》が命じられた。前者については承平《じょうへい》・延長《えんちょう》・昌泰《しょうたい》の例が勘申され、後者については納言が行なった例として昌泰例が勘申され（『改元部類』所収外記《げき》記）、実際には大納言で皇太后宮大夫の源重信《みなもとのしげのぶ》が上卿を勤めた（大納言奉行の初例）。わざわざ中納言以下が上卿を勤めた例の勘申が命じられたのは、花山天皇の政権基盤と関わるのであろう。改元詔書は慶滋保胤《よししげのやすたね》の作である。

年号字の訓みについては、冷泉家本『皇年代記《こうねんだいき》』等に「クワンワ」と見えるが、『本朝年代歴《ほんちょうねんだいれき》』では「和」について「ナ」と訓むとの説も記す。

仁和《にんな》・安和《あんな》と並んでこの年号の時に代替わりがあったことから、大治《だいじ》度の年号難陳《なんちん》において、下に和字がくるのは代末の年号であり吉例に非ずとされた（『元秘抄《げんぴしょう》』巻四）。

47 永《えい》延《えん》

天皇　一条天皇

寛和三年(九八七)四月五日丁酉　改元
永延三年(九八九)八月八日丙辰　永祚に改元

改元日を七日や九日とする史料もあるが、『小右記《しょうゆうき》』寛和《かんな》三年（九八七）四月五日条に「今日改元の事有り」と記されている。『日本紀略《にほんきりゃく》』に「天祚《てんそ》改むるに依る」とあるように、代始《だいはじめ》改元である。寵愛していた女御藤原忯子《にょうごふじわらのよしこ》が寛和元年七月一八日に卒し、花山《かざん》天皇は心を痛めていたが、皇太子懐仁《やすひと》親王の即位をもくろむ右大臣藤原兼家《ふじわらのかねいえ》の策に乗ぜられて、寛和二年六月二三日に出家し、皇太子懐仁親王（一条《いちじょう》天皇）が践祚《せんそ》することとなった。七月二二日に即位式、一一月一五日より大嘗会《だいじょうえ》が実施された。

48 永《えい》祚《そ》

天皇　一条天皇

永延三年(九八九)八月八日丙辰　改元
永祚二年(九九〇)一一月七日戊寅　正暦に改元

改元理由について『日本紀略《にほんきりゃく》』は「彗星《すいせい》・天変・地震の災を攘《はら》うに依る」と記す。この年六月一日に彗星が東西の天に現れ、七月中旬には連夜見えたという(『日本紀略』)。『諸道勘文《しょどうかんもん》』巻四五には長さ五尺ばかりと記される。この彗星はハレー彗星である。また八月三日には酉時に日三面双出で、混合するということがあった(『百練抄《ひゃくれんしょう》』)。「およそ近日怪異多し」と記される)。地震については、七月二一日に寅の時に両度、地大いに震えたと『小右記《しょうゆうき》』に記されている。改元詔書は大内記《だいないき》三善佐忠《みよしのすけただ》の作であり、あわせて高齢者・僧尼への賜穀が行なわれた。(『日本紀略』)。

『元秘抄《げんぴしょう》』巻三によれば、このたびの年号字は先年に大江維時《おおえのこれとき》が勘進《かんしん》したものであるという。維時は応《おう》和《わ》三年(九六三)六月七日に薨じている。『元秘抄』はまた「今度勘文を進《たてまつ》る三人。見えず」とも記しており、三名の勘進があったらしい。

―参考文献―

斉藤国治「ハレー彗星」『国史国文に現れる星の記録の検証』雄山閣出版　一九八六年

49 正《しょう》暦《りゃく》　天皇 一条天皇

永祚二年(九九〇)一一月七日戊寅　改元
正暦六年(九九五)二月二二日戊戌　長徳に改元

改元理由について『日本紀略《にほんきりゃく》』は「大風・天変に依る」と記す。あわせて大赦《たいしゃ》と高齢者・僧尼への賜穀が行なわれた。改元の数ヵ月前には天皇御悩《ごのう》のことがあり(『小右記《しょうゆうき》』永祚《えいそ》二年〈九九〇〉八月一日条、『小記《しょうき》目録《もくろく》』御薬事。『百練抄《ひゃくれんしょう》』には「六月廿八日以後天皇不予。八月に平癒」と記される。『寺門高僧記《じもんこうそうき》』二観脩《かんしゅう》項には「六月主上瘧疾《ぎゃくしつ》」と見える)、八月二二日に伊勢神宮以下の諸社に祈年穀・天変怪異・御悩などを理由に奉幣《ほうべい》がなされ(『日本紀略』)、二九日は大風洪水のことがあった(『本朝世紀《ほんちょうせいき》』、『小右記』)が、『元秘抄《げんぴしょう》』巻二や『元秘別録《げんぴべつろく》』には「天保」「皆安」「平康」「能成」「和平」を勘進《かんしん》した永祚二年三月一三日付の式部権大輔菅原輔正《すがわらのすけまさ》の年号勘文《かんもん》が収められており、『百練抄』に「去年の大風に依る」、『扶桑略記《ふそうりゃくき》』に「去年の大風に由り改元」とある。前年すなわち永祚元年の八月一三日には、大風により承明門《しょうめいもん》東西廊をはじめとした宮中の諸門・堂舎や左右京の人家、また賀茂上下社・石清水《いわしみず》社・東大寺《とうだいじ》・興福寺《こうふくじ》・薬師寺《やくしじ》等の建物が顚倒破壊し、賀茂川の堤防が決壊、畿内の海浜河辺の民烟《みんえん》(民家)や人畜・田畝《でんぽ》が水没して「天下の大災、古今比《たぐ》いなし」と記されるほどであった(『日本紀略』、『扶桑略記』、『本朝世紀』、『東大寺要録《とうだいじようろく》』巻五、『七大《しちだい》寺《じ》巡礼私記《じゅんれいしき》』、『薬師寺縁起《やくしじえんぎ》』等)。『今昔物語集』には比叡山東塔《ひえいざんとうとう》の八尺にも及ぶ大鐘が吹き飛ばされたとの説話が収められている。

三月に年号勘文が提出されながら、すぐに改元が実行されなかった理由は不詳。この間には兼家《かねいえ》から道《みち》隆《たか》への摂関の交替や藤原定子《ふじわらのさだこ》の立后が行なわれている。

輔正の勘進した年号字の中に「正暦《しょうりやく》」はなく、勘進者は不詳。『元秘抄』巻三には外記《げき》勘文の見えないことが記されている。訓みについては、冷泉家本『皇年代記《こうねんだいき》』等に「シヤウリヤク」、ロドリゲス『日本大文典』に「Xŏriacu」とある。

50 長《ちょう》徳《とく》　天皇　一条天皇

正暦六年(九九五)二月二二日戊戌　改元
長徳五年(九九九)正月一三日丁卯　長保に改元

改元理由について『日本紀略《にほんきりゃく》』は「疾疫《しつえき》・天変に依る」とし、『扶桑略記《ふそうりゃくき》』は「疫死の災に由る」、『百《ひゃく》練抄《れんしょう》』は「疫旱に依る」とする。正暦《しょうりゃく》四年(九九三)五月より咳病《がいびょう》が流行し、七月頃からは疱瘡《ほうそう》が流行、さらに五年には「正月より十二月に至るまで天下疫癘《えきれい》最も盛んなり。鎮西《ちんぜい》より起こりて七道《しちどう》に遍《あまね》く満つ」(『日本紀略』正暦五年今年条)と見えるように疫病《えきびょう》の流行が続いていた。天変については五年六月に天文奏《てんぶんそう》が行なわれている(『本朝世紀《ほんちょうせいき》』同月一五日条)。改元とともに大赦《たいしゃ》と調庸の免除も行なわれた。

『改元部類』および『元秘別録《げんぴべつろく》』所引小右記《しょうゆうき》逸文によれば、大江維時《おおえのこれとき》が村上《むらかみ》天皇の時代に勘進《かんしん》した勘文《かんもん》により「長徳《ちょうとく》」が選ばれ、ほかに大江朝綱《あさつな》・菅原文時《すがわらのふみとき》・藤原後生《ふじわらののちおう》の旧年勘文も下されたという。これに対し、参議藤原公任《きんとう》は実資《さねすけ》に「長徳は俗忌《ぞつき》がある。「長毒」に通じるのではないか。また日本の年号で徳字を用いたのは天徳《てんとく》があるだけである。天徳年間には疫癘があったし、内裏焼亡もあった」と告げている。

改元後にも疫癘の流行は収まらず、七月までに公卿では関白道隆《みちたか》・道兼《みちかね》、左大臣源重信《みなもとのしげのぶ》、大納言藤原朝光《あさみつ》・藤原済時《なりとき》・藤原道頼《みちより》、中納言藤原保光《やすみつ》・源伊陟《これただ》が薨じ、四位七人、五位五四人が亡くなったという(『日本紀略』七月条)。

年号字の出典について、森本角蔵『日本年号大観』は維時の康保《こうほう》度の勘文に揚雄《ようゆう》の文として「唐虞長徳、而四海永懐」があるとするが、不詳。おそらくは森鷗外《もりおうがい》『元号考』の記述を誤解したものか（維時は応和《おうわ》三年〈九六三〉に卒しているので、康保度に勘進することはそもそもあり得ない）。

51 長《ちょう》保《ほう》　天皇　一条天皇

長徳五年(九九九)正月一三日丁卯　改元
長保六年(一〇〇四)七月二〇日壬寅　寛弘に改元

改元理由について『日本紀略《にほんきりゃく》』は「天変・炎旱の災に依る」と記し、『元秘別録《げんぴべつろく》』は「災異・水旱に依る」とする。一方、『扶桑略記《ふそうりゃくき》』は「赤斑瘡《あかもがさ》の疫に依る」と、また『百練抄《ひゃくれんしょう》』は「去年の疫瘡に依る」、『一代要記《いちだいようき》』は「疾疫《しつえき》」と記す。たしかに長徳《ちょうとく》四年(九九八)には「天下衆庶疱瘡《ほうそう》を煩う。世これを稲目《いなめ》瘡《がさ》と号《な》づけ、又、赤疱瘡と号づく。天下この病を免るるの者なし」(『日本紀略』七月今月条)、「今年天下、夏より冬に至るまで疱瘡遍《あまね》く発る。六・七月の間、京師の男女死者甚だ多し。下人《げにん》死なず、四位以下の人妻最も甚だし。これを赤斑瘡と謂い、主上より始めて庶人に至るまで上下老少この瘡を免るることなし」(同書今年条)という状況であったが、これ以前、長徳三年一二月一四日には文章博士《もんじょうはかせ》大江匡衡《おおえのまさひら》に年号勘進《かんしん》が命じられており(『日本紀略』)、実際の改元理由は判然としない。なお、この「赤疱瘡」はいわゆる麻疹《はしか》であり、これが日本で最初の麻疹の流行と考えられている。

長徳四年一二月二〇日付で参議式部大輔菅原輔正《すがわらのすけまさ》の年号勘文《かんもん》が提出され(『元秘別録』。「延世」「咸寧」「恒久」「休和」を勘進)、さらに七月には文章博士三善道統《みよしのみちむね》の年号勘文が奏上された(『権記《ごんき》』)。しかしなかなか改元は実際されず(『権記』七月一三日条・一四日条)、一二月一四日に明年行なわれることが定められた(『権記』)。『元秘別録』・広橋本『改元部類記』所収権記逸文によれば、五年正月一三日当日、頭弁藤原《とうのべんふじわらの》行成《ゆきなり》は左大臣藤原道長《みちなが》より改元は必ずしも最吉を選ぶ必要はないが、悪日は避けるべきであるとして今日行なうよう天皇の指示を仰ぐことを命じられ、それより道長が上卿《しょうけい》を勤めるべきこと、大江匡衡の選んだ長保《ちょうほう》の字を用いること、大赦《たいしゃ》を行なうことが天皇より仰せられた。大内記《だいないき》紀斉名《きのただな》が不在のため、改元詔書の作成は権少外記《ごんのしょうげき》慶滋為政《よししげのためまさ》に命じられた。

年号字の出典を『周易《しゅうえき》』および『国語』とする説があるが、その根拠は確認できない。訓みについては長保の頃、作られたという雅楽曲長保楽について、御所本『教訓抄《きょうくんしょう》』巻五には「チヤウホウラク」の訓があり、「又長浦楽、又長宝楽」とも記されている。また『実隆公記《さねたかこうき》』永正《えいしょう》三年（一五〇六）一一月二日条では「保」字について濁って訓むという説を伝えている。

―参考文献―

富士川游『日本疾病史』平凡社東洋文庫　一九六九年　初刊一九一二年

52 寛《かん》 弘《こう》

天皇 一条天皇・三条天皇

長保六年(一〇〇四)七月二〇日壬寅 改元
寛弘九年(一〇一二)一二月二五日戊子 長和に改元

改元理由について『日本紀略《にほんきりゃく》』は「災変に依る」と記す。これについて『御堂関白記《みどうかんぱくき》』に「詔書草に地動の文有り」と見え、『元秘《げんぴ》別録《べつろく》』には「天変地妖に依る」、『皇年代略記《こうねんだいりやつき》』には「天変地震に依る」とあるが、具体的に何を指しているのかは不詳。改元前後の長保《ちょうほう》六年(一〇〇四)七月から八月にかけては祈雨が行なわれており(『日本紀略』。『百練抄《ひやくれんしょう》』には「今年、天下炎旱の愁有り」と見える)、あるいはこれと関連するか。

年号字の勘進者《かんしんしゃ》は大江匡衡《おおえのまさひら》(『元秘別録』、『江吏部集《ごうりほうしゅう》』)。はじめ諸卿は年号字を「寛仁」と定めたが、左大弁藤原忠輔《ふじわらのただすけ》が「仁」は天皇の諱《いみな》であることを指摘し(一条《いちじょう》天皇の諱は「懐仁《やすひと》」)、これを避けて「寛弘《かんこう》」に改められた(『御堂関白記』、『権記《ごんき》』)。唐で避けている例にならったという(『元秘別録』)。ただし寛仁《かんにん》度の改元定では連読でなければ避ける必要はないとの意見も出されている(広橋本『改元部類記』所収権記長和《ちょうわ》六年〈一〇一七〉四月二三日条)。『元秘別録』所引小右記《しょうゆうき》逸文(寛弘九年〈一〇一二〉一二月二五日条)によれば、寛仁を勘進したのも匡衡であった。

改元に合わせ恩赦も行なわれたが、当初、八虐《はちぎやく》を免ずる文言が記されていなかったため、加えられたという(『御堂関白記』)。『廷尉《ていい》故実《こじつ》』にこの恩赦により八人の囚人を許す旨を記した宣旨《せんじ》が収録される。

―参考文献―

倉本一宏「寛弘元年七月」山中裕編『御堂関白記全註釈』寛弘元年 高科書店 一九九四年

53 長《ちょう》和《わ》

天皇　三条天皇・後一条天皇

寛弘九年（一〇一二）一二月二五日戊子　改元
長和六年（一〇一七）四月二三日辛卯　寛仁に改元

『日本紀略《にほんきりゃく》』に「天祚《てんそ》改むるに依る」とあるように代始《だいはじめ》改元。寛弘《かんこう》八年（一〇一一）六月一三日に一《いち》条《じょう》天皇は病により居貞《おきさだ》親王（三条《さんじょう》天皇）に譲位《じょうい》、同月二二日に崩御《ほうぎょ》した。ついで冷泉《れいぜい》上皇も一〇月二四日に崩御したため、諒闇《りょうあん》が明けたのは寛弘九年一〇月一二日のことであり、改元は閏《うるう》一〇月に大嘗祭《だいじょうさい》、一一月に朔旦冬至《さくたんとうじ》（太陰太陽暦で一一月一日が冬至にあたること。吉事とされた）を行なった後の一二月になったと考えられる。

年号字は、文章博士《もんじょうはかせ》であった菅原宣義《すがわらののぶよし》と大江通直《おおえのみちなお》が連署《れんしょ》して「太初」「政和」「長和」を勘進《かんしん》したが、左大臣藤原道長《ふじわらのみちなが》は寛弘度に勘進された「寛仁」が良いのではないかと考えた。しかし寛弘度の大江匡房《まさふさ》勘文《かんもん》は探し出せず、両文章博士も出典を見つけることができなかった。大納言藤原実資《さねすけ》は『漢書』高帝紀に「寛仁愛人、意豁如也」があることを伝えたが、改元定の場では、儒者の年号勘文がないため「寛仁」は却下され、三案のうち「和」字が不快（代替わりがあった安和《あんな》・寛和《かんな》の事例があるためか）であるものの、今日中に決定すべきであるとして「長和《ちょうわ》」が選ばれた（『元秘別録《げんぴべつろく》』・『改元部類』所収小右記《しょうゆうき》、広橋本『改元部類記』所収権記《ごんき》、『御堂関白記《みどうかんぱくき》』）。「太初」は漢の武帝の年号で干支《かんし》が戊子《ぼし》であることや朔旦冬至があったことが共通していたが、その他にも中国で用いられており、それらの例が不祥であった。また「政和」の「政」は秦《しん》の始皇帝の名であり、中国においても「政」字を年号に用いたことは一度しかなかった。詔書は大内記《だいないき》大江為清《ためきよ》が作成した（『改元部類』所収不知記《ふちき》に詔書本文が引かれる）。

出典は『礼記《らいき》』であり（広橋本『改元部類記』所収権記）、冠義の「君臣正、父子親、長幼和、而后礼義立」と考えられる。

54　寛《かん》仁《にん》

天皇　後一条天皇

長和六年（一〇一七）四月二三日辛卯　改元
寛仁五年（一〇二一）二月二日丁未　治安に改元

『百練抄《ひやくれんしよう》』に「即位に依る」とあるように代始《だいはじめ》改元。三条《さんじよう》天皇は眼病により長和《ちようわ》五年（一〇一六）正月二九日皇太子敦成《あつひら》親王（後一条《ごいちじよう》天皇）に譲位《じようい》した。後一条天皇は二月七日に即位式をあげ、一一月には大嘗祭《だいじようさい》を実施、翌六年三月一六日には摂政が藤原道長《ふじわらのみちなが》よりその男頼通《よりみち》に交代した。

改元に先立ち、二月一一日に右大臣藤原顕光《あきみつ》が博士らの年号勘文《かんもん》を奏したが、摂政道長は不快であるとして再提出を命じている（『御堂関白記《みどうかんぱくき》』）。改元日当日の改元定では文章博士《もんじようはかせ》菅原宣義《すがわらののぶよし》・大江通直《おおえのみちなお》、式部大輔藤原広業《ひろなり》の勘文が進められたが、宣義は前日に卒去したため故者の勘文は即位初の年号に忌むべきであるとして議論の対象とはされなかった。広業が勘進《かんしん》した字より「寛仁《かんにん》」が選ばれた。この定のときに「仁」が一条《いちじよう》天皇の諱《いみな》の字であり、先年忌避されたことが指摘されたが、連読（諱と同一）でなければ避ける必要はないとされた（以上、広橋本『改元部類記』・『元秘別録《げんぴべつろく》』所引権記《ごんき》）。寛弘《かんこう》度と判断が異なるのは、当代の諱ではないためである。『改元部類』所引経頼記《つねよりき》（左経記《さけいき》）は「寛仁」と通直が選んだ「寛徳」が奏上され、勅定によって「寛仁」に定められたとする。ただしこのとき、御在所《ございしよ》には摂政が候じており、実際には摂政の判断であった。『改元部類』所引経頼記によれば、改元二日前の二一日にこのたびの改元において恩赦を行なうべきか先例調査が大外記《だいげき》小野文義《おののふみよし》に命じられており、二二日に文義は代始改元時は奏瑞《そうずい》があった元慶《がんぎよう》度のほかは天禄《てんろく》度以外に恩赦の例がないことを勘申《かんじん》している。また二二日には改元詔書覆奏の時期についても先例が勘申された。

年号字の出典は「会稽記《かいけいき》」の「寛仁祐」であるという（広橋本『改元部類記』・『元秘別録』所引権記）。訓みについては、千葉本『大鏡』に「クワンニン」と見える。

55 治《じ》安《あん》

天皇　後一条天皇

寛仁五年（一〇二一）二月二日丁未　改元
治安四年（一〇二四）七月一三日戊戌　万寿に改元

辛酉《しんゆう》改元。前年の寛仁《かんにん》四年（一〇二〇）一〇月一三日に大法師《だいほうし》仁統《にんとう》に明年の辛酉年が革命にあたるか否かの勘申《かんじん》が命じられている。仁統は『二中歴《にちゅうれき》』一能歴にもその名が挙げられている宿曜師《すくようじ》。同年一一月一一日に差遣された宇佐使《うさづかい》の宣命《せんみょう》には、「今明年は重く慎みなさるべきであり、世の諺《ことわざ》にも庚申《こうしん》・辛酉の年は天下静かならざるといにしえより伝えきている」との文言が加えられた（『革暦類《かくれきるい》』所収承暦《じょうりゃく》四年〈一〇八〇〉二月一五日清原定俊《きよはらのさだとし》勘申）。

正月になると紀伝・明経《みょうぎょう》・陰陽《おんよう》・暦道《れきどう》に革命の当否について勘申が命じられ、一六日から二八日にかけて（ただし勘申日を記さない勘文《かんもん》一通あり）文章博士《もんじょうはかせ》慶滋為政《よししげのためまさ》、同藤原義忠《ふじわらのよしただ》、助教大江有道《おおえのありみち》および明経博士中原貞清《なかはらのさだきよ》（連署《れんしょ》）、助教清原頼隆《よりたか》、暦博士《れきはかせ》賀茂守道《かものもりみち》、主計頭《かずえのかみ》安倍吉平《あべのよしひら》の勘文が提出され、それとは別にやはり宿曜師である僧利源《りげん》の私勘文、二月二日付陰陽頭惟宗文高《これむねのふみたか》の革命有無の勘申に堪えざる旨を述べた申状が伝えられている（『革暦類』）。二月一日には年号字について参議式部大輔藤原広業《ひろなり》の意見によりこれに以前（応和《おうわ》度か）に提出された古勘文も検討に含めることが決まった（広橋本『改元部類記』所収権記《ごんき》）。改元日当日にはまず今年が辛酉革命にあたるか否かについて定めがなされ、勘申では説が分かれているが、改元により仁政を施すこととし、改元詔書には革命の旨は載せないこととされ、「歳当年辛酉に当たり、古来の風、慎むべし」と記された。また応和度の例にならい、恩赦および高齢者・僧尼への賜穀が行なわれた（以上、広橋本『改元部類記』所収権記、『革暦類』永保《えいほ》度所収承暦四年一二月一五日清原定俊勘例等）。

年号勘文は広業と為政より提出され、為政勘進《かんしん》の「治安」と応和度に大江維時《おおえのこれとき》勘進の「乾綱」「嘉保」のうち、勅定により「治安《じあん》」に決した（広橋本『改元部類記』所収権記・経頼記《つねよりき》〈左《さ》経記《けいき》〉。『元秘《げんぴ》抄《しょう》』巻三には広業が撰したとの説が見えるが疑問）。

「治安」の出典は『漢書』賈誼《かぎ》伝「陛下何不下壱令レ臣得中孰数二之於前一、因陳治安之策上、試詳択焉」との説があるが、確認できない（大江朝綱《あさつな》が『漢書』文帝紀によって勘進した例はある。『元秘抄』巻二）。訓みについては、東山御文庫本『皇年代記《こうねんだいき》頌《しょう》』（室町写）等に「ヂアン」と見え、ロドリゲス『日本大文典』にも「Gian」と見える（「ヂ」は呉音）。

—参考文献—

佐藤　均「『革暦類』についての考察」『革命・革令勘文と改元の研究』佐藤均著作集刊行会　一九九一年　初出一九八〇年

56 万《まん》寿《じゅ》

天皇 後一条天皇

治安四年(一〇二四)七月一三日戊戌 改元
万寿五年(一〇二八)七月二五日戊午 長元に改元

甲子《かつし》改元。前年の治安《じあん》三年(一〇二三)一二月一九日に明経《みようぎよう》・暦道《れきどう》等に翌年が甲子革令にあたるか否か勘申《かんじん》が命じられた(『小右記《しようゆうき》』一八日・一九日条。『中原師光《なかはらのもろみつ》中原師弘《もろひろ》甲子改元勘例写』によれば紀伝道《きでんどう》にも勘申が命じられた)。ついで四月二六日には革令についての仗議《じようぎ》が行なわれて、年号字の勘進《かんしん》が参議藤原広業《ふじわらのひろなり》、大内記《だいないき》菅原忠貞《すがわらのたださだ》、文章博士《もんじようはかせ》藤原義忠《よしただ》に命じられた(『中原師光中原師弘甲子改元勘例写』)。五月一三日には広業が「承天」と「地寧」を勘進している(『小右記』)。当初、六月九日に改元が計画されたが、六月改元の唯一の先例である嘉祥《かしよう》は仁明《にんみよう》天皇が崩じていることなどから不吉と判断され、七月に延引された(広橋本『改元部類記』所収経頼記《つねよりき》〈左経記《さけいき》〉六月八日条、『小右記』同日条)。

仗議では今年が革令にあたるか否か、諸道の勘申では不分明であるとされ、改元詔書には甲子年は慎むべきにより改元することが記された(広橋本『改元部類記』所引経頼記)。広業のほか、文章博士慶滋為政《よししげのためまさ》が「広運」「万寿」「会同」、義忠が「建保」「嘉禄」「承保」を勘進したなかから「万寿」と「嘉禄」が奏上されたところ、重ねて定むべしとの仰せが下され、「万寿《まんじゆ》」に決することになった(広橋本『改元部類記』所収権記《ごんき》、『元秘別録《げんぴべつろく》』所引経頼記)。ただし『改元勘文部類』は忠貞も「嘉禄」を勘進したとする。

年号字の出典は『毛詩《もうし》』小雅・南山有台で、「楽只君子、邦家之光、楽只君子、万寿無レ疆」と見える(『改元勘文部類』)。改元にあわせて大赦《たいしや》および高齢者への賑給《しんごう》が行なわれた(『日本紀略《にほんきりやく》』)。万寿の年号は、後世、吉例とされた（『台記《たいき》』康治《こうじ》三年〈一一四四〉二月九日条）。

訓みについて、ロドリゲス『日本大文典』には「Manjŭ」と見える。

―参考文献―

佐藤　均「『甲子紀伝勘文部類』について」『革命・革令勘文と改元の研究』佐藤均著作集刊行会　一九九一年　初出一九八三年

57 長《ちょう》元《げん》

天皇　後一条天皇・後朱雀天皇

万寿五年（一〇二八）七月二五日戊午　改元
長元一〇年（一〇三七）四月二一日甲子　長暦に改元

改元理由について『日本紀略《にほんきりゃく》』は「疫癘《えきれい》・炎旱に依る」と記す。改元詔書には、践祚《せんそ》して一二年を迎えたが、風化がいまだ浅いことを万民に恥じていること、天下が静かでなく妖怪が起こり、昨年は夭折の聞こえが多く、今夏は旱疫の患いのあることが述べられている（『小右記《しょうゆうき》』）。『元秘別録《げんぴべつろく》』は旱疫に加えて「板東また兵事有り」と記す。前年の万寿《まんじゅ》四年（一〇二七）六月から七月にかけては旱魃《かんばつ》があり（『小右記』六月一六日・二三日、七月一三日・一七日・二〇日条等）、六月には東大寺《とうだいじ》、八月には宇佐《うさ》八幡宮《はちまんぐう》にて怪異があり（『類聚符宣抄《るいじゅふせんしょう》』万寿四年六月二九日太政官符《だいじょうかんぷ》、一一月二日太政官符等）、一二月二日には藤原道長《ふじわらのみちなが》が薨じている。五年五月三日には疾疫《しつえき》・旱魃の災を消すためとして大極殿にて大般若経《だいはんにゃきょう》転読が行なわれた（『日本紀略』）。板東の兵事と改元との関係は不詳であるが、ちょうどこの時期、平忠常《たいらのただつね》の乱が起きている。

四月二二日に左中弁　源　経頼《みなもとのつねより》は関白藤原頼通《よりみち》のもとを訪れ、昨年は凶事が多く、最近世間が静かでないこと、年号が良くないとの風説があることを述べて改元を提案した。これに対し、頼通は自分も考えていたとして、翌二三日には上東門院《じょうとうもんいん》藤原彰子《あきこ》に奏し、右大臣藤原実資《さねすけ》にも伝えて、大学頭《だいがくのかみ》大江通直《おおえのみちなお》・文《もん》章博士《じょうはかせ》慶滋　為政《よししげのためまさ》・木工頭《もくのかみ》大江挙周《たかちか》に年号字勘進《かんしん》が命じられ、改元の準備が進められることとなった（『左経記《さけいき》』）。式部大輔藤原資業《すけなり》も勘進《かんしん》したとの説がある（『元秘別録』、広橋本『年号字』）が、疑問が残る。

七月一二日より一四日にかけて通直・為政・挙周の年号勘進があり、一九日に奏上された（『小右記』、

『左経記』)。改元日について関白頼通は二六日を考えていたが、実資はその日は御衰日《ごすいにち》(天皇が慎むべき日。陰陽道の考え方に基づく)にあたるとして、結局、二五日に決定した(『小右記』)。

年号字は為政が「天祐」「長元」「長育」を、通直が「玄通」を、挙周が「延世」「延祚」「政善」を勘進し、「長元《ちょうげん》」が選ばれた(『小右記』)。出典は「太公六韜《たいこうりくとう》」の「天之為レ天、元為二天長一矣、地久矣、長久在二其元一、万物在二其間一、各得二自利一、謂二之泰平一、故有二七十六壬癸一、其所レ繋天下而有」であるという(『改元勘文部類』)が、現行の『六韜』には見出せない。詔書には恩赦、高年および困窮者への賑給《しんごう》のことが記された(『小右記』)。

訓みについては、東山御文庫本『皇年代記《こうねんだいき》頌《しょう》』(室町写)には「チヤウゲン」とあり(「ゲン」は漢音)、また長元の大嘗会《だいじょうえ》のときに源済政《なりまさ》が作ったとされる雅楽の長元楽について、御所本『教訓抄《きょうくんしょう》』巻六に「チヤウクエンラク」の訓が付されている。ロドリゲス『日本大文典』は「Chŏguen」。

なお、長元四年(一〇三一)に出雲大社の社殿が顚倒し、改元を求める託宣《たくせん》により、翌五年正月より改元が議論され、八月に改元が計画されたが、託宣の虚偽が発覚し、改元は中止された(『小右記』)。このときには大江挙周が「大応」「康平」を、藤原資業が「成徳」「政和」「平康」を、藤原家経《いえつね》が「承暦」「政平」「義同」を勘進したらしい(『元秘別録』)。

―参考文献―

大日方克己「長元四年の杵築大社顚倒・託宣事件」『アジア遊学』一三五　二〇一〇年

58　長《ちょう》暦《りゃく》

天皇　後朱雀天皇

長元一〇年(一〇三七)四月二一日甲子　改元
長暦四年(一〇四〇)一一月一〇日辛酉　長久に改元

『百練抄《ひゃくれんしょう》』に「即位に依る」とあるように代始《だいはじめ》改元。長元《ちょうげん》九年(一〇三六)四月一七日に後一条《ごいちじょう》天皇が崩御《ほうぎょ》し、皇太子敦良《あつなが》親王(後朱雀《ごすざく》天皇)が践祚《せんそ》、七月一〇日に即位式をあげ、一一月一七日より大嘗祭《だいじょうさい》を実施した。

改元定では式部権大輔大江挙周《おおえのたかちか》が「咸徳(または盛徳)」「治暦」「延寿」を、大学頭藤原義忠《だいがくのかみふじわらのよしただ》が「長暦」「承宝」を、文章博士《もんじょうはかせ》菅原忠貞《すがわらのただざだ》が「大治」「顕徳」を勘進《かんしん》した(『元秘別録《げんぴべつろく》』。『行親記《ゆきちかき》』では「承宝」を「承保」に作る)。『元秘別録』はこのときに「天寿」も勘進されたことが『野府記《やふき》(小右記《しょうゆうき》)』に見える旨、大治改元時の『中右記《ちゅうゆうき》』に見えるとの書き入れがあり、また『改元部類』所収不知記《ふちき》には「長喜」「私同」(『元秘別録』によれば「和同」の誤り)も勘進されたとする。諸卿により「長暦《ちょうりゃく》」が選ばれ天皇に奏上された(『元秘別録』所引大記《だいき》〈為房卿記《ためふさきょうき》〉、『二《に》東記《とうき》』)。

年号字の出典は「春秋《しゅんじゅう》」であるという(『元秘別録』)。訓みについては、冷泉家本『皇年代記《こうねんだいき》』等に「チヤウリヤク」と見える(「リヤク」は呉音)。

59 長《ちょう》久《きゅう》

天皇　後朱雀天皇

長暦四年（一〇四〇）一一月一〇日辛酉　改元
長久五年（一〇四四）一一月二四日壬午　寛徳に改元

改元理由について『百練抄《ひゃくれんしょう》』は「災変に依る」とする。長暦《ちょうりゃく》四年（一〇四〇）は炎旱の災いがあり（『春記《しゅんき》』四月五日条、六月一六日条等）、また怪異のこともあった（『春記』六月二七日条）。また七月下旬には京都から伊勢にかけて大風のことがあり、豊受宮《とゆけぐう》（外宮）が顚倒した（『春記』八月一一日条）。八月には京中に病が流行している（『春記』八月一六日条）。『一代要記《いちだいようき》』は内裏焼失を改元理由とするが、それは九月九日のことであり、それ以前から改元の準備は開始されている。

九月八日に年号勘進者《かんしんしゃ》が定められ、一〇月二二日に年号勘文《かんもん》の奏聞が行なわれた。大学頭《だいがくのかみ》藤原義忠《ふじわらのよしただ》は「延祥」（『元秘別録《げんぴべつろく》』は「承宝」とする）を、式部権大輔大江挙周《おおえのたかちか》は「継天」「長久」を、文章博士《もんじょうはかせ》橘孝親《たちばなのたかちか》は「天寿」「元功」を勘進している。一一月一日に改元定を一〇日に行なうことが決定した。改元定では「延祥」「天寿」「長久」が良いとされたが、「延祥」は出典の文に「営宮」とあって悪く、「天寿」は一年・二年というのは忌むべきであるとして、「長久」が選ばれ天皇に奏上された。改元詔書には、長暦以後連年凶災があり、天下が穏やかでないため、徳を天下に施し改元するとし、また軽犯者等の恩赦のことが記された（『春記』）。

出典は『老子《ろうし》』韜光第七の「天長地久」である（『元秘別録』）。義忠は、出典は本来「畳字《じょうじ》（連続する語）」を選ぶべきであると述べたという（『元秘別録』寛徳度所引土記《どき》〈土右記《どゆうき》〉）。

60 寛《かん》徳《とく》

天皇　後朱雀天皇・後冷泉天皇

長久五年（一〇四四）一一月二四日壬午　改元
寛徳三年（一〇四六）四月一四日甲子　永承に改元

改元理由について『百練抄《ひゃくれんしょう》』は「疾疫《しつえき》・旱魃《かんばつ》に依る」と記す。また『改元部類』所収戸部納言記《こほうなごんき》は「疫癘《えきれい》・旱魃・天変・物怪《もののけ》等のことに依り」改められたとする。長久《ちょうきゅう》五年（一〇四四）は正月より六月まで疾疫が流行し、八月二七日には旱疫により二十一社奉幣《ほうべい》がなされた。六月三日には「謡言」により京中人宅はみな門を閉ざして慎み忌んだという（『扶桑略記《ふそうりゃくき》』）。また天皇不予もあった（『扶桑略記』五月二五日条）。

年号勘進《かんしん》は伊予守（前式部大輔）藤原資業《ふじわらのすけなり》・式部権大輔大江挙周《おおえのたかちか》・文章博士《もんじょうはかせ》平定親《たいらのさだちか》の三名に命じられ、資業は「治平」「成徳」を、挙周は「寛徳」「盛徳」を、定親は「天喜」「康和」「寛徳」を勘進した（『元秘別録《げんぴべつろく》』）。改元定では「盛」は「戈」と「血」からなるなどとして、「寛徳」と「康和」が選ばれ奏上されたが、天皇は、出典が畳字《じょうじ》（連続する語）である「寛徳《かんとく》」を選んだ（『改元部類』所収資房卿記《すけふさきょうき》〈春記《しゅんき》〉、『元秘別録』・『改元部類』所収土記《どき》〈土右記《どゆうき》〉）。改元詔書には明年の御慎みが甚だ重い旨が記され（『改元部類』所収資房卿記）、「長暦《ちょうりゃく》三年（一〇三九）例」をもって恩赦が行なわれた（『改元部類』所収不知記《ふちき》）。「長暦三年例」とは同年七月二六日の天皇不予による大赦《たいしゃ》（『扶桑略記』）を指すか。

年号字の引文は「後漢書曰、上下歓欣、人懐二寛徳一」（『元秘別録』）。『後漢書』杜林《とりん》伝に「海内歓欣、人懐二寛徳一」と見える。

後朱雀《ごすざく》天皇の病は一二月二五日より重くなり、翌寛徳二年正月一六日に譲位《じょうい》、一八日に崩御《ほうぎょ》した。

61 永《えい》承《しょう》　天皇 後冷泉天皇

寛徳三年(一〇四六)四月一四日甲子　改元
永承八年(一〇五三)正月一一日壬子　天喜に改元

『百練抄《ひゃくれんしょう》』に「即位に依る」と記されるように代始《だいはじめ》改元。寛徳《かんとく》二年(一〇四五)正月一六日に病により後朱雀《ごすざく》天皇が皇太子親仁《ちかひと》親王(後冷泉《ごれいぜい》天皇)に譲位《じょうい》、後冷泉天皇は四月八日に即位式をあげた。

年号勘進《かんしん》は勘解由《かげゆ》長官《ちょうかん》(前式部権大輔)藤原資業《ふじわらのすけなり》・式部権大輔大江挙周《おおえのたかちか》・文章博士《もんじょうはかせ》平定親《たいらのさだちか》の三名に命じられ、資業は「康平」を、挙周は「継天」「承統」「大弘」を、定親は「承保」「永承」を勘進した。このうち改元定では「康平」と「永承」が選ばれ奏上されたが、一定すべき由仰せがあり、「康」字を用いた先例は康保《こうほう》のみとの藤原経任《つねとう》の意見により、「永承《えいしょう》」に定められ奏上された。康保は代替わりのあった年号であるため、不吉とされたのであろう。経任は「永承」についても「永」字を用いた年号(永観《えいかん》・永延《えいえん》・永祚《えいそ》)は一、二年で終わっているので「承保」の方が良いとの意見を述べたという(『二東記《にとうき》』、『改元部類』所収土記《どき》〈土右記《どゆうき》〉、『元秘別録《げんぴべつろく》』)。なお、資業はこの日、式部大輔に任じられている(『公卿補任《くぎょうぶにん》』)。

年号字の引文は「尚書《しょうしょ》曰、永承天祚」である(『元秘別録』)が、現行の『尚書』には見えず、あるいは『宋書《そうじょ》』礼志《らいし》一もしくは『晋書《しんじょ》』礼志下の誤りか。訓みについては『本朝年代歴』などに「エイセウ」、ロドリゲス『日本大文典』に「Yeixô」と見えるも、『中家実録《ちゅうけじつろく》』のように「陽譲」と訓む例もあり、また文部省一八七四年刊『御諡号及年号読例《ごしごうおよびねんごうどくれい》』のように「エイジヨウ」との訓みもあった(呉音は「ヰヤウジヨウ」、漢音は「エイシヨウ」)。

62 天《てん》喜《ぎ》

天皇　後冷泉天皇

永承八年（一〇五三）正月一一日壬子　改元
天喜六年（一〇五八）八月二九日丁卯　康平に改元

改元理由について『百練抄《ひやくれんしょう》』は「天変怪異に依る」とする。前年の永承《えいしょう》七年（一〇五二）は疾疫《しつえき》が流行し、正月よりたびたび仏典の転読や奉幣使《ほうべいし》発遣などが行なわれた（『扶桑略記《ふそうりやつき》』、『春記《しゅんき》』、『百練抄』）。

年号勘進《かんしん》は式部大輔藤原国成《ふじわらのくになり》・右中弁東宮学士平定親《たいらのさだちか》・文章博士《もんじようはかせ》大学頭《だいがくのかみ》藤原実綱《さねつな》の三名に命じられ、国成は「平章」「成徳」を、定親は「承保」「天喜」「永長」を、実綱は「承安」「政和」を勘進した。改元定では「天喜」が最も良いとされ、「政和」（土記《どき》〈土右記《どゆうき》〉はさらに「承保」も加えたとする）も加えて奏上し、「天喜《てんぎ》」が採用となった（『元秘別録《げんぴべつろく》』・『改元部類』所収土記・槐記《かいき》）。改元詔書に載せる賑給《しんごう》のことについては、吉例である治安《じあん》の例によることとされた（『二東記《にとうき》』）。

年号字の出典は『抱朴子《ほうぼくし》』とされる（『元秘別録』）。天喜度の勘文《かんもん》には本文が記されていないが、同人の寛徳《かんとく》度の勘文には「人主有レ道、則嘉亨並臻、此則天喜也」とある。『太平御覧《たいへいぎょらん》』巻四六七人事部一〇八には「抱朴子曰、人主有レ道、国無二粗政一、則四七従レ度、五星不レ逆、日不二蝕朔一、月不二薄望一、霜不二夏繁一、雷不二冬洩一、嘉瑞並臻、災厲寝滅、此則天喜也」と見えている。訓みについて、ロドリゲス『日本大文典』には「Tenqui」と見える。

63 康《こう》平《へい》

天皇　後冷泉天皇

天喜六年（一〇五八）八月二九日丁卯　改元
康平八年（一〇六五）八月二日己丑　治暦に改元

改元理由について『百練抄《ひゃくれんしょう》』は「火災に依る」とし、『元秘別録《げんぴべつろく》』は「大極殿の火事に依る」とする。また『一代要記《いちだいようき》』『如是院年代記《にょぜいんねんだいき》』は法成寺炎上《ほうじょうじえんじょう》もあげる。大極殿火災は天喜《てんぎ》六年（一〇五八）二月二六日、法成寺炎上は同年二月二三日のことであった。ただし、改元詔書には火災のことは記されなかった（『押小路文書《おしこうじもんじょ》』七二万治《まんじ》四年〈一六六一〉四月一三日押小路師定《おしこうじもろさだ》・壬生忠利《みぶただとし》注進）。建久《けんきゅう》改元の際には中興御厄による改元例とされている（『玉葉《ぎょくよう》』文治《ぶんじ》六年〈一一九〇〉三月一四日条）。

年号勘進者《かんしんしゃ》は式部大輔平定親《たいらのさだちか》・文章博士《もんじょうはかせ》藤原実範《ふじわらのさねのり》・同菅原定義《すがわらのさだよし》であり、定親は「永長」「承保」「寛治」を、実範は「天成」「康平」を、定義は「平康」「承保」「康徳」を勘進した。それより「寛治」「承保」「康平」を選んで奏上したところ、二つにすべき旨仰せがあり、「寛治」「康平」を選んで奏上、「康平《こうへい》」に定められた。恩赦の文言は通例の大赦《たいしゃ》のほか「強窃二盗およびいまだ解由《げゆ》を得ざる者」もみなことごとく許す旨が加えられた（『二東記《にとうき》』、『改元部類』所収槐記《かいき》）。

年号字の出典は『後漢書』梁統《りょうとう》伝で、「文帝寛恵柔克、遭代〔世〕康平、注曰、克、能也、言以㆑和柔能理㆑俗也、尚書《しょうしょ》〔日脱〕高明柔克也」の部分（『元秘別録』）。訓みについて、ロドリゲス『日本大文典』には「Cŏfei」と見える。

―参考文献―

水上雅晴「年号勘文資料が漢籍校勘に関して持つ価値と限界」『中央大学文学部紀要』哲学五九　二〇一七年

64 治《じ》暦《りやく》

天皇 後冷泉天皇・後三条天皇

康平八年（一〇六五）八月二日己丑 改元
治暦五年（一〇六九）四月一三日己酉 延久に改元

改元理由について『百練抄《ひやくれんしよう》』は「旱魃《かんばつ》ならびに三合厄《さんごうやく》に依る」とし、『改元部類』所収槐記《かいき》にも「炎旱・三合に依る」と見える。『扶桑略記《ふそうりやつき》』康平《こうへい》八年（一〇六五）五月一二日条に、今年が三合の厄運にあたり、天下災いを怖れていたところ、四月賀茂祭の日以来、雨が降らないため、禁中で大般若御読経《だいはんにやみどきよう》が行なわれたことが記されている。三合は大歳《たいさい》・害気・太陰の三神が相合する陰陽道《おんようどう》の厄年の一つで九年ごとにめぐってくる。早く『続日本紀《しよくにほんぎ》』天平宝字《てんぴようほうじ》二年（七五八）八月丁巳《ていし》条や『日本三代実録《にほんさんだいじつろく》』貞観《じようがん》一七年（八七五）一一月一五日条などに見えるが、改元の理由とされるのはこれが最初のことであった。ちなみにこの年は巳の三合となる。

七月七日に改元のことが仰せ出され、九日には勘進者《かんしんしや》を式部大輔藤原実綱《ふじわらのさねつな》・大学頭《だいがくのかみ》兼文章博士《もんじようはかせ》藤原明衡《あきひら》・文章博士《もんじようはかせ》藤原正家《まさいえ》とすることが、一九日には改元定の日を八月二日とすることが決定した。実綱は「延久」「応徳」「治暦」を、明衡は「承天」「応徳」を、正家は「天祐」「承保」「寛祐」を勘進し、改元定ではまず「延久」「治暦」「承保」が挙げられたが、さらに二つに絞り、「延久」「治暦」が奏聞された。これに対し、天皇はさらに一つに絞るよう仰せたところ、内大臣源師房《みなもとのもろふさ》が、改元理由が炎旱であることを考えれば、前漢武帝のときの年号である「天漢」の例を挙げて、サンズイがつく「治暦」がより良いのではと述べたことにより、「治暦《じりやく》」に決定した（『水左記《すいさき》』、『改元部類』所収土記《どき》〈土右記《どゆうき》〉、『元秘別録《げんぴべつろく》』、

『経信卿記《つねのぶきょうき》』）。なお、恩赦には強窃㆓盗も含められることとなった（『二《に》東記《とうき》』、『経信卿記』）。

年号字の出典は『尚書正義《しょうしょせいぎ》』（泰誓上）で、「湯武革命、順㆓于〔乎〕天㆒而応㆓於人㆒、（象曰）君子以㆓治暦〔厤〕㆒明㆑時、然則改㆓正治暦〔厤〕〔必脱〕㆒、自㆓武王㆒始矣」とされる（『元秘別録』）。訓みについては、東山御文庫本『皇年《こうねん》代記《だいき》頌《しょう》』（室町写）に「ヂリヤク」、ロドリゲス『日本大文典』に「Giriacu」とある（「ヂ」「リヤク」とも呉音）。

―参考文献―

小坂眞二「三合の算出法について」『日本歴史』三八三　一九八〇年
山口えり「陰陽寮の三合算出法」『日本歴史』八三三　二〇一七年

65 延《えん》久《きゅう》

天皇　後三条天皇・白河天皇

治暦五年（一〇六九）四月一三日己酉　改元
延久六年（一〇七四）八月二三日戊子　承保に改元

『百練抄《ひゃくれんしょう》』に「即位に依る」とあるように代始《だいはじめ》改元。後冷泉《ごれいぜい》天皇は治暦《じりゃく》四年（一〇六八）四月一九日に崩御《ほうぎょ》し、皇太弟尊仁《たかひと》親王（後三条《ごさんじょう》天皇）が践祚《せんそ》、後三条天皇は七月二一日に即位式をあげた。

四月七日に改元定の日が定められ、式部大輔藤原実綱《ふじわらのさねつな》・文章博士《もんじょうはかせ》藤原実政《さねまさ》・同藤原正家《まさいえ》に年号勘進《かんしん》が命じられた。このうち実綱は「元徳」「延久」を、実政は「嘉徳」「治徳」を、正家は「永保」「成徳」「承保」を勘進した。この中より「延久」「嘉徳」「成徳」がまず選ばれ、奏したところ、さらに一つを奏すべき仰せがあり、「延久《えんきゅう》」が奏上された。「成徳」については「成」に「戈」が含まれることが問題とされた（『改元部類』所収源右丞相記《げんうじょうしょうき》〈土右記《どゆうき》〉・都記《とき》〈経信卿記《つねのぶきょうき》〉、『二東記《にとうき》』、『元秘別録《げんぴべつろく》』）。

年号字の出典は『尚書《しょうしょ》』君奭《くんせき》注の「我以㆑道惟安、寧王之徳欲〔謀脱〕㆓延久㆒也」である。改元定では注文を用いた先例があるかどうかが問題となったが、結局、認められた（『元秘別録』、『改元部類』所収都記）。訓みについて諸書「エンキウ」と記すが、『実隆公記《さねたかこうき》』永正《えいしょう》三年（一五〇六）一一月二日条は下の字（「久」）を濁って訓むという口伝があることを記す。

66 承《じょう》保《ほ》

天皇　白河天皇

延久六年(一〇七四)八月二三日戊子　改元
承保四年(一〇七七)一一月一七日甲子　承暦に改元

代始《だいはじめ》改元。後三条《ごさんじょう》天皇は延久《えんきゅう》四年（一〇七二）一二月八日に皇太子貞仁《さだひと》親王（白河《しらかわ》天皇）に譲位《じょうい》した後、翌五年五月七日に病により崩御《ほうぎょ》したため、践祚《せんそ》二年後の改元となったと考えられる。ただし『百練《ひゃくれん》抄《しょう》』は陽九《ようきゅう》ならびに三合《さんごう》の災を改元理由とする。陽九とは単なる災いの意味もあるが、『漢書』律暦志《りつれきし》等に見える旱災が九年続くめぐり合わせとなる年のことか。三合は大歳《たいさい》・害気・太陰の三神が和合する年のことで陰陽道《おんようどう》における厄年の一つ。延久六年は寅の三合となる。

『改元部類』所収都記《とき》八月二三日条によれば、式部大輔藤原実綱《ふじわらのさねつな》が「元徳」「承暦」を、文章博士《もんじょうはかせ》藤原実政《さねまさ》が「天祚」を（『元秘別録《げんぴべつろく》』によれば「治徳」も勘進《かんしん》したという）、同藤原正家《まさいえ》が「承保」「寛祐」を（『元秘別録』によれば「成徳」も勘進したという）勘進し、「承暦」と「承保」の二案が奏上されて、「承保《じょうほ》」に決定したという。年号字の出典は『元秘別録』によれば『尚書《しょうしょ》』と記されるのみであるが、これ以前に平定親《たいらのさだちか》が永承《えいしょう》度に洛誥《らくこう》「王命㆕予来、承㆔保乃文祖受㆑命民（、越㆓乃光烈考武王弘朕㆒）」を典拠として勘進している。訓みについて、文部省一八七四年刊『御諡号及年号読例《ごしごうおよびねんごうどくれい》』は「ジヨウホウ」とするも、ロドリゲス『日本大文典』には「Xǒ《〔ô〕》 fô」とあり、清音で読むのが一般的であったらしい。

—参考文献—
清水　潔「年号の制定方法」『神道史研究』二五—五・六　一九七七年

67 承《じょう》暦《りやく》 天皇 白河天皇

承保四年（一〇七七）一一月一七日甲子　改元
承暦五年（一〇八一）二月一〇日丁卯　永保に改元

改元理由について、『元秘別録《げんぴべつろく》』冒頭には「天変に依る」と記し、同書所引不知記《ふちき》承保《じょうほ》四年（一〇七七）一一月一七日条は疱瘡《ほうそう》による改元とする。また『百練抄《ひゃくれんしょう》』は「旱魃《かんばつ》幷赤斑瘡《あかもがさ》」、『十三代要略《じゅうさんだいようりゃく》』は「疱疫・旱魃」、『園太暦《えんたいりゃく》』延文《えんぶん》四年（一三五九）八月二六日条所引八月二七日付洞院公賢《とういんきんかた》書状は「疱瘡・旱魃」を理由に挙げる。この年七月一〇日には赤斑瘡と旱魃を理由に大極殿で千僧観音経転読が行なわれ（『十三代要略』）、同月には疱瘡を理由に相撲節会《すまいのせちえ》が停止された（『樗嚢抄《ちょのうしょう》』巻七二）。その後も疱瘡流行が続き、八月一六日には天皇不予と疱瘡流行を理由に非常赦が行なわれ、九月六日には第一皇子敦文《あつふみ》親王も薨じた（『水左記《すいさき》』）。また旱魃も六月より八月にかけて続いたという（『水左記』八月四日条）。

『元秘別録』によれば、式部大輔藤原実綱《ふじわらのさねつな》が「政和」「応徳」「承暦」を、文章博士《もんじょうはかせ》藤原実政《さねまさ》が「嘉徳」「養寿」「治徳」を、同藤原正家《まさいえ》が「寛治」「安徳」「承暦」を勘進《かんしん》した。同書所引都記《とき》（経信卿記《つねのぶきょうき》）によれば、このうち「承暦」と「治徳」を奏上し、さらに仰せにより「承暦《じょうりゃく》」を選んで奏上したという。赦令は延喜《えんぎ》の例によることとされた。

年号字の引文は『元秘別録』によれば、二人とも「維《い》城典訓《じょうてんくん》曰」と記すのみであるが、実綱の承保度の勘文《かんもん》には「天皇者以二懿徳一永承レ暦、崇高則天、博原儀地」とある。『維城典訓』は武則天が編纂させた教訓書。訓みについて、文部省一八七四年刊『御諡《ごし》号及年号読例《ごうおよびねんごうどくれい》』は「ジヨウリヤク」とするも、ロドリゲス『日本大文典』には「Xôriacu」とあり、清音で読むのが一般的であったらしい。

—参考文献—

島　善高「『維城典訓』考」『古代文化』三二—七　一九八〇年

68　永《えい》保《ほ》　天皇　白河天皇

承暦五年(一〇八一)二月一〇日丁卯　改元
永保四年(一〇八四)二月七日丙子　応徳に改元

辛酉《しんゆう》改元。承暦《じょうりゃく》四年(一〇八〇)閏《うるう》八月二八日に大外記《だいげき》清原定俊《きよはらのさだとし》に辛酉年の例の勘申《かんじん》が命じられたらしく、一二月一五日に定俊が勘申し、翌一六日に明年が革命にあたるか否かの勘申が紀伝・明経《みょうぎょう》・算・陰《おん》陽道《ようどう》および紀伝出身の公卿である左中弁大江匡房《おおえのまさふさ》に命じられた(『革暦類《かくれきるい》』弘長《こうちょう》度所収文応《ぶんおう》元年〈一二六〇〉一二月二三日清原頼尚勘例《よりひさかんれい》、『革暦類』永保度)。これとは別に暦道には一二月一二日に勘申が命じられ、勘文《かんもん》が提出されている(『革暦類』永保度)。当日の仗議《じょうぎ》では多くの諸道勘文が革命にはあたらないとしているものの、これまでの先例にならい改元することが定められた。『水左記《すいさき》』によれば参議藤原実政《ふじわらのさねまさ》が「嘉徳」を、文章博士《もんじょうはかせ》藤原有綱《ありつな》が「元徳」(『元秘別録《げんぴべつろく》』によればほかに「天成」「政平」も勘進《かんしん》)を、同藤原行家《ゆきいえ》が「永保」「永長」「応徳」を勘進し、「永保」と「応徳」を奏上したが、天皇は「永長」を推した。これに対し、公卿が「永長」の対馬音《つしまおん》(呉音のこと。ヰヤウヂヤウ)は笛の名に似ている(横笛をヤウヂヤウと呼ぶ)ことを言上したため、「永保《えいほ》」に決した(以上、『水左記』)。『元秘別録』所引大記《だいき》(為房卿記《ためふさきょうき》)では、「永保」は人名にあること、また「長保」と訓が同じになることが指摘されている。

出典は『尚書《しょうしょ》』仲虺《ちゅうき》之《の》誥《こう》の「欽崇㆓天道㆒、永保㆓天命㆒、敬㆓天安命之道㆒也」、および同書梓材《しざい》の「惟王、子子孫孫、永保民人(人は衍字)、又欲㆓令其子孫累世長君㆑〔居〕国安㆑民也」(『元秘別録』)。赦令・賑給《しんごう》は治安《じあん》の例によった(『水左記』)。また天下諸神の位を一階昇叙する宣旨《せんじ》も下されている(『革暦類』弘長度所収文応元年一二月二三日清原頼尚勘例)。

訓みについて、冷泉家本『皇年代記《こうねんだいき》』は「エイホウ」、ロドリゲス『日本大文典』は「Yeifô」、東山御文庫本『皇年代記頌《こうねんだいきしょう》』(室町写)は「エイホ」と記す。

―参考文献―

水上雅晴「年号勘文資料が漢籍校勘に関して持つ価値と限界」『中央大学文学部紀要』哲学五九　二〇一七年

69 応《おう》徳《とく》

天皇 白河天皇・堀河天皇

永保四年（一〇八四）二月七日丙子　改元
応徳四年（一〇八七）四月七日戊子　寛治に改元

甲子《かっし》改元。永保《えいほ》三年（一〇八三）一二月一日に来年が甲子革令にあたるか否かの勘申《かんじん》が明経《みょうぎょう》・紀伝・暦道および参議藤原実政《ふじわらのさねまさ》・式部権大輔大江匡房《おおえのまさふさ》に命じられ（『革暦類《かくれきるい》』元久《げんきゅう》度所収建仁《けんにん》三年〈一二〇三〉一〇月一三日清原良業勘例《きよはらのよしなりかんれい》）、同月二七日から翌年二月五日にかけて実政・匡房も含めて諸道勘文《かんもん》および外記《げき》勘例が提出された（『革暦類』）。当日にはまず甲子定がなされ、ついで年号勘文定がなされた（『元秘別録《げんぴべつろく》』所引不知記《ふちき》〈江記《ごうき》〉）。参議藤原実政が「嘉徳」「養寿」を、文章博士《もんじょうはかせ》藤原有綱《ありつな》が「応徳」「治昌」「政和」を、同藤原敦宗《あつむね》が「嘉福」「治和」を提出した（『元秘別録』）が、匡房は「嘉徳」は『後漢書』に皇帝（霊帝）が崩御《ほうぎょ》したときの殿名として見えることを指摘し、また永保度の勘文に見える「元徳」「永長」はいかがかとする藤原通俊《みちとし》の考えに対して「元」の字を用いた「長元《ちょうげん》」、「徳」字を用いた「寛徳《かんとく》」のときにいずれも天皇が崩御しており、「永長」は『後漢書』で諸侯王の事に用いられていると述べ（ただし匡房は後に「永長」年号を勘進《かんしん》している）、「応徳《おうとく》」が採用されることとなった（『元秘別録』所引不知記〈江記〉）。改元詔書には大赦《たいしゃ》および賑給《しんごう》のことが記された（『革暦類』）。

年号字の引文は「白虎通《びゃっこつう》曰」とのみ記されるが、藤原実綱《さねつな》治暦《じりゃく》度勘文には封禅《ほうぜん》の「天下泰〔太〕平、符瑞所以来至者、以為王者承レ天順〔統〕レ理、調二和陰陽一〔陰陽脱〕和二万物序一、休気充塞、故符瑞並臻、皆応レ徳而至」が挙げられている（『元秘別録』。『芸文類聚《げいもんるいじゅう》』巻九八にも同文が見える）。

70 寛《かん》治《じ》　天皇 堀河天皇

応徳四年(一〇八七)四月七日戊子　改元
寛治八年(一〇九四)一二月一五日壬午　嘉保に改元

『百練抄《ひやくれんしょう》』等に見えるように代始《だいはじめ》改元。応徳《おうとく》二年(一〇八五)一一月に後三条《ごさんじょう》天皇皇子である皇太子実仁《さねひと》親王が疱瘡《ほうそう》で薨じたことを承け、翌三年一一月二六日に白河《しらかわ》天皇は自身の第二皇子善仁《たるひと》親王(堀河《ほりかわ》天皇)に譲位《じょうい》した。

当日、左大弁兼式部大輔大江匡房《おおえのまさふさ》が「寛治」「承安」を、文章博士《もんじょうはかせ》藤原成季《ふじわらのなりすえ》が「太平」「康寧」「養寿」を、同藤原敦宗《あつむね》が「承安」「治和」を勘進《かんしん》し、定では「寛治」と「治和」が候補として残されなかなか決しなかったが、最終的に「寛治《かんじ》」に決した(『為房卿記《ためふさきょうき》』)。『改元部類』所収右御記《うぎょき》〈時範記《ときのりき》〉は「寛治」と「承安」が候補に残ったと記す)。『禁秘抄《きんぴしょう》』に「寛治度、院に申さるる。近代毎度かくの如し」とあり、白河上皇に諮問して定められたとみられる。

年号字の引文は『元秘別録《げんぴべつろく》』には「礼記《らいき》曰」とのみ記されるが、『元号字抄《げんごうじしょう》』によれば「湯以レ寛治レ民、而除二其虐一、文王以レ文治、武王以レ武功、(中略)此皆有レ功二烈於民一者也」(祭法)。訓みは東山御文庫本『皇年代記頌《こうねんだいきしょう》』(室町写)によれば「クワンヂ」(ともに呉音)。

—参考文献—

木本好信「大江匡房の年号勘申」『神道史研究』三一—四　一九八三年
所　功「年号の選定方法」『年号の歴史』雄山閣出版　一九八八年　初出一九八七年

71　嘉《か》保《ほう》

天皇　堀河天皇

寛治八年（一〇九四）一二月一五日壬午　改元
嘉保三年（一〇九六）一二月一七日癸酉　永長に改元

『百練抄《ひやくれんしよう》』に「疱瘡《ほうそう》に依るなり」と見えるように災異改元。前年の寛治《かんじ》七年（一〇九三）一一月頃より疱《ほう》瘡《そう》が流行し（『中右記《ちゆうゆうき》』寛治七年一二月四日・八年正月二〇日条）、八年一一月には天皇自身が感染した（『中右記』一一月一三日・一二月四日条等）。一二月四日に快癒すると、天皇は平時範《たいらのときのり》を御使として白河《しらかわ》上皇のもとに遣わし、改元のことを申し入れたところ、一二月改元および疱瘡を理由とした改元に問題はないとの仰せがあり、権中納言大江匡房《おおえのまさふさ》および文章博士《もんじようはかせ》藤原成季《ふじわらのなりすえ》・同藤原敦基《あつもと》に年号字勘進《かんしん》が命じられた。匡房は「嘉保」「承安」を、成季は「弘徳」「承天」を、敦基は「承徳」「天成」を勘進し、白河上皇や前関白藤原師実《もろざね》の意見も確認して、最終的に「嘉保《かほう》」に決した。年号選定にあたって上皇の意向をうかがったことが確認できるのはこのときが初めてである。出典は『史記』始皇本紀《しこうほんぎ》の「嘉保太平」（『右大記《うだいき》』（時範記））。「嘉保」は大江維時《これとき》がかつて勘進した年号案であり（『元秘別録《げんぴべつろく》』所引江記《ごうき》、『元秘抄《げんぴしよう》』巻三所引応和《おうわ》四年〈九六四〉村上天皇宸記《むらかみてんのうしんき》）、この年六月に匡房が維時以来の権中納言に任じられたこととの関連が指摘されている。

改元詔書は同じ疱瘡の例による改元である承暦《じようりやく》元年（一〇七七）例によって作成された（『右大記』）。

―参考文献―

木本好信「大江匡房の年号勘申」『神道史研究』三一―四　一九八三年
清水　潔「年号の制定方法」『神道史研究』二五―五・六　一九七七年

72 永《えい》長《ちょう》

天皇　堀河天皇

嘉保三年（一〇九六）一二月一七日癸酉　改元
永長二年（一〇九七）一一月二一日辛未　承徳に改元

天変地震による改元（『後二条師通記《ごにじょうもろみちき》』・『中右記《ちゅうゆうき》』嘉保《かほう》三年〈一〇九六〉一二月九日条）。嘉保三年一一月二四日辰刻に近畿から東海地方にかけて大地震が起こった。宮中では大極殿が大破し、諸国では近江の勢多橋が崩落、伊勢国安濃津に津波が押し寄せ、駿河国でも寺社や民家四〇〇余りが流失した（『中右記』同日・一二月九日条、『後二条師通記』一二月二三日条等）。この地震は周期的に起こる南海トラフ巨大地震の一つで、推定マグニチュードは八・〇～八・五、三年後に起きる承徳《じょうとく》（康和《こうわ》）地震と関連して南海トラフ東側沿いが震源域であったと考えられているが、そうではなく東側と西側が同時発生した南海トラフ全破壊型であった可能性も提起されている。

地震四日後の一一月二八日には改元の可否が検討され（『改元部類』所収大記《だいき》〈為房卿記《ためふさきょうき》〉）、一二月九日には文章博士《もんじょうはかせ》二名および権中納言大江匡房《おおえのまさふさ》に年号字勘進《かんしん》が命じられた。このとき匡房から、自分は公卿であり外記《げき》からの仰せ下しは便宜なしとの申し入れがあり、蔵人《くろうど》から仰せ下せられ、勘文《かんもん》も蔵人を介して奏上することとされた。匡房は「政和」「永長」を、文章博士藤原成季《ふじわらのなりすえ》は「大兄」「和寧」を、同藤原敦基《あつもと》は「承徳」「天保」を勘進し、前関白藤原師実《もろざね》の意向をふまえて最終的に「永長《えいちょう》」に決した。事前に天皇に知らされていたか。改元詔書は天変地震のあった天延《てんえん》の例により、また赦令は謀殺（殺人を計画すること）・故殺（闘争の場ではなく人を故意に殺すこと）・強窃二盗（強盗と窃盗）を除外し、半徭免除が行なわ

れた（『後二条師通記』、『中右記』、『元秘別録《げんぴべつろく》』、同書所引時範記《ときのりき》・不知記《ふちき》等）。
年号字の出典は「後漢書」（『元秘別録』等）。平定親《たいらのさだちか》天喜《てんぎ》度勘文には光武帝紀の「享レ国永長、為二後代〔世〕法一」が挙げられている。訓みについて、冷泉家本『皇年代記《こうねんだいき》』や東山御文庫本『皇年代記頌《こうねんだいきしょう》』（室町写）は「エイチヤウ」とする。なお「68永保《えいほ》」「69応徳《おうとく》」も参照。

―参考文献―

石橋克彦「南海トラフ巨大地震の歴史」『南海トラフ巨大地震』岩波書店　二〇一四年
「一〇九九年承徳（康和）南海地震は実在せず、一〇九六年嘉保（永長）地震が「南海トラフ全域破壊型」であった可能性」『歴史地震』三一　二〇一六年
宇佐美龍夫ほか『日本被害地震総覧　五九九～二〇一二』東京大学出版会　二〇一三年
木本好信「大江匡房の年号勘申」『神道史研究』三一―四　一九八三年
清水　潔「年号の制定方法」『神道史研究』二五―五・六　一九七七年
萩原尊禮編『古地震探究』東京大学出版会　一九九五年

73 承《じょう》徳《とく》　天皇 堀河天皇

永長二年（一〇九七）一一月二一日辛未　改元
承徳三年（一〇九九）八月二八日戊戌　康和に改元

改元理由について、『時範記《ときのりき》』は「天変に依り改元」とし、さらに「実は彗星《すいせい》に依り改元す。しかれども永祚《えいそ》元年のほか、彗星を詔に載することなし。彼の例不吉なり。よってひとえに天変を以て仰せらるるところなり」と注記する。『諸道勘文《しょどうかんもん》』巻四五所収長治《ちょうじ》三年（一一〇六）三月四日中原師遠《なかはらのもろとお》勘例《かんれい》は「天変地動の事に依る」、『元秘別録《げんぴべつろく》』は「天変・地震・洪水・大風等の災」、『百練抄《ひゃくれんしょう》』は「地震」、『歴代編年《れきだいへんねん》集成《しゅうせい》（帝王編年記《ていおうへんねんき》）』および群書類従《ぐんしょるいじゅう》本『皇代記《こうだいき》』は「天変・地震・洪水」などとする。彗星については九月一日に西方に現れ、十数日間にわたって観測され、二一日には直講《じきこう》中原師遠が天文密奏《てんもんみつそう》を献《たてまつ》った（『百練抄』、『中右記《ちゅうゆうき》』、『諸道勘文』）。二三日には彗星の変祈攘のため延暦寺《えんりゃくじ》にて千僧御《せんそうみ》読《ど》経《きょう》が行なわれ、一〇月五日には天変御祈のため二十二社奉幣《ほうべい》がなされた。このほか、八月五日に京中大風雨洪水のことがあり、八月六日・八日および九月六日には地震があった（『中右記』）。

年号字は式部大輔藤原正家《ふじわらのまさいえ》が「安徳」「延寿」「承安」を、弾正大弼《だんじょうだいひつ》藤原行家《ゆきいえ》が「元徳」「承安」を、文章博士《もんじょうはかせ》藤原成季《なりすえ》が「嘉禄」「弘徳」「正徳」を勘進《かんしん》した。もう一人の文章博士藤原敦基《あつもと》は男実信《さねのぶ》の死去により、大宰権帥《だざいのごんのそち》大江匡房《おおえのまさふさ》は母の喪により、勘文《かんもん》を献じなかったため、行家が加えられたという（『元秘別録』、『元秘《げんぴ》抄《しょう》』巻三）。定ではなかなか候補を絞ることができず、関白藤原師通《もろみち》にうかがい天皇への奏聞を経て、昨年度の匡房・敦基の勘文も対象として検討が加えられることとなり、最終的に敦基の「承《じょう》徳《とく》」を候補として関白、ついで天皇、白河《しらかわ》上皇、前関白藤原師実《もろざね》にうかがい決定した（『時範記』）。

出典は『周易《しゅうえき》』蠱卦《こけ》の「幹レ文《〔父〕》用挙《〔誉〕》、承以レ徳也」（『元秘別録』嘉保《かほう》度）。訓みについて、文部省一八七四年『御諡《ごし》号及年号読例《ごうおよびねんごうどくれい》』は「ジョウトク」とするも、ロドリゲス『日本大文典』には「Xŏtocu」とあり、『改元部類』所収天治《てんじ》元年（一一二四）師時記《もろときき》（長秋記）にも「称徳《しょうとく》天皇の号、承徳に通ず」と見えるので、清音で訓んだと考えられる。

74 康《こう》和《わ》

天皇　堀河天皇

承徳三年(一〇九九)八月二八日戊戌　改元
康和六年(一一〇四)二月一〇日甲寅　長治に改元

『本朝世紀《ほんちょうせいき》』に引かれる改元詔書によれば、承徳《じょうとく》三年(一〇九九)春の頃地震動の驚きあり、この夏の間には人疾疫《しつえき》の困《くる》しみに遇うと記されており、地震と疾疫が改元理由であった。地震については『本朝世紀』『後二条師通記《ごにじょうもろみちき》』『時範記《ときのりき》』などに正月二四日卯時に大地震のあったこと、同日に発遣された伊勢公卿勅使の宣命《せんみょう》に「辞別《ことわ》きて」としてその地震のことが記されたこと、また興福寺《こうふくじ》に被害のあったことなどが記されている。この地震は南海トラフ西側沿いが震源域と推測されているが、近年、そうではなく京都・奈良を中心とする小規模な地震であったとの説も提出されている。疾疫については三月二七日に疾疫旱災を理由に軽犯囚を免じ、四月二八日には世間静かならざるをもって諸社寺に祈禱が命じられ、五月六日には民間の疾病により二十二社奉幣《ほうべい》、九日には疾疫を攘《はら》うため紫宸殿で百座仁王会《にんのうえ》、一二日には「瘴煙《しょうえん》」(熱病を起こさせる山川の毒気を含む霧)を止めるために紫宸殿で六十口《ろくじっく》御《み》読《ど》経《きょう》、二七日には疾疫により東《とう》大寺《だいじ》で千僧《せんそう》御読経、六月九日には内侍所《ないしどころ》御拝、一三日からは三日間、紫宸殿で大般若経《だいはんにゃきょう》御読経が行なわれ、七月二五日には「天変・地震・疾疫等」により非常赦が実施された(『本朝世紀』、『後二条師通記』)。

六月一四日に白河《しらかわ》法皇が改元のことを関白藤原師通《ふじわらのもろみち》に尋ねており(『後二条師通記』。師通は同月二八日に病により薨じた)、その頃より改元の検討がなされたが、八月二二日に文章博士《もんじょうはかせ》藤原成季《なりすえ》・菅原在良《すがわらのありよし》に年号字の勘進《かんしん》が命じられた(『本朝世紀』)。改元当日には成季が「永受」「嘉徳」「天和」、在良が「大治」

「天永」「承安」を、また式部大輔藤原正家《まさいえ》が「天祐」「承安」「康和」を勘進し、白河法皇がまず勘文《かんもん》を覧じた後、改元定が催された。「承安」「康和」が選ばれて奏聞された後、さらにどちらかを選ぶよう仰せが下され、「康和《こうわ》」が奏上されて決定した（広橋本『改元部類記』所収中右記《ちゅうゆうき》）。改元詔書には大赦《たいしゃ》や半徭免除、賑給《しんごう》のことが記されたが、承暦《じょうりゃく》の例により神社の訴えに触れる輩は赦から除外された（『本朝世紀』、広橋本『改元部類記』所収中右記）。改元後に出された吉書《きっしょ》が『朝野群載《ちょうやぐんさい》』に収められている。

年号字の引文は、「崔寔《さいしょく》政論曰、四海康和、天下周楽〔同カ〕」（『元秘別録《げんぴべつろく》』）。なお、『元秘別録』所引李大記《りだいき》によれば、康和三年（一一〇一）六月二四日に白河法皇が仁和《にんな》・安和《あんな》・寛和《かんな》・長和《ちょうわ》など「和」字を用いた年号の時に天皇が短期間で退位・崩御《ほうぎょ》している先例があることを気にして正家に質したが、正家は仁明《にんみょう》天皇の承和《じょうわ》や村上《むらかみ》天皇の応和《おうわ》の例もあり、「和」字を憚る必要がないことを頭弁《とうのべん》 源《みなもとの》 重資《しげすけ》に回答している。

―参考文献―

石橋克彦「南海トラフ巨大地震の歴史」『南海トラフ巨大地震』岩波書店　二〇一四年
「一〇九九年承徳（康和）南海地震は実在せず、一〇九六年嘉保（永長）地震が「南海トラフ全域破壊型」であった可能性」『歴史地震』三一　二〇一六年
萩原尊禮編『古地震探究』東京大学出版会　一九九五年

75　長《ちょう》治《じ》

天皇　堀河天皇

康和六年（一一〇四）二月一〇日甲寅　改元
長治三年（一一〇六）四月九日庚午　嘉承に改元

康和《こうわ》五年（一一〇三）正月一六日に天皇第一皇子宗仁《むねひと》親王（鳥羽《とば》天皇）が誕生したが、その生母女御《にょうご》藤《ふじ》原苡《わらのい》子《し》は二五日に卒去した。二月一六日には皆既月食があり、翌日天文密奏《てんもんみつそう》が献《たてまつ》られた（『中右記《ちゅうゆうき》』、『殿《でん》暦《りゃく》』）。同月二六日に白河《しらかわ》法皇の意を承けて参議藤原宗忠《むねただ》は権中納言大江匡房《おおえのまさふさ》に立太子のことと改元のことを尋ね、匡房は「和」字は近例ではすぐに位を退いている例が多く、今年は天変が起こっており、天変による改元の先例もあることから、改元に問題のないこと、四月改元は吉例があることを回答した（『中右記』）。四月一四日には五月改元の例の勘申《かんじん》が、六月二九日には七月改元例の勘申が命じられ、式部大輔藤原正家《まさいえ》と文章博士《もんじょうはかせ》菅原在良《すがわらのありよし》・藤原俊信《としのぶ》に年号字の勘進《かんしん》が仰せつけられた（『本朝世紀《ほんちょうせいき》』）が、結局、立太子が優先されて（八月一七日に実施）、延引（『元秘抄《げんぴしょう》』巻三）。ただし八月二一日には右大臣藤原忠実《ただざね》が改元勘文《かんもん》を内覧している。『殿暦』）、翌年二月一〇日に改元がなされることとなった。

勘文は昨年提出分に大江匡房が加えられ（『元秘抄』巻三、『元秘別録《げんぴべつろく》』）、正家が「天祐」「延寿」を、在良が「天永」「嘉承」「長治」を、俊信が「承安」「成徳」「長治」を、匡房が「延世」「天仁」を勘進し（『元秘別録』）、その中から「承安」「長治」が選ばれて奏聞された後、さらにどちらかを選ぶよう仰せが下され、「長治」に決し、天変を改元理由とした。改元詔書は正暦《しょうりゃく》の例によることとし、永保《えいほ》・康和《こうわ》の例によって神社の訴えに触れる者は除外しようとしたが、近年神社の訴えが多いことに鑑み、伊勢神宮の訴えのみを除外することとした（『中右記』）。

年号字の出典は『漢書』賈誼《かぎ》伝の「建二久安之勢一、成二長治之業一」（『元秘別録』）。

—参考文献—

木本好信「大江匡房の年号勘申」『神道史研究』三一—四　一九八三年

76 嘉《か》　承《しょう》

天皇 堀河天皇・鳥羽天皇

長治三年（一一〇六）四月九日庚午　改元
嘉承三年（一一〇八）八月三日庚辰　天仁に改元

『永昌記《えいしょうき》』によれば、長治《ちょうじ》三年（一一〇六）春に彗星《すいせい》が西方に出現したため、永祚《えいそ》・長治《ちょうじ》の例によって改元することとなったという。この彗星は正月四日から三〇日間ばかり確認され、長さ一〇丈程であったといい（『殿暦《でんりゃく》』、『中右記《ちゅうゆうき》』、『百練抄《ひゃくれんしょう》』、『諸道勘文《しょどうかんもん》』巻四五）、『高麗史《こうらいし》』巻四七天文志一や『宋史《そうし》』天文志九彗孛・彗星にも記されている。

前日の四月八日に白河《しらかわ》法皇に改元のことが奏上された後、九日に改元定が実施された。文章博士《もんじょうはかせ》菅原《すがわらの》在良《ありよし》が「天永」「承安」「嘉承」を、同藤原《ふじわらの》実義《さねよし》が「成和」「斉泰」を、前権中納言大江匡房《おおえのまさふさ》が「天祚」「延祚」を勘進《かんしん》したところ、仗議《じょうぎ》は一定しなかったが、天皇は藤原正家《まさいえ》の旧勘文（「天祐」「延寿」）を下して、それと「嘉承」の中から選ぶよう命じ、最終的に勅定により「嘉承《かしょう》」に決した。改元詔書は天喜《てんぎ》の例によることとし、赦令における神社の訴えの除外規定については天皇の判断により言及されないこととなった。年号字の出典は『漢書』礼楽志《らいがくし》の「嘉承天和、伊楽厥福」（『中右記』、『永昌記』）。訓みについては、ロドリゲス『日本大文典』に「Caxô」と見える。

―参考文献―

木本好信「大江匡房の年号勘申」『神道史研究』三一―四　一九八三年

77 天《てん》仁《にん》

天皇　鳥羽天皇

嘉承三年（一一〇八）八月三日庚辰　改元
天仁三年（一一一〇）七月一三日庚戌　天永に改元

『元秘《げんぴ》別録《べつろく》』等に見えるように代始《だいはじめ》改元。堀河《ほりかわ》天皇は嘉《か》承《しょう》二年（一一〇七）七月一九日に病により崩御《ほうぎょ》し、天皇第一皇子宗仁《むねひと》親王（鳥《と》羽《ば》天皇）が六歳にて践祚《せんそ》した。

七月二五日に諒闇《りょうあん》が終わると改元が具体的に進められるようになったらしく、二七日には改元赦に非常赦を行なう例について先例が調査されている（『行類抄《ぎょうるいしょう》』改元定所引堀河左府記《さふき》）。八月三日、国郡卜定《こくぐんぼくじょう》について改元定が実施された。文章博士《もんじょうはかせ》菅原在良《すがわらのありよし》が「天永」「承安」「久安」を、同藤原敦光《ふじわらのあつみつ》が「平治」「治和」を、前権中納言大江匡房《おおえのまさふさ》は「元徳」「安徳」「正治」「安治」「天仁」「承安」を勘進《かんしん》したが、左大臣源俊房《みなもとのとしふさ》は「正治」「天仁」を推した。これに対し、白河《しらかわ》法皇は重ねて一つを選ぶよう仰せ、公卿は多く「正治」を推し、なかでも権中納言藤原宗忠《むねただ》は、天仁は音が「天人」に通じる、年号は漢音でも倭音でも訓むものであるから良くない、「正治」の方がましであると主張したが、俊房は天人は多楽の境（多くの楽しみがある世界）であるとして取り合わず、「天仁《てんにん》」を奏上し、最終的にそれに決した。なお、この日は摂政藤原忠実《ただざね》の衰日《すいにち》であったが、執政の衰日に改元した前例には長暦《ちょうりゃく》があり、問題ないと判断された（『殿暦《でんりゃく》』、『中右記《ちゅうゆうき》』、『元秘別録』）。

年号字の出典は『文選《もんぜん》』（『元秘別録』）とのみ知られるが、匡房の長治《ちょうじ》度の勘文《かんもん》によれば、巻二四贈答二潘安仁為二賈謐一作贈二陸機一の「（大晋）統レ天、仁風遐揚」と考えられる（『元秘別録』長治度）。

―参考文献―

木本好信「大江匡房の年号勘申」『神道史研究』三一―四　一九八三年

78 天《てん》永《えい》

天皇　鳥羽天皇

天仁三年（一一一〇）七月一三日庚戌　改元
天永四年（一一一三）七月一三日辛卯　永久に改元

彗星《すいせい》天変による改元（広橋本『改元部類記』所収中右記《ちゅうゆうき》）。天仁《てんにん》三年（一一一〇）五月一一日暁に東方に現れ、尾の長さは五、六尺ばかりであったという（『諸道勘文《しょどうかんもん》』巻四五、『百練抄《ひゃくれんしょう》』、真福寺本『孔雀経法記《くじゃくきょうほうき》』等）。二八日にはこの天変を理由に慈徳寺《じとくじ》にて熾盛光法《しじょうこうほう》が修され（『殿暦《でんりゃく》』）、六月一日には二十二社奉幣《ほうべい》が（『永昌記《えいしょうき》』）、四日から一八日にかけては鳥羽殿《とばどの》にて孔雀経御修法《みしほ》が修された（『孔雀経法記』、東寺観智院本『東《とう》寺長者補任《じちょうじゃぶにん》』、『殿暦』等）。

年号字は文章博士《もんじょうはかせ》菅原在良《すがわらのありよし》・同藤原敦光《ふじわらのあつみつ》・前中納言大江匡房《おおえのまさふさ》が勘進《かんしん》したが、在良が「永久」「保安」「久安」の三案を献じたことは知られるものの、敦光は「承安」、匡房は「天永」「承安」、二人のどちらかが「永貞」を献じたことだけが伝わり、そのほかに年号字を勘進したか否かについては不明（広橋本『改元部類記』所収中右記）。これ以外に旧勘文《かんもん》から「大治」を推す者もいたが、「天永」「永久」が良いとして天皇・白河《しらかわ》法皇・摂政に報告された。法皇からさらにそのうちの一つを挙げよとの仰せが下され、今度が彗星天変による改元であるから「天永」が良いとして、天皇および法皇に報告され、「天永《てんえい》」に決した。改元詔書では赦令に「常赦」の語、天延《てんえん》の例が用いられることとなったが、八虐《はちぎゃく》については免ぜられないこととした（広橋本『改元部類記』所収中右記、『行類抄《ぎょうるいしょう》』改元定所引堀河左府記《ほりかわさふき》）。

年号字の出典は不明であるが、菅原在良の康和《こうわ》度勘文では『尚書《しょうしょ》』召誥《しょうこう》の「欲下王以二小民一受中天永命上」を挙げている（『元秘《げんぴ》別録《べつろく》』康和度）。

―参考文献―

木本好信「大江匡房の年号勘申」『神道史研究』三一―四　一九八三年

79 永《えい》久《きゅう》

天皇　鳥羽天皇

天永四年（一一一三）七月一三日辛卯　改元
永久六年（一一一八）四月三日乙卯　元永に改元

広橋本『改元部類記』所収中右記《ちゅうゆうき》によれば、改元は天変・怪異・疾疫《しつえき》・兵革によるという。『百練抄《ひゃくれんしょう》』天永《てんえい》四年（一一一三）正月二五日条には「近日赤斑瘡《あかもがさ》天下に流布す」と見え、二月には天皇も感染した（『殿暦《でんりゃく》』二月一四日条）。また二月一四日には、鴨御祖《かものみおや》社より言上のあった大炊《おおい》殿《どの》釜鳴《かまなり》について、軒廊御卜《こんろうのみうら》（朝廷で怪異が起こったときなどに神祇官と陰陽寮《おんようりょう》が紫宸殿の東軒廊で行なう占い）が行なわれ（『少外《しょうげ》記《き》重憲記《しげのりき》』康治《こうじ》三年〈一一四四〉正月一〇日条）、一五日には月食（『殿暦』、『長秋記《ちょうしゅうき》』）、三月一日には日食があった（『殿暦』、『長秋記』）。三月七日には法皇御所に怪異のことがあり（『殿暦』）、二七日には内裏および法皇御所で怪異が多く発生していることが『殿暦』に記されている。

白河法皇は閏《うるう》三月九日に、怪異を理由に藤原為房《ふじわらのためふさ》の東洞院大御門《ひがしのとういんおおみかど》第に渡御し（『長秋記』）、一〇日には内裏で鵺《ぬえ》が鳴いた怪異について御卜が行なわれ（『殿暦』）、一六日には天変・怪異・疾疫を理由に伊勢神宮に公卿勅使が差遣された（『伊勢公卿勅使雑例』）。六月一三日には地震があり、二九日には諸国ならびに石清水《いわしみず》八幡宮怪異の軒廊御卜もあった（『殿暦』）。兵革とは興福寺《こうふくじ》と延暦寺《えんりゃくじ》の抗争（『殿暦』・『中右記』四月等）のことであろうか。

年号字は式部大輔菅原在良《すがわらのありよし》が「永久」「保安」「天治」を進めたほか、文章博士《もんじょうはかせ》藤原敦光《あつみつ》・同藤原永実《ながざね》もそれぞれ三案ずつ進め、「長承」「永久」がまず選ばれた後、最終的に「永久」に決した。改元詔書は康《こう》和《わ》の例によることとされたが、神社の訴えにかかる輩については言及されないこととなった（広橋本『改元部類記』所収中右記、『長秋記』）。

80 元《げん》永《えい》

天皇 鳥羽天皇

永久六年（一一一八）四月三日乙卯 改元
元永三年（一一二〇）四月一〇日庚辰 保安に改元

『中右記《ちゅうゆうき》』によれば、天変による改元。ただし、改元詔書作成時には事由を仰せなかったという。天変が何を指すのかは不詳。『百練抄《ひゃくれんしょう》』は改元理由を天変ならびに御悩《ごのう》とし、『十三代要略《じゅうさんだいようりゃく》』は天変ならびに御慎、『一代要記《いちだいようき》』は天反〔変〕・疾疫《しつえき》とする。

『中右記』永久《えんきゅう》六年（一一一八）四月三日条によれば、この日申の時に外記《げき》がやってきて、今日にわかに改元定が行なわれることになったことを告げたという。当月のうち、この日以外に良い日次がなかったからだとされる。式部大輔菅原在良《すがわらのありよし》が「元永」「保安」「天治」を献じたが、文章博士《もんじょうはかせ》藤原敦光《ふじわらのあつみつ》・同藤原永実《ながざね》については不詳。「天承」「大治」「久安」「承安」「長寿」の案があったという。それらより内大臣藤原忠通《ただみち》が「元永」を選んで天皇と白河《しらかわ》法皇に伝え、認められた。改元詔書は天喜《てんぎ》の例によったが、伊勢神宮および八幡宮の訴えに触れた者は赦から除外された（『中右記』、『元秘別録《げんぴべつろく》』）。

年号字の出典は不明。『周易《しゅうえき》』などに用例が見える。また訓みについて、『改元部類』所収冬平公記《ふゆひらこうき》徳治《とくじ》三年（一三〇八）一〇月九日条には「貞字・元字等、漢音呉音先例相共に用いらる」と見えるが、『西儒《せいじゅ》抄《しょう》』には「同音年号清濁に依り用いる例」として「元永」と「建永」が挙げられていることから、「ゲンエイ」（漢音）であったと考えられる。

81 保《ほう》安《あん》

天皇　鳥羽天皇・崇徳天皇

元永三年（一一二〇）四月一〇日庚辰　改元
保安五年（一一二四）四月三日庚戌　天治に改元

『中右記《ちゆうゆうき》』によれば御慎による改元。同記は、近日天下豊年であるのに御慎によって改元することは例がないと述べ、ある人が密かに語ったこととして算博士《さんはかせ》三善為康《みよしのためやす》が即位年より今年までを算計して今年の夏に御慎みがあることを述べたために改元が行なわれたという話を記す。『玉葉《ぎよくよう》』文治《ぶんじ》六年（一一九〇）三月一四日条には天皇の中興御厄（厄年の一種）による改元例として康平《こうへい》・保安《ほうあん》が挙げられており、『一代《いちだい》要記《ようき》』も御厄運を改元理由とする。ただし『山丞記《さんじようき》』文治六年四月一一日条によれば、中興のことは改元詔書には載せられず、ただ御慎とのみ記されたという。『十三代要略《じゆうさんだいようりやく》』は天変・御慎によるとし、『百練《ひやくれん》抄《しよう》』は天変・御悩《ごのう》によるとする。

年号字勘進《かんしん》は菅原在良《すがわらのありよし》が式部大輔兼文章博士《もんじようはかせ》であるため、彼と文章博士藤原敦光《ふじわらのあつみつ》の二名だけに命じられ、在良は「長仁」「天治」「保安」を、敦光は「天治」「慶延」「長寿」を選んだ。候補はなかなか絞られなかったが最終的に「保安《ほうあん》」に決した。年号字案のうち「長仁」は猿楽法師《さるがくほうし》の名でもあり、内大臣藤原忠通《ただみち》が年号は世間の人の妖言は最も避けるべきであり、万人が甘心するのが良いとの方針を示している。改元詔書は天喜《てんぎ》の例によった（『中右記』、『改元部類』所収故殿御記《こどのぎよき》〈忠通公記〉）。

82　天《てん》治《じ》

天皇　崇徳天皇

保安五年（一一二四）四月三日庚戌　改元
天治三年（一一二六）正月二二日戊子　大治に改元

『百練抄《ひやくれんしよう》』等に見えるように代始《だいはじめ》改元。白河《しらかわ》法皇の意向により、保安《ほうあん》四年（一一二三）正月二八日に鳥《と》羽《ば》天皇は第一皇子顕仁《あきひと》親王（崇《す》徳《とく》天皇）に譲位《じようい》した。

年号勘進《かんしん》は式部大輔藤原《ふじわらの》敦光《あつみつ》、文章博士《もんじようはかせ》大江有元《おおえのありもと》、同藤原行盛《ゆきもり》の三名に命じられ、敦光は「天治」「長承」「慶延」を、有元は「永貞」「建徳」を、行盛は「天保」「元徳」を献じた。諸卿により推す年号字は分かれたが、比較的「天治」が多かったため、白河法皇は「天治《てんじ》」に決した。ただし仗議《じようぎ》では「天治」は「天智《てんじ》天皇」の音に通じるとの難もあった。年号字の引文は「易緯《えきい》曰、帝者徳配㆓天地㆒、天子者継㆑天治㆑物」（『中右記《ちゆうゆうき》』、『永昌記《えいしようき》』、『改元部類』所収師時記《もろときき》〈長秋記《ちようしゆうき》〉、『元秘別録《げんぴべつろく》』）。『太平御覧《たいへいぎよらん》』巻七六・叙皇王上に引かれる「易緯」の説略文か。

83 大《だい》治《じ》

天皇　崇徳天皇

天治三年（一一二六）正月二二日戊子　改元
大治六年（一一三一）正月二九日丁卯　天承に改元

『中右記《ちゅうゆうき》』によれば、疱瘡《ほうそう》による改元。前年の天治《てんじ》二年（一一二五）一二月より疱瘡が流行し（『醍醐雑《だいごぞう》事記《じき》』）、正月一四日には鳥《と》羽《ば》上皇が疱瘡に罹患、一七日には非常赦が実施された（『永昌記《えいしょうき》』）。

二二日にわかに改元定が実施されることになった。式部大輔藤原敦光《ふじわらのあつみつ》は「天寿」「大治」「長承」を、文章博士《もんじょうはかせ》大江有元《おおえのありもと》は「安治」「淳徳」を、同藤原行盛《ゆきもり》は「平和」「天保」「政和」を選び、その中より最終的に「大治《だいじ》」に決した。このとき源師時《みなもともろとき》は「大治」の対馬音《つしまおん》は「大地」であり、大地震を連想させると難じた。改元詔書の赦令・賑給《しんごう》は承暦《じょうりゃく》の例によることとされた。年号字の引文は「河《か》図《と》挺佐《ていさ》輔《ほ》曰、黄帝修ㇾ徳立ㇾ義、天下大治」で、これはほぼ同文が『芸文類聚《げいもんるいじゅ》』巻一一黄帝軒轅《こうていけんえん》氏にも見える（『中右記』、『大治改元定記』、『永昌記』、『元秘別録《げんぴべつろく》』）。訓みについて、ロドリゲス『日本大文典』には「Daigi」と見える。

なお、大治元年（一一二六）一二月一八日は藤原行盛が大治の年号や年内に二度改元することについての勘例《かんれい》を提出しており（『藤原行盛年号勘文写』）、改元後まもなく再度の改元が検討されたようであるが、実施はされなかった。

84 天《てん》承《しょう》　天皇 崇徳天皇

大治六年（一一三一）正月二九日丁卯　改元
天承二年（一一三二）八月一一日戊戌　長承に改元

『園太暦《えんたいりやく》』延文《えんぶん》四年（正平《しょうへい》一四・一三五九）八月二六日条所引八月二七日付洞院公賢《とういんきんかた》書状によれば、改元理由は「炎旱、洪水、天変」。『口言部類《くごんぶるい》』によれば、近年、炎旱・洪水連々のうえ、最近は天変が起こっており、そのため改元することが改元詔書に記された。ただし実は御慎みが重いためであるという。前年六月一〇日には旱魃《かんばつ》御《み》卜《うら》があり、二六日には二十二社に祈雨奉幣《ほうべい》がなされた（『中右記《ちゅうゆうき》』）。七月三日からは孔雀経《くじゃくきょう》御読経《みどきょう》および五龍祭《ごりゅうさい》が行なわれた（『中右記』）。旱魃はその後も続いたが、九月四日になると止雨奉幣がなされている（『中右記』）。

年号字は式部大輔藤原敦光《ふじわらのあつみつ》が「天寿」「天承」「泰和」を、文章博士《もんじょうはかせ》大江有元《おおえのありもと》が「天祐」「安寧」「保寧」を、同藤原行盛《ゆきもり》が「永受」「天受」「慶成」を勘進《かんしん》した。この中で「天承《てんしょう》」は年号字が上下に分かれる（「奉天《ほうてん》／承親」）けれども吉事であり、難がないとして決した。年号字の出典は『漢書』で、匡衡《きょうこう》伝に「聖王之自為、動静周旋、奉レ天承レ親、臨レ朝享レ臣、物有二節文一、以章二人倫一」と見える（『長秋記《ちょうしゅうき》』、『元秘《げんぴ》別録《べつろく》』）。

85 長《ちょう》承《しょう》

天皇　崇徳天皇

天承二年(一一三二)八月一一日戊戌　改元
長承四年(一一三五)四月二七日庚午　保延に改元

改元理由について『中右記《ちゅうゆうき》』は「疾疫《しつえき》・怪異」によるとする。『中右記』天承《てんしょう》二年(一一三二)閏《うるう》四月一六日条等に疾疫流行のことが記されている。『歴代編年集成《れきだいへんねんしゅうせい》(帝王編年記《ていおうへんねんき》)』や『一代要記《いちだいようき》』『十三代要略《じゅうさんだいようりゃく》』は疾疫のほかに火事を改元理由としているが、『百練抄《ひゃくれんしょう》』によれば、七月二三日に上皇御所三ヵ所が焼亡している。

年号字は八月四日に勘進《かんしん》を命じる宣旨が下され、参議藤原実光《ふじわらのさねみつ》が「養治」「応保」を、式部大輔藤原敦光《あつみつ》が「天隆」「政治」「長承」を、文章博士《もんじょうはかせ》藤原行盛《ゆきもり》が「政治」「恒久」を、同菅原時登《すがわらのときのり》が「安貞」「久安」「寿考」を勘進し、その中より「長承《ちょうしょう》」が選ばれた。改元詔書の赦令には神社の訴えに触れる者は除外することが記された。年号字の出典は『史記』で、始皇本紀《しこうほんぎ》に「長承㆓聖治㆒、群臣嘉㆑徳」と見える(『中右記』、『改元記(敦光朝臣記)』『元秘別録《げんぴべつろく》』)。

86　保《ほう》　延《えん》

天皇　崇徳天皇

長承四年（一一三五）四月二七日庚午　改元
保延七年（一一四一）七月一〇日丙午　永治に改元

改元理由について『中右記《ちゅうゆうき》』は「天下閑かならず天変・霖雨」によるとする。また『百練抄《ひゃくれんしょう》』『歴代編《れきだいへん》年集成《ねんしゅうせい》（帝王編年記《ていおうねんへんき》）』『十三代要略《じゅうさんだいようりゃく》』は疾疫《しつえき》・飢饉《ききん》を改元理由とし、『皇年代略記《こうねんだいりゃくき》』はさらに洪水を加える。『中右記』長承《ちょうしょう》四年（一一三五）三月一一日条には天下数十日に及び炎旱が続いていたが、この日ようやく雨が降ったと記されており、一七日には穀一〇〇〇石、四月八日には米三〇〇〇石の賑給《しんごう》が行なわれた（『中右記』、『百練抄』、『十三代要略』）。その後、四月九日からは霖雨となり、二一日には二十二社奉《ほう》幣《べい》がなされた（『中右記』）。二二日には霖雨のことにより軒廊御卜《こんろうのみうら》が行なわれ、また「天下静かならざるの上、天変怪異頻り」であるとして大赦《たいしゃ》が行なわれている（『長秋記《ちょうしゅうき》』）。『中右記』五月五日条には「近日天下疾疫、飢餓の者、道路に充満」と記されている。

四月二二日に年号字勘進《かんしん》を命じる宣旨《せんじ》が下されたが、参議藤原実光《ふじわらのさねみつ》はにわかに服仮《ぶっか》が出来したため献ぜず、式部大輔藤原敦光《あつみつ》が「貞久」「天明」「養寿」を、文章博士《もんじょうはかせ》菅原時登《ときのり》が「嘉応」「安貞」「承安」を、同藤原顕時《あきとき》が「承安」「延祚」「保延」を献じた。年号字の引文について、注釈書では「喪服伝」が引かれているという難もあったが、「保延《ほうえん》」に決し、改元詔書は康和《こうわ》の例によって調庸が免じられることとなった。年号字の出典は『文選《もんぜん》』で、王文考魯《ろ》霊光殿賦《れいこうでんふ》に「永安寧以祉福、長与㆓大漢㆒而久存、実至尊之所㆑御、保㆓延寿㆒而宜㆓子孫㆒」と見える（『中右記』、『長秋記』、『元秘別録《げんぴべつろく》』）。

87 永《えい》治《じ》

天皇　崇徳天皇・近衛天皇

保延七年（一一四一）七月一〇日丙午　改元
永治二年（一一四二）四月二八日辛卯　康治に改元

辛酉《しんゆう》改元。早く保延《ほうえん》六年（一一四〇）三月五日の宇佐使発遣の際に明年辛酉御慎のことが祈願に加えられ（『革暦類《かくれきるい》』元亨《げんこう》度所収元応《げんおう》三年〈一三二一〉二月一〇日外記《げき》局《きょく》勘例《かんれい》）、一二月二九日には明年が辛酉革命にあたるか否かの勘申《かんじん》が諸道に命じられ、正月から二月にかけて提出された（『革暦類』）。

保延七年七月一〇日仗議《じょうぎ》がなされ、革命にはあたらないものの慎むべきであるとして改元が決定、ついで改元定がなされ、式部大輔藤原敦光《ふじわらのあつみつ》が「貞久」「応保」「斉徳」を、文章博士《もんじょうはかせ》藤原顕業《あきなり》が「久安」「嘉康」を、同永範《ながのり》が「承安」「永治」「久長」を、権中納言藤原実光《さねみつ》が「永治」「承慶」を勘進《かんしん》し、「永治《えいじ》」が選ばれた。改元詔書には赦令および賑給《しんごう》のことが記され、あわせて天下諸神も一階昇叙されることとなった。年号字の出典は実光が「魏文《ぎぶん》（帝《てい》）典論《てんろん》」で「礼楽興二於上一、頌声作二於下一、永治長徳、与レ年豈」という部分、永範が『晋書《しんじょ》』で武帝紀の「見二土地之広一、謂二万葉而無レ虞、覩二天下之安一、謂二千年而永治一」という部分である。前者は『太平御覧《たいへいぎょらん》』巻四四七人事部八八・品藻下所引文の節略か（『革暦類』、『改元部類』所収略記、『元秘別録《げんぴべつろく》』）。

88 康《こう》治《じ》

天皇　近衛天皇

永治二年（一一四二）四月二八日辛卯　改元
康治三年（一一四四）二月二三日甲辰　天養に改元

代始《だいはじめ》改元。崇徳《すとく》天皇は鳥羽《とば》上皇の命により前年の永治《えいじ》元年（一一四一）一二月七日に、異母弟にあたる鳥羽皇子体仁《なりひと》親王（近衛《このえ》天皇）に位を譲った。

四月一日に文章博士《もんじようはかせ》藤原永範《ふじわらのながのり》に年号字を勘進《かんしん》すべき宣旨《せんじ》が下され、二日には権中納言藤原実光《さねみつ》に年号字勘進が命じられた（『本朝世紀《ほんちようせいき》』）。永範は「応保」「康治」「久寿」を勘進したが、それ以外の勘進はなかったようである（『元秘抄《げんぴしよう》』巻三、『元秘別録《げんぴべつろく》』。ただし広橋本『年号字』は実光が「長守」「天成」を勘進したとする）。

年号字の出典は『宋書《そうじよ》』で、後廃帝本紀《ほんぎ》の「以レ康治レ道」という部分（『元秘別録』）。内大臣藤原頼長《よりなが》は「康治」はともに水の字であり、水災によって飢饉《ききん》となることを象徴すると非難している（『台記《たいき》』）。

89 天《てん》養《よう》

天皇　近衛天皇

康治三年（一一四四）二月二三日甲辰　改元
天養二年（一一四五）七月二二日丙寅　久安に改元

甲子《かっし》改元。前年の康治《こうじ》二年（一一四三）九月二六日に明年が甲子年であり革令にあたるか否かについて諸道に勘申《かんじん》が命じられ（権中納言藤原実光《ふじわらのさねみつ》、左大弁藤原顕業《あきなり》、式部大輔藤原敦光《あつみつ》には二九日）、当年二月一三日には内大臣藤原頼長《よりなが》より清原信俊《きよはらのさねとし》に対し別勘文《かんもん》の提出が命じられた（『甲子紀伝勘文部類』、『本朝世紀《ほんちょうせいき》』）。同日には甲子定が行なわれる予定であったが、公卿の数が少ないため一七日に延引した。一七日の甲子定では革令にはあたらないものの改元すべきであるとされ、年号字の勘進《かんしん》が実光（このとき前権中納言）、顕業、敦光および文章博士《もんじょうはかせ》藤原永範《ながのり》、同藤原茂明《しげあき》に命じられた。二三日に改元定が実施され、実光は「承慶」「長寛」、顕業は「久安」「弘保」、敦光は「久安」「慶延」「泰和」、永範は「建保」「久寿」、茂明は「天養」「徳安」を献じ、「天養《てんよう》」が選ばれた。出典は『後漢書』で、郎顗《ろうがい》伝の「此天之意也、人之慶也、仁之本也、倹之要也、焉有下応レ天養レ人為レ仁為レ倹、而不レ降レ福者上乎」という部分（『台記《たいき》』、『元秘別録《げんぴべつろく》』）。

—参考文献—
佐藤　均「天養度の革令勘文について」『革命・革令勘文と改元の研究』佐藤均著作集刊行会　一九九一年　初出一九八三年
「『甲子紀伝勘文部類』について」『革命・革令勘文と改元の研究』佐藤均著作集刊行会　一九九一年　初出一九八三年

90 久《きゅう》安《あん》

天皇 近衛天皇

天養二年（一一四五）七月二二日丙寅　改元
久安七年（一一五一）正月二六日戊戌　仁平に改元

『本朝世紀《ほんちょうせいき》』等によれば、改元理由は彗星《すいせい》。天養《てんよう》二年（一一四五）四月五日、寅時に東方に長さ一丈ほどの彗星が現れ、二三日からは夕刻に西方に現れるようになった。二五日に二十二社奉幣《ほうべい》がなされ、それ以降、六月にいたるまで彗星を理由に御読経《みどきょう》や仁王講《にんのうこう》がたびたび実施された（『本朝世紀』、『台記《たいき》』等）。この時の彗星はハレー彗星と考えられている。

七月八日に参議左大弁藤原顕業《ふじわらのあきなり》、文章博士《もんじょうはかせ》藤原永範《ながのり》、同藤原茂明《しげあき》に年号字の勘進《かんしん》が命じられ、顕業は「承天」「太嘉」、永範は「久安」「承宝」「仁保」、茂明は「万安」「徳安」「延寿」を献じた。改元定では「久安」と「承宝」から選ぶこととされ、「久安」には反字が「奸」であるとの難があったが、かつて藤原宗忠《むねただ》が必ずしも反字を重視する必要はないと述べたことを権中納言藤原公教《きんのり》が主張し、延喜《えんぎ》の反が「異」、天暦《てんりゃく》の反が「敵」であることなども考慮されて、「久安《きゅうあん》」に決した。年号字の出典は『晋書《しんじょ》』で、劉頌《りゅうしょう》伝の「建㆓久安於万載㆒、垂㆓長世於無窮㆒」という部分（三条西本『改元部類記』所収槐記《かいき》、『本朝世紀』、『元秘別録《げんぴべつろく》』）。

—参考文献—

斉藤国治「ハレー彗星」『国史国文に現れる星の記録の検証』雄山閣出版　一九八六年

91 仁《にん》平《ぴょう》

天皇　近衛天皇

久安七年（一一五一）正月二六日戊戌　改元
仁平四年（一一五四）一〇月二八日丁未　久寿に改元

改元詔書には、去年の暴風の難や洪水の苦しみが改元理由に挙げられている（『本朝世紀《ほんちょうせいき》』、『台記《たいき》』）。前年の久安《きゅうあん》六年（一一五〇）八月二八日には一昨日からの降雨により洪水となったことが記されており（『本朝世紀』、『台記』）、一一月一三日には諸国洪水（『百練抄《ひゃくれんしょう》』は「諸国風水の難」）により実検使《じっけんし》を差遣することが仗議《じょうぎ》で話し合われている（『本朝世紀』、『百練抄』）。七年正月二四日には鳥羽《とば》法皇の命により太政大臣に改元定の参仕が命じられ、また藤原頼長《ふじわらのよりなが》は同日年号字案を検討している（『台記』）。

年号字の勘進《かんしん》は文章博士《もんじょうはかせ》藤原永範《ながのり》、同藤原茂明《しげあき》に命じられ、永範は「仁平」「久寿」「嘉禄」を献じた。茂明の勘文《かんもん》は伝わっていないが、改元定では「万安」への言及がなされている。改元詔書は天喜《てんぎ》元年（一〇五三）の例によって作成され、天下大赦《たいしゃ》や賜穀のことなどが記された。年号字の引文は「後漢書曰、政貴㆓仁平㆒」である（『台記』、『本朝世紀』、『元秘別録』）が、あるいは同書孔奮《こうふん》伝に見える「治㆓貴仁平㆒」の誤りか。

訓みについて、冷泉家本『皇年代記《こうねんだいき》』は「ニンヘイ」、ロドリゲス『日本大文典』は「Nimpei」とあり、『本朝年代歴』は「ニンペイ」と傍書したうえで、「ヒヤウ」との異説を朱書している。

92　久《きゅう》寿《じゅ》

天皇　近衛天皇・後白河天皇

仁平四年（一一五四）一〇月二八日丁未　改元
久寿三年（一一五六）四月二七日戊戌　保元に改元

『百練抄《ひやくれんしょう》』は改元理由を厄運によるとし、『歴代編年集成《れきだいへんねんしゅうせい》（帝王編年記《ていおうへんねんき》）』は怪異を加える。また

『一代要記《いちだいようき》』は焼亡とする。仁平《にんぴょう》四年（一一五四）一〇月一二日に伊勢神宮の怪異について軒廊御卜《こんのろうのみうら》が行なわれている（『台記《たいき》』）が、関連は不詳。

七月二六日に式部大輔藤原永範《ふじわらのながのり》、文章博士《もんじょうはかせ》藤原茂明《しげあき》、同藤原長光《ながみつ》に年号字勘進《かんしん》を命じる宣旨《せんじ》が下されている。改元当日には左大臣藤原頼長《よりなが》に鳥羽《とば》法皇より「治」字を選ぶべきでないとの密詔が下された（『台記』）。これにつき、頭弁《とうのべん》藤原光頼《みつより》は大治《だいじ》四年（一一二九）に白河《しらかわ》法皇が崩御《ほうぎょ》しているためかと推測している。永範は「承宝」「応暦」「平治」を、茂明は「和万」「徳祚」「天保」を、長光は「天寿」「徳延」「延祚」を献じた。これらの中では決せず、御所より旧勘文《かんもん》五通が下され（実際には頼長が写し留めて準備させておいた）、「久寿」「嘉禄」などより最終的に「久寿《きゅうじゅ》」に決した。「久寿」は永範の仁平度勘文で、『抱朴子《ほうぼくし》』が出典。仁平度勘文には引文が見えないが、永範の天養《てんよう》度勘文によれば、内篇《ないへん》・釈滞の「其業在二於全一レ身久レ寿」か。改元詔書は天喜《てんぎ》元年（一〇五三）例により、ただ神社の訴えに触れる者は赦令から除外された（『台記』、『兵範記《へいはんき》』、『久寿改元定記』、『元秘別録《げんぴべつろく》』）。

93 保《ほう》元《げん》

天皇　後白河天皇・二条天皇

久寿三年（一一五六）四月二七日戊戌　改元
保元四年（一一五九）四月二〇日甲辰　平治に改元

代始《だいはじめ》改元。近衛《このえ》天皇は久寿《きゅうじゅ》二年（一一五五）七月二三日に崩御《ほうぎょ》し、鳥羽《とば》天皇皇子雅仁《まさひと》親王（後白河《ごしらかわ》天皇）が践祚《せんそ》した。

式部大輔藤原永範《ふじわらのながのり》が「天明」「承宝」「保元」を、文章博士《もんじょうはかせ》藤原長光《ながみつ》が「天明」「久承」「承禄」を勘進《かんしん》し、諸卿は「久承」と「保元」を推したが、「久承」は久字が「久寿」と同じで憚りがあるとして最終的に「保元《ほうげん》」に決定した。年号字の出典は『顔氏家訓《がんしかくん》』で、巻四文章第九の「以保二元吉一也」という部分（「也」字は衍字か）（『兵範記《へいはんき》』、『元秘別録《げんぴべつろく》』）。

94 平《へい》治《じ》

天皇　二条天皇

保元四年（一一五九）四月二〇日甲辰　改元
平治二年（一一六〇）正月一〇日乙丑　永暦に改元

代始《だいはじめ》改元。後白河《ごしらかわ》天皇は前年の保元《ほうげん》三年（一一五八）八月一一日に皇子守仁《もりひと》親王（二条《にじょう》天皇）に譲位《じょうい》し、院政を開始した。

年号字は参議藤原俊憲《ふじわらのとしのり》が「応暦」「淳仁」を、式部大輔藤原永範《ながのり》が「保貞」「承宝」「弘保」を、文章《もんじょう》博士《はかせ》藤原長光《ながみつ》が「永世」「久承」を、同藤原俊経《としつね》が「大喜」「平治」「天大」を勘進《かんしん》し、「淳仁」と「平治」の間で検討がなされた。「平治」には上に「平」字が来た例がないことや、「平」字の年号には「承平《じょうへい》」や「康平《こうへい》」など兵乱の年があることが難として挙げられたが、「寛平《かんぴょう》」「仁平《にんぴょう》」の例もあるとして、「平治《へいじ》」に決した。年号字の出典は『史記』で、夏本紀に「天下於是大〔太〕平治」とある部分（『改元部類』所収為親卿《ためちかきょう》記《き》・人車記《じんしゃき》〈兵範記《へいはんき》〉、『元秘別録《げんぴべつろく》』）。

95　永《えい》暦《りゃく》　天皇　二条天皇

平治二年（一一六〇）正月一〇日乙丑　改元
永暦二年（一一六一）九月四日癸酉　応保に改元

改元詔書に兵革が挙げられているように、兵革を理由とする改元（『顕時卿《あきときききょう》改元定記』）。前年の平治《へいじ》元年（一一五九）一二月に平治の乱が起きている。なお、『歴代編年集成《れきだいへんねんしゅうせい》（帝王編年記《ていおうへんねんき》）』は太上天皇厄運、『皇年代略記《こうねんだいりゃくき》』は天変も理由に加える。

年号字は式部大輔藤原永範《ふじわらのながのり》が「永暦」「天明」「承宝」を、文章博士《もんじょうはかせ》藤原長光《ながみつ》が「天明」「久承」「承安」を、同藤原俊経《としつね》が「大喜」「治承」を勘進《かんしん》した。「永暦」と「久承」が選ばれ、最終的に「永暦《えいりゃく》」に決した。改元詔書は永久の例により、赦令や半徭・賜穀のことが記された。年号字の出典は『後漢書』辺《へん》譲《じょう》伝の「馳㆓淳化於黎元㆒、永㆓歴代〔世〕而太平㆒」という部分で、「歴」を「暦」と置き換えることは『宋《そう》韻《いん》』に「歴」について「数也、（中略）又暦曰、後漢書律歴志曰、黄帝造㆑歴」とあり、「歴暦同作」であることによる（『顕時卿改元定記』、『改元部類』所収人車記《じんしゃき》〈兵範記《へいはんき》〉、『元秘別録《げんぴべつろく》』）。

96　応《おう》　保《ほう》　天皇　二条天皇

永暦二年（一一六一）九月四日癸酉　改元
応保三年（一一六三）三月二九日庚申　長寛に改元

『山槐記《さんかいき》』によれば改元理由は天下疱瘡《ほうそう》による。改元日である永暦《えいりやく》二年（一一六一）九月四日条によれば天皇もまた疱瘡にかかった。なお『一代要記《いちだいようき》』は飢饉《ききん》も理由に加える。

年号字は参議左大弁藤原資長《ふじわらのすけなが》が「天統」「応保」を、式部大輔藤原永範《ながのり》が「建保」「嘉応」「弘保」を、文章博士《もんじようはかせ》藤原長光《ながみつ》が「養治」「久承」を、同藤原俊経《としつね》が「永万」「延寿」を勘進《かんしん》した。「応」字は「天応」「応徳」のように代末の例があるとの難もあったが、「応和《おうわ》」は村上聖代の年号であり、「徳」字のように使用しないとの宣下もなかったこともあり、「応和」を推す者が多かった。ただ本来は上卿《しょうけい》による仗議《じょうぎ》の奏上後、重ねて議し一定するよう天皇からの仰せがあってから再度奏上すべきところ、頭弁《とうのべん》がそのまま天皇に伝えてしまい、「応保《おうほう》」に決することとなった。年号字の出典は『尚書《しょうしょ》』で、康誥《こうこう》の「已、汝惟二小子一、乃服惟弘レ王、応保殷民已〔乎〕事女〔汝〕惟小子、乃当服行二徳政一、惟弘二大王道一、上以応レ天、下安〔以脱〕二我所レ受殷之衆〔民衆〕民一也、」という部分（『顕時卿改元定記《あきときけいかいげんさだめき》』、『元秘別録《げんぴべつろく》』）。

97 長《ちょう》寛《かん》

天皇　二条天皇

応保三年（一一六三）三月二九日庚申　改元
長寛三年（一一六五）六月五日壬午　永万に改元

改元理由について『皇年代略記《こうねんだいりやつき》』は疱瘡《ほうそう》、群書類従《ぐんしょるいじゅう》本『皇代記《こうだいき》』は赤班〔斑〕瘡、『元秘別録《げんぴべつろく》』は天下疾疫《しつえき》、『一代要記《いちだいようき》』は天反〔変〕とする。

年号字は従三位《じゅさんみ》刑部卿《ぎょうぶきょう》藤原範兼《ふじわらののりかね》が「永命」「長寛」を、式部大輔藤原永範《ながのり》が「安貞」「承寧」「弘治」を、文章博士《もんじょうはかせ》藤原長光《ながみつ》が「久承」「養寿」「治承」を、同藤原俊経《としつね》が「永万」「弘保」「大喜」を勘進《かんしん》した。長寛の引文は「維城典訓《いじょうてんくん》曰、長レ之、寛レ之、施二其功一博矣」である（『元秘別録』）。

98 永《えい》万《まん》

天皇　二条天皇・六条天皇

長寛三年（一一六五）六月五日壬午　改元
永万二年（一一六六）八月二七日戊戌　仁安に改元

『改元部類』所収家通卿記《いえみちきようき》に「御不予」すなわち天皇の病気により改元することが記されている。長寛《ちょうかん》三年（一一六五）四月二三日に天皇の不予により五大尊像が造られ大赦《たいしゃ》を実施、五月一三日・二九日には伊勢奉幣《ほうべい》がなされた（『顕広王記《あきひろおうき》』、『山槐記《さんかいき》』）。このほか、『一代要記《いちだいようき》』は改元理由を天反〔変〕・怪異・病、『歴《れき》代編年集成《だいへんねんしゅうせい》（帝王編年記《ていおうへんねんき》）』は変異、『皇代略記《こうだいりやつき》』は天変ならびに御慎、『皇年代略記』は天変ならびに御慎、公家御薬のこと（天皇の病気）などとする。

年号字は参議左大弁藤原資長《ふじわらのすけなが》が「元徳」「養元」「政和」を、式部大輔藤原永範《ながのり》が「安貞」「応暦」「天恵」を、文章博士《もんじようはかせ》藤原俊経《としつね》が「永万」「治和」を、同藤原長光《ながみつ》が「久承」「寿長」を勘進《かんしん》した。「永万」は古塚の碑文に見える語であるとの難もあったが、結局、本文を見出すことはできず、最終的に「永万《えいまん》」に決した。出典は『漢書』で、王褒《おうほう》伝に「休徴自至、寿考無疆、雍容垂拱、永永万年」とある（『改元部類』所収家通卿記、『元秘別録《げんぴべつろく》』）。

99 仁《にん》安《あん》

天皇　六条天皇・高倉天皇

永万二年(一一六六)八月二七日戊戌　改元
仁安四年(一一六九)四月八日甲午　嘉応に改元

代始《だいはじめ》改元。病弱であった二条《にじょう》天皇は永万《えいまん》元年(一一六五)六月二五日、皇子順仁《のぶひと》に親王宣下し、ただちに譲位《じょうい》(六条《ろくじょう》天皇)、七月二八日に崩じた。諒闇《りょうあん》は永万二年七月三〇日に明けている。八月六日に改元定が実施された(『改元部類』所収中民記《ちゅうみんき》〈顕時卿記《あきときききょうき》〉)。

年号字は式部大輔藤原永範《ふじわらのながのり》が「天同」「延世」「弘治」を、文章博士《もんじょうはかせ》藤原俊経《としつね》が「嘉康」「弘保」を、同藤原成光《なりみつ》が「政治」「仁安」を勘進《かんしん》した。権中納言藤原資長《すけなが》が勘進しなかったのは、代始の改元で勘者が四人となるのを憚ったためであるという。「安」には止むの訓があるとの難もあったが、「弘」は弓偏であり、また「弘仁《こうにん》」には兵革があったなどとして、「仁安《にんあん》」に決した。出典は『毛詩正義《もうしせいぎ》』で、「行㆓〔其脱〕寛仁安静之政㆒、以定㆓天下㆒、(中略)得㆑至㆓於太平㆒」(巻一九之二・昊夫有成命)の部分が引文として挙げられた(『改元部類』所収長方卿記《ながかたきょうき》、『元秘別録《げんぴべつろく》』)。後日、「仁安」は偽位の年号である(渤海の年号であったことを意味する)との批判があった(『改元部類』所収長方卿記)。

100　嘉《か》応《おう》

天皇　高倉天皇

仁安四年（一一六九）四月八日甲午　改元
嘉応三年（一一七一）四月二一日乙丑　承安に改元

六条《ろくじょう》天皇は仁安《にんあん》三年（一一六八）二月一九日、後白河《ごしらかわ》天皇皇子の皇太子憲仁《のりひと》親王（高倉《たかくら》天皇）に譲位《じょうい》した。

四年三月二三日、左大臣藤原経宗《つねむね》に改元のことが仰せつけられ、権中納言藤原資長《すけなが》、式部大輔藤原永範《ながのり》、文章《もんじょう》博士《はかせ》藤原俊経《としつね》に年号字の勘進《かんしん》が命じられた（『兵範記《へいはんき》』）。

資長は「養元」「嘉応」を、永範は「大承」「平康」「天寧」を、俊経は「大喜」「弘保」「寿永」を献じた。当初、改元定は四月三日に予定されていたが、崇徳院《すとくいん》代始の天治《てんじ》改元と同日であったことから、八日に改められた。院御所とのたびたびの往返は不便であるとして、摂政が一つの年号案に決した後、後白河上皇に奏聞するよう事前に仰せがあり、「嘉応《かおう》」に決してから、奏聞がなされ、承認後、天皇に奏聞という形をとった。年号字の出典は『漢書』で、王褒《おうほう》伝の「天下殷富、数有二嘉応一」という部分（『兵範記《へいはんき》』、『元秘別録《げんぴべつろく》』）。

101 承《じょう》安《あん》　天皇　高倉天皇

嘉応三年（一一七一）四月二一日乙丑　改元
承安五年（一一七五）七月二八日丁未　安元に改元

『改元部類』所収実定公記《さねさだこうき》によれば、「天変ならびに御悩《ごのう》」により改元の旨が改元詔書に記された。『百《ひゃく》練抄《れんしょう》』は災変厄会等、『一代要記《いちだいようき》』は赤気《せっき》（夕方もしくは夜に出現する赤色の雲気）、『歴代編年集成《れきだいへんねんしゅうせい》（帝王《ていおう》編年記《へんねんき》）』は太一《たいいつ》（北天の天帝神）御命期御慎ならびに天変、群書類従《ぐんしょるいじゅう》本『皇代記《こうだいき》』は重厄（大厄にあたる年）を改元理由とする。

年号字は権中納言藤原資長《ふじわらのすけなが》が「養元」「承安」を、式部大輔藤原永範《ながのり》が「承宝」「応仁」「嘉福」を、文《もん》章博士《じょうはかせ》藤原俊経《としつね》が「大応」「寿永」を、同藤原成光《なりみつ》が「長養」「貞久」「養元」を献じた。年号字の出典は『尚書《しょうしょ》』で、洛誥《らくこう》の「王命レ我来、承安汝文徳之祖、正義、承二文王之意一、安二定此民一也」という部分（『改元部類』所収実定公記、『玉葉《ぎょくよう》』、『元秘別録《げんぴべつろく》』）。「承安《じょうあん》」はこれまでたびたび、中国の殿舎名であるなどとして難じられてきた（『元秘抄《げんぴしょう》』巻四）が、今回は難が軽いとして採用された。

承安の訓みについて、ロドリゲス『日本大文典』は「Xôan」とあり、清音で訓むのが一般的であったらしい。

102 安《あん》元《げん》

天皇　高倉天皇

承安五年（一一七五）七月二八日丁未　改元
安元三年（一一七七）八月四日辛未　治承に改元

改元理由は、この年（承安《じょうあん》五年〈一一七五〉）春以来天下静かならず病患が流行し、なかでも疱瘡《ほうそう》が都鄙に満ちていること（『玉葉《ぎょくよう》』）。三月七日にいったん改元定が企画されたが、三月改元例は不吉であるとして延引になり（『玉葉』三月六日条）、また四月疱瘡蜂起のときに改元の宣下《せんげ》がなされたが、四月は憚りがあるとして七月に延引されたのだという（『山槐記《さんかいき》』）。中山忠親《なかやまただちか》は四月・七月は吉例があるが、前の年号と同月の改元は不吉なのであろうかと推測している（『山槐記』）。

年号字は右大弁藤原俊経《ふじわらのとしつね》が「大応」「安元」を、文章博士《もんじょうはかせ》藤原敦周《あつちか》が「養治」「大承」を、同藤原光範《みつのり》が「長観」「安貞」「治和」を勘進《かんしん》した。「安元《あんげん》」については「安」は「止」で「元」は「首」の意であり、「止首」となるとか、引文に「除害」があるのは良くないなどの難もあったが、問題にはならないとして採用された。出典は『漢書』子育伝の「為レ民除レ害、安二元元一（而已）」という部分。改元詔書は嘉保《かほう》元年（一〇九四）例によった（『玉葉』、『山槐記』、『元秘別録《げんぴべつろく》』）。

103 治《じ》承《しょう》

天皇　高倉天皇・安徳天皇

安元三年（一一七七）八月四日辛未　改元
治承五年（一一八一）七月一四日戊子　養和に改元

改元理由は大極殿火災および天変が頻《しき》りに起こっていること（『改元部類』所収家通卿記《いえみちきょうき》）。安元《あんげん》三年（一一七七）四月二八日に大極殿をはじめとする大内裏が焼亡している。七月二九日に改元日が決定された（『玉葉《ぎょくよう》』）。なお同日には天下静かならざるにより、それまで讃岐《さぬき》院と呼ばれていた崇徳《すとく》天皇に「崇徳院」の諡号《しごう》が奉られ、藤原頼長《ふじわらのよりなが》には正一位《しょういちい》太政大臣が贈られている。

年号字は権中納言藤原資長《すけなが》が「仁治」「治徳」を、式部大輔藤原永範《ながのり》が「宝治」「養和」を、文章博士《もんじょうはかせ》藤原敦周《あつちか》が「和万」「弘保」「徳久」を、同藤原光範《みつのり》が「仁宝」「治和」「治承」を献じた。「治承《じしょう》」については両字ともに水を含んでいるとの難もあったが、大極殿火災による改元なのでかえって水が入っている方が良いとされた。引文は「河図曰、治レ武明二文徳一、〔道脱カ〕治承二天精一」とされる。『太平御覧《たいへいぎょらん》』巻八七・漢高祖皇帝所引「龍魚河図」か。改元詔書は康平《こうへい》元年（一〇五八）の例によることとされた（『玉葉』、『愚昧記《ぐまいき》』、『改元部類』所収家通卿記、『元秘別録《げんぴべつろく》』）。

Ⅲ　鎌倉時代

104 養《よう》和《わ》

天皇　安徳天皇

治承五年(一一八一)七月一四日戊子　改元
養和二年(一一八二)五月二七日丙辰　寿永に改元

代始《だいはじめ》改元。高倉《たかくら》天皇は治承《じしょう》四年(一一八〇)二月二一日に皇太子言仁《ことひと》親王(安徳《あんとく》天皇)に譲位《じょうい》した。高倉上皇は五年正月一四日に崩御《ほうぎょ》したため、諒闇《りょうあん》中に改元するか否かが問題となったが、結局、客星《かくせい》のこともあり、一四日に改元することとなった(『吉記《きっき》』四月四日・五日・七日・一四日・一七日・二〇日条、『玉《ぎょく》葉《よう》』四月七日・二五日、七月一二日条)。客星については『百練抄《ひゃくれんしょう》』六月二五日条に北極に現れたことが記されている。赦令を行なうべきか否かについても議論がなされた。『改元部類』所収山槐記《さんかいき》には、近日天変乱逆が頻発しているが、先例によってその旨は記されないことになったとする。

年号字は式部大輔藤原俊経《ふじわらのとしつね》が「大応」「弘保」を、文章博士《もんじょうはかせ》藤原敦周《あつちか》が「久承」「養和」「応暦」を献じた。出典は『後漢書』で、臺佟《たいとう》伝に「幸得㆑保㆓性命㆒、存㆑神養㆑和」と見える(『改元部類』所収山槐記、『玉葉』、三条西本『改元部類記』所収槐林記《かいりんき》、『元秘別録《げんぴべつろく》』)。

なお、源頼朝《みなもとのよりとも》政権では「養和」に改元されることなく、そのまま治承年号が用いられていたと考えられる。

―参考文献―

北爪真佐夫「元号と武家」『文士と御家人』青史出版　二〇〇二年　初出二〇〇〇年
平泉　澄「頼朝と年号」『史学雑誌』二八―一〇　一九二二年

105 寿《じゅ》永《えい》

天皇 安徳天皇・後鳥羽天皇

養和二年（一一八二）五月二七日丙辰　改元
寿永三年（一一八四）四月一六日甲戌　元暦に改元

疾疫《しつえき》・飢饉《ききん》・兵革・天変等による改元（『寿永《じゅえい》改元定記』）。『百練抄《ひゃくれんしょう》』は飢饉・兵革・病事・三合《さんごう》によると記す。また『元秘別録《げんぴべつろく》』は兵革・疱瘡《ほうそう》・三合と記す。治承《じしょう》四年（一一八〇）来の内乱は長期化し、飢饉も『百練抄』養和《ようわ》元年（一一八一）六月条に「天下の飢饉、餓死者その数を知らず」、二年正月条に「嬰《えい》児《じ》道路に棄てられ死骸街衢《がいく》に満つ。（中略）飢饉前代に超ゆ」と記されるほどであった。同書三月条には「天変甚多し」とある。なお大嘗会《だいじょうえ》以前に二度改元した初例であり（『玉葉《ぎょくよう》』五月二二日条、『元秘抄《げんぴしょう》』巻三）、改元日同日には大嘗会所始が行なわれた。

年号字は式部大輔藤原俊経《ふじわらのとしつね》が「大応」「寿永」を、文章博士《もんじょうはかせ》藤原敦周《あつちか》が「寿長」「仁治」「徳安」を、同藤原光範《みつのり》が「安貞」「嘉福」「久長」を献じ、最終的に「寿永」「仁治」「徳安」の三案から摂政が決した。出典は『毛詩《もうし》』で周頌・臣工之什・載見の「以介㆓眉寿㆒、永言保㆑之、思皇多祐〔祜〕」という部分（『寿永改元定記』、『元秘別録《げんぴべつろく》』）。

なお、二年まで源頼朝《みなもとのよりとも》政権は治承《じしょう》年号を使用し続け、同年三〜八月の間に寿永《じゅえい》を用いることとした。これは同年七月に平氏政権が西海に下り、後鳥羽《ごとば》天皇が践祚《せんそ》したことと関連するか。一方、平氏政権では元暦《げんりやく》改元後もそのまま寿永年号が用いられた。

—参考文献—

北爪真佐夫「元号と武家」『文士と御家人』青史出版　二〇〇二年　初出二〇〇〇年
平泉　澄「頼朝と年号」『史学雑誌』二八―一〇　一九一三年
平泉隆房「源頼朝と〝寿永〟の年号」『史料』三七　一九八一年

106 元《げん》暦《りゃく》

天皇　後鳥羽天皇

寿永三年（一一八四）四月一六日甲戌　改元
元暦二年（一一八五）八月一四日甲子　文治に改元

代始《だいはじめ》改元。安徳《あんとく》天皇は寿永《じゅえい》二年（一一八三）七月平氏とともに西海に赴いたため（元暦《げんりゃく》二年〈一一八五〉三月二四日入水）、同年八月二〇日、後白河《ごしらかわ》法皇の詔によって高倉《たかくら》天皇第四皇子尊成《たかひら》が践祚《せんそ》した（後鳥羽《ごとば》天皇）。同年中に改元の議もあったが即位式未実施であったため見送りとなった。しかし戦乱がやまないため、結局、即位式以前に改元を実施することとなった（『玉葉《ぎょくよう》』。即位式は七月二八日に実施）。当初、四月九日が予定されたが、摂政の衰日《すいにち》であったため、一六日に延引した（『吉記《きつき》』四月五日・九日条）。

年号字は参議式部大輔藤原俊経《ふじわらのとしつね》が「大応」「弘保」「大寿」を、参議右大弁藤原兼光《かねみつ》が「元徳」「文治」を、文章博士《もんじょうはかせ》藤原光範《みつのり》が「元暦」「恒久」「承宝」を、同藤原業実《なりざね》が「応暦」「顕嘉」を献じた。「元暦《げんりゃく》」は偽位（契丹《きったん》）の年号であるとの難もあったが、「暦」字は本朝最吉であり、出典の書は見在書の目録に入っていないものの問題ないとされた。引文は「尚書考霊耀《しょうしょこうれいよう》曰、天地開闢、元暦紀名、月首甲子冬至、日月若懸レ璧、五星若編レ珠」。『太平御覧《たいへいぎょらん》』巻七・瑞星に引かれる（『元暦改元定記』、『兼光卿改元定記』、『玉葉』、『吉記』、『元秘別録《げんぴべつろく》』）。

なお、平氏政権は滅亡まで寿永《じゅえい》年号を用いた。また源《みなもと》頼朝《よりとも》政権が元暦の年号を用いるのは七月頃からである。

——参考文献——

北爪真佐夫「元号と武家」『文士と御家人』青史出版　二〇〇二年　初出二〇〇〇年
平泉　澄「頼朝と年号」『史学雑誌』二八―一〇　一九一七年

107 文《ぶん》治《じ》　天皇　後鳥羽天皇

元暦二年（一一八五）八月一四日甲子　改元
文治六年（一一九〇）四月一一日甲午　建久に改元

地震による改元（『玉葉《ぎょくよう》』、『山槐記《さんかいき》』）。元暦《げんりゃく》二年（一一八五）七月九日午刻に京都東部から近江南西部を中心とした大地震（推定マグニチュード約七・四）が起こったことによる。

年号字は参議左大弁藤原兼光《ふじわらのかねみつ》が「文治」「禎祥」を、式部大輔藤原光範《みつのり》が「仁宝」「貞和」「仁治」を、文章博士《もんじょうはかせ》藤原業実《なりざね》が「応暦」「保貞」「顕嘉」を、同藤原光輔《みつすけ》が「万安」「建久」を献じた。まず「文治」「建久」が選ばれ、さらに一旦「建久」に一定したが、摂政藤原基通《もとみち》が近日は武をもって天下が平らかとなったので、「文治」が良いのではないかとしたため、衆議も「文治《ぶんじ》」に変じた。出典は『礼記《らいき》』で、祭法の「湯以レ寛治レ民（中略）、文王以レ文治」。これは寛治《かんじ》度の引文を省略して使用したものである。改元詔書は天延《てんえん》の例にならって作成された（『山槐記』、『玉葉』、『吉記《きつき》』、『山丞記《さんじょうき》』、『元秘別録《げんぴべつろく》』）。

—参考文献—

宇佐美龍夫ほか『日本被害地震総覧　五九九～二〇一二』東京大学出版会　二〇一三年
小松原琢「元暦二年（１１８５）近江山城地震の起震断層の再検討」『歴史地震』二七　二〇一二年
西山昭仁「元暦二年（１１８５）京都地震の被害実態と地震直後の動静」『歴史地震』一四　一九九九年
「元暦二年（１１８５）京都地震における京都周辺地域の被害実態」『歴史地震』一六　二〇〇〇年

108　建《けん》久《きゅう》

天皇　後鳥羽天皇・土御門天皇

文治六年（一一九〇）四月一一日甲午　改元
建久一〇年（一一九九）四月二七日戊子　正治に改元

『玉葉《ぎょくよう》』によれば、天皇の御慎（中興御厄）ならびに明年三合《さんごう》、太一の厄および天変等のことによる改元。文治《ぶんじ》六年（一一九〇）三月一日に関白九条兼実《くじょうかねざね》が後白河《ごしらかわ》法皇に今年御厄年により改元を検討すべきことを申し入れており、一四日には中興御厄による改元の例として康平《こうへい》・保安《ほうあん》の例が挙げられている。四月五日には明年が三合であることも加えられて、一一日改元が決定し、権中納言藤原兼光《ふじわらのかねみつ》、式部大輔藤原光範《みつのり》、文章博士《もんじょうはかせ》藤原光輔《みつすけ》に年号字の勘進《かんしん》が命じられた（『玉葉』、『山丞記《さんじょうき》』）。なお『行類抄《ぎょうるいしょう》』等は地震も改元理由に挙げる。

兼光は「徳仁」「寛恵」「仁治」を、光範は「恒久」「仁治」「貞和」を、光輔は「顕応」「建久」「仁治」を献じ、その中より「建久《けんきゅう》」が選ばれた。出典は『晋書《しんじょ》』および「呉志（三国志呉書）」で、前者は劉頌《りゅうしょう》伝の「建二久安於万歳〔載〕一、垂二長世於無窮一」、後者は「（念レ欲二）安レ国利レ民、建二久長之計一」という部分。改元詔書には中興御厄のことは記されず、「今年の暦は厄会軽からず、術家告ぐるところ畏途多端、しかのみならず近日以来変異しばしば示さる」ので「慎まざるあたわざる」ため改元すると記された。赦令等については元永《げんえい》例によった（『山丞記』、『兼光卿改元定記』、『元秘別録《げんぴべつろく》』）。

109 正《しょう》治《じ》　天皇　土御門天皇

建久一〇年（一一九九）四月二七日戊子　改元
正治三年（一二〇一）二月一三日甲午　建仁に改元

代始《だいはじめ》改元。後鳥羽《ごとば》天皇は建久《けんきゅう》九年（一一九二）正月一一日に第一皇子為仁《ためひと》（土御《つちみ》門《かど》天皇）に譲位《じょうい》した。その翌年四月二三日に二七日改元定を行なうことが定められた（『猪隈関白記《いのくまかんぱくき》』）。

年号字は式部大輔藤原光範《ふじわらのみつのり》、文章博士《もんじょうはかせ》菅原在茂《すがわらのありしげ》、同菅原長守《ながもり》に勘進《かんしん》が命じられ、まず光範は「恒久」「建保」「福応」、在茂は「貞久」「建永」「貞嘉」を、長守は「大応」「暦久」「久承」を献じたが、定以前に他案を勘進すべき旨の仰せが下り、光範は「保貞」「大喜」を、在茂は「貞久」「正治」「建永」「万祥」を再度勘進して、それらの中より「正治《しょうじ》」が選ばれた。長守は他行により勘文《かんもん》を改めることができなかったという。出典は『荘子《そうじ》』雑篇漁父第三一で、「天子・諸侯・大夫・庶人、此四者自正、治之義也」という部分（『師重《もろしげ》改元定記』、『猪隈関白記』、『改元部類』所収親宗卿記《ちかむねきょうき》・三長記《さんちょうき》、『元秘別録《げんぴべつろく》』）。

110　建《けん》仁《にん》

天皇　土御門天皇

正治三年（一二〇一）二月一三日甲午　改元
建仁四年（一二〇四）二月二〇日甲寅　元久に改元

辛酉《しんゆう》改元。前年の正治《しょうじ》二年（一二〇〇）一〇月に明年辛酉に関する外記《げき》勘例《かんれい》が提出され、革命にあたるか否かの勘申《かんじん》が一二月一四日に諸道博士および式部大輔に、一九日に藤原親経《ふじわらのちかつね》に命じられた（『建仁度《けんにん》革命諸道勘文《かんもん》』）。

二月一三日の仗議《じょうぎ》では本年は革命にあたらないが、先例により改元することとなり、引き続き改元定が進められた。年号字の勘進《かんしん》は参議藤原親経が「大喜」「正長」を、式部大輔藤原光輔《みつすけ》が「恒久」「仁治」「顕嘉」を、文章博士《もんじょうはかせ》藤原宗業《むねなり》が「寛祐」「建仁」「久業」を勘進し、「建仁」については高倉《たかくら》天皇の諱《いみな》（憲仁《のりひと》）に似ている、また「建二人一」に読めるとの難もあったが、御諱は唐音（漢音「ジン」）を用いるのに対し、年号は対馬音《つしまおん》（呉音「ニン」）を用いる、また王を立てるときには「建」字は使用しないとして、採用されることとなった。出典は『文選《もんぜん》』巻四七で、王子淵聖主得二賢臣一頌の「竭レ智附レ賢者、必建二仁策一、注曰、為二人君一当レ竭二尽智力一、託二附賢臣一、必立二仁恵之策一、賢臣帰レ之」という部分。改元詔書の赦令は永保《えいほう》の例により、また承暦《じょうりゃく》の例により諸神に位一階を昇叙すべきことが記された（『後京極摂政記《ごきょうごくせっしょうき》』、『猪隈関白記《いのくまかんぱくき》』、『改元部類』所収不知記《ふちき》、東山御文庫本『改元記』丁、『元秘別録《げんぴべつろく》』）。

鎌倉には二月二二日に改元詔書が問注所執事三善康信《みよしのやすのぶ》のもとに到着し、即日施行された（『吾妻鏡《あずまかがみ》』）。

——参考文献——

北爪真佐夫「元号と武家」『文士と御家人』青史出版　二〇〇二年　初出二〇〇〇年
佐藤　均「建仁辛酉改元と九条良経」『革命・革令勘文と改元の研究』佐藤均著作集刊行会　一九九一年　初出一九八四年
「（増補）革暦類惣目」『革命・革令勘文と改元の研究』佐藤均著作集刊行会　一九九一年

111 元《げん》久《きゅう》

天皇 土御門天皇

建仁四年（一二〇四）二月二〇日甲寅 改元
元久三年（一二〇六）四月二七日戊寅 建永に改元

甲子《かっし》改元。前年の建仁《けんにん》三年（一二〇三）一〇月に甲子年の雑事についての外記《げき》勘例《かんれい》が提出され、一二月二五日に諸道博士へ本年が革令にあたるか否かについての勘申《かんじん》が命じられた。当初は二月五日に仗議《じょうぎ》を行なう予定であったが、勘文《かんもん》の提出が遅れたため、二〇日に変更された（『革暦類《かくれきるい》』）。

仗議では革令にあたらないと判断されたが、たびたびの例にまかせて改元が実施されることとなり、引き続き改元定が進められた。年号字は権中納言藤原範光《ふじわらののりみつ》が「建久」「慶延」を、式部大輔藤原光範《みつのり》が「永受」「喜元」「貞和」を、文章博士《もんじょうはかせ》藤原宗業《むねなり》が「寛祐」「延慶」「治和」を、参議左大弁日野資実《ひのすけざね》が「建定」「仁治」を、参議藤原親経《ちかつね》が「大喜」「元久」を勘進《かんしん》した中から「元久《げんきゅう》」が選ばれた。出典は『毛詩《もうし》正《せい》義《ぎ》』で、巻一六之一・大雅《たいが》・文王之什《ぶんおうのじゅう》の「文王（中略）建レ元久矣」という部分。改元詔書の赦令は万寿《まんじゅ》の例によった（広橋本『改元部類記』所収猪隈関白記《いのくまかんぱくき》、『改元部類』所収三長記《さんちょうき》・不知記《ふちき》、『元秘別録《げんぴべつろく》』）。

鎌倉には三月一日に京からの使者が到着し、改元が伝えられた（『吾妻鏡《あずまかがみ》』）。

112 建《けん》　永《えい》

天皇　土御門天皇

元久三年（一二〇六）四月二七日戊寅　改元
建永二年（一二〇七）一〇月二五日丁卯　承元に改元

疱瘡《ほうそう》による改元（『猪隈関白記《いのくまかんぱくき》』）。改元詔書には、去年（元久二年〈一二〇五〉）の冬より今夏にいたるまで疱疫が広く流行し、老壮多く夭折したことが記され（『三長記《さんちようき》』）、『百練抄《ひやくれんしよう》』は「赤斑瘡《あかもがさ》」による改元であるとする。正月二二日には疱瘡御祈により一二の神社に対し奉幣使《ほうべいし》が発遣され、五月四日にも同じ理由で二十二社奉幣がなされた（『百練抄』）。『赦事詔書官符事』によれば、赤斑瘡であったらしい）。ただし『一代要記《いちだいようき》』は「執柄（摂政や関白を指す）のことに依るなり。三月七日摂政良経《よしつね》頓死」と記す。良経の急死は藤原忠実《ふじわらのただざね》の悪霊によるとの風聞もあった（『愚管抄《ぐかんしよう》』）。四月一八日には後鳥羽《ごとば》院の熊野詣（五月一日出発）以前に改元すべきことが頭弁藤原長兼《ながかね》に命じられている（『三長記』）。

年号字の勘進《かんしん》は民部卿藤原範光《のりみつ》が「徳斉」「永命」「建永」を、権中納言日野《ひの》資実《すけざね》が「元徳」「文昭」「建定」を、同藤原親経《ちかつね》が「大喜」「建正」を、式部大輔菅原在高《すがわらのありたか》が「治万」「建永」を、文章博士《もんじようはかせ》藤原宗業《むねなり》が「永宝」「仁成」「久承」を、同高辻為長《たかつじためなが》が「文承」「建万」「康安」を献じ、それより「建永」が選ばれた。出典は二人とも『文選《もんぜん》』で、曹子建与㆓楊徳祖㆒書の「流㆓恵下民㆒、建㆓永世之業㆒」という部分。改元詔書の赦令は嘉保《かほう》の例によった（『猪隈関白記』、『三長記』、『改元部類』所収或記、『編御記《へんぎよき》』、『元秘別録《げんぴべつろく》』）。

113　承《しょう》元《げん》

天皇　土御門天皇・順徳天皇

建永二年（一二〇七）一〇月二五日丁卯　改元
承元五年（一二一一）三月九日辛卯　建暦に改元

疱瘡《ほうそう》および洪水を改元理由とする（広橋本『改元部類記』所収猪隈関白記《いのくまかんぱくき》）。『猪隈関白記』建永《けんえい》二年（一二〇七）八月二〇日条によれば、去夏より疱瘡が貴賤上下に流行しており、同日には皇太子守成《もりなり》親王が疱瘡にかかり、二四日には天皇も感染した（八月二四日～二八日条）。洪水に関しては、七月一九日に京都を中心に大風雨のことがあり（『猪隈関白記』、『明月記《めいげつき》』、『仲資王記《なかすけおうき》』）、九月二日には止雨奉幣《ほうべい》がなされた（『猪隈関白記』）。このほか、『百練抄《ひゃくれんしょう》』は三合《さんごう》によるとし、『皇帝紀抄《こうていきしょう》』は、「天下静かならず、水損・疱瘡に依る」とする。九月中には一〇月二五日の改元が決定している（『編御記《へんぎょき》』）。

年号字の勘進《かんしん》は、権中納言日野《ひの》資実《すけざね》が「建定」「承元」を、同藤原親経《ふじわらのちかつね》が「建正」「正徳」「元初」を、民部卿藤原光範《みつのり》が「恒久」「嘉福」「久承」を、式部大輔菅原在高《すがわらのありたか》が「治万」「正徳」「徳和」、文章博士《もんじょうはかせ》藤原宗業《むねなり》が「永宝」「仁保」「康正」を、同高辻為長《たかつじためなが》が「徳元」「文承」「暦久」を献じ、「承元《しょうげん》」が選ばれた。出典は『通典《つてん》』で、巻五五礼一五の「古者祭以二酉〔首〕時一、薦用二仲月一、近代相承、元日奏二祥瑞一」という部分（広橋本『改元部類記』所収猪隈関白記、『編御記』『元秘別録《げんぴべつろく》』）。訓みについてロドリゲス『日本大文典』には「Xôguen」とあり、「承」を清音で訓むのが一般的であったらしい。

なお『吾妻鏡《あずまかがみ》』によれば、鎌倉には一一月五日に改元詔書が問注所執事三善康信《みよしのやすのぶ》のもとに到着したという。

114 建《けん》暦《りゃく》

天皇　順徳天皇

承元五年（一二一一）三月九日辛卯　改元
建暦三年（一二一三）一二月六日壬寅　建保に改元

代《だい》始《はじめ》改元。土御門《つちみかど》天皇は後鳥羽《ごとば》上皇の命により承元《しょうげん》四年（一二一〇）一一月二五日、皇太子守成《もりなり》親王（順徳《じゅんとく》天皇）に譲位《じょうい》した。

年号字は権中納言日野《ひの》資実《すけざね》が「建暦」「仁治」を、式部大輔藤原宗業《ふじわらのむねなり》が「徳嘉」「文定」「仁保」を、式部権大輔高辻為長《たかつじためなが》が「建暦」「承久」「貞永」「文承」「徳久」を、文章博士《もんじょうはかせ》菅原公輔《すがわらのきんすけ》が「徳永」「天嘉」「恒久」を、同藤原孝範《たかのり》が「建久」「嘉福」「建暦」を勘進《かんしん》し、「建暦《けんりゃく》」が選ばれた。引文は、資実が「春秋命歴序曰、帝顓頊云、建レ暦立レ紀、以天元、尸子云、羲其和造レ歴、或為レ暦」、為長が「後漢書曰、建レ暦之本、必先立レ元、々正然後定二日比一、〔法〕法定（然後度周天以定分至）」（律暦《りつれき》志中）、孝範が「宋書曰、建レ暦之本、必先立レ元」（律暦志中）である（『猪隈関白記《いのくまかんぱくき》』、『玉蘂《ぎょくずい》』、『改元部類』所収長兼卿記《ながかねきょうき》〈三長記《さんちょうき》〉、『師《もろ》重《しげ》改元定記』、『元秘別録《げんぴべつろく》』）。

『吾妻鏡《あずまかがみ》』によれば、鎌倉には三月一九日に京都からの使者が改元詔書をもたらしている。

115　建《けん》保《ぽう》

天皇　順徳天皇

建暦三年（一二一三）一二月六日壬寅　改元
建保七年（一二一九）四月一二日丁丑　承久に改元

改元理由について、広橋本『改元部類記』所収猪隈関白記《いのくまかんぱくき》は「天変地震のことに依る」とし、『仁和寺《にんなじ》日次記《ひなみき》』は「天下静かならざるに依る」とする。また『迎陽記《こうようき》』改元勘文《かんもん》には「天変地震御慎に依る」と記す。『百練抄《ひやくれんしよう》』によれば建暦《けんりやく》三年（一二一三）九月一七日に大地震があり、『明月記《めいげつき》』には一一月五日にも地震があったと記されている。これに対し、『明月記』は「両平（藤原輔平《ふじわらのすけひら》と藤原親平《ちかひら》）の夭亡に依り、このこと出来か」と推測している。輔平は左近衛中将であったが、一一月下旬より病に伏し二九日に亡くなった。赤痢であったという（『明月記』、『仲資王記《なかすけおうき》』）。また親平は左近衛少将であり、三〇日に亡くなった。二人とも後鳥羽《ごとば》上皇の寵愛を受けていた（『明月記』）。

年号字の勘進《かんしん》は従三位《じゆさんみ》菅原在高《すがわらのありたか》が「正徳」「嘉慶」「万祥」を、式部大輔藤原宗業《むねなり》が「建保」「隆治」「長寿」を、式部権大輔高辻為長《たかつじためなが》が「承久」「元仁」「貞永」「咸保」を、文章博士《もんじようはかせ》菅原公輔《きんすけ》が「恒久」「徳永」「建大」を、同藤原孝範《たかのり》が「長応」「永正」「仁治」を献じた。改元定では「承久」を推す意見が多かったが、日野資実《ひのすけざね》は代始《だいはじめ》の年号の上の文字を続けて用いるのは吉例であるとして「建保」を推し、後鳥羽上皇の判断で「建保《けんぽう》」に決した。詔書は天延《てんえん》の例により、伊勢神宮と正八幡宮の訴えに触れる者は赦の対象外とされた。年号字の出典は『尚書《しようしよ》』で、多士の「惟天不建、保㆓乂殷㆒〔有脱〕」という部分（広橋本『改元部類記』所収猪隈関白記、『師重《もろしげ》改元定記』、『迎陽記』改元勘文、『編御記《へんぎよき》』、『元秘別録《げんぴべつろく》』）。建保改元の報を聞いた藤原定家はこの音は「献宝」すなわち献金の路を称しているのだろうかと皮肉っている（『明月記』一二月七日条）。

『吾妻鏡《あずまかがみ》』によれば、鎌倉には一二月一五日に改元詔書が大江広元《おおえのひろもと》のもとに到着している。

116 承《じょう》久《きゅう》

天皇　順徳天皇・仲恭天皇・後堀河天皇

建保七年（一二一九）四月一二日丁丑　改元
承久四年（一二二二）四月一三日辛卯　貞応に改元

改元理由について、『百練抄《ひゃくれんしょう》』は「天変・旱魃《かんばつ》・三合《さんごう》等に依る」「炎旱火災に依る」とし、『元秘別録《げんぴべつろく》』は「三合後年ならびに天変旱魃に依る」とする。建保《けんぽう》七年（一二一九）四月二日には京都大火が起きている（『仁和《にんな》寺《じ》日《ひ》次記《なみき》』、『百練抄』）。またこの年正月二七日には将軍　源　実朝《みなもとのさねとも》暗殺のことがあった。四月一〇日に高辻為長《たかつじためなが》らに年号字勘進《かんしん》が命じられている（『編御記《へんぎょき》』）。

年号字は正三位菅原在高《しょうさんみすがわらのありたか》が「仁政」「治万」「養元」を、従三位藤原頼範《じゅさんみふじわらのよりのり》が「嘉徳」「寿延」「仁養」を、大蔵卿高辻為長が「承久」「文久」「元仁」を、式部大輔藤原宗業《むねなり》が「喜文」「永宝」を、文章博士《もんじょうはかせ》藤原孝範《たかのり》が「長応」「康文」「祥久」を、同菅原淳高《あつたか》が「保禄」「正万」「嘉慶」を勘進し、この中より「承久《じょうきゅう》」が推され決した。引文は「詩緯《しい》曰、周起レ自二后稷一、歴世相承久」。改元詔書は建久《けんきゅう》の例によった（広橋本『改元部類記』所収猪隈関白記《いのくまかんぱくき》、広橋本『改元部類記』所収不知記《ふちき》、『元秘別録』）。なお、改元定以前に条事定が行なわれたらしい（広橋本『改元部類記』寛元《かんげん》五年〈一二四七〉二月二八日条）。条事定は諸国新任受領からの申請事項を審議するものであったが、一種の吉書として扱われるようになった。

—参考文献—

曽我良成「諸国条事定と国解慣行」『王朝国家政務の研究』吉川弘文館　二〇一二年　初出一九七九年

117 貞《じょう》応《おう》　天皇 後堀河天皇

承久四年（一二二二）四月一三日辛卯　改元
貞応三年（一二二四）一一月二〇日壬午　元仁に改元

代始《だいはじめ》改元。仲恭《ちゅうきょう》天皇は承久《じょうきゅう》三年（一二二一）四月二〇日に践祚《せんそ》したが、承久の乱（承久三年五月）により即位式を行なわないまま同年七月九日に退位させられ、同日、守貞《もりさだ》親王（後高倉《ごたかくら》院）王子茂仁《ゆたひと》（後堀《ごほり》河《かわ》天皇）が践祚《せんそ》した。

年号字は参議左大弁日野《ひの》家宣《いえのぶ》が「寛恵」「長養」を、式部大輔高辻為長《たかつじためなが》が「貞応」「元仁」「延嘉」「貞永」「和元」を、文章博士《もんじょうはかせ》菅原淳高《すがわらのあつたか》が「嘉慶」「天保」「正応」「延寿」を勘進した。勘進者数について、四人あるいは五人であるのは不快であるとして、当初六人が検討されたが、後高倉院は寛治《かんじ》・嘉応《かおう》の吉例により三人とすべきであると仰せた。

「貞応」と「正応」の二案が後高倉院に奏上され、後高倉院が「貞応《じょうおう》」に決した。出典は『周易《しゅうえき》』で、中《ちゅう》孚《ふ》の「中孚以利レ貞、乃応二乎天一也」という部分（広橋本『改元部類記』所収猪隈関白記《いのくまかんぱくき》、『改元部類記』所収師季記《もろすえき》・或記、『元秘別録《げんぴべつろく》』）。なお、改元三日後の一六日に大嘗会《だいじょうえ》国郡卜定《こくぐんぼくじょう》が行なわれている。

118 元《げん》仁《にん》

天皇 後堀河天皇

貞応三年（一二二四）一一月二〇日壬午 改元
元仁二年（一二二五）四月二〇日庚戌 嘉禄に改元

改元理由について、『百練抄《ひやくれんしよう》』は「天変災旱に依る」、『一代要記《いちだいようき》』は「天反〔変〕・炎旱に依る」とし、『公卿補任《くぎようぶにん》』は「天下疾疫《しつえき》に依る」、『元秘別録《げんぴべつろく》』は「天変に依る」とする。『頼資卿改元定記《よりすけきようかいげんさだめき》』元仁《げんにん》二年（一二二五）四月二〇日条には、「貞応《じようおう》」は病源により改元したとの勘解由《かでの》小路《こうじ》頼資《よりすけ》の発言が見える。

年号字の勘進《かんしん》は正三位《しようさんみ》菅原在高《すがわらのありたか》が「貞久」「文始」を、式部大輔高辻為長《たかつじためなが》が「元仁」「延嘉」「和元」を、文章博士《もんじようはかせ》菅原淳高《あつたか》が「正応」「応元」「仁治」を、同藤原長倫《ながとも》が「弘徳」「治定」を献じた。天皇からは「仁治」「元仁」のどちらかにせよとの仰せがあり、「元仁《げんにん》」に決した。出典は『周易《しゆうえき》（正義）』で、勘文《かんもん》には引文が記されていないが、為長が貞応度に提出した勘文によれば、乾《けん》の「元亨利貞、正義云、元仁也〔則脱〕」という部分と考えられる。なお改元詔書では、諸社の訴えに関わる者は赦令の対象外とされた（広橋本『改元部類記』所収猪隈関白記《いのくまかんぱくき》、『元秘別録』）。

『吾妻鏡《あずまかがみ》』によれば、鎌倉には一二月四日に改元詔書が到着した。

119 嘉《か》禄《ろく》

天皇　後堀河天皇

元仁二年（一二二五）四月二〇日庚戌　改元
嘉禄三年（一二二七）一二月一〇日乙卯　安貞に改元

改元理由について、『一代要記《いちだいようき》』は「疱瘡《ほうそう》に依る」とするが、『頼資卿改元定記《よりすけきょうかいげんさだめき》』は疱瘡とは区別して「疾疫《しつえき》」と記し、『明月記《めいげつき》』は「病患に依る」とする。『明月記』元仁《げんにん》二年（一二二五）二月七日条には、この冬春の間、疫癘《えきれい》が流行しているとの記述が見える。このほか、『皇帝紀抄《こうていきしょう》』は「天下静かならざるに依る」とする。『明月記』四月一五日条には、「元仁《げんにん》」不快の由を武家が去年咎めたため、内々に改元の議が進められたとの伝聞を伝える。

年号字は従二位《じゅにい》菅原在高《すがわらのありたか》が「治万」「久保」「嘉禄」、参議左大弁勘解由小路頼資《かでのこうじよりすけ》が「貞正」「仁治」を、式部大輔高辻為長《たかつじためなが》が「文承」「恒久」を、文章博士《もんじょうはかせ》菅原淳高《あつたか》が「正応」「応久」「養万」を、同藤原長倫《ながとも》が「弘徳」「慶延」「応暦」を勘進《かんしん》し、その中より「嘉禄《かろく》」が選ばれた。引文は「博物志曰、承㆓皇天嘉禄㆒」（巻八。『博物志』四部叢刊本は「承」を「奉」に作る。ただし『後漢書』礼儀志上等には「以承㆓皇天之嘉禄㆒」と見える）。改元詔書は嘉保《かほう》元年（一〇九四）の例によって作成され、神社の訴えに触れる者は赦の適用から除外された（『頼資卿改元定記』、『明月記』、『元秘別録《げんぴべつろく》』）。なお為長はこれ以前、三回連続して自身の年号字が採用されたため、今回はわざと採用すべきでない案を提出したという（『編御記《へんぎょき》』）。

『吾妻鏡脱漏《あずまかがみだつろう》』によれば、鎌倉には五月二日に京都からの使者が改元の情報を伝えている。

120 安《あん》貞《てい》

天皇　後堀河天皇

嘉禄三年（一二二七）一二月一〇日乙卯　改元
安貞三年（一二二九）三月五日癸酉　寛喜に改元

改元理由について、『頼資卿《よりすけきょう》改元定記』嘉禄《かろく》三年（一二二七）一二月二日条は「世間流布の事ならびに三合《さんごう》年」により改元の沙汰があったと記し、一〇日条は赤斑瘡《あかもがさ》の事により改元定の催しがあったと記している。『吾妻鏡《あずまかがみ》』一二月二五日条には「今年三合に相当するの上、赤斑瘡流布し、人庶多くもって病死の間、この儀に及ぶ」と記されており、あるいは同内容の文言が改元詔書に記載されたか。

年号字は権中納言勘解由小路《かでのこうじ》頼資《よりすけ》が「建長」「治建」「顕応」を、従二位《じゅにい》菅原在高《すがわらのありたか》が「久保」「文暦」を、参議左大弁日野家光《ひのいえみつ》が「元徳」「嘉観」を、式部大輔高辻為長《たかつじためなが》が「貞永」「寛元」を、文章博士《もんじょうはかせ》菅原資高《すけたか》が「安貞」「長養」「和万」を、同大江周房《おおえのちかふさ》が「政和」「文永」「祥応」を勘進《かんしん》した。「安貞」については、「貞」字が下に来る先例が本朝にないことなどの難も出されたが、問題ないとされた。頼資は「安」字が上に来る先例の問題や三条《さんじょう》天皇の諱《いみな》「居貞《おきさだ》」と似ていることなどの問題を考えたが、発言はしなかった。出典は『周易《しゅうえき》』で、坤《こん》の「安貞之吉、応㆓地無㆒㆑疆」という部分。改元詔書は嘉保《かほう》元年（一〇九四）の例によって作成され、神社の訴えに触れる者は赦の適用から除外された（『頼資卿改元定記』、『明月記』、『元秘《げんぴ》別録《べつろく》』）。

『吾妻鏡脱漏《あずまかがみだつろう》』によれば、鎌倉には一二月二五日に改元を知らせる六波羅《ろくはら》からの飛脚が到着し、翌日改元吉書《きっしょ》が行なわれた。これ以降、改元詔書は六波羅探題に下されることになり、鎌倉には六波羅の飛脚が伝達したと推測されている。幕府にて改元吉書始《きつしよはじめ》が行なわれるようになるのもこの頃からと見られる。

年号字の訓みについて、比丘尼《びくに》聖因《しょういん》所領売券（『鎌倉遺文』三七三〇）等に「あんてい」と記されているが、『吉田家日次記』応永《おうえい》五年（一三九八）三月一一日条には、普通「テイ」と読むが二条家は「アンチヤウ」と読むと記される。

―参考文献―

北爪真佐夫「元号と武家」『文士と御家人』青史出版　二〇〇二年　初出二〇〇〇年

121 寛《かん》喜《ぎ》

天皇　後堀河天皇

安貞三年（一二二九）三月五日癸酉　改元
寛喜四年（一二三二）四月二日壬子　貞永に改元

改元理由について『玉蘂《ぎょくずい》』は去る安貞《あんてい》二年（一二二八）の天変により改元することが記されている。これに対し、『百練抄《ひゃくれんしょう》』は「去年大風に依る」とし、『一代要記《いちだいようき》』は「飢饉《ききん》・天反〔変〕に依る」と記す。大風については『百練抄』『経光卿記《つねみつきょうき》』二年一〇月七日条等に、大風雨により神祇官幣殿等が顛倒したことが記される。なお改元詔書では「比年《このとし》災異頻《しき》りに示し、畏懼《いく》もっとも甚だし」とある（『頼資卿《よりすけきょう》改元定記』）。高《たか》辻為長《つじためなが》は、安貞改元の際に関白近衛家実《このえいえざね》に「安貞」は不快の釈があり、両雄必ず争い両主必ず危くせんとする文であることを述べたが、実際、安貞二年秋には天台《てんだい》・法相《ほっそう》の諍論が起こり、冬には関白の改補があり、これがために改元することになったかと記している（『編御記《へんぎょき》』）。

年号字は権中納言勘解由小路《かでのこうじ》頼資《よりすけ》が「正安」「建長」を、従二位《じゅにい》菅原在高《すがわらのありたか》が「嘉徳」「天正」「万喜」を、参議左大弁日野家光《ひのいえみつ》が「嘉観」「禎祥」「弘長」を、式部大輔高辻為長が「寛喜」「貞永」を、文章博士《もんじょうはかせ》菅原資高《すけたか》が「寛政」「天休」を、同大江周房《おおえのちかふさ》が「寛安」「養寛」「文永」を勘進《かんしん》した。陣儀参仕者が一四名に及んだこともあって議論は紛糾し、「寛喜」についても僧の名（寛基《かんき》僧都）に似ているとの難などがあったが、「寛」は「寛平《かんぴょう》」「寛仁《かんにん》」「寛弘《かんこう》」、「喜」は「延喜《えんぎ》」の吉例があり、難は軽いとして最終的に「寛《かん》喜《ぎ》」に決着した。引文は「後魏書曰、仁而温良、寛而喜楽」である。改元詔書は長久《ちょうきゅう》元年（一〇四〇）例により、神社の訴えに触れる者は赦の適用から除外された（『玉蘂』、『頼資卿改元定記』、広橋本『改元部

類記』所収平戸記《へいこき》・範輔卿記《のりすけきょうき》、『経光卿記』、『明月記《めいげつき》』、『元秘別録《げんぴべつろく》』）。
『吾妻鏡《あずまかがみ》』によれば、鎌倉では三月二五日に改元吉書始《きっしょはじめ》が行なわれた。

122 貞《じょう》永《えい》

天皇 後堀河天皇・四条天皇

寛喜四年（一二三二）四月二日壬子 改元
貞永二年（一二三三）四月一五日己丑 天福に改元

改元理由について、『頼資卿《よりすけきょう》改元定記』は飢饉《ききん》により改元するとの仰せがあったことが記され、『経光《つねみつ》卿記《きょうき》』所引の改元詔書には天変地夭の示しがあったこと、また頃年来、風雨節《とき》ならざることが挙げられている。また『百練抄《ひゃくれんしょう》』は「去年の飢饉に依る」とし、『皇帝紀抄《こうていきしょう》』は変異、『行類抄《ぎょうるいしょう》』は天変・地震・風災・水災を改元理由に挙げる。寛喜《かんぎ》三年（一二三一）春よりこの年にかけて大飢饉が発生し（『百練抄』寛喜三年六月一七日条、『経光卿記』貞永《じょうえい》元年一〇月四日条等）、三年五月三日には改元が検討され、一旦は同月一七日に改元定が計画されたが、五月・六月の改元は先例不快であるとして延引された（『経光卿記』、『洞《とう》院教実公記《いんのりざねこうき》』）。

年号字は権中納言勘解由小路《かでのこうじ》頼資《よりすけ》が「正嘉」「寛恵」「正安」「延嘉」「仁治」を、権中納言日野《ひの》家光《いえみつ》が「成治」「仁治」を、従二位《じゅうにい》菅原在高《すがわらのありたか》が「治政」「治万」を、式部大輔高辻為長《たかつじためなが》が「貞永」「和元」を、文《もん》章博士《じょうはかせ》菅原資高《すけたか》が「康安」「徳延」「嘉元」を、同藤原信盛《のぶもり》が「寛祐」「大応」「久徳」を勘進《かんしん》した。「貞永」については唐の年号に「永貞」があり、また唐代の襄王李熅《じょうおうりうん》が用いた私年号《しねんごう》にも「永貞」のあることなどが問題となったが、結局、採用された。出典は『周易注疏《しゅうえきちゅうそ》』で、坤《こん》の「利在㆓永貞㆒、永長也、貞正也」という部分。改元詔書は永久《えいきゅう》元年（一一一三）例によることとされ、伊勢神宮および八幡宮等の訴えに触れる者は赦令の適用より除外された（『頼資卿改元定記』、『経光卿記』、『元秘別録《げんぴべつろく》』）。なお、為長は自分が以前勘進した「延嘉」を頼資が勘進したことについて、先に勘進した人物が存命の間は奪い取るべきでないとして非難している（『編御記《へんぎょき》』）。

訓みについて、「ていゑい」の訓もある（『鎌倉遺文』四三三九等）が後筆であり、同時代の訓みとしては「ちやうゑい」（『鎌倉遺文』四四四五天草種有譲状案）であったか。ただし『康富記《やすとみき》』宝徳《ほうとく》元年（一四四九）一〇月一一日条は「テイエイ」を「チヤウ永ト読ハ中家（中原家）説」と記しており、両様の訓みが当時より存在していたことも考えられる。

『吾妻鏡《あずまかがみ》』によれば、鎌倉には四月一四日に改元詔書が到着した。

123 天《てん》福《ぷく》

天皇　四条天皇

貞永二年（一二三三）四月一五日己丑　改元
天福二年（一二三四）一一月五日庚子　文暦に改元

代始《だいはじめ》改元。後堀河《ごほりかわ》天皇は貞永《じょうえい》元年（一二三二）一〇月四日に皇子秀仁《みつひと》親王（四条《しじょう》天皇）に譲位《じょうい》した。

年号字は寛治《かんじ》例により勘進者《かんしんしゃ》三名とされ、式部大輔高辻為長《たかつじためなが》が「康暦」「文暦」「天福」「正元」「延嘉」を、文章博士《もんじょうはかせ》菅原資高《すがわらのすけたか》が「政治」「慶延」「天順」「建徳」「嘉元」を、同藤原信盛《ふじわらののぶもり》が「大応」「福応」「嘉恵」を勘進した。「天福」は五代の後晋・後漢で用いられた号であり、また「福」字が我が国で用いられた先例がないとの難があったが、前関白九条道家《くじょうみちいえ》が強く推したこともあり、「天福《てんぷく》」に決した。後日、「天福」の「福」は「服」の音に通じるので忌むべきであった、また「天復」で討乱復位の年号（唐末の年号）であると述べる者もいた。出典は『尚書《しょうしょ》』で、湯誥《とうこう》注の「政善、天福ㇾ之」という部分（『頼資卿《よりすけきょう》改元定記』、『経光卿記《つねみつきょうき》』、『編御記《へんぎょき》』、『範輔卿記《のりすけきょうき》』、『明月記《めいげつき》』、『元秘別録《げんぴべつろく》』）。なお、改元翌日の一六日に大嘗会《だいじょうえ》国郡卜定《こくぐんぼくじょう》が行なわれている。

『吾妻鏡《あずまかがみ》』によれば、鎌倉には四月二三日に改元詔書が到着した。

124　文《ぶん》暦《りやく》

天皇　四条天皇

天福二年（一二三四）一一月五日庚子　改元
文暦二年（一二三五）九月一九日己卯　嘉禎に改元

改元定の結果、「長暦《ちょうりゃく》四年（長久《ちょうきゅう》元年）の例に依り詔書を作らしめよ」との仰せがあったが、これについて『頼資卿《よりすけきょう》改元定記』は、その年の詔書には天変地震の由が載せられている、今回の「天福《てんぷく》」はことに厭却であり、昨年（天福元年〈一二三三〉）は女院（藻璧門院《そうへきもんいん》）が崩御《ほうぎょ》し（九月一八日）、今年は院（後堀河《ごほりかわ》上皇）が崩御している（八月六日）ことから厭われたものであるが、改元詔書には載せることができないので、長久元年（一〇四〇）の例によることにしたのであろうかと述べ、『編御記《へんぎょき》』も、大嘗会《だいじょうえ》が延引し、それ以前に二度改元する例は不快であるが、「天福」の「福」は「服」に通じ、また藻璧門院・太上天皇崩御があったので憚り改元するのであろうかとしている。『百練抄《ひゃくれんしょう》』にも、「天福」の評判が最初から悪く、諒闇《りょうあん》が続いたことがその徴であるとの世評があったと記されている。改元詔書にはしきりに天変地夭の示しがあることが載せられた（広橋本『改元部類記』所収師光朝臣記《もろみつあそんき》）。

年号字は前権中納言勘解由小路《かでのこうじ》頼資《よりすけ》が「仁応」「延嘉」を、権中納言日野《ひの》家光《いえみつ》が「延文」「文暦」「弘長」を、従三位《じゅさんみ》菅原淳高《すがわらのあつたか》が「応元」「大仁」「文暦」を、式部大輔高辻為長《たかつじためなが》が「恒久」「文承」を、文章《もんじょう》博士《はかせ》菅原資高《すけたか》が「正徳」「康安」「嘉慶」「嘉元」「延寿」を、同藤原経範《つねのり》が「天観」「暦仁」「仁保」を勘進《かんしん》した。後鳥羽《ごとば》院の「元暦」「文治」を取り合わせたような年号であることなどの難もあったが、「文暦《ぶんりゃく》」に決した。出典は家光が『唐書（旧唐書《くとうじょ》）』の「掌㆓天文暦数㆒」を挙げ（職官志か）、淳高が『文選《もんぜん》』巻四六顔延之三月三日曲水詩序の「皇上以二叡文一承レ暦〔歴〕」を挙げた（『頼資卿改元定記』、広橋本『改元部類記』所収師光朝臣記、『編御記』、『元秘《げんぴ》別録《べつろく》』）。訓みについては、「宇佐いへつね田畠譲状」（『鎌倉遺文』四七〇四）等に「ふんりやく」と見えている。

125 嘉《か》禎《てい》

天皇　四条天皇

文暦二年（一二三五）九月一九日己卯　改元
嘉禎四年（一二三八）一一月二三日甲午　暦仁に改元

『頼資卿《よりすけきょう》改元定記』によれば、代始《だいはじめ》に踰年《ゆねん》改元を行なった後、天下の災殃《さいおう》（藻壁門院《そうへきもんいん》・後堀河《ごほりかわ》上皇崩御《ほうぎょ》）により文暦《ぶんりゃく》改元が行なわれ、大嘗会《だいじょうえ》実施以前に二度改元を行なうことになってしまった。これは寿永《じゅえい》と同じであり問題であったが、誰も口を閉ざしていた。そこに去春に摂政九条教実《くじょうのりざね》が薨じ（文暦《ぶんりゃく》二年〈一二三五〉三月二八日）、夏秋の間には石清水《いわしみず》八幡宮の神輿の騒動や天台《てんだい》・法相《ほっそう》両門間の騒動等があり、天下の大事が相続いて競起したため、これらの災いを謝し、かつ寿永の例を避けるために、大嘗会以前に三度目の改元をすることにしたのだという。ただし広橋本『改元部類記』所収師光朝臣記《もろみつあそんき》は、「天変地震に依る」と記す。

年号字は前権中納言勘解由小路《かでのこうじ》頼資《よりすけ》が「嘉禎」「延嘉」を、同日野家光《ひのいえみつ》が「仁治」「延文」「弘長」を、式部大輔高辻為長《たかつじためなが》が「徳元」「徳和」「和元」「康暦」を、文章博士《もんじょうはかせ》菅原資高《すがわらのすけたか》が「大承」「徳延」「嘉元」を、同藤原経範《つねのり》が「応安」「延仁」「徳治」を勘進《かんしん》した。一日、「延嘉」「仁治」の二案に決して奏上されたが却下され、再度検討の後、「和元」「康暦」を奏上するも認められず、旧勘文《かんもん》より検討されることになった。しかしそれでも決せず、最終的に「禎」字に先例がないという「嘉禎《かてい》」は難が軽いとして、これに決した。出典は『北斉書《ほくせいしょ》』で、文宣帝紀《ぶんせんていき》の「（図諜潜）蘊、千祀彰明、嘉禎（幽秘）」という部分。長久《ちょうきゅう》元年（一〇四〇）の例によって詔書が作成され、神社の訴えに触れる者は赦令の適用から除外された（『頼資卿

改元定記』、『編御記《へんぎょき》』、広橋本『改元部類記』所収師光朝臣記、『元秘抄《げんぴしょう》』巻三、『元秘別録《げんぴべつろく》』)。

『吾妻鏡《あずまかがみ》』によれば、鎌倉には一〇月八日に改元詔書が到着し、一四日に改元吉書始《きっしょはじめ》が行なわれた。

126 暦《りゃく》仁《にん》

天皇　四条天皇

嘉禎四年（一二三八）一一月二三日甲午　改元
暦仁二年（一二三九）二月七日丁未　延応に改元

広橋本『改元部類記』所収愚暦《ぐれき》は改元理由を「風雨ならびに天変等」によるかと推測している。一方、『吾妻鏡《あずまかがみ》』は、熒惑《けいこく》（火星のこと。見かけの軌道が複雑なため、その動きはしばしば変異ととらえられた）の変によりこの儀に及ぶと記す。同書嘉禎《かてい》四年（一二三八）九月九日条に熒惑が軒轅《けんえん》を通過したことなどが記されている。この記事は複数の天変をまとめて記したもので、実際には一三日のことであったらしい。

年号字は正三位《しょうさんみ》菅原淳高《すがわらのあつたか》が「元寧」「応仁」「保禄」を、従三位《じゅさんみ》藤原長倫《ふじわらのながとも》が「顕応」「仁宝」「祥応」を、式部大輔高辻為長《たかつじためなが》が「和元」「康暦」「仁昭」を、文章博士《もんじょうはかせ》藤原光兼《みつかね》が「康承」「貞久」を、同藤原経範《つねのり》が「延仁」「暦仁」「延応」を勘進《かんしん》し、「暦仁《りゃくにん》」が選ばれた。出典は『隋書』で、音楽志下に「皇明馭レ暦〔歴〕、仁深二海県一」と見える。改元詔書は天元《てんげん》の例にならって作成された（『経俊卿記《つねとしきょうき》』、広橋本『改元部類記』所収愚暦、『元秘別録《げんぴべつろく》』）。訓みについて、『百練抄《ひゃくれんしょう》』延応《えんおう》元年（一二三九）二月七日条には、世俗に「略人」（人をさらう意）といったことが記されている。改元後二ヵ月余りで延応に改元された。『吾妻鏡《あずまかがみ》』によれば、鎌倉には一二月九日に改元を知らせる京都からの使者が到着した。

—参考文献—

斉藤国治「惑星現象」『国史国文に現れる星の記録の検証』雄山閣出版　一九八六年

127 延《えん》応《おう》

天皇 四条天皇

暦仁二年（一二三九）二月七日丁未 改元
延応二年（一二四〇）七月一六日戊寅 仁治に改元

改元理由について、『百練抄《ひゃくれんしょう》』は世俗に「略人」であって憚りがあり、また上下多く夭亡の聞こえがあるため改元したこと、ただし改元詔書の文言は変災によるとしたことを記す。

年号字は従三位《じゅさんみ》藤原長倫《ふじわらのながとも》が「徳延」「禄長」「延慶」を、式部大輔高辻為長《たかつじためなが》が「正元」「延元」を、式部権大輔菅原淳高《すがわらのあつたか》が「天聡」「仁治」を、文章博士《もんじょうはかせ》藤原光兼《みつかね》が「康万」「長寿」「慶延」を、同藤原経範《つねのり》が「延仁」「仁治」「延応」を勘進《かんしん》した。当初、「延仁」が有力であったが、引文に問題のあったことから、「延元」か「延応」にせよとの仰せが下り、最終的に「延応《えんおう》」に決した。出典は『文選《もんぜん》』巻二四で、潘安仁為二賈謐一作贈二陸機一の「廊廟惟清、俊刈〔乂〕是延、擢応二嘉挙一」という部分（『編御記《へんぎょき》』、広橋本『改元部類記』所収師光朝臣記《もろみつあそんき》、『元秘別録《げんぴべつろく》』）。

『吾妻鏡《あずまかがみ》』によれば、鎌倉には二月一六日に改元を知らせる京都からの使者が到着した。

128 仁《にん》治《じ》

天皇　四条天皇・後嵯峨天皇

延応二年(一二四〇)七月一六日戊寅　改元
仁治四年(一二四三)二月二六日癸酉　寛元に改元

延応《えんおう》二年(一二四〇)正月に彗星《すいせい》が現れ、一八日には改元の検討がなされた。平経高《たいらのつねたか》は「延応」の号はもとより甘心(感心)せず、ましてやこのような大変が出来したのだから、すぐに改元すべきであると記している(『平戸記《へいこき》』)。その後、七月五日に炎旱により改元あるべきか否かについて摂政に言上を命じる御教書《みぎょうしょ》が経高のもとに届いている(『平戸記』六日条)。九日に改元することが決定したが、炎旱による改元の先例が代末であることから、天変地震の儀をもって改元することとなった(『平戸記』。このことは同書七月一六日条にも記されている。また『編御記《へんぎょき》』は表向きの改元理由を「天変地妖」とする)。

年号字は参議藤原信盛《ふじわらののぶもり》が「大応」「康豊」「興文」を、正三位《しょうさんみ》藤原長倫《ながとも》が「禄長」「康安」「天隆」を、式部大輔高辻為長《たかつじためなが》が「仁治」「元康」を、文章博士《もんじょうはかせ》藤原光兼《みつかね》が「嘉慶」「康万」「寧永」を、同藤原経範《つねのり》が「宝治」「安寛」「仁治」を勘進《かんしん》した。このほか、式部権大輔菅原淳高《すがわらのあつたか》も命じられたが軽服により勘進しなかった。このうち為長の当初の勘文《かんもん》は「貞吉」「康安」「仁治」の三案であったが、改元定当日に提出された勘文は「仁治」「元康」の二案に改められていたという(『平戸記』、『荒涼記《こうりょうき》』、『元秘別録《げんぴべつろく》』)。これは「元康」を推す摂政近衛兼経《このえかねつね》と前関白近衛家実《いえざね》の意向を汲んだものとみられる。しかし「元康」は西晋に例があることなどから却下され、ほかに良い案がないとして定延引も検討されたが、最終的に「仁治《にんじ》」に決した。引文は経範が「書義〔儀カ〕曰、人君以㆑仁治㆓天下㆒」、淳高が「新唐書曰、太宗以㆓寛仁㆒治㆓天下㆒」(刑法

志)。改元詔書は永久《えいきゅう》元年(一一一三)例により作成された(『平戸記』、『編御記』、『荒凉記』、広橋本『改元部類記』所収師光朝臣記《もろみつあそんき》、広橋本『改元部類記』所収不知記《ふちき》、『改元部類』所収不知記、『元秘別録』)。

『吾妻鏡《あずまかがみ》』によれば、鎌倉には七月二七日に改元を伝える京都からの使者が到着した。

129 寛《かん》元《げん》

天皇　後嵯峨天皇・後深草天皇

仁治四年（一二四三）二月二六日癸酉　改元
寛元五年（一二四七）二月二八日壬子　宝治に改元

代始《だいはじめ》改元。四条《しじょう》天皇は仁治《にんじ》三年（一二四二）正月九日に崩御《ほうぎょ》し、同月二〇日、土御門《つちみかど》天皇皇子邦仁王《くにひとおう》が践祚《せんそ》した（後嵯峨《ごさが》天皇）。

年号字は式部大輔高辻為長《たかつじためなが》が「正元」「寛元」「貞吉」を、文章博士《もんじょうはかせ》藤原光兼《ふじわらのみつかね》が「禄長」「永康」「康承」を勘進《かんしん》し、同藤原経範《つねのり》は当初「文応」「文建」「正建」を勘進したが、定の直前に関白の命によって「文」字を憚り「正建」「元延」「嘉元」に改めて勘進した。「寛元」「元延」に「貞吉」が加えられて奏されたが、「寛元」「元延」のいずれかに決めるよう勅《ちょく》があり、最終的に「寛元《かんげん》」に決した。引文は「宋書曰、舜禹之際、五教在レ寛、元元以平」（『経光卿《つねみつきょう》改元定記』、伏見宮本『改元部類記』所収宗雅卿記《むねまさきょうき》、『元秘別録《げんぴべつろく》』）。

なお、「文」字を憚ったのは、文治《ぶんじ》に九条道家《くじょうみちいえ》伯父良通《よしみち》が、文暦《ぶんりゃく》に道家男教実《のりざね》が薨去していることによるかという（『経光卿改元定記』）。

『吾妻鏡《あずまかがみ》』によれば、鎌倉には三月二日に改元詔書を持参する京都からの使者が到着した。

130 宝《ほう》治《じ》

天皇　後深草天皇

寛元五年（一二四七）二月二八日壬子　改元
宝治三年（一二四九）三月一八日庚寅　建長に改元

代始《だいはじめ》改元。寛元《かんげん》四年（一二四六）正月二九日に後嵯峨《ごさが》天皇は第三皇子久仁《ひさひと》親王（後深草《ごふかくさ》天皇）に譲位《じょうい》した。

年号字は式部大輔菅原淳高《すがわらのあつたか》が「寛正」「禄永」「天聡」を、文章博士《もんじょうはかせ》藤原経範《ふじわらのつねのり》が「宝治」「文仁」「嘉元」、参議左大弁勘解由小路《かでのこうじ》経光《つねみつ》が「元応」「正安」を献じた。経範は当初「建正」を挙げていたが、「治」字が良いとの御定があり、「宝治」に変更したという。「宝」字は祥瑞時以外に使用した例がないなどの難もあったが、最終的に「宝治《ほうじ》」に決した。引文は「春秋繁露《しゅんじゅうはんろ》曰、気之清者為レ精、人之清者為レ賢、治レ身者以レ積レ精為レ宝、治レ国者以レ積レ賢為レ道」（通国身第二二）。なお、「宝治」の号に難が多く出来したため、改元定に先立ってまず条事定を行なうこととした（『経光卿《つねみつきょう》改元定記』、『葉黄記《ようこうき》』等）。これ以降の改元では、あわせ条事定を実施することがしばしば行なわれた。後嵯峨《ごさが》上皇が「治」にこだわったのは、「寛治《かんじ》」「天《てん》治《じ》」「平治《へいじ》」「正治《しょうじ》」という譲位による代始改元の吉例にならったためであった。

—参考文献—

徳永誓子「後鳥羽院怨霊と後嵯峨皇統」『日本史研究』五一二　二〇〇五年

131 建《けん》長《ちょう》

天皇　後深草天皇

宝治三年（一二四九）三月一八日庚寅　改元
建長八年（一二五六）一〇月五日壬戌　康元に改元

改元理由について『経光卿《つねみつきょう》改元定記』には、「これ去年窮冬に重変有り〈白虹の事〉、また今春皇居炎上、世上静かならざるの間、元号を改めらるるか」と記されている。また庭田本『改元部類記』所収定嗣卿《さだつぐきょう》記《き》（葉黄記《ようこうき》）には「この両三年殊なる事なしといえども、また静かならざるの上、変異連々、内裏火事、病事またその聞こえ有り、その上、宝治《ほうじ》、強いて庶幾の号ならざるなり。よって改元せらるべしと云々。但し変異に依り改めらるるの儀なり」と見える。白虹（兵乱の前兆とされる）のことは『百練抄《ひゃくれんしょう》』・『岡屋《おかや》関白記《かんぱくき》』宝治二年（一二四八）閏《うるう》一二月一六日条に見え、内裏焼亡は本年二月一日のことであった（『岡屋関白記』等）。

年号字は前権中納言勘解由小路《かでのこうじ》経光《つねみつ》が「文安」「元応」「建長」を、従三位《じゅさんみ》藤原経範《ふじわらのつねのり》が「文仁」「嘉暦」「嘉元」を、式部大輔菅原淳高《すがわらのあつたか》が「元寧」「応元」「寛安」を、文章博士《もんじょうはかせ》唐橋公良《からはしきんよし》が「大安」「長仁」「延元」を、同高辻長成《たかつじながなり》が「長禄」「正元」「延嘉」を勘進《かんしん》した。年号の撰定にあたっては、後深草《ごふかくさ》天皇は七歳でまだ幼く、「建長《けんちょう》」は「立チテ長ズ」などと読めることが評価された。事前に仙洞《せんとう》御所で議定が行なわれ、改元定以前に決していたという。出典は『後漢書』で、段熲《だんけい》伝の「建㆓長久之策㆒」という部分。改元詔書は天永《てんえい》の例により作成された（『経光卿改元定記』、『岡屋関白記』、広橋本『改元部類記』所収公光卿記《きんみつきょうき》、『荒涼記《こうりょうき》』、『元秘別録《げんぴべつろく》』）。

132 康《こう》元《げん》 天皇 後深草天皇

建長八年（一二五六）一〇月五日壬戌 改元
康元二年（一二五七）三月一四日庚子 正嘉に改元

改元理由は『荒凉記《こうりようき》』『経光卿記《つねみつきようき》』『百練抄《ひやくれんしよう》』等によれば、赤斑瘡《あかもがさ》による。赤斑瘡がこの年（建長《けんちよう》八年〈一二五六〉）八月頃より流行し、九月五日には天皇も感染した（『百練抄』）。

年号字の勘進者《かんしんしや》は前権中納言勘解由小路《かでのこうじ》経光《つねみつ》、大宰大弐《だざいのだいに》藤原信盛《ふじわらののぶもり》、式部大輔藤原経範《つねのり》、式部権大輔唐橋公良《からはしきんよし》、文章博士《もんじようはかせ》大江信房《おおえののぶふさ》の五名で、「延嘉」「正安」「嘉元」「寛安」「康元」「康暦」「正元」が勘進され（うち「延嘉」「正安」は経光の勘進）、このうち経範による「康元《こうげん》」が選ばれた。引文は「康哉元首」とのみ知られるが、『隋書』音楽志下に見える。改元定では権大納言花山院師継《かざんいんもろつぐ》が「康」字に「ヤマヒヤム」の訓のあることを述べた。事前に前摂政近衛兼経《このえかねつね》が後嵯峨《ごさが》上皇のもとに参り、内々に評定して「康元」に定めていたという。改元詔書は嘉保《かほう》の例により作成された（広橋本『年号字』、『経光卿記抄』、『荒凉記』）。

『吾妻鏡《あずまかがみ》』によれば、鎌倉には一〇月九日に改元詔書が到着した。

133 正《しょう》嘉《か》

天皇 後深草天皇

康元二年（一二五七）三月一四日庚子 改元
正嘉三年（一二五九）三月二六日庚午 正元に改元

改元理由について『経俊卿記《つねとしきょうき》』は「火事ならびに御慎に依る」とし、伏見宮本『改元部類記』所収宗雅《むねまさ》卿記《きょうき》は、改元詔書には世間静かならず、連々火事等のことを載せるとしている。また『百練抄《ひゃくれんしょう》』は「官庁已下炎上の事に依る」と記す。太政官庁炎上は、康元《こうげん》二年（一二五七）二月一〇日のことであった（『百練抄』等）。

年号字は前権中納言勘解由小路《かでのこうじ》経光《つねみつ》が「治建」「仁応」「元応」「延嘉」「正安」を、式部大輔藤原光兼《みつかね》が「延慶」「仁宝」を、式部権大輔唐橋公良《からはしきんよし》が「正元」「観仁」「万長」を、文章博士《もんじょうはかせ》菅原在章《すがわらのありあき》が「寛正」「建治」「正嘉」を、同大江信房《おおえののぶふさ》が「正保」「文永」「応暦」「安延」「政和」（『経俊卿記』所引勘文《かんもん》には「正保」なし）を勘進《かんしん》した。改元定に先立ち、後嵯峨《ごさが》上皇御前にて内々に御沙汰があり、「正嘉《しょうか》」が良いとされたという。出典は『芸文類聚《げいもんるいじゅ》』巻四で、晋傅《しんふ》玄朝会賦《げんちょうかいふ》の「肇㆓元正之嘉会㆒」という部分。改元詔書は承安《じょうあん》元年（一一七一）例によって作成された（『経俊卿記』、伏見宮本『改元部類記』所収宗雅卿記《むねまさきょうき》、『経光卿記《つねみつきょうき》』、『元秘別録《げんぴべつろく》』）。

『吾妻鏡《あずまかがみ》』によれば、鎌倉には三月一八日に改元詔書が到着した。

134　正《しょう》元《げん》

天皇　後深草天皇・亀山天皇

正嘉三年（一二五九）三月二六日庚午　改元
正元二年（一二六〇）四月一三日庚戌　文応に改元

『荒凉記《こうりょうき》』は「疾疫《しつえき》・飢饉《ききん》等」を改元理由とし、『改元部類』所収宗雅卿記《むねまさきょうき》は「飢饉・疱瘡《ほうそう》等世間静かならざるに依るなり」と記す。『五代帝王物語』には、この年（正嘉《しょうか》三年〈一二五九〉）春頃より全国的に疫癘《えきれい》が流行し、下臈《げろう》どもで罹《かか》らない家はなく、川原には路もないほど死骸に満ち、飢饉も流行したことが記されている。また『暦仁《りゃくにん》以来年代記』には正嘉二年六月が寒冷で五穀が稔らず、翌年大飢饉が発生したと伝える。広橋本『改元部類記』所収師光記《もろみつき》によれば、三月一九日より改元の検討が始まっている。

年号字は正三位高辻長成《しょうさんみたかつじながなり》が「延元」「康安」「嘉徳」「文昭」「保祐」を、式部大輔藤原光兼《ふじわらのみつかね》が「康万」「禄承」「延寿」を、式部権大輔唐橋公良《からはしきんよし》が「正元」「万長」、文章博士《もんじょうはかせ》菅原在章《すがわらのありあき》が「文元」「正長」「文嘉」を、同大江信房《おおえののぶふさ》が「文安」「正長」「文永」を勘進《かんしん》した。出典は「毛詩緯《もうしい》」であり、公良の正嘉度勘文《かんもん》に見える「一如二正元一、万載相伝、注云、言二本正則末理一」と考えられる（広橋本『改元勘文』、『荒凉記』、『改元部類』所収宗雅卿記、『元秘別録《げんぴべつろく》』）。

—参考文献—

福島金治「延慶改元・改暦への鎌倉幕府の関与について」『国立歴史民俗博物館研究報告』二一二　二〇一八年

135 文《ぶん》応《おう》　天皇 亀山天皇

正元二年（一二六〇）四月一三日庚戌　改元
文応二年（一二六一）二月二〇日壬子　弘長に改元

代始《だいはじめ》改元。後嵯峨《ごさが》上皇の計らいにより正元《しょうげん》元年（一二五九）一一月二六日後深草《ごふかくさ》天皇は異母弟恒仁《つねひと》親王（亀山《かめやま》天皇）に譲位《じょうい》した。

年号字は式部大輔藤原光兼《ふじわらのみつかね》が「正万」「仁宝」「昭長」を、文章博士《もんじょうはかせ》菅原在章《すがわらのありあき》が「建治」「仁豊」「文応」「文永」「仁永」を、同大江信房《おおえののぶふさ》が「元万」「安延」「建明」を勘進《かんしん》し、改元前日の一二日に内々の評定がなされた。同日、冷泉万里《れいぜいまでの》小路《こうじ》院《いん》御所火災のことがあり、改元定延引も検討されたが、予定通り行なわれることになった。出典は『晋書《しんじょ》』劉毅《りゅうき》伝の「太晋之行、戢レ武興レ文之応」（『妙槐記《みょうかいき》』、『経光卿記《つねみつきょうき》』、『元《げん》秘《び》別録《べつろく》』）。なお、改元後の四月二九日に大嘗会《だいじょうえ》国郡卜定《こくぐんぼくじょう》が行なわれている。『吾妻鏡《あずまかがみ》』によれば、鎌倉には四月一八日に改元詔書が到着し、二二日に改元吉書《きっしょ》が行なわれた。

136 弘《こう》長《ちょう》

天皇 亀山天皇

文応二年（一二六一）二月二〇日壬子 改元
弘長四年（一二六四）二月二八日癸酉 文永に改元

辛酉《しんゆう》改元。前年の文応《ぶんおう》元年（一二六〇）一二月一三日に外記《げき》局《きょく》勘例《かんれい》が提出され、一七日に文応二年が革命にあたるか否かについての勘申《かんじん》が諸道に命じられた。勘文《かんもん》は両説ともあったが、二月二〇日の仗議《じょうぎ》では三善清行《みよしのきよゆき》説が重視されて革命と判断され、改元することに決した（『革暦類《かくれきるい》』）。

ついで改元定が行なわれ、民部卿勘解由小路《かでのこうじ》経光《つねみつ》、正三位《しょうさんみ》高辻長成《たかつじながなり》、式部大輔藤原光兼《ふじわらのみつかね》、文章博士《もんじょうはかせ》大《おお》江信房《えののぶふさ》、同菅原高長《すがわらのたかなが》の五名から年号字の勘進《かんしん》がなされた。このうち経光が勘進した「弘長《こうちょう》」が選ばれた。そのほかには「正長」「文永」「昭長」「寛祐」「慶長」「仁応」などが挙げられたという。これ以降、大江氏が勘者《かんじゃ》となる例は途絶える。改元とともに五畿七道の諸神に一階昇叙がなされた（『経光卿記《つねみつきょうき》』、『改元部類』所収宗雅卿記《むねまさきょうき》、『革暦類』元亨《げんこう》度、広橋本『年号字』）。引文は不詳であるが、『元秘別録《げんぴべつろく》』寛喜《かんぎ》度の日野《ひの》家光《いえみつ》勘文では「貞観政要《じょうがんせいよう》曰、（闌二）治定之規一、以弘二長世之業一者、万古不レ易、百慮同レ帰」（巻三・封建）が挙げられている。

『吾妻鏡《あずまかがみ》』によれば、鎌倉には二月二六日に改元詔書が到着した。

―参考文献―

佐藤 均「弘長元年の革命勘文・革命定文について」『革命・革令勘文と改元の研究』佐藤均著作集刊行会 一九九一年

初出一九八五年

137 文《ぶん》永《えい》

天皇 亀山天皇・後宇多天皇

弘長四年（一二六四）二月二八日癸酉　改元
文永一二年（一二七五）四月二五日丙寅　建治に改元

甲子《かつし》改元。前年の弘長《こうちょう》三年（一二六三）一二月二一日・二六日に外記局勘例《げききょくかんれい》が提出され、二八日に弘長四年が革令にあたるか否かについての勘申《かんじん》が諸道に命じられた（『甲子文書』文永《ぶんえい》）。

当初、甲子定・改元定は二月一三日が予定されたが関東からの使者到来により、二五日、ついで二八日に延引となった（『経光卿記《つねみつきょうき》』）。

甲子定では議論の末、改元されることになり、ついで改元定が実施された。年号字は民部卿勘解由小路《かでのこうじ》経光《つねみつ》が「仁応」「元応」「延嘉」を、従二位《じゅにい》高辻長成《たかつじながなり》が「長禄」「乾元」「建明」を、式部大輔菅原良頼《すがわらのよしより》が「応元」「康正」「建禄」を、式部権大輔菅原在章《ありあき》が「寛正」「文永」「嘉高」「文元」「建治」を、文章博士《もんじょうはかせ》菅原在公《ありきみ》が「徳保」「正安」「建大」を勘進《かんしん》した。ほかに文章博士藤原茂範《ふじわらのしげのり》も勘進しており、「元延」「暦観」「嘉元」であったかと推測される。改元詔書は元久《げんきゅう》元年（一二〇四）の例によって作成された（『経光卿記』、『改元部類』所収宗雅卿記《むねまさきょうき》、『元秘別録《げんぴべつろく》』）。

出典は不詳であるが、在章が文応《ぶんおう》度に提出した勘文は、「晋書《しんじょ》」（『元秘別録』文応度）とする。

138 建《けん》治《じ》　天皇　後宇多天皇

文永一二年（一二七五）四月二五日丙寅　改元
建治四年（一二七八）二月二九日壬午　弘安に改元

代始《だいはじめ》改元。亀山《かめやま》天皇は文永《ぶんえい》一一年（一二七四）正月二六日に皇子世仁《よひと》親王（後宇多《ごうだ》天皇）に譲位《じょうい》した。当初は二月五日に改元定が予定されたが、延引となった（『仁部記《じんぶき》』）。

年号字は権中納言日野資宣《ひのすけのぶ》が「延文」「建定」「遐長」を、前参議高辻長成《たかつじながなり》が「和元」「建明」「乾元」を、式部大輔五条高長《ごじょうたかなが》が「延元」「寛安」「文昭」を、文章博士《もんじょうはかせ》菅原在公《すがわらのありきみ》が「政治」「建大」「治万」「治建」「大嘉」を、同菅原在匡《ありまさ》が「建治」「観応」「正和」を勘進《かんしん》した。出典は『元秘別録《げんぴべつろく》』によれば『周礼《しゅらい》』とされるが、広橋本『改元勘文《かんもん》』には「大略者唐紀文也如何、治建皆周礼也、若書誤歟」と見え、「唐紀」の誤りではないかとしている。正嘉《しょうか》度・文応《ぶんおう》度には菅原在章《ありあき》が引文として「唐紀曰、明王建レ邦治レ民、経レ世垂レ化」を挙げている（『元秘別録』）が、『旧唐書《くとうじょ》』では確認できない。

139 弘《こう》安《あん》

天皇　後宇多天皇・伏見天皇

建治四年（一二七八）二月二九日壬午　改元
弘安一一年（一二八八）四月二八日壬午　正応に改元

改元理由について『弘安《こうあん》改元定記（吉続記《きつぞくき》）』は「疾疫《しつえき》に依り改めらる」、『権中納言冬定卿記《ふゆさだきょうき》』は「去年春夏の比、世間病悩、死人道路に満つ。よって御沙汰に及ぶ」と記す。前年（建治《けんじ》三年〈一二七七〉）秋頃より病患が流行し、同年一二月二九日には疾疫を攘《はら》うために五畿内七道諸国に仁王般若経《にんのうはんにゃきょう》転読を命じる宣旨《せんじ》が下されている（『園太暦《えんたいりゃく》』康永《こうえい》四年〈興国《こうこく》六・一三四五〉九月一九日条）。

年号字は前権中納言日野《ひの》資宣《すけのぶ》が「延文」「建定」「長祥」を、前参議高辻長成《たかつじながなり》が「治徳」「建明」「乾元」を、従三位《じゅさんみ》藤原茂範《ふじわらのしげのり》が「元観」「弘安」「元延」「嘉元」「文仁」を、刑部《ぎょうぶ》卿《きょう》菅原在匡《すがわらのありまさ》が「観応」「仁永」「正和」を、式部大輔藤原経業《つねなり》が「正長」「康豊」を、文章博士《もんじょうはかせ》菅原在公《ありきみ》が「徳永」「建大」「大嘉」を、同菅原在嗣《ありつぐ》が「正応」「永仁」「文弘」を勘進《かんしん》した。勘者《かんじゃ》七人の初例。事前に亀山《かめやま》上皇御所にて年号案の検討がなされた。改元定では「弘安」「永仁」「正和」に絞られて奏聞された後、「弘安」と「正和」のどちらかに決するよう仰せがあり、最終的に「弘安《こうあん》」に決した。引文は「太宗実録曰、弘㆓安㆑民之道㆒」。改元詔書は正暦の例によって作成された（『弘安改元定記』、『元秘別録《げんぴべつろく》』）。

140　正《しょう》応《おう》

天皇　伏見天皇

弘安一一年（一二八八）四月二八日壬午　改元
正応六年（一二九三）八月五日戊子　永仁に改元

代始《だいはじめ》改元。後深草《ごふかくさ》天皇皇子煕仁《ひろひと》親王は建治《けんじ》元年（一二七五）一一月五日に後宇多《ごうだ》天皇皇太子となり、弘安《こうあん》一〇年（一二八七）一〇月二一日に践祚《せんそ》した（伏見《ふしみ》天皇）。四月二八日に大嘗会《だいじょうえ》国郡卜定《こくぐんぼくじょう》が行なわれた後、改元定が実施された。

年号字は民部卿日野《ひの》資宣《すけのぶ》が「延文」「建定」「建徳」「長祥」「貞正」を、大蔵卿藤原経業《ふじわらのつねなり》が「元徳」「大応」「康豊」を、式部大輔藤原茂範《しげのり》が「嘉暦」「正応」を、文章博士《もんじょうはかせ》菅原長輔《すがわらのながすけ》が「応承」「文久」「万長」を、従三位《じゅさんみ》菅原在嗣《ありつぐ》が「正応」「永仁」「正和」「天符」「応久」を勘進《かんしん》し、「正応《しょうおう》」が選ばれた。引文は茂範が「後魏書《こうぎしょ》曰、三正応符」、在嗣が「毛詩注《もうしちゅう》曰、徳正応レ和、正義曰、徳正即徳音政教也、（中略）天下皆応レ和」（巻一六之四・大雅・文王之什・維此王季。『勘仲記《かんちゅうき》』、『実躬卿記《さねみきょうき》』、『元秘別録《げんぴべつろく》』、『勘仲記』裏書正応度年号勘文《かんもん》）。

―参考文献―

勘仲記裏文書の会「史料研究『兼仲卿記』紙背文書　正応元年二・四・五・六月巻」『国立歴史民俗博物館研究報告』一五三　二〇〇九年

141 永《えい》仁《にん》

天皇　伏見天皇・後伏見天皇

正応六年（一二九三）八月五日戊子　改元
永仁七年（一二九九）四月二五日乙亥　正安に改元

『実躬卿記《さねみきょうき》』によれば、改元理由は天変・地振・炎旱。『一代要記《いちだいようき》』は「去る四月十二〔三〕日、関東大地震」と記す。正応《しょうおう》六年（一二九三）四月一三日に鎌倉でマグニチュード約七と推測されている大地震が起きている（『親玄僧正日記《しんげんそうじょうにっき》』等）。七月八日に伊勢神宮に公卿勅使を差遣して奉った宸筆宣命《しんぴつせんみょう》には、正月元日より地震が続いていることが記された（『伏見《ふしみ》天皇宸筆宣命案』）。また炎旱については六月頃より降雨がなく修法《しゅほう》が実施され、宸筆宣命にも炎旱が続いていることが記され、七月二〇日には伊勢神宮等八社に炎旱を理由とした奉幣《ほうべい》がなされている（『伏見天皇宸記』等）。

年号字は式部大輔藤原兼倫《ふじわらのかねとも》が「保徳」「建明」を、文章博士《もんじょうはかせ》菅原在輔《すがわらのありすけ》が「徳永」「暦万」「仁正」を、同菅原在兼《ありかね》が「暦応」「文弘」「応長」を、従二位《じゅにい》藤原茂範《しげのり》が「嘉暦」「応寛」「建正」を、参議勘解由小路《かでのこうじ》兼仲《かねなか》が「養仁」「文安」を、大蔵卿菅原在嗣《ありつぐ》が「永仁」「仁長」「正長」「康安」「正和」を勘進《かんしん》した。このうち在兼は当初「祥長」を挙げていたのを止め「暦応」を加えたという。「嘉暦」「永仁」二案が奏進され、勅定により「永仁《えいにん》」に決した。出典は『晋書《しんじょ》』で、楽志《がくし》の「永載二仁風一、長撫二無外一」という部分。改元詔書は元暦《げんりゃく》元年（一一八四）の例によって作成された（『伏見天皇宸記』、『勘仲記《かんちゅうき》』、『実躬卿記』、『元秘別録《げんぴべつろく》』）。

—参考文献—

宇佐美龍夫ほか『日本被害地震総覧　五九九〜二〇一二』東京大学出版会　二〇一三年

142 正《しょう》安《あん》

天皇　後伏見天皇・後二条天皇

永仁七年（一二九九）四月二五日乙亥　改元
正安四年（一三〇二）一一月二一日辛亥　乾元に改元

代始《だいはじめ》改元。永仁《えいにん》六年（一二九八）正月、伏見《ふしみ》天皇に近侍していた京極為兼《きょうごくためかね》が六波羅《ろくはら》に捕らえられ、三月には佐渡に配流される。同年七月二二日に伏見天皇は皇子胤仁《たねひと》親王（後伏見《ごふしみ》天皇）に譲位《じょうい》した。

年号字は式部大輔藤原明範《ふじわらのあきのり》が「天観」「建文」「嘉元」「弘治」「元延」を、文章博士《もんじょうはかせ》藤原淳範《あつのり》が「応安」「安寛」「建嘉」を、同藤原淳継《あつつぐ》が「延慶」「天明」「斉万」を、前権中納言勘解由小路《かでのこうじ》兼仲《かねなか》が「養仁」「文安」「仁応」を、前参議菅原在嗣《すがわらのありつぐ》が「慶長」「康安」「正安」「嘉暦」「正和」「嘉元」を勘進《かんしん》し、「正《しょう》安《あん》」が選ばれた。出典は「孔子《こうし》家語《けご》」（『元秘《げんぴ》別録《べつろく》』）。巻七・観郷射《かんきょうしゃ》の「此五者足㆓以正㆑身安㆑国矣」という部分か。

143 乾《けん》元《げん》

天皇 後二条天皇

正安四年(一三〇二)一一月二一日辛亥　改元
乾元二年(一三〇三)八月五日庚寅　嘉元に改元

代始《だいはじめ》改元。後宇多《ごうだ》天皇第一皇子邦治《くにはる》親王は永仁《えいにん》六年(一二九八)八月一〇日に後伏見《ごふしみ》天皇皇太子となり、ついで幕府の口入により正安《しょうあん》三年(一三〇一)正月二一日に践祚《せんそ》した(後二条《ごにじょう》天皇)。当初、四月改元が予定され、二月三日には式部大輔菅原資宗《すがわらのすけむね》に年号案勘進《かんしん》の宣旨《せんじ》が下されたが、延引となった。その間に資宗が薨じたため、七月に藤原広範《ふじわらのひろのり》が大輔に任じられ、一〇月二七日に広範に勘文《かんもん》勘進の宣下があった。ところが広範が関東に居住し勘文を進められなかったため、一一月一九日、勘解由《かげゆ》長官《ちょうかん》菅原在兼《ありかね》に追加の宣旨が下されたという(『元秘抄《げんぴしょう》』巻三、『元秘別録《げんぴべつろく》』)。

年号字の勘進者は在兼のほか、文章博士《もんじょうはかせ》藤原淳範《あつのり》、同藤原敦継《あつつぐ》、前権中納言日野俊光《ひのとしみつ》、前参議菅原在嗣《ありつぐ》。このうち俊光が「嘉観」「長祥」を勘進したことが知られるが、他の勘進案は不明。「乾元《けんげん》」の勘進者も不詳であるが、これ以前、建治《けんじ》度・弘安《こうあん》度に高辻長成《たかつじながなり》が勘進しており、そのときの出典は『周易《しゅうえき》』で、乾卦の「大哉乾元、万物資始、乃統レ天」という部分であった(『元秘別録』建治度・康安度)。

144　嘉《か》元《げん》　天皇 後二条天皇

乾元二年（一三〇三）八月五日庚寅　改元
嘉元四年（一三〇六）一二月一四日甲戌　徳治に改元

『冬平公記《ふゆひらこうき》』によれば、改元を仰せた際の改元理由として天変ならびに炎旱が挙げられている。また『皇年代略記《こうねんだいりやつき》』は炎旱・彗星《すいせい》、『皇代略記《こうだいりやつき》』は彗星・火事を挙げる。炎旱については乾元《けんげん》二年（一三〇三）七月八日に炎旱により醍醐寺《だいごじ》清瀧宮《せいろうぐう》での読経が命じられており（『醍醐寺新要録』）、彗星については『師守記《もろもりき》』康永《こうえい》四年（興国《こうこく》六・一三四五）七月八日条に、本年六月一〇日以降一三日にいたるまで彗星が現れたことが記されている。

年号字は文章博士《もんじようはかせ》藤原淳範《ふじわらのあつのり》が「元延」「弘治」「嘉元」「正弘」「応安」を、同藤原敦継《あつつぐ》が「天明」「貞正」「嘉慶」を、前権中納言日野俊光《ひのとしみつ》が「長祥」「斉治」「文観」を、前参議菅原在嗣《すがわらのありつぐ》が「嘉元」「長永」「久長」「弘元」「寛正」「文仁」を、勘解由長官《かげゆちようかん》菅原在兼《ありかね》が「大長」「和元」「仁興」「文弘」「康永」を勘《かん》進《しん》した。（『冬平公記』、『元秘別録《げんぴべつろく》』）。なお、六月二〇日に年号字勘進の宣旨《せんじ》が下され、式部大輔である広範の名も記されたが、関東にて出家したために勘文《かんもん》を進めず、在兼が追加されたという（『元秘抄《げんぴしよう》』巻三、『元秘別録』）。「嘉元」「文弘」「久長」に絞られ奏上された後、「嘉元《かげん》」に決した。引文は在嗣が「芸文類《げいもんるい》聚《じゆ》曰、賀㆓老人星㆒表曰、（中略）嘉占元吉、弘㆓無量之祐㆒、隆㆓克昌之祚㆒、普天同㆑慶、率土合〔含〕㆑歓」（巻一星）、淳範が「修文殿御覧曰、天気柔且嘉、元吉隆始已」（晋の陸機・槢歌行に同文が見える）であった。改元詔書は天永例により作成された（『冬平公記』、『元秘別録』）。

145　徳《とく》治《じ》

天皇　後二条天皇・花園天皇

嘉元四年（一三〇六）一二月一四日甲戌　改元
徳治三年（一三〇八）一〇月九日甲子　延慶に改元

『冬平公記《ふゆひらこうき》』によれば、改元日当日に、改元定を命じる際に変異による改元であることが仰せられた。『一代要記《いちだいようき》』は天反〔変〕によるとする。

年号字は前権中納言日《ひ》野《の》俊光《としみつ》が「文観」「仁興」「仁化」を、前参議菅原在嗣《すがわらのありつぐ》が「文仁」「長応」「仁長」「徳治」「正和」「寛久」を、式部大輔菅原在輔《ありすけ》が「寛安」「建安」「建平」「暦長」「暦万」「文保」、文《もん》章博士《じょうはかせ》藤原淳範《ふじわらのあつのり》が「建文」「延文」「長寧」「徳治」「応安」を、同藤原敦継《あつつぐ》が「天明」「万安」「延慶」を勘進《かんしん》した。冬平は「徳治」について、「徳」字が上に来る年号は本朝では例がなく、異朝の例は不快であると考えたが、以前に「徳」字を用いたいとの沙汰があったこともあり、「徳治《とくじ》」に決した。引文は、在嗣が「尚書大禹《しょうしょだいう》謨《ぼ》曰〔皐陶謨の誤〕、注云、（天下）俊徳治能之士並在レ官」「左伝曰、能敬必有レ徳、徳以治レ民」（僖公三三年）、淳範が「後魏書曰、明王以〔之脱〕レ徳治二天下一」（『魏書』巻六五邢巒《けいらん》伝）。改元詔書は永久《えいきゅう》の例により作成され、神社の訴えに触れる者は赦令対象から除外された（『冬平公記』、『実躬卿記《さねみきょうき》』、『元秘別録《げんぴべつろく》』）。

『鎌倉武将執権記』によれば、関東での吉書始《きっしょはじめ》は一二月二四日であった。

146 延《えん》慶《ぎょう》　天皇　花園天皇

徳治三年(一三〇八)一〇月九日甲子　改元
延慶四年(一三一一)四月二八日庚午　応長に改元

代始《だいはじめ》改元。後《ご》二条《にじょう》天皇は徳治《とくじ》三年(一三〇八)八月二五日に崩御《ほうぎょ》、翌日、伏見《ふしみ》天皇皇子である皇太子富仁《とみひと》親王(花園《はなぞの》天皇)が践祚《せんそ》した。代始改元は皇位継承翌年の踰年《ゆねん》改元が一般的であったが、今回は関東が内々に前関白二条兼基《にじょうかねもと》に申し入れたために急に改元することになったという。一〇月二日に年号勘進《かんしん》の宣旨《せんじ》が下された(『冬平公記《ふゆひらこうき》』、『改元宸記』所収後伏見《ごふしみ》天皇宸記)。ちなみに即位式(一一月一六日)以前の改元でもある。なお、鎌倉幕府ではこの年八月一〇日に守邦王《もりくにおう》が新たな将軍となり、九月一九日に親王宣下《せんげ》をこうむっている。

年号字は前権中納言日野俊光《ひのとしみつ》が「延慶」「慶長」「康永」を、式部大輔菅原在輔《すがわらのありすけ》が「正慶」「慶長」「暦長」を、文章博士《もんじょうはかせ》藤原淳範《ふじわらのあつのり》が「弘建」「建文」「延文」「応安」「正弘」を、同藤原敦継《あつつぐ》が「嘉慶」「天明」「明長」を勘進した。今回は院御所と禁裏が遼遠で往復に煩いがあるとして事前に伏見上皇が「延《えん》慶《ぎょう》」「慶長」のどちらかに定めるよう仰せ下し、最終的判断は摂政にまかされたが、そのことについての不満を後伏見上皇は書き残している。出典は『後漢書』で、馬武《ばぶ》伝の「以㆓功名㆒延㆓慶于後㆒」という部分(『冬平公記』、『後伏見天皇宸記』、『元秘別録《げんぴべつろく》』)。訓みについて、「慶」字を呉音でキヤウと訓むか漢音でケイと訓むかが問題となり、キヤウは不吉である(凶に通じる)が、「貞」や「元」は漢音・呉音とも先例があり、漢音で訓めば難はないかと奏上されたが、「慶雲」「元慶」「天慶」はすべて呉音であるとの難もあった。実例としては「ゑんきやう」（尼正智《あましょうち》譲状『鎌倉遺文』二三五九〇等）「えんきやう」（色部浄忍《いろべじょうにん》譲状『鎌倉遺文』二三五九四等）「ゑんけい」（しんくわう所領譲状『鎌倉遺文』二三六二八）がある。

なお、改元と同時に一〇月を大月から小月に変更して一一月一日が中間朔旦冬至《さくたんとうじ》となることを避ける改暦がなされている（太陰太陽暦でほぼ一九年に一度出現する朔旦冬至は吉事であったが、一九年間隔とずれて朔旦冬至となる中間朔旦冬至は避けられた）。

―参考文献―

所　功「武家時代の年号」『日本の年号』雄山閣出版　一九七七年
福島金治「延慶改元・改暦への鎌倉幕府の関与について」『国立歴史民俗博物館研究報告』二一二　二〇一八年
峰岸純夫「災異と元号と天皇」『中世　災害・戦乱の社会史』吉川弘文館　二〇〇一年　初出一九七九年

147 応《おう》長《ちょう》

天皇　花園天皇

延慶四年（一三一一）四月二八日庚午　改元
応長二年（一三一二）三月二〇日丙辰　正和に改元

改元理由について、異本『元秘別録《げんぴべつろく》』所引実躬卿記《さねみきょうき》は「天下病事に依る」と記す。また『元秘抄《げんぴしょう》』には「疾疫《しつえき》に依る」とある。『園太暦《えんたいりゃく》』康永《こうえい》四年（一〇六一）九月一九日条によれば、延慶《えんぎょう》四年（一三一一）は四月以来世間に病事が流布し、同月二五日に伊勢神宮等九社に奉幣使《ほうべいし》が発遣されたという。

年号字は前権中納言日野俊光《ひのとしみつ》が「文観」「康永」「久応」を、勘解由長官菅原在兼《かげゆちょうかんすがわらのありかね》が「安長」「文弘」「正和」「応長」「天観」を、式部大輔菅原在輔《ありすけ》が「天寧」「建平」「暦万」を、文章博士《もんじょうはかせ》菅原在登《ありのり》が「祥和」「仁応」「嘉恵」を、同日野資名《ひのすけな》が「天貞」「長養」を勘進《かんしん》した。仗議《じょうぎ》では「応長」を推す意見が多かったため、「応長《おうちょう》」に治定した。出典は「唐書志（旧唐書礼儀志《くとうじょれいぎし》）」で、「応㆓長暦之規㆒、象㆓中月之度㆒、広綜㆓陰陽之数㆒、傍通㆓寒暑之和㆒」という部分（『花園天皇宸記』、『冬平公記《ふゆひらこうき》』、『改元宸記』所収伏見《ふしみ》天皇宸記、『元秘別録』）。『師守記《もろもりき》』康永四年一〇月二〇日条によれば、改元詔書は疾疫の流例によったらしい。

『鎌倉武将執権記』によれば、関東での吉書始《きっしょはじめ》は五月八日であった。

148 正《しょう》和《わ》

天皇　花園天皇

応長二年（一三一二）三月二〇日丙辰　改元
正和六年（一三一七）二月三日庚子　文保に改元

改元理由について『花園《はなぞの》天皇宸記』は「去年の事」によるとし、『一代要記《いちだいようき》』は天変、『元秘抄《げんぴしょう》』巻三・『皇年代略記《こうねんだいりやっき》』は天変・地震、『師守記《もろもりき》』康永《こうえい》四年（興国《こうこく》六・一三四五）一〇月二〇日条は変異と記す。「去年の事」の指す内容は定かでないが、応長《おうちょう》元年（一三一一）一〇月二六日に得宗北条貞時《ほうじょうさだとき》が卒去しており、そのことは一一月三日に伏見《ふしみ》上皇に奏聞され、天下《てんか》触穢《しょくえ》が三〇日間と定められている（『花園天皇宸記』）。地震については三月六日にあったことが確認できる（『花園天皇宸記』）。

年号字の勘進者《かんしんしゃ》は前権中納言日野俊光《ひのとしみつ》、勘解由《かげゆ》長官《ちょうかん》菅原在兼《すがわらのありかね》、式部大輔菅原在輔《ありすけ》、文章博士《もんじょうはかせ》藤原種範《ふじわらのたねのり》、同菅原在登《ありのり》の五名であるが、俊光の勘進による「康永」「久化」「永寧」以外の案は不詳（『元秘別録《げんぴべつろく》』）。「正和《しょうわ》」の勘進者および引文についても不詳であるが、『元秘別録』によれば応長度に在兼が「唐紀《とうき》曰、皇帝受レ朝、奏二正〔政〕和一」という引文で勘進している。この部分は『旧唐書《くとうじょ》』音楽志に確認できるが、「政和」となっている。ただし『通典《つてん》』巻一四三楽三や『唐会要《とうかいよう》』雅楽上では「正和」とされる。このほか、建治《けんじ》度には菅原在匡《ありまさ》が「帝王略論」を出典として「正和」を勘進している。改元詔書は建長《けんちょう》例が用いられた（『師守記』康永四年一〇月二〇日条）。

『鎌倉武将執権記』によれば、関東での吉書始《きっしょはじめ》は四月二日であった。

149 文《ぶん》保《ぽう》

天皇　花園天皇・後醍醐天皇

正和六年（一三一七）二月三日庚子　改元
文保三年（一三一九）四月二八日癸丑　元応に改元

改元理由について『元秘抄《げんぴしょう》』巻三、『元秘別録《げんぴべつろく》』、群書類従《ぐんしょるいじゅう》本『皇代記《こうだいき》』等は大地震によるとする。正和《しょうわ》六年（一三一七）正月三日以降、京都にてたびたび大地震があった。元暦《げんりゃく》以来未曽有の大地震であり、清水寺《きよみずでら》の塔が焼亡したり、東寺《とうじ》の塔の九輪が折れたりしたという（『花園《はなぞの》天皇宸記』、『東宝記《とうぼうき》』等）。正月五日の地震はマグニチュード六・五〜七・〇と推測されている。

年号字は式部大輔菅原在輔《すがわらのありすけ》が「慶安」「天寧」を、文章博士《もんじょうはかせ》菅原家高《いえたか》が「康安」「慶仁」「文弘」を、従二位《じゅにい》民部卿菅原在兼《ありかね》が「康永」「天観」を、参議左大弁日野資名《ひのすけな》が「文観」「天貞」「長養」を勘進《かんしん》した。四人であるのはもう一人の文章博士《もんじょうはかせ》泰範《やすのり》が正月四日に卒去したためであるという（『元秘別録』）。以上の中には「文保《ぶんぽう》」が見出せないが、在輔が徳治《とくじ》度に勘進しており、あるいはそれが用いられたものか。そのときの引文は「梁書曰、姫周基㆑文久保㆓七百㆒云々」。改元詔書は文治《ぶんじ》の例によって作成された（『花園天皇宸記』、『元秘別録』、『迎陽記《こうようき》』永和《えいわ》五年〈天授《てんじゅ》五・一三七九〉三月二二日条）。『鎌倉武将執権記』によれば、関東の吉書始《きっしょはじめ》は三月八日であった。

—参考文献—

宇佐美龍夫ほか『日本被害地震総覧　五九九〜二〇一二』東京大学出版会　二〇一三年
大長昭雄・山本武夫「正和六年（文保元年、一三一七）の地震」萩原尊禮編ほか『続古地震』東京大学出版会　一九八九年

150 元《げん》応《おう》

天皇　後醍醐天皇

文保三年（一三一九）四月二八日癸丑　改元
元応三年（一三二一）二月二三日丁卯　元亨に改元

代始《だいはじめ》改元。幕府の申し入れにより、花園《はなぞの》天皇は文保《ぶんぽう》二年（一三一八）二月二六日に後宇多《ごうだ》天皇第二皇子尊治《たかはる》親王（後醍醐《ごだいご》天皇）に譲位《じょうい》した。

四月三日付宣旨《せんじ》により年号字の勘進《かんしん》が命じられ、当初は二五日に改元定を行なう予定であったが、延《えん》暦寺《りゃくじ》衆徒《しゅと》が園城寺《おんじょうじ》を焼いたことにより、二八日に延引となった（『改元部類』所収不知記《ふちき》、『花園天皇宸記』）。

年号字は前権大納言日野《ひの》俊光《としみつ》が「元応」「康永」「文照」を、正二位《しょうにい》菅原在兼《すがわらのありかね》が「正慶」「暦応」「仁興」を、式部大輔菅原在輔《ありすけ》が「天嘉」「慶安」「康永」「元応」「天寧」を、文章博士《もんじょうはかせ》菅原在登《ありのり》が「建文」「天休」を、同日野資朝《すけとも》が「延文」「天成」を勘進した。それらの中より「元応」「正慶」に絞られ、さらに「元応《げんおう》」に決した。俊光提出「元応」の引文は「唐書曰、陛下富教安レ人、務農敦レ本、光二復社稷一、康二済黎元一之応也」であったが、「唐書」（＝本唐書〈旧唐書《くとうじょ》〉）を所持する人はまれであるため、蓮華王院《れんげおういん》宝蔵から借り出して調べたところ、見出すことができず、『太平御覧《たいへいぎょらん》』巻一八〇所引文が確認できたという（巻八三九百穀部三の誤りか）。なお、大納言が勘者《かんじゃ》となったのは、これが初例であるという（三条西本『改元部類記』所収冬定公記《ふゆさだこうき》、『改元部類記』所収不知記、『元秘別録《げんぴべつろく》』）。

『鎌倉武将執権記』によれば、関東での吉書始《きっしょはじめ》は五月九日であった。

151 元《げん》亨《こう》　天皇 後醍醐天皇

元応三年（一三二一）二月二三日丁卯　改元
元亨四年（一三二四）一二月九日辛酉　正中に改元

辛酉《しんゆう》改元。前年の元応《げんおう》二年（一三二〇）一二月二六日に大外記《だいげき》清原宗尚《きよはらのむねひさ》が辛酉年に行なわれる例を勘《かん》申《じん》し、明年が辛酉革命にあたるか否かの勘申が諸道に命じられた。革命定は二月二三日に行なわれたが、このとき助教中原師緒《なかはらのもろお》提出の明経道《みようぎようどう》別勘文《かんもん》によって、辛酉革命説のもととなる緯説自体が否定され、革命にはあたらないけれども慎みによって改元することとなった（『革暦類《かくれきるい》』、『革暦類』嘉吉《かきつ》度所収外記勘例《かんれい》）。

続いて行なわれた改元定では、年号字として文章博士《もんじようはかせ》日野《ひの》資朝《すけとも》が「元亨」「天成」「康永」を、同菅原家高《いえたか》が「応安」「弘元」「康永」を勘進《かんしん》した。「元亨」と「弘元」に絞った後、最終的に「元亨《げんこう》」を選んで天皇および後宇多《ごうだ》上皇に奏された。引文は「周易《しゆうえき》曰、其徳剛健而文明、応乎天而行、（時脱）是以元亨」（大有）であるが、「時」字が脱落していることについて、『元秘別録《げんぴべつろく》』は「時字依二故実一落之云々」と記している（『管見記《かんけんき》』一二所収師賢卿記《もろかたきようき》、『改元部類』所収不知記《ふちき》、『元秘別録』）。

『鎌倉武将執権記』によれば、関東での吉書始《きつしよはじめ》は三月八日であった。

―参考文献―
佐藤　均「後醍醐天皇の元亨改元・正中改元について」『革命・革令勘文と改元の研究』佐藤均著作集刊行会　一九九一年　初出一九八一年
「『元亨元年革命定文』について」『革命・革令勘文と改元の研究』佐藤均著作集刊行会　一九九一年　初出一九八四年

152 正《しょう》中《ちゅう》　天皇　後醍醐天皇

元亨四年（一三二四）一二月九日辛酉　改元
正中三年（一三二六）四月二六日庚子　嘉暦に改元

甲子《かっし》年であり、前年の元亨《げんこう》三年（一三二三）一二月二八日に明年が革令にあたるか否か諸道に勘申《かんじん》が命じられ、四年二月三〇日に革令定が実施されたが、改元せずと決定した（『革暦類《かくれきるい》』文安《ぶんあん》度所収清原業忠《きよはらのなりただ》勘中外記《げき》勘例《かんれい》、『花園《はなぞの》天皇宸記』）。これは、醍醐《だいご》天皇延喜《えんぎ》四年（九〇四）甲子年に改元が行なわれなかったことにならったと考えられる。ところが一二月九日にいたり、「風水の災」「風水の難」により改元されることとなった（『管見記《かんけんき》』二二改元部類記、『改元部類』所収愚記《ぐき》）。この年七月一六日には暴風雨、洪水があり、四〇年来未曽有のことであったという（『花園天皇宸記』）。八月一六日にも大風で外記庁が倒れている（『花園天皇宸記』等）。

一〇月二一日付宣旨《せんじ》にて年号字の勘者《かんじゃ》宣旨が下され、当初は一一月二七日に改元定が予定されたが延引され、一二月九日に実施されることになった（『光業卿《みつなりきょう》改元定記』）。年号字は式部大輔藤原藤範《ふじわらのふじのり》が「弘暦」「天建」「建福」を、式部権大輔菅原在登《すがわらのありのり》が「応安」「康安」「建文」「応仁」「康永」を、文章博士《もんじょうはかせ》藤原行氏《ゆきうじ》が「万寧」「文安」「建正」を、同藤原有正《ありまさ》が「正中」「天祐」「正永」を、大学頭《だいがくのかみ》菅原家高《いえたか》が「文弘」「康安」「文仁」「天観」「正慶」を勘進《かんしん》した。「正中《しょうちゅう》」の引文は「周易《しゅうえき》曰、見竜、在レ田、利レ見二大人一、何謂也、子曰、竜徳而正中者也、又曰、需有孚、光亨、貞吉、位二乎天位一、以二正中一也」（乾卦、需卦）。（『管見記』所収改元部類、『改元部類』所収愚記、『光業卿改元定記』、『元秘別録《げんぴべつろく》』）。

『鎌倉武将執権記』によれば、関東での吉書始《きっしょはじめ》は同月一九日であった。なお、鎮西では正中改元後も元亨年号を使用している文書が少なくない。

―参考文献―

佐藤　均「後醍醐天皇の元亨改元・正中改元について」『革命・革令勘文と改元の研究』佐藤均著作集刊行会　一九九一年　初出一九八一年

「『甲子紀伝勘文部類』について」『革命・革令勘文と改元の研究』佐藤均著作集刊行会　一九九一年　初出一九八三年

竹内理三「「元亨年間」論」二『鎌倉遺文月報』三八　一九八九年

153　嘉《か》暦《りゃく》

天皇　後醍醐天皇

正中三年(一三二六)四月二六日庚子　改元
嘉暦四年(一三二九)八月二九日癸丑ヵ　元徳に改元

『管見記《かんけんき》』一二改元部類記によれば、改元理由は疾疫《しつえき》。また『師守記《もろもりき》』康永《こうえい》四年（興国《こうこく》六・一三四五）七月七日条によれば、天変・地震ならびに疾疫流行であるという。『園太暦《えんたいりゃく》』康永四年九月一九日条所載小《お》槻清澄《づきのきよずみ》注進では、正中《しょうちゅう》三年（一三二六）四月以来、世間に病事が流布したことにより、四月二六日に四《し》角四《かくし》堺祭《きょうさい》および改元が実施されたとする。地震については前年一〇月二一日および一二月二九日に京都から近江にかけて大地震が起きている（『花園《はなぞの》天皇宸記』等）。一〇月の地震はマグニチュード六・五前後と推測されている。

年号字は式部大輔藤原藤範《ふじわらのふじのり》が「嘉福」「嘉暦」「寛安」「建貞」「貞正」を、式部権大輔菅原在登《すがわらのありのり》が「文弘」「康暦」「康永」を、文章博士《もんじょうはかせ》藤原行氏《ゆきうじ》が「仁養」「天和」「建正」を、同藤原家倫《いえとも》が「永康」「文明」「貞久」を、大学頭《だいがくのかみ》菅原家高《いえたか》が「天観」「建万」「文弘」を勘進《かんしん》した。「嘉暦《かりゃく》」は「嘉」「暦」両字の近例は不快であるけれども、聖代で多く用いられてきた字であり、この語を用いることは問題ないとされた。引文は「唐書曰、四序嘉辰、歴代増置」（『旧唐書』徳宗本紀貞元五年）、「宋韻曰、暦、数也」。改元詔書は弘《こう》安《あん》元年（一二七八）の例によって作成された（『実任卿《さねとうきょう》改元定記』、『管見記』一二所収藤房卿記《ふじふさきょうき》、『元秘別《げんぴべつ》録《ろく》』）。

『鎌倉武将執権記』によれば、関東での吉書始《きっしょはじめ》は五月一三日であった。

―参考文献―

宇佐美龍夫ほか『日本被害地震総覧　五九九〜二〇一二』東京大学出版会　二〇一三年

154 元《げん》徳《とく》

天皇　後醍醐天皇

嘉暦四年（一三二九）八月二九日癸丑カ　改元
元徳三年（一三三一）八月九日壬子　元弘に改元

『管見記《かんけんき》』一三二改元部類記によれば、病事による改元。『増鏡』はこの年咳病《がいびょう》が流行して多くの死者が出たことを記している。

年号字は式部大輔菅原在登《すがわらのありのり》が「康安」「元弘」を、文章博士《もんじょうはかせ》藤原行氏《ふじわらのゆきうじ》が「元徳」「文安」を、同菅原在淳《ありあつ》が「雍和」「弘元」「正永」を勘進《かんしん》した。群議により「元弘」「元徳」が奏上され、勅定により「元徳《げんとく》」に決した。改元定以前に内々に治定していたとの風聞が流れた。出典は「周易《しゅうえき》」（『管見記』一三二改元部類記、『実任卿《さねとうきょう》改元定記』、『元秘別録《げんぴべつろく》』）。

引文は不詳であるが、日野家光《ひのいえみつ》安貞《あんてい》勘文《かんもん》は「乾、元亨、利㆑貞、正義云、元者善之長、謂天之元徳、始生㆓万物㆒」という引文を掲げる（『元秘別録』安貞度）。なお改元当日に永嘉門院《えいかもんいん》、翌日に玄輝門院《げんきもんいん》が崩御《ほうぎょ》した。

『鎌倉武将執権記』によれば、関東での吉書始《きっしょはじめ》は九月一三日であった。

155

元《げん》弘《こう》

天皇　後醍醐天皇・光厳天皇

元徳三年（一三三一）八月九日壬子　改元
元弘二年（一三三二）四月二八日丁卯　正慶に改元
（南朝）元弘四年（一三三四）正月二九日戊午　建武に改元

『管見記《かんけんき》』一二改元部類記によれば、疾疫《しつえき》による改元。

年号字は文章博士《もんじょうはかせ》菅原在淳《すがわらのありあつ》が「康安」「天統」「安永」を、同菅原在成《ありしげ》が「嘉慶」「慶長」「寧長」を勘《かん》進《しん》した（『元秘《げんぴ》別録《べつろく》』はこのほかに「康暦」「文安」「正長」を挙げる大江維房《おおえのこれふさ》、「延嘉」「休治」「大正」「天和」を挙げる菅原長員《ながかず》の勘文《かんもん》を載せ、在淳の勘文も「正長」「慶長」「康安」とする）が、しかるべき号がなく、元徳《げんとく》度の旧勘文の中より菅原在登《ありのり》が勘進した「元弘《げんこう》」が選ばれた。出典は『芸文類聚《げいもんるいじゅ》』で、巻一天部上の「老人〔見脱〕星体色光明、嘉占元吉、弘㆓無量之祐㆒、隆㆓克昌之祚㆒、普天同㆑慶、率土合〔含〕㆑歓」という部分（『管見記』所収改元部類、『実任卿《さねとうきょう》改元定記』、『元秘別録』）。なお『元号字抄《げんごうじしょう》』は勘者《かんじゃ》を菅原在成とする。

鎌倉幕府には元弘改元が伝達されず、元徳年号がそのまま使用された（『元弘日記裏書』、『花園《はなぞの》天皇宸記』元弘元年〈一三三一〉一一月二一日条）。また元弘の変後、笠置に逃れ、さらに隠岐に配流された後も、後《ご》醍醐《だいご》天皇はそのまま元弘年号を使用し（『鰐淵寺《がくえんじ》文書』元弘二年八月一九日後醍醐天皇願文）、正慶《しょうきょう》二年（元弘三・一三三三）に後醍醐天皇が配流先の隠岐を脱出して六波羅《ろくはら》探題を滅ぼすと、五月二五日に光厳《こうごん》天皇を廃し、正慶の年号を止めて元弘に復することを宣言した（『皇代暦』、『皇年代略記』光厳院条）。

156 正《しょう》慶《きょう》　天皇 光厳天皇

元弘二年（一三三二）四月二八日丁卯　改元
正慶二年（一三三三）五月二五日丁巳　光厳天皇退位

代始《だいはじめ》改元。後醍醐《ごだいご》天皇が元弘《げんこう》の変後、笠置に逃れたため、元弘元年（一三三一）九月二〇日、後伏見《ごふしみ》上皇の詔によって同上皇皇子の皇太子量仁《かずひと》親王が践祚《せんそ》し（光厳《こうごん》天皇）、二年三月二二日即位式を挙げた。改元定は当初四月一〇日が予定されたが一六日に延引になり、さらに延引して二八日となった（『実任《さねとう》卿《きょう》改元定記』）。

年号字は前左大弁菅原在登《すがわらのありのり》が「嘉慶」「慶安」「正永」を、大蔵卿唐橋公時《からはしきんとき》が「康永」「正観」「正慶」（『実任卿改元定記』には見えない）「暦応」「文熙」を、式部大輔菅原長員《ながかず》が「正慶」「休祐」「熙康」「顕応」「康暦」を、文章博士《もんじょうはかせ》菅原在淳《ありあつ》が「正長」「康安」「安永」を、同菅原在成《ありしげ》が「嘉慶」「慶長」「仁長」を勘《かん》進《しん》した。定では「正長」が推されたが、後伏見上皇の諮問に対して花園《はなぞの》上皇は建長《けんちょう》・応長《おうちょう》に有事があったため幕府が「長」字を忌んでいるという風聞があり、「嘉慶」は「嘉」字の先例に問題があるのに対し、「正慶」は「正」が「一止」と分解され「正暦《しょうりやく》」「正治《しょうじ》」などの凶例があるものの、たびたび使用されてすでに佳例といえることを回答し、最終的に後伏見上皇が「正慶《しょうきょう》」に決した。引文は長員が「周易注《しゅうえきちゅう》曰、以㆓中正有慶之徳㆒、有㆑攸㆑往也、何適而不㆑利哉」を挙げ、公時が「周易曰、利有㆑攸㆑往、中正有㆑慶」を挙げた（共に下経益卦）。なお、改元同日に大嘗会《だいじょうえ》国郡卜定《こくぐんぼくじょう》が行なわれている（『花園天皇宸記』、『実任卿改元定記』、『管見記《かんけんき》』二二改元部類記、『元秘別録《げんぴべつろく》』）。

『鎌倉武将執権記』によれば、関東での吉書始《きつしよはじめ》は五月一四日であった。

正慶二年（一三三三）、後醍醐天皇は配流先の隠岐を脱出して倒幕の兵を挙げ、五月九日六波羅《ろくはら》探題を滅ぼした。ついで五月二五日に光厳天皇を廃し、正慶の年号を止めて元弘三年に復した。

―参考文献―

野村朋弘「年号にみる漢籍の受容」『歴史評論』八二一　二〇一八年

157 建《けん》武《む》

天皇　後醍醐天皇
　　　光厳天皇・光明天皇

元弘四年（一三三四）正月二九日戊午　改元
（南朝）建武三年（一三三六）二月二九日丙午　延元に改元
（北朝）建武五年（一三三八）八月二八日己未　暦応に改元
＊南朝が延元に改元後も建武年号を使用

『皇代略記《こうだいりやつき》』には改元理由について「発乱帰正」と記す。元弘《げんこう》三年（一三三三）に鎌倉幕府を滅ぼした後醍醐《ごだいご》天皇は、翌年正月二八日、本文の善悪によらず、異朝の例によって現在の義にかなう年号字を選ぶよう前式部大輔藤原藤範《ふじわらのふじのり》・式部大輔菅原長員《すがわらのながかず》・三位菅原在登《ありのり》・式部権大輔藤原行氏《ゆきうじ》らに仰せ、また菅原在淳《ありあつ》にも文章博士《もんじょうはかせ》として勘進《かんしん》を仰せつけた。そこで藤範が「建武」「咸定」「延弘」を、長員が「興国」「垂拱」「淳化」「天祐」「中興」を、在登が「建武」「元聖」「武功」を、行氏が「元吉」「元貞」「大中」を、在淳が「大武」「元龍」「建聖」を注進したところ、後醍醐天皇は「建武」「大武」「武功」を選んで、天長の例により文章博士在淳と菅原在成《ありしげ》が連署《れんしょ》し年号字のみを載せた勘文《かんもん》を作成させた。このようにして選ばれた「建武《けんむ》」は王莽《おうもう》を滅ぼして漢を再興した後漢光武帝が最初に使用した年号であった（『実任卿《さねとうきょう》改元定記』、『管見記《かんけんき》』二二改元部類記、『元秘別録《げんぴべつろく》』）。訓みについて、「けんふ（ぶ）」と仮名書きする文書（藤原氏女并僧兼円連署敷地売券『大徳寺《だいとくじ》文書』四七一等）が多いが、「けんむ」（相良《さがら》蓮道《れんどう》〈長氏《ながうじ》〉譲状『相良家文書』七九等）と記す文書もある。建武政権では「けんふ」が正式呼称であったとの推測がある。

なお足利尊氏《あしかがたかうじ》が光明《こうみょう》天皇を践祚《せんそ》させて成立した北朝では、南朝が延元《えんげん》に改元した後もそのまま「建武」を使用した。

—参考文献—

荒川善夫「元号「建武」の呼称」『栃木県立文書館研究紀要』一八　二〇一四年

Ⅳ　南北朝時代

158　(南)延《えん》元《げん》　天皇　後醍醐天皇・後村上天皇

(南朝)建武三年(一三三六)二月二九日丙午　改元
延元五年(一三四〇)四月二八日辛亥　興国に改元
(北朝)建武・暦応

『皇代略記《こうだいりゃっき》』は改元理由を兵革とする。足利尊氏《あしかがたかうじ》が離反した後、再び京都に帰還した後醍醐《ごだいご》天皇は、建《けん》武《む》三年(一三三六)二月二九日に改元定を実施した。定以前、中院通冬《なかのいんみちふゆ》は改元に反対する高倉光守《たかくらみつもり》や文《もん》章博士《じょうはかせ》平惟継《たいらのこれつぐ》などの意見を天皇に伝え、天皇からは当初、定の場でその旨発言するよう仰せがあったが、その後、撤回した。天下が「建武」の年号を受け入れない以上、改元すべきであるという考えであった。

年号字は式部大輔菅原長員《すがわらのながかず》が「養万」「延元」「天和」を、文章博士藤原藤範《ふじわらのふじのり》が「延徳」「応休」「文長」「和歴」「嘉仁」を、同平惟継が「永平」「文政」を勘進《かんしん》した。衆議のうえ、「延元」「康安」が奏聞され、「延元《えんげん》」に治定した。引文は「梁書曰、沈休文等奏言、聖徳所レ被、上自蒼蒼、下延二元元一」。改元詔書は文治《ぶんじ》の例によって作成された(『中院一品記《なかのいんいっぽんき》』、『管見記《かんけんき》』二二改元部類記、『元秘別録《げんぴべつろく》』)。なお、新田義貞《にったよしさだ》は改元後の元年三月六日に建武年号を使用しており(大阪青山歴史文学博物館所蔵文書)、そこに改元を推進した公家たちへの敵対姿勢が読み取れるという。

159 (南)興《こう》国《こく》　天皇 後村上天皇

(南朝)延元五年(一三四〇)四月二八日辛亥　改元
興国七年(一三四六)一二月八日壬午　正平に改元
(北朝)暦応・康永・貞和

代始《だいはじめ》改元か。延元《えんげん》四年(暦応《りやくおう》二・一三三九)八月一五日、後醍醐《ごだいご》天皇は皇太子義良《のりよし》親王(後村上《ごむらかみ》天皇)に譲位《じょうい》し、翌日崩御《ほうぎょ》した。

『五条文書』所収四月二九日綸旨《りんじ》写に、去る二八日改元定が行なわれて興国《こうこく》元年とした旨が記されていることにより改元日が明らかとなる。年号字の出典は不明であるが、建武《けんむ》度に注進された年号字案の中に「興国」がある。これは北宋の年号の「太平興国」からとったものと推測される。なお、この年は神武《じんむ》紀元で二〇〇〇年に相当する。

―参考文献―

村田正志「南朝関係五条家文書の研究」『村田正志著作集』二　思文閣出版　一九八三年　初出一九六九年

160 （南）正《しょう》平《へい》

天皇　後村上天皇・長慶天皇

（南朝）興国七年（一三四六）一二月八日壬午　改元
正平二五年（一三七〇）二月五日以前　建徳に改元
（北朝）貞和・観応・文和・延文・康安・貞治・応安
＊観応二年（一三五一）一一月七日癸丑　正平の一統
＊正平七年（一三五二）八月一七日丁巳　後光厳天皇践祚

『阿蘇文書』正月二八日付書状写に「去月八日改元有りて正平と号す。今年八ニ年ニ成り候なり」とあり、改元日が知られる。「正平」は中国では南北朝時代の北魏で使用されたことがある。

正平《しょうへい》六年（観応《かんのう》二・一三五一）北朝の足利尊氏《あしかがたかうじ》は足利直義《ただよし》・直冬《ただふゆ》の追討に専念するため、南朝と講和を結び（正平《しょうへい》一統）、一一月七日崇光《すこう》天皇を廃した（『園太暦《えんたいりゃく》』）。それに先立つ一一月三日に南朝に請文を提出した時より正平年号を使用した。しかし、鎌倉を制圧すると再び観応年号を使用するようになる。鎌倉にいた尊氏は正平七年（観応三）三月一〇日の制札（『円覚寺《えんがくじ》文書』）から使用し、京都を制圧しようとしていた義詮《よしあきら》は同年閏《うるう》二月二三日付御判御《ごはんみ》教書《ぎょうしょ》（『朽木《くつき》文書』三三）から使用したという。

―参考文献―

村田正志「神魂神社に於ける古柱銘と古文書」『村田正志著作集』六　思文閣出版　一九八五年　初出一九六九年
森　茂暁『南北朝の動乱』吉川弘文館　二〇〇七年

161　(南)建《けん》徳《とく》　天皇　長慶天皇

(南朝)正平二五年(一三七〇)二月五日以前　建徳に改元
建徳三年(一三七二)四月五～二八日の間に文中に改元
(北朝)応安

代始《だいはじめ》改元か。後村上《ごむらかみ》天皇のあとを承け、同天皇皇子寛成《ゆたなり》親王は正平《しょうへい》二三年（一三六八）春頃に践祚《せんそ》した（長慶《ちょうけい》天皇）。建徳《けんとく》年号の史料上の初見は『大徳寺《だいとくじ》文書』建徳元年（一三七〇）二月五日重快・妙阿連署《れんしょ》田畠売券であり、同日までには改元していたと考えられる。「建徳」はこれ以前に年号字案として勘進《かんしん》されたことがあり、菅原資高《すがわらのすけたか》の天福《てんぷく》度勘文《かんもん》では『文選《もんぜん》』を出典とし（班孟堅両都賦序に「因レ時而建レ徳者、不下以二遠近一易上レ則」と見える）、また藤原資宣《すけのぶ》の正応《しょうおう》度勘文には「唐暦曰、天子建レ徳固生」と見える。なお、中国では南北朝時代の北周で使用されたことがある。

162

（南）文《ぶん》中《ちゅう》

天皇　長慶天皇

（南朝）建徳三年（一三七二）四月五〜二八日の間に改元
文中四年（一三七五）五月二七日丙戌　天授に改元
（北朝）応安

『南狩遺文』五所収建徳《けんとく》三年（応安《おうあん》五・一三七二）四月五日北畠顕能《きたばたけあきよしみ》御教書《ぎょうしょ》があり、『金剛寺文書』に文中《ぶんちゅう》元年（一三七二）四月二八日長慶《ちょうけい》天皇綸旨《りんじ》があるので、この間に改元されたことが知られる。

163 （南）天《てん》授《じゅ》

天皇　長慶天皇

（南朝）文中四年（一三七五）五月二七日丙戌　改元
天授七年（一三八一）六月二一日以前に弘和に改元
（北朝）応安・永和・康暦・永徳

『南朝編年記略』に文中《ぶんちゅう》四年（永和《えいわ》元・一三七五）四月に大和・紀伊等で山崩れがあり、五月二七日に改元定があって天授《てんじゅ》元年と改元したこと、改元理由は山崩れ怪異の故であると記される。『南朝編年記略』は津久井《つくい》尚重《なおしげ》が編纂した史書で天明《てんめい》五年（一七八五）の序を持つ。同書彰考館《しょうこうかん》本には年号字撰進者が権大納言花山院《かざんいん》長親《ながちか》であると見える。

天授年号の確実な史料としては、『高野山文書』又続宝簡集《ゆうぞくほうかんしゅう》三三所収の学侶評定事書写（又続宝簡集二五四）に「天授元年六月二日学侶御集会御評定」と見えるのが初見。同史料にはまた「文中四年卯月廿四日学侶御集会御評定」とも見えるので、四月二四日以降、六月二日以前の改元ということになる。弘和《こうわ》への改元年月日も定かでないが、少なくとも六年七月一八日までは使用されたことが確認できる（『阿蘇文書』所収菊池《きくち》武興《たけおき》起請文《きしょうもん》写）。

なお、天授年号は中国では武則天《ぶそくてん》の武周などで使用されたことがある。

164 （南）弘《こう》和《わ》

天皇　長慶天皇・後亀山天皇

（南朝）天授七年（一三八一）六月二一日以前に改元
　弘和四年カ（一三八四）一一月五日以前に元中に改元

（北朝）永徳・至徳

天授《てんじゅ》六年（康暦《こうりやく》二・一三八〇）七月以降、天授七年六月二一日以前の改元。『金剛寺文書』『河合寺文書』に弘和《こうわ》元年六月二一日長慶《ちようけい》天皇綸旨《りんじ》がある。天授七年の改元であれば、辛酉《しんゆう》改元である可能性が考えられる。『続史愚抄《ぞくしぐしよう》』『南朝公卿補任《くぎようぶにん》』は七年二月一〇日改元とする。

165 （南）元《げん》中《ちゅう》

天皇　後亀山天皇

（南朝）弘和四年カ（一三八四）一一月五日以前に改元
元中九年（一三九二）閏一〇月五日壬午　南北朝合一

（北朝）至徳・嘉慶・康応・明徳

長慶《ちょうけい》天皇は弘和《こうわ》三年（永徳三カ・一三八三カ）末頃、弟熙成《ひろなり》親王（後亀山《ごかめやま》天皇）に譲位《じょうい》したとみられる。史料上の元中《げんちゅう》年号初見は『栄山寺文書』元中元年（至徳《しとく》元・一三八四）一一月五日後亀山天皇綸旨《りんじ》であり、改元はそれ以前。代始《だいはじめ》改元か。また元中元年は甲子《かっし》年なので甲子改元の可能性も考えられる。『続史愚《ぞくしぐ》抄《しょう》』『南方紀伝』は四月二八日改元とする。

元中九年（明徳《めいとく》三）閏《うるう》一〇月五日、南北朝合一により後亀山天皇は退位し、元中年号は廃された。ただし南朝の残存勢力の間では、その後も元中年号が用いられた。『五条文書』中には一〇月二〇日良成《よしなり》親王書状に別筆奥書で「元中一二年」と記したものなどが見える。

―参考文献―

江田郁夫「東国の元中年号文書と新田一族」『室町幕府東国支配の研究』高志書院　二〇〇八年　初出二〇〇二年
中根正人「室町前期東国の南朝清涼」『日本歴史』八二六　二〇一七年
村田正志「南朝関係五条家文書の研究」『村田正志著作集』二　思文閣出版　一九八三年　初出一九六九年

166　(北)暦《りゃく》応《おう》

天皇　光明天皇
将軍　足利尊氏

(北朝)建武五年(一三三八)八月二八日己未　改元
暦応五年(一三四二)四月二七日戊辰　康永に改元
(南朝)延元・興国

代始《だいはじめ》改元。建武《けんむ》三年(延元《えんげん》元・一三三六)五月二七日に後醍醐《ごだいご》天皇が比叡山《ひえいざん》に逃れ、京都を手中に収めた足利尊氏《あしかがたかうじ》は、光厳《こうごん》上皇に奏請して八月一五日に豊仁《とよひと》親王(光明《こうみょう》天皇)を践祚《せんそ》させ、年号は建武《けんむ》を使用した。混乱の中で光明天皇の即位式は延引し、建武四年一二月二八日にようやく挙行され(『光明院御記』)、翌五年に大嘗会《だいじょうえ》が行なわれることになり、四月二八日に大嘗会国郡卜定《こくぐんぼくじょう》がなされた(『玉英記抄《ぎょくえいきしょう》』)。

年号字は式部大輔菅原長員《すがわらのながかず》が「天保」「寛裕」「斉万」「応観」を、文章博士《もんじょうはかせ》藤原家倫《ふじわらのいえとも》が「文明」「嘉慶」「養寿」を、同藤原房範《ふさのり》が「天観」「文安」「顕応」を、従三位《じゅさんみ》藤原行氏《ゆきうじ》が「天観」「長嘉」「康安」を、勘解由《かげゆ》長官唐橋公時《ちょうかんからはしきんとき》が「天貞」「暦応」「寛安」を勘進《かんしん》した。これらの中より「文安」「長嘉」「暦応」が光厳上皇に奏進され、「暦応《りゃくおう》」に治定した。引文は「帝王代(世)記云、堯時有レ草、夾レ階而生、王者以レ是占レ暦、応レ和而生」(『太平御覧《たいへいぎょらん》』巻四天部四・月にほぼ同文が見える)。なお、光厳上皇は改元のことを武家に仰せ遣わさなかったため、幕府は九月四日になってそのことを知り、その日より暦応年号を使用したという(『実夏公記《さねなつこうき》』、『中院一品記《なかのいんいっぽんき》』、『元秘別録《げんぴべつろく》』)。

167 (北)康《こう》永《えい》

天皇　光明天皇
将軍　足利尊氏

(北朝)暦応五年(一三四二)四月二七日戊辰　改元
康永四年(一三四五)一〇月二一日辛未　貞和に改元
(南朝)興国

改元理由について、改元詔書は「しきりに天変地妖の誡め有り。いわんやまた去春以降、瘴煙《しょうえん》しばしば起こり、都鄙多く懊悩《おうのう》」と記す(『康永改元記《こうえいかいげんき》(中院一品記《なかのいんいっぽんき》)』)。難陳《なんちん》の際、権大納言西園寺公重《さいおんじきんしげ》は建長《けんちょう》七年(一二五五)の赤斑瘡《あかもがさ》流行のときには「康元《こうげん》」を用いており、今また赤斑瘡による改元で「康」字を用いるのはかなっていると発言している(『公尚卿記《きんひさきょうき》』)。また『師守記《もろもりき》』康永四年(興国《こうこく》六・一三四五)一〇月二九日条には、康永度の改元が疱瘡《ほうそう》・天変・地妖によるものであったと記されている。このほか、『太平記《たいへいき》』天正本《てんしょうぼん》は三月二〇日の法勝寺《ほっしょうじ》堂塔焼亡により改元したとの説を記す。

年号字は式部大輔菅原長員《すがわらのながかず》が「長養」「寛裕」を、文章博士《もんじょうはかせ》唐橋在淳《からはしありあつ》が「康安」「応安」「康長」「文長」「安永」を、同紀行親《きのゆきちか》が「康永」「康文」「正長」を勘進《かんしん》し、その中より「康永《こうえい》」が選ばれた。引文は「漢書志曰、四海内康平、永保㆓国家㆒」「宋韻曰、寧至曰㆓康永㆒長久」(史料によって文字に異同があるが、正慶《しょうきょう》度の唐橋公時勘文《きんときかんもん》も参照して掲げた)。改元詔書は承暦《じょうりゃく》の例により作成された(『公尚卿記』、『康永改元記(中院一品記)』、『兼綱公記《かねつなこうき》』、『管見記《かんけんき》』二二所収改元部類記、『元秘別録《げんぴべつろく》』)。

168 (北)貞《じょう》和《わ》

天皇　光明天皇・崇光天皇
将軍　足利尊氏

(北朝)康永四年(一三四五)一〇月二一日辛未　改元
貞和六年(一三五〇)二月二七日壬子　観応に改元
(南朝)興国・正平

『光明《こうみょう》院御記』は「今年上天頻《しき》りに変を示し、洪水はなはだ民を害す。疾疫《しつえき》流行し、遐邇《かじ》に憂患す」と改元理由を述べている。また『園太暦《えんたいりゃく》』は「天変・水害・疾疫に依り、康永《こうえい》四年を改めて貞和《じょうわ》元年となすべし」と仰せたと記し、天変について「今度彗星《すいせい》なり。しかれども先々の式、天変の由を仰せらるるなり」と注記している。改元理由が彗星・水害・疾疫であったことは『師守記《もろもりき》』裏書にも見えている。彗星については康永四年(興国《こうこく》六・一三四五)七月四日頃から八月にかけて出現したことが『園太暦』等に見える。洪水については霖雨洪水により七月二九日に止雨奉幣使《ほうべいし》が発遣されている(『光明院御記』等)。九月二八日に年号字の勘進《かんしん》を命じる宣旨《せんじ》が下された(『園太暦』)。

年号字は式部大輔菅原長員《すがわらのながかず》が「万和」「安恒」を、文章博士《もんじょうはかせ》藤原言範《ふじわらのときのり》が「応寛」「仁養」「天和」「天明」「延世」を、同菅原高嗣《たかつぐ》が「昭化」「長平」「嘉慶」を、正三位《しょうさんみ》菅原在登《ありのり》が「文安」「正長」「文長」を、勘解由長官《かげゆちょうかん》藤原在成《ありしげ》が「延徳」「貞和」「文定」「慶長」「文仁」を勘進した。改元上卿《しょうけい》の左大臣洞院公賢《とういんきんかた》は改元定当日にまず仙洞《せんとう》に参り、光厳《こうごん》上皇の意向をうかがっている。出典は『芸文類聚《げいもんるいじゅ》』で、巻一二帝王部二後漢光武帝所引漢二祖優劣論から「(世祖)体二乾霊之休徳一、稟二貞和之純精一」という部分を引く。改元詔書は永久《えいきゅう》元年(一一一三)の例にならって作成された(『光明院御記』、『園太暦』、『師守記』、『元秘別《げんぴべつ》録《ろく》』）。

年号字の訓みについて、『山内首藤家文書《やまのうちすどうけ》』に「ちやうわ」（二一四号）とあるように、「ジョウワ」が一般的であったが、東山御文庫本『皇年代記頌《こうねんだいきしょう》』のように「テイワ」と訓む事例もあった。

169

(北)観《かん》応《のう》

天皇　崇光天皇・後光厳天皇
将軍　足利尊氏

(北朝)貞和六年(一三五〇)二月二七日壬子　改元
＊観応二年(一三五一)一一月七日癸丑　正平の一統
＊正平七年(一三五二)八月一七日丁巳　後光厳天皇践祚
観応三年(一三五二)九月二七日丁酉　文和に改元
(南朝)正平

代始《だいはじめ》改元。光明《こうみょう》天皇は貞和《じょうわ》四年(正平《しょうへい》三・一三四八)一〇月二七日に兄光厳《こうごん》上皇の皇子興仁《おきひと》親王(崇光《すこう》天皇)に譲位《じょうい》した。崇光天皇の即位式は花園《はなぞの》上皇の崩御《ほうぎょ》や即位費用の不足、幕府の内紛により延引し、翌年一二月二六日にようやく実施された(『光明院御記』等)。そのため改元も遅れたと考えられる。

正月二九日に年号勘者宣下《かんじゃせんげ》がなされ、寛元《かんげん》・宝治《ほうじ》の例により二月に改元、勘者の人数については式部大輔が老耄《ろうもう》であることなどの理由により、五人の例によることとされた(『園太暦《えんたいりゃく》』)が、左大弁菅原在成《すがわらのありしげ》・文章博士《もんじようはかせ》菅原高嗣《たかつぐ》は丙穢《へいえ》により勘文《かんもん》を進めなかった(『園太暦』二月二四日条、『管見記《かんけんき》』二二所収実夏公記《さねなつこうき》、『元秘別録《げんぴべつろく》』)。

年号字は式部大輔菅原長員《ながかず》が「康豊」「永大」「天和」を、式部権大輔唐橋在淳《からはしのりあつ》が「建正」「文寛」「安永」「寛応」「元観」を、文章博士《もんじようはかせ》藤原行光《ふじわらのゆきみつ》が「咸章」「天観」「観応」「建正」「文承」を勘進《かんしん》した。光厳上皇は「寛応」を推したが、結局、「観応《かんのう》」に決した。出典は『荘子《そうじ》(疏)』で、外篇天地一二の「玄古之君二天下一、無為也、疏曰、以二虚通之理一、観二応レ物之数一、而無為」という部分(『園太暦』、『管見記』二二所収実夏公記、『改元部類』所収不知記、『公清公記《きんきよこうき》』、『元秘別録』)。

なおこの時期、足利直冬《あしかがただふゆ》が尊氏《たかうじ》と対立して九州で勢力を伸ばしており、直冬は観応改元後も二年六月五日まで貞和年号を使用し続けた。

幕府の内紛から足利尊氏・義詮《よしあきら》は観応二年（正平六・一三五一）八月頃より南朝との講和交渉を開始し、一一月三日に講和が成立、七日に北朝の崇光天皇および観応年号は廃され、幕府は正平年号を使用することとなった（正平の一統）。しかし南朝が幕府を滅ぼそうとしたことにより、翌年閏《うるう》二月に一統は破綻した。足利義詮が正平七年（観応三）閏二月二三日の段階で観応年号の使用を再開したことが確認される（『朽木《くつき》文書』）。尊氏は『水月明鑑』一〇に収められる遠山主水《とおやまもんど》家所蔵三月一一日付御判《ごはんみ》御教書《ぎょうしょ》が初見）。

―参考文献―

瀬野精一郎「足利直冬と年号」『歴史の陥穽』吉川弘文館　一九八五年　初出一九六五年

170 (北)文《ぶん》和《な》

天皇　後光厳天皇
将軍　足利尊氏

(北朝)観応三年(一三五二)九月二七日丁酉　改元
文和五年(一三五六)三月二八日己酉　延文に改元
(南朝)正平

代始《だいはじめ》改元。正平《しょうへい》の一統が崩れたことにより、幕府は北朝の再建を考えたが、光厳《こうごん》・光明《こうみょう》・崇《す》光《こう》の三上皇および崇光朝での皇太子直仁《なおひと》親王は南朝側に拘束されていたため、光厳・光明の母である広義《こうぎ》門院《もんいん》に奏請して京都に残っていた一五歳の光厳上皇皇子三宮を践祚《せんそ》させることとした。三宮は観応《かんのう》三年（正平《しょうへい》七・一三五二）八月一七日元服して弥仁《いやひと》王となり、同日践祚（後《ご》光厳《こうごん》天皇）する。このような事情のため、幕府の申し入れにより即位式を挙げる以前に改元がなされることになり、九月二二日には年号勘者宣旨《かんじゃせんじ》が作成された（『師守記《もろもりき》』、『園太暦《えんたいりゃく》』）。

年号字は文章《もんじょう》博士《はかせ》藤原《ふじわらの》行光《ゆきみつ》が「康安」「文安」「正長」を、同菅原《すがわらの》高嗣《たかつぐ》が「応仁」「建承」「嘉慶」を、式部権大輔唐橋《からはし》在淳《ありあつ》が「文元」「文和」「正長」を、従三位《じゅさんみ》菅原在成《ありしげ》が「宝安」「文和」を勘進《かんしん》した。このうち「文和」と「正長」が奏上され、勅定により「文和《ぶんな》」に決した。なお、内々に洞院《とういん》公賢《きんかた》への勅問もあった。出典は在淳が「唐紀（旧唐書《くとうじょ》順宗紀）」で「叡哲温文、寛和仁恵」という部分、在成が「呉志（三国志呉書孫権伝）」で、「（君）文二和於内一、武信二于外一」という部分（『管見記《かんけんき》』二二所収実夏公記《さねなつこうき》、『園太暦』、『元秘別録《げんぴべつろく》』）。

なお足利直冬《あしかがただふゆ》はそのまま観応を使用し、南朝に降伏後は正平八年（一三五三）五月二五日より正平年号を使用したため、文和年号を使用することはなかった。

—参考文献—

瀬野精一郎「足利直冬と年号」『歴史の陥穽』吉川弘文館　一九八五年　初出一九六五年
久水俊和「改元をめぐる公家と武家」『室町期の朝廷公事と公武関係』岩田書院　二〇一一年　初出二〇〇九年

171
(北)延《えん》文《ぶん》

天皇　後光厳天皇
将軍　足利尊氏・足利義詮

(北朝)文和五年(一三五六)三月二八日己酉　改元
延文六年(一三六一)三月二九日庚辰　康安に改元
(南朝)正平

改元理由は兵革による改元例である永久《えいきゅう》例によって改元詔書が作成されたことから兵革と考えられ、改元詔書でも兵革のことに言及されている(『改元部類』所収兼綱公記《かねつなこうき》、『後深心院《ごしんじんいん》関白記』)。当初、文和《ぶんな》五年(正平《しょうへい》一一・一三五六)正月三〇日に改元定が予定され、二三日には年号勘者《かんじゃ》宣下があったが延引となり、二月もまた上卿《しょうけい》の故障により延引して三月二八日に改元定が行なわれることになった(『園太暦《えんたいりゃく》』)。

年号字は式部大輔藤原家倫《ふじわらのいえとも》が「長万」「嘉慶」「正長」を、文章博士《もんじょうはかせ》東坊城長綱《ひがしぼうじょうながつな》が「正吉」「文安」「建安」を、同柳原忠光《やなぎわらただみつ》が「延文」「元宝」を、参議左大弁勘解由小路《かでのこうじ》兼綱《かねつな》が「貞徳」「文安」を勘進《かんしん》した。その中より「文安」と「延文」が奏され、「延文《えんぶん》」に決した。改元詔書は永久の例によって作成された。引文は「漢書曰、延二文学儒者一数百人」(儒林伝《じゅりんでん》から。「数百人」は現行本では「以百数」)(『後深心院関白記』、『師守記《もろもりき》』、『園太暦』、伏見宮本『改元部類記』所収兼綱公記、『元秘別録《げんぴべつろく》』)。

172 (北)康《こう》安《あん》

天皇　後光厳天皇
将軍　足利義詮

(北朝)延文六年(一三六一)三月二九日庚辰　改元
康安二年(一三六二)九月二三日乙丑　貞治に改元
(南朝)正平

改元理由については、改元を仰せた際に「天変・地震・疾疫《しつえき》に依り延文《えんぶん》六年を改め康安《こうあん》元年となす」と述べられ、改元詔書には「天道変を示し、地妖災いをなす。しかのみならず去年よりこの春に至り疾疫頻《しき》りに流行し老壮多く夭折せり」と記されている（『後深心院関白記《ごしんじんいんかんぱくき》』、『後愚昧記《ごぐまいき》』）。地震は前年の延文《えんぶん》五年（正平《しょうへい》一五・一三六〇）一〇月五日に紀伊・摂津等でマグニチュード七・五〜八・〇と推測される地震が発生している。疾疫については前年閏《うるう》四月二四日に、天皇が民間で疾疫が流行していることにより右大臣近衛道嗣《このえみちつぐ》に改元のことを諮《はか》っている。このとき道嗣は、武家の合戦が続いているため改元が難しいのではないかと奉答した（『後深心院関白記』）。その後、一一月二四日にも道嗣（このときは左大臣）に改元についての勅問が下されている（『後深心院関白記』）。

年号字は文章《もんじょう》博士《はかせ》唐橋時親《からはしときちか》が「元寧」「貞正」「寛安」を、同日野氏種《ひのうじたね》が「元吉」「応仁」「仁長」を、前権中納言勘解由小路兼綱《かでのこうじかねつな》が「文正」「文康」「康正」を、権中納言日野時光《ときみつ》が「和保」「承慶」を、勘解《かげ》由長官《ゆちようかん》菅原高嗣《すがわらのたかつぐ》が「寛正」「康安」「嘉慶」を、刑部卿《ぎょうぶきょう》東坊城長綱《ひがしぼうじょうながつな》が「康安」「文安」「建徳」「応長」を勘進《かんしん》した。それらより「文正」と「康安」が奏上され、勅定により「康安《こうあん》」に決した。引文は長綱が「史記正義曰、天下衆事、咸得二康安一、以致二天下太平一」、高嗣が「唐紀曰、作二治康凱安之舞一」。後者はあるいは『新唐書』礼楽志「郊廟用㆓治康凱安之舞㆒如㆑故」の誤りか。改元詔書は正安《しょうあん》元年（一二九九）の例にならって作成された（『後深心院関白記』、『後愚昧記』、『元秘《げんぴ》別録《べつろく》』）。

―参考文献―

宇佐美龍夫ほか『日本被害地震総覧　五九九～二〇一二』東京大学出版会　二〇一三年

173 (北)貞《じょう》治《じ》

天皇　後光厳天皇
将軍　足利義詮

(北朝)康安二年(一三六二)九月二三日乙丑　改元
貞治七年(一三六八)二月一八日己未　応安に改元
(南朝)正平

改元理由について、改元を仰せた際に「天変・地妖・兵革により改元し、康安《こうあん》二年を改め貞治《じょうじ》元年とならす」と述べられている（『改元部類』所収永和《えいわ》一品御記《いっぽんぎょき》、『貞治《じょうじ》改元定記』、『迎陽記《こうようき》』）。康安二年（正平《しょうへい》一七・一三六二）七月七日に天皇が関白近衛道嗣《このえみちつぐ》に改元定の奉行を勧めるよう命じたが、道嗣は摂関が仗議《じょうぎ》の奉行を勧めた先例がないことにより辞している。八月一五日に年号字の勘者宣下《かんじゃせんげ》がなされ、同月二五日に改元が予定されたが延引し、結局、九月二三日に実施されることになった（『後深心院《ごしんじんいん》関白記』）。

年号字は式部大輔藤原有範《ふじわらのありのり》が「大観」「万寧」「永昌」を、文章博士《もんじょうはかせ》日野《ひの》氏種《うじたね》が「仁長」「嘉慶」「文仁」を、権中納言日野時光《ときみつ》が「建徳」「長祥」「応永」を、参議左大弁柳原忠光《やなぎわらただみつ》が「嘉親」「貞治」を、勘《か》解由《げゆ》長官菅原高嗣《ちょうかんすがわらのたかつぐ》が「貞久」「寛安」「養元」を、大蔵卿東坊城長綱《ひがしぼうじょうながつな》が「応長」「恒久」「建正」「延徳」「文弘」を、刑部卿唐橋時親《ぎょうぶきょうからはしときちか》が「長仁」「承寛」「仁養」を勘進《かんしん》した。勘者七人の初例である。改元定では、年号字は漢音あるいは対馬音《つしまおん》（呉音）を適宜相交え、引文名（出典）は呉音で、引文は漢音で読まれた。最終的に「貞治」と「寛安」が奏聞され、「貞治《じょうじ》」に決した。出典は『周易《しゅうえき》』で、下経巽の「利二武人之貞一、志治也」。改元定では「武人」とあることが問題となった。なお、改元詔書は永久《えいきゅう》の例によって作成された（『改元部類』所収永和一品御記、『改元部類』、『貞治改元定記』。『迎陽記』、『元秘別録《げんぴべつろく》』）。なお訓みについては、大徳寺真珠庵《だいとくじしんじゆあん》文書八一七号に「ちやうち」と仮名書きされているので「ヂヤウチ」もしくは「ヂヤウヂ」と訓まれたと考えられる。ただし東山御文庫本『皇年代記頌《こうねんだいきしよう》』（室町写）には「テイヂ」の傍訓が見える。

174 (北)応《おう》 安《あん》

天皇 後光厳天皇・後円融天皇
将軍 足利義満

(北朝)貞治七年(一三六八)二月一八日己未　改元
応安八年(一三七五)二月二七日丁巳　永和に改元
(南朝)正平・建徳・文中

改元理由について、「天変・地妖・病患の事により改元の由」を仰せられたという(『迎陽記《こうようき》』)。前年の貞治《じょうじ》六年(正平《しょうへい》二二・一三六七)六月二一日には年号字の勘者《かんじゃ》宣下がなされ、七月の改元が予定されたが、その後たびたび延引となり、結局、貞治七年に入ってから改元されることになった(『師守記《もろもりき》』)。なお事実上、将軍の代始《だいはじめ》改元であるとの説がある。

年号字は文章博士《もんじょうはかせ》日野《ひの》氏種《うじたね》が「大観」「建正」「貞久」を、治部卿唐橋時親《からはしときちか》が「応安」「養元」「久徳」「万応」を、大蔵卿東坊城長綱《ひがしぼうじょうながつな》が「文安」「慶長」「康正《こうしょう》」を、権中納言柳原忠光《やなぎわらただみつ》が「宝仁」「元喜」「永和」を、前権中納言勘解由小路《かでのこうじ》兼綱《かねつな》が「文寛」「天和」「康正」を勘進《かんしん》しており、ほかに勘解由《かげゆ》長官菅原《ちょうかんすがわらの》高嗣《たかつぐ》も勘進したことが知られる。このうち氏種と時親、高嗣の勘文《かんもん》はすでに前年に進上したものをそのまま再提出したものであったという。

事前に天皇より候補を二、三字に絞るよう関白近衛道嗣《このえみちつぐ》に仰せがあり、また当日にも勅問があり、道嗣が推薦した「応安」に実質内定していた。そのため、改元定の場でもほとんど議論されることなく「応《おう》安《あん》」に決した。

出典は『毛詩正義《もうしせいぎ》』で、巻一八之四・大雅《たいが》・蕩之什・江漢《こうかん》の「今四方既已平、服㆓王国之内㆒、幸応㆓安

定一」という部分。改元詔書は承暦《じょうりゃく》の例により作成された（『後深心院《ごしんじんいん》関白記』、『迎陽記』、『応安改元定記』、『元秘別録《げんぴべつろく》』、広橋本『年号字』）。

なお幕府では三月一日に改元吉書《きっしょ》が施行された（『花営三代記《かえいさんだいき》』）。

―参考文献―

今谷　明「足利義満の王権簒奪過程」小川信先生の古稀記念論集を刊行する会編『日本中世政治社会の研究』続群書類従完成会　一九九一年

175 (北)永《えい》和《わ》

天皇　後円融天皇
将軍　足利義満

(北朝)応安八年(一三七五)二月二七日丁巳　改元
永和五年(一三七九)三月二二日己丑　康暦に改元
(南朝)文中・天授

代始《だいはじめ》改元。応安《おうあん》四年（建徳《けんとく》二・一三七一）三月二三日、後光厳《ごこうごん》天皇は皇子緒仁《おひと》親王（後円融《ごえんゆう》天皇）に譲《じょう》位《い》した。即位式は当初同年一一月二五日に計画された（『後深心院《ごしんじんいん》関白記』一〇月三〇日条）が、費用の不足に始まり春日神木入洛のこともあって延引し（『吉田家日次記』等）、五年一一月二六日にいたって六年正月に実施されることとなったが、それもまた延引となった（『後深心院関白記』六年正月一五日条等）。七年正月二九日には後光厳上皇が崩御《ほうぎょ》している。七年一二月一七日に神木が帰座したことにより、同月二八日にようやく即位式が挙行された（『後深心院関白記』、『後愚昧記《ごぐまいき》』、『師守記《もろもりき》』）。八年正月二八日に諒闇《りょうあん》が明けたことにより、ようやく代始改元が進められることになり、二月八日に年号勘者《かんじゃ》宣下がなされた（広橋本『改元雑事例』）。

年号字は文章博士《もんじょうはかせ》菅原在胤《すがわらのありたね》が「建初」「延徳」「文弘」を、同日野《ひの》氏種《うじたね》が「観仁」「貞亨」「建正」を、前権中納言勘解由小路《かでのこうじ》兼綱《かねつな》が「嘉長」「寛正」「嘉慶」を、権中納言柳原忠光《やなぎわらただみつ》が「永和」「宝仁」「寛永」を、左大弁東坊城長綱《ひがしぼうじょうながつな》が「慶長」「文昭」「文長」を勘進《かんしん》した。これらより「永和」と「延徳」が選ばれ、さらに「永和《えいわ》」に決した。出典は『尚書《しょうしょ》』と『芸文類聚《げいもんるいじゅ》』で、前者は舜典の「詩言ㇾ志、歌永ㇾ言、声依ㇾ永、律和ㇾ声、八音克諧、無ㇾ相二奪倫一、神人以和」という部分で、後者は巻八山部下・虎丘山・虎丘山序の「九功六義之興、依㆓永和声之製㆒、志由㆑興作、情以㆑詞宣」という部分（『後深心院関白記』、『迎陽記《こうようき》』、『元秘《げんぴ》別録《べつろく》』）。なお『迎陽記』には年号字の訓みについて、「貞」は「テイ」「シヤウ」両声あるが、「永」は「ヤウ」と訓んだ例はないことが記されている。幕府は三月七日に吉書《きっしょ》を行なった（『鹿苑院《ろくおんいん》殿御元服記』）。

—参考文献—

小川剛生「迎陽記の改元記事について」水上雅晴編『年号と東アジア』八木書店　二〇一九年

176 (北)康《こう》暦《りゃく》

天皇 後円融天皇
将軍 足利義満

(北朝)永和五年(一三七九)三月二二日己丑　改元
康暦三年(一三八一)二月二四日庚申　永徳に改元
(南朝)天授・弘和?

改元理由について改元詔書には「星躔《せいてん》の度不正にして、時節の運調なく、黎萠《れいぼう》(民衆のこと)多く疾疫《しつえき》の苦しみに遭い、兵革の間驕恣《きょうし》の心起きる」とあり(『迎陽記《こうようき》』)、『皇年代略記《こうねんだいりゃっき》』は「天変・疾疫・兵革に依る」、柳原本『皇年代私記《こうねんだいしき》』は「疾疫・兵革に依る」とする。前年の永和《えいわ》四年(天授《てんじゅ》四・一三七八)六月に天下疾疫により改元定が検討されている(『後深心院関白記《ごしんじんいん》』一七日条、『後愚昧記《ごぐまいき》』一一日条。一〇月にも改元が準備された。『後深心院関白記』一〇月二日条)が、東坊城秀長《ひがしぼうじょうひでなが》は武家が許容しなかったため延引したかと推測している(『迎陽記』五年三月二二日条)。天変についてはハレー彗星《すいせい》と思われる彗星が四年九月に出現している(『後深心院関白記』八日・九日条等)。

年号字の勘進《かんしん》は当初、文章博士東坊城秀長、同粟田口《あわたぐち》淳嗣《あつつぐ》、式部大輔粟田口長嗣《ながつぐ》、式部権大輔兵部卿東坊城長綱《ながつな》、従一位《じゅいちい》勘解由小路《かでのこうじ》兼綱《かねつな》に命じられたが、極位以後は年号字勘進を辞退した先例にならって兼綱が辞退したため、その男である権中納言広橋仲光《ひろはしなかみつ》が加えられ、さらに権中納言裏松資康《うらまつすけやす》および参議左大弁日野《ひの》資教《すけのり》も所望により追加して宣下された。秀長が「永吉」「文昭」「文仁」を、淳嗣が「咸和」「正永」「貞正」を、長嗣が「貞勝」「正長」「康暦」を、長綱が「慶長」「康正」「建正」「建文」「延徳」を、仲光が「承延」「文安」を、資康が「万貞」「応永」「安永」を、資教が「定保」「長祥」を勘進した。まず「文安」「慶長」「康暦」が奏上された後、「文安」「康暦」より選ぶべきの仰せがあり、最終的に「康暦《こうりゃく》」に決した。引文は「唐書曰、承㆓成康之暦業㆒」。なお、幕府の意を承け、源頼朝《みなもとのよりとも》や足利尊氏《あしかがたかうじ》・義詮《よしあきら》が薨じた「正治《しょうじ》」「延文《えんぶん》」「貞治《じょうじ》」の年号字を用いないよう二条良基《にじょうよしもと》が内々に命じていたという。また年号字の難陳《なんちん》の際、洞院公定《とういんきんさだ》は年号字の反切《はんせつ》（漢字の字音をほかの漢字二字の音〈一字めの頭子音と二字めの頭子音を除いた部分および声調〉であらわす方法。年号字難陳《なんちん》では、逆に年号字二字であらわされる漢字一字を論じることが行なわれた）の吉凶を論じ、このときはその主張は斥けられたが、以後の改元定に影響を与えるようになったという。改元詔書は永久《えいきゅう》例によって作成された（『迎陽記』、『後深心院関白記』、『後愚昧記』、『元秘別《げんぴべつ》録《ろく》』）。

―参考文献―
小川剛生『足利義満』中公新書　二〇一二年
「迎陽記の改元記事について」水上雅晴編『年号と東アジア』八木書店　二〇一九年
久水俊和「改元をめぐる公家と武家」『室町期の朝廷公事と公武関係』岩田書院　二〇一一年　初出二〇〇九年

177 (北)永《えい》徳《とく》

天皇　後円融天皇・後小松天皇
将軍　足利義満

(北朝)康暦三年(一三八一)二月二四日庚申　改元
永徳四年(一三八四)二月二七日乙未　至徳に改元
(南朝)弘和

辛酉《しんゆう》改元。康暦《こうりゃく》三年（天授《てんじゅ》七もしくは弘和《こうわ》元・一三八一）正月二二、二三日に今年が革命にあたるか否かの勘申《かんじん》を諸道に命じる宣旨《せんじ》が下され（『革暦類《かくれきるい》』、『後深心院関白記《ごしんじんいんかんぱくき》』）、二月五日には権中納言裏松資康《うらまつすけやす》、同広橋仲光《ひろはしなかみつ》、式部大輔粟田口長嗣《あわたぐちながつぐ》、式部権大輔東坊城長綱《ひがしぼうじょうながつな》、文章博士《もんじょうはかせ》東坊城秀長《ひでなが》、同粟田口淳嗣《あつつぐ》に年号勘者《かんじゃ》宣下がなされた（『後深心院関白記』）。その後、参議左大弁日野資教《ひのすけのり》にも勘申が命じられたらしい。

当日はまず革命定が行なわれ、革命の当否は決し難いが流例により改元すべきであるとされ（『革暦類』）、ついで改元定が実施された。勘進された年号字については仲光が「永徳」「建徳」「長嘉」、秀長が「嘉慶」「万和」「宝暦」であったことが知られる。「嘉慶」は淳嗣も勘進した。資康は広橋本『頼資卿《よりすけきょう》年号勘文《かんもん》案』所収の勘文案によれば「万貞」「安永」か。定の場では「永徳」を推す声が多く、「永徳《えいとく》」に決した。引文は不詳。改元詔書は永保《えいほう》元年（一〇八一）の例にならって作成された（『後深心院関白記』、『良賢真《よしかたま》人記《ひとき》』、『元秘別録《げんぴべつろく》』、広橋本『年号勘文部類』自延文《えんぶん》度至文正《ぶんしょう》度、広橋本『年号字』、『迎陽記』嘉慶《かけい》元年〈一三八七〉八月二三日条）。

178 （北）至《し》徳《とく》

天皇　後小松天皇
将軍　足利義満

（北朝）永徳四年（一三八四）二月二七日乙未　改元
至徳四年（一三八七）八月二三日庚午　嘉慶に改元
（南朝）弘和・元中

甲子《かつし》改元だが、代始《だいはじめ》改元でもある。後円融《ごえんゆう》天皇は永徳《えいとく》二年（弘和《こうわ》二・一三八二）四月一一日、皇子幹仁《もとひと》（後小松《ごこまつ》天皇）に譲位《じょうい》した。同年一二月二八日に即位式を挙げ、三年一一月一六日に大嘗会《だいじょうえ》を実施したが、改元を行なわないまま永徳四年を迎えた。あるいは永徳四年が甲子年であり、改元が予定されていたためか（『砂巌《さがん》』巻五所収正月五日付某書状）。二月一二日に左大臣足利義満《あしかがよしみつ》が大外記《だいげき》に今年が革令にあたるか否かを諸道に勘申《かんじん》せしめることを宣下し、翌日諸道に宣旨が下された（『良賢真人記《よしかたまひとき》』）。二七日に革令定が行なわれた後、改元定が実施される。年号字勘進者《かんしんしゃ》は七名で、文章博士《もんじょうはかせ》藤原元範《ふじわらのもとのり》が「喜慶」「嘉徳」「康寧」を、同粟田口淳嗣《あわたぐちあつつぐ》が「正徳」「保徳」「永正」「長正」「貞正」を、権中納言兼左衛門督裏松資康《うらまつすけやす》が「至徳」「明徳」「安永」を、権中納言兼大宰権帥広橋仲光《だざいのごんのそちひろはしなかみつ》が「建徳」「長嘉」「嘉慶」を、権中納言日野資教《ひのすけのり》が「宝仁」「慶長」「承慶」を、式部大輔粟田口長嗣《ながつぐ》が「嘉慶」「嘉徳」「徳暦」「正長」を、参議東坊城《ひがしぼうじょう》長綱《ながつな》が「慶長」「元嘉」「慶徳」を勘進し、このうち「至徳《しとく》」に決した。代始により恩赦はなかった。引文は「孝経《こうきょう》云、先王有二至徳要道一、以訓（順）二天下一、民用和睦、上下無レ怨」（『良賢真人記』、『迎陽記《こうようき》』、『元秘別《げんぴべつ》録《ろく》』）。これは『孝経』開宗明義章の文であるが、「無」字について東坊城秀長《ひでなが》は「亡」を憚って「無」に改めて出したものであり、聖人の経字を書き換えたとして非難している（ただし『元秘別録』では引文は

「亡」となっており、また重刊宋本十三経注疏《じゅうさんぎょうちゅうそ》本は「無」としている）。なお、新年号については准后足利義《じゅごうあしかがよし》満《みつ》がかねてより内々に沙汰し、五山僧と談合して「至徳」と決め、当初は「康徳」「安永」を勘進していた資康が勘文《かんもん》を書き改めて「至徳」を加えたという（『迎陽記』）。また改元日当日は悪日とされる五墓日《ごむにち》であったが、貞観《じょうがん》度改元日も五墓日であったことにより、改元がなされることとなった（『迎陽記』）。

―参考文献―

佐藤　均「『甲子紀伝勘文部類』について」『革命・革令勘文と改元の研究』佐藤均著作集刊行会　一九九一年　初出一九八三年

179 (北)嘉《か》慶《けい》

天皇 後小松天皇
将軍 足利義満

(北朝)至徳四年(一三八七)八月二三日庚午　改元
嘉慶三年(一三八九)二月九日己酉　康応に改元
(南朝)元中

改元理由について、「疾疫《しつえき》に依り改元」の旨が仰せられ、改元詔書にも「去春疾疫流行」と記された(『迎陽記《こうようき》』)。『迎陽記』は前関白近衛道嗣《このえみちつぐ》が亡くなったこと(至徳《しとく》四年〈元中《げんちゅう》四・一三八七〉三月一七日)によりこの改元があるとし(八月二三日条)、六月に改元の由沙汰があったが、六月改元の先例が良くなかったため、八月に延引したとする。年号字勘者《かんじゃ》宣下は八月四日、足利義満《あしかがよしみつ》の室町第にて行なわれた(『迎陽記』)。

年号字は権大納言裏松資康《うらまつすけやす》が「応永」「明徳」「文昭」を、権中納言広橋仲光《ひろはしなかみつ》が「建徳」「弘徳」「永宝」を、同日野資教《ひのすけのり》が「慶長」「元喜」「建徳」を、式部大輔東坊城長綱《ひがしぼうじょうながつな》が「永平」「文安」「慶長」を、従三位《じゅさんみ》東坊城秀長《ひでなが》が「弘徳」「康応」「建正」「嘉慶」「文仁」を、文章博士《もんじょうはかせ》藤原元範《ふじわらのもとのり》が「嘉徳」「太平」「至平」を、同日野西資国《ひのにしすけくに》が「久和」「長養」を勘進《かんしん》した。資教の勘文《かんもん》は秀長が代作している。「康応」「嘉慶」が選ばれ後円融《ごえんゆう》上皇に奏聞され、「嘉慶《かけい》」に勅定された。「嘉慶」は義満が内々に挙げていた年号でもあった。引文は「毛詩正義《もうしせいぎ》曰、将レ有二嘉慶一、禎祥先来見也」(巻一九之四・周頌・閔予小子之什・載芟)。改元詔書は当初、弘安《こうあん》の例によることとされたが、弘安例は天変・兵革も含むため、疾疫のことだけを載せるよう永久《えいきゅう》例に変更された(『迎陽記』、『良賢真人記《よしかたまひとき》』、『元秘別録《げんぴべつろく》』)。なお年号の訓みについては「かけい」(『吉川家文書《きつかわけ》』一一〇九号)と仮名書きしたものが多いが、「かきやう」とするものもある(『大徳寺文書《だいとくじ》』二六四七号)。

なお、鎌倉府では一〇月一〇日付関東管領上杉憲方《かんとうかんれいうえすぎのりかた》奉書(『三島神社文書』)まで至徳年号が使用されていることが確認される。

―参考文献―

峰岸純夫「災異と元号と天皇」『中世　災害・戦乱の社会史』吉川弘文館　二〇〇一年　初出一九七九年

180

(北)康《こう》応《おう》

天皇　後小松天皇
将軍　足利義満

(北朝)嘉慶三年(一三八九)二月九日己酉　改元
康応二年(一三九〇)三月二六日庚寅　明徳に改元
(南朝)元中

改元理由について、『迎陽記《こうようき》』嘉慶《かけい》三年（元中《げんちゅう》六・一三八九）正月二五日条は、去年二条良基《にじょうよしもと》、近衛兼《このえかね》嗣《つぐ》、正親町《おおぎまち》三条実継《さんじょうさねつぐ》、万里小路《までのこうじ》仲房《なかふさ》等真俗名賢（僧俗のすぐれた賢人）が多く亡くなり、今春には三宝院《さんぼういん》僧正《そうじょう》光助などが亡くなったことにより改元の沙汰があったと記す。『建内記《けんないき》』応永《おうえい》三五年（一四二八）三月条にも康応《こうおう》度の改元が重臣の薨逝によって行なわれたこと、改元詔書に「昨茲多く賢良を失い今春又夭折を聞」くとの文言が載せられたことが記される。正月二五日、年号勘者《かんじゃ》宣下がなされた（『迎陽記』）。

年号字は前権大納言裏松資康《うらまつすけやす》が「安永」「明徳」を、権大納言広橋仲光《ひろはしなかみつ》が「仁応」「長嘉」「寛承」を、従《じゅ》権中納言日野資教《ひのすけのり》が「元喜」「養元」「慶長」を、式部大輔東坊城長綱《ひがしぼうじょうながつな》が「文安」「寛安」「宝暦」を、従三位《さんみ》東坊城秀長《ひでなが》が「正永」「康応」「応仁」を、文章博士《もんじょうはかせ》藤原元範《ふじわらのもとのり》が「安長」「寛政」「弘徳」を、同日野《ひの》西資国《にしすけくに》が「嘉観」「久和」を勘進《かんしん》した。このほかに参議柳原資衡《やなぎわらすけひら》が勘進を所望したが八人の先例はなく、叶わなかった。難陳《なんちん》の後、後円融《ごえんゆう》上皇に奏聞され、「康応」に決した。なお義満の内意も「康応」であり、そのため諸卿は多く「康応」を推した。出典は『文選《もんぜん》』で、巻三四曹子建七啓八首の「国静〔富〕民康、神応烋〔休〕臻、屢獲二嘉祥一」。改元詔書は建永《けんえい》の例によって作成された（『迎陽記』、『通氏卿《みちうじきょう》改元定記』、『良賢真人《よしかたまひと》記《き》』、『兼宣公記《かねのぶこうき》』、『元秘別録《げんぴべつろく》』）。

―参考文献―

小川剛生『足利義満』中公新書　二〇一二年

181

明《めい》徳《とく》

天皇　後小松天皇
将軍　足利義満

(北朝)康応二年(一三九〇)三月二六日庚寅　改元
＊明徳三年(一三九二)閏一〇月五日壬午　南北朝合一
＊明徳五年(一三九四)七月五日癸卯　応永に改元
(南朝)元中

改元理由について、改元詔書には「乾象変を示し星躔《せいてん》常を犯す。いかに況んや兵革まさに起こらんとし、疾疫《しつえき》いまだ休まず」と見える（『迎陽記《こうようき》』）。

年号字は前権大納言裏松資康《うらまつすけやす》が「明徳」「安永」を、権大納言広橋仲光《ひろはしなかみつ》が「仁応」「弘徳」を、権中納言日野《ひの》資教《すけのり》が「元喜」「元宝」を、式部大輔東坊城長綱《ひがしぼうじょうながつな》が「慶長」「寛永」「元喜」を、正三位《しょうさんみ》東坊城秀長《ひでなが》が「正永」「正徳」「応仁」を、文章博士《もんじょうはかせ》藤原元範《ふじわらのもとのり》が「嘉徳」「安長」「寛寧」を、同広橋兼宣《かねのぶ》が「長慶」「養仁」を勘進《かんしん》した。なお、勘者《かんじゃ》宣下当初は文章博士日野《ひの》西資国《にしすけくに》が命じられたが、辞退したため、兼宣が文章博士に任じられて加えられた。これらより「明徳」と「寛永」が選ばれ後円融《ごえんゆう》上皇に奏聞したところ「明徳《めいとく》」に決した。事前に「明徳」を推していた義満の内意が上皇に伝えられたという。出典は『礼記《らいき》』で、大学の「在レ明二明徳一、在レ新〔親〕レ民」。秀長によれば、「新」とするのは朱熹本礼記《しゅきほんらいき》によるものであり、本経は「親」に作るという。改元詔書は永久《えいきゅう》の例により作成された（『迎陽記』、『良賢真人記《よしかたまひとき》』、『元秘《げんぴ》別録《べつろく》』）。

V　室町・戦国・安土桃山時代

182　応《おう》永《えい》

天皇　後小松天皇・称光天皇
将軍　足利義満・足利義持・足利義量

明徳五年（一三九四）七月五日癸卯　改元
応永三五年（一四二八）四月二七日己酉　正長に改元

改元理由について、『成恩寺関白記《じょうおんじ》』は実は旧院（後《ご》円融《えんゆう》上皇）の御事により改元の沙汰が出来したかと記している。後円融上皇は前年の明徳《めいとく》四年（一三九三）四月二六日に崩御《ほうぎょ》している。六月五日に勘者《かんじゃ》宣下や改元定の奉行の検討が開始され（『成恩寺関白記』）、一五日に権大納言広橋仲光《ひろはしなかみつ》・日野《ひの》資教《すけのり》、権中納言武者小路《むしやのこうじ》資俊《すけとし》・柳原資衡《やなぎわらすけひら》、参議式部大輔東坊城秀長《ひがしぼうじょうひでなが》、参議右大弁裏松重光《うらまつしげみつ》、文章博士《もんじょうはかせ》藤原元範《ふじわらのもとのり》に勘者宣下がなされた（『迎陽記《こうようき》』、『成恩寺関白記』）。七月一日に秀長は内々に年号字案を足利義満《あしかがよしみつ》に示したが、義満は明で「洪武」年号が二〇年以上続いていることを述べ、「洪」字を用いた年号字を勘進《かんしん》するよう命じた（『迎陽記』、『成恩寺関白記』）。

年号字は最終的に仲光が「成徳」「仁応」「永宝」を、資教が「元喜」「永寧」「永隆」を、資俊が「弘応」「慶長」を、資衡が「弘化」「嘉観」を、秀長が「正永」「洪徳」「永吉」「安慶」「宝暦」を、重光が「慶応」「応永」を、元範が「応宝」「承宝」「弘徳」「寛永」「寛寧」を勘進した。資教の「永隆」、資俊の「弘応」「慶長」、資衡の「弘化」「嘉観」、重光の「慶応」「応永」は秀長が考え推薦したものであった。定では「洪徳」には洪水の恐れがあるなどの難が出され、最終的に「応永《おうえい》」に決した。引文は「会要曰、久応称之、永有㆓天下㆒」（『唐会要《とうかいよう》』巻六七試及邪濫官に「久応得之、永有㆓天下㆒」が見出せる）。改元詔書は承《じょう》暦例《りゃく》により作成された（『迎陽記』、『成恩寺関白記』、『兼宣公記《かねのぶこうき》』、『元秘別録《げんぴべつろく》』、『改元年号勘文　応永度』）。

応永一五年（一四〇八）一二月五日には年号勘者宣下がなされた（同年五月六日に足利義満が薨じたことによるものか）が、改元は実施されなかった（『改元一会諸書付』、『元秘抄《げんぴしょう》』巻三、『元秘別録』）。また応永一九年夏にも改元の仗議《じょうぎ》があったが、群議により応永の年号を続けることになった（『元秘別録』正長度《しょうちょう》）。さらに応永三〇年七月には、三〇年続いた年号は先例がないとして改元が検討されたが、代始《だいはじめ》改元の七月例が限られていることから延引され、また義持《よしもち》は認めなかったという（『兼宣公記』同月四日条、『建内記』応永三五年三月条）。

—参考文献—

今谷　明「足利義満の王権簒奪過程」小川信先生の古稀記念論集を刊行する会編『日本中世政治社会の研究』続群書類従完成会　一九九一年
臼井信義「正長の改元」『日本歴史』五二　一九五二年
小川剛生「迎陽記の改元記事について」水上雅晴編『年号と東アジア』八木書店　二〇一九年
森　茂暁『室町幕府崩壊』角川ソフィア文庫　二〇一七年　初刊二〇一一年

183　正《しょう》長《ちょう》

天皇　称光天皇・後花園天皇
将軍　（足利義教）

応永三五年（一四二八）四月二七日己酉　改元
正長二年（一四二九）九月五日己酉　永享に改元

代始《だいはじめ》改元。後小松《ごこまつ》天皇は応永《おうえい》一九年（一四一二）八月二九日に皇子躬仁《みひと》親王（称光《しょうこう》天皇）に譲位《じょうい》した。称光天皇は二一年一二月一九日に即位式、二二年一一月に大嘗会《だいじょうえ》を実施したが、その後も改元がなされず、応永三五年にいたりようやく改元がなされることになった。足利義持《あしかがよしもち》が同年正月一八日に薨去したことが関連する。三月に改元が武家より申し入れられ、朝廷では義持の薨逝によるものの、代始改元として沙汰することを奏請した。後小松上皇は先年に代始改元を義持が認めなかったのに、今になって代始改元を行なうことに不満であったが（『建内記《けんないき》』三月条）、結局、『薩戒記《さつかいき》』に「代始に依り赦事無し」と記されるように、代始改元として実施された。年号勘者《かんじゃ》宣下は閏《うるう》三月二七日になされている（『薩戒記目録』）。

年号字は文章博士《もんじょうはかせ》高辻長興《たかつじながおき》が「明治」「文承」「徳和」を、同唐橋在豊《からはしありとよ》が「建和」「寛安」「長嘉」を、権大納言土御門《つちみかど》資家《すけいえ》が「明万」「文昭」を、権中納言裏松義資《うらまつよしすけ》が「天寛」「万貞」を、式部大輔唐橋在直《ありなお》が「文万」「正長」「平和」を、参議左大弁日野《ひの》秀光《ひでみつ》が「文平」「慶長」を、参議右大弁広橋親光《ひろはしちかみつ》が「和宝」「文安」を勘進《かんしん》した。二五日内々に議定のことがあり、後小松上皇に奏聞され、さらに関白二条持基《にじょうもちもと》や足利義宣《よしのぶ》（義教《よしのり》）の同意も得て「正長《しょうちょう》」に決定した。このことは下光（シタヒカリ）と称された。改元定当日には上皇への奏聞の後、将軍より一同定申すべきの由の仰せがあり、「正長」を上皇に奏聞、関白に申し入れ、正長元年への改元が仰せ下された。引文は「礼記《らいき》正義曰、在レ位之君子、威儀レ〔有二脱〕不差忒一、可二以正長㆓（是四方之国㆒）」（『薩戒記』、『満済准后日記《まんさいじゅごうにっき》』、『元秘別録《げんぴべつろく》』、『改元年号勘文　応永度』）。なお『薩戒記』には、改元定での読申の儀について、本文は漢音で読み、年号以下は原則としては呉音で読むと記されている。

二九日には幕府にて新年号御祝が行なわれた（『満済准后日記』）。

―参考文献―

臼井信義「正長の改元」『日本歴史』五二　一九五二年
久水俊和「改元をめぐる公家と武家」『室町期の朝廷公事と公武関係』岩田書院　二〇一一年　初出二〇〇九年
森　茂暁『室町幕府崩壊』角川ソフィア文庫　二〇一七年　初刊二〇一一年

184　永《えい》享《きょう》

天皇　後花園天皇
将軍　足利義教

正長二年（一四二九）九月五日己酉　改元
永享一三年（一四四一）二月一七日乙酉　嘉吉に改元

代始《だいはじめ》改元（『看聞日記《かんもんにっき》』等）。病弱であった称光《しょうこう》天皇は改元三ヵ月後の正長《しょうちょう》元年（一四二八）七月二〇日に崩御《ほうぎょ》し、伏見《ふしみ》宮貞成《さだふさ》親王王子彦仁《ひこひと》（後花園《ごはなぞの》天皇）が後小松《ごこまつ》上皇の猶子《ゆうし》となって践祚《せんそ》した。翌二年二月七日には年号字の勘者《かんじゃ》が内々に定められ、改元の期日が検討されたが、正長改元が四月であったため、それ以降にすること、五月・六月改元の先例が不快であることにより、七月の改元が目指されることになった（『満済准后日記《まんさいじゅごうにっき》』）。その後、七月にいたり、代始改元は八月・九月が佳例であるが、特に近代は九月が吉例であると摂政二条持基《にじょうもちもと》が申し入れたことにより、九月に実施されることになった（『建内記《けんないき》』七月七日条）。なお、実質的には三月一五日に征夷大将軍に補された足利義教《あしかがよしのり》の代始改元であったとする説もあるが、少なくとも史料上は関係を見出せない。年号字の勘者宣下は七月一日になされた（『師郷記《もろさとき》』九月五日条）。

勘者は七人で、権大納言土御門資家《つちみかどすけいえ》が「建定」「嘉観」を、権中納言日野西盛光《ひのにしもりみつ》が「永同」「久和」を、同日野秀光《ひのひでみつ》が「元喜」「永寧」を、同広橋親光《ひろはしちかみつ》が「文安」「天和」「仁応」を、式部大輔唐橋在直《からはしありなお》が「宝暦」「文安」「慶安」を、文章博士《もんじょうはかせ》高辻長郷《たかつじながさと》が「和元」「恒久」を、同唐橋在豊《ありとよ》が「永享」「応平」を勘進《かんしん》した。在豊は当初「文同」を勘進したが、清書の際に「永享」に改めたという（『元秘別録《げんぴべつろく》』、『師郷記』）。九月四日には義教より事前に選ばれた「宝暦」「永享」「元喜」のうち、後小松上皇は「宝暦」を推すものの最終的には武家の意見に従うとしたこと、義教は「宝暦」は「謀略」に通じるのではないかとして摂政二条持基と醍醐寺座主《だいごじざす》満済《まんさい》に諮《はか》り、満済は義教の考えをふまえつつ「永享《えいきょう》」が良いが叡慮によるべきだと回答した（『満済准后日記』）。

出典は「後漢書」で、「能立二魏々之功一、伝二于子孫一、永享二無窮之祚一」とされる（『元秘別録』）が、あるいは『漢書』王莽《おうもう》伝の誤りか。

義教と対立する鎌倉公方の足利持氏《もちうじ》は改元後もしばらく正長年号を使用していたが、永享三年（一四三一）七月一九日に鎌倉からの使者二階堂盛秀《にかいどうもりひで》と義教が対面したこと（『看聞日記』）により和睦が成立し、翌月一八日より永享年号に切り替えたという（『鎌倉九代後記』）。

—参考文献—

田辺久子「足利持氏」『関東公方足利氏四代』吉川弘文館　二〇〇二年
久水俊和「改元と仏事からみる皇統意識」『室町期の朝廷公事と公武関係』岩田書院　二〇一一年　初出二〇〇九年
峰岸純夫「災異と元号と天皇」『中世　災害・戦乱の社会史』吉川弘文館　二〇〇一年　初出一九七九年
森　茂暁『室町幕府崩壊』角川ソフィア文庫　二〇一七年　初刊二〇一一年

185 嘉《か》吉《きつ》

天皇　後花園天皇
将軍　足利義教・足利義勝

永享一三年（一四四一）二月一七日乙酉　改元
嘉吉四年（一四四四）二月五日乙酉　文安に改元

辛酉《しんゆう》改元。永享《えいきょう》一三年（一四四一）正月二〇日に今年が革命にあたるか否かの勘申《かんじん》が諸道に命じられ、二九日には年号勘者《かんじゃ》宣下がなされた（『革暦類《かくれきるい》』、『師郷記《もろさとき》』）。二月一三日には辛酉条事定が行なわれている（『看聞日記《かんもんにっき》』、『師郷記』）。

改元日当日はまず辛酉定が行なわれ、本年は革命にはあたらないとする説が有力ではあるものの、先例にならい改元することと決し、ついで改元定が実施された。

年号字は文章博士《もんじょうはかせ》唐橋《からはし》（壬生坊城《みぶのぼうじょう》）在綱《ありつな》が「仁厚」「治万」「建平」を、同東坊城《ひがしぼうじょう》益長《ますなが》が「嘉吉」「洪徳」「宝暦」を、式部大輔唐橋在直《ありなお》が「文安」「慶長」「咸和」を、参議右大弁日野《ひの》資親《すけちか》が「徳建」「長祥」を、従三位《じゅさんみ》大蔵卿五条為清《ごじょうためきよ》が「享徳」「和元」「徳和」を勘進《かんしん》し、「嘉《か》吉《きつ》」が選ばれた（『管見記《かんけんき》（公名公記《きんなこうき》）』、『看聞日記』、『元秘別録《げんぴべつろく》』）。なお、改元定に先立ち一五日に勘進された年号字の検討が行なわれ、「延」字と「文」字は「延文《えんぶん》」年中に足利尊氏《あしかがたかうじ》が薨じていることから避けた方が良いということになり、当初の勘文《かんもん》で「延嘉」「延徳」「文承」を勘進した益長と為清は取り替えが命じられた（『建内記《けんないき》』）。

年号字の引文は「周易《しゅうえき》曰、孚二于嘉一、吉、位正中也」。赦令については永保《えいほう》・永徳《えいとく》の例にならうこととされた（『管見記（公名公記）』、『元秘別録』）。

なお、二一日に幕府の改元吉書始《きっしょはじめ》および公卿以下の参賀が行なわれた（『建内記』、『看聞日記』）。

186 文《ぶん》安《あん》

天皇　後花園天皇
将軍　足利義政

嘉吉四年（一四四四）二月五日乙酉　改元
文安六年（一四四九）七月二八日丙午　宝徳に改元

甲子《かっし》改元。前年の嘉吉《かきつ》三年（一四四三）一二月一七日に外記《げき》による甲子改元の勘例《かんれい》が提出され、一九日には明年が革令にあたるか否かの勘申《かんじん》を諸道に命じる宣旨《せんじ》が下された（『革暦類《かくれきるい》』、『師郷記《もろさとき》』）。正月二九日には革令条事定がなされた（『康富記《やすとみき》』、『師郷記』）。

年号字は文章博士《もんじょうはかせ》烏丸資任《からすまるすけとう》が「徳寿」「安永」を、同高辻継長《たかつじつぎなが》が「寧和」「長禄」「万和」を、権中納言広橋兼郷《ひろはしかねさと》が「承慶」「文安」を、式部大輔唐橋在直《からはしありなお》が「文安」「平和」を、左大弁東坊城益長《ひがしぼうじょうますなが》が「寛永」「建正」「洪徳」を勘進《かんしん》した（『康富記』、『元秘別録《げんぴべつろく》』）。改元定前々日の二月三日には年号勘文《かんもん》について関白二条持基《にじょうもちもと》や前摂政一条兼良《いちじょうかねよし》、権大納言万里小路時房《までのこうじときふさ》等に内々に勅問があり、兼良・時房は「文安」を推した（『師郷記』四日条）。

五日、まず甲子定が行なわれ、先例にならって改元することが決まり、続いて改元定が実施され、新年号は「文安《ぶんあん》」に決した。引文は「晋書《しんじょ》曰、尊㆑文安㆓漢社稷㆒」（周札伝。兼郷の勘文）と「尚書《しょうしょ》曰、欽明文思(衍カ)而安安」（堯典。兼郷・在直の勘文）（『師郷記』、『元秘別録《げんぴべつろく》』）。

なお、室町幕府では二月一三日に改元吉書始《きっしょはじめ》を行なった（『康富記』）。

187　宝《ほう》徳《とく》

天皇　後花園天皇
将軍　足利義政

文安六年（一四四九）七月二八日丙午　改元
宝徳四年（一四五二）七月二五日丙辰　享徳に改元

改元理由について、『看聞日記《かんもんにっき》』は「諸社怪異、大地震連続、天下人民病死の間、改元」と記す。また『大乗院《だいじょういん》日記目録』には「去年七月洪水ならびに今年地震・疫病・飢饉《ききん》に依る」と見える。文安《ぶんあん》五年（一四四八）五月には皇太神宮正殿の千木《ちぎ》・鰹木《かつおぎ》・覆板が頽落し（『康富記《やすとみき》』六月六日条、『武家年代記裏書』）、七月には大洪水が発生（『皇代暦』）、また本年四月一二日には京都近辺にて大地震が発生し（『康富記』一二日～一四日条）、六月一二日には天変・地震・疫癘《えきれい》・飢饉を理由として祇園社《ぎおんしゃ》に仁王般若経《にんのうはんにゃきょう》転読が命じられ（『八坂神社文書』二六）、一六日には五畿七道に祈禱のことが宣下されている（『康富記』）。また二八日には伊勢の豊受宮《とゆけぐう》正殿が鳴動し千木・鰹木・覆板がことごとく落ちた（『康富記』八月二二日条）。『康富記』同月二九日条によれば、同日、今年天変・地震・疫癘・飢饉等があったために来月に改元あるべきことが沙汰された。七月二〇日には年号勘者《かんじゃ》宣下が行なわれている（『改元記　師郷記《もろさとき》』、『康富記』）。

年号字は文章博士《もんじょうはかせ》高辻継長《たかつじつぐなが》が「正永」「康楽」「慶徳」を、同五条為賢《ごじょうためかた》が「宝徳」「大応」「仁昭」を、式部大輔唐橋在豊《からはしありとよ》が「長享」「建和」（『元秘別録《げんぴべつろく》』書入や『看聞日記』は「長享」「康照」とする）を、参議東坊城益長《ひがしぼうじょうますなが》が「文昭」「寛安」「洪徳」を、式部権大輔唐橋在直《ありなお》が「慶長」「咸和」（『看聞日記』は「慶長」「治万」とする）を、権中納言烏丸資任《からすまるすけとう》が「安永」「万貞」「文昭」を勘進《かんしん》した。内大臣洞院実熙《とういんさねひろ》が「文昭」を挙げたものの、権大納言松木《まつき》宗継《むねつぐ》以下は「文昭」は陵名であることが『後漢書』に見えるとして、最終的に「宝徳《ほうとく》」に決した。ただし「宝徳」は反音に難があり、「文昭□おいつめられて宝徳かにくるかへしの字とやなるらん」との落書が立てられたと伝える（『看聞日記』、『改元記　師郷記』、『元秘別録《げんぴべつろく》』）。出典は『唐書（旧唐書《くとうじょ》）』で、礼楽志の「朕宝〔惟脱〕二三〔行脱〕徳一、曰慈倹謙」という部分（『看聞日記』、『元秘別録』）。改元詔書は正元《しょうげん》例が用いられた（『改元記　師郷記』、異本『元秘別録』）。

なお、『親長卿記《ちかながきょうき》』長享《ちょうきょう》三年（一四八九）五月二〇日条によれば、このとき、万里小路《までのこうじ》時房《ときふさ》が改元伝奏《てんそう》を勧めたという。

―参考文献―

山本武夫・藤田和夫「文安六年（宝徳元年、一四四九）の地震」萩原尊禮編ほか『続古地震』東京大学出版会　一九八九年

188
享《きょう》徳《とく》

天皇　後花園天皇
将軍　足利義政

宝徳四年(一四五二)七月二五日丙辰　改元
享徳四年(一四五五)七月二五日戊戌　康正に改元

改元理由について『建内記《けんないき》』には「三合《さんごう》ならびに赤斑瘡《あかもがさ》に依る」、『師郷記《もろさとき》』等には「今年三合ならびに疱瘡《ほうそう》に依り改元」と見える。同記宝徳《ほうとく》四年(一四五二)四月二四日条には、天下に疱瘡が流行し多くの人々が亡くなっていることが記されている。五月一八日には三合ならびに疱瘡により非常赦が行なわれ(『公卿補任《くぎょうぶにん》』)、改元勘者《かんじゃ》宣下がなされた(『建内記』、『師郷記』一九日条)が、五月・六月の改元は不快であるとして七月に延引された(『師郷記』七月二五日条)。七月五日に改元定の日次が検討された(『建内記』)。

年号字は権大納言烏丸資任《からすまるすけとう》が「文昭」「寛恵」「万貞」を、権中納言東坊城益長《ひがしぼうじょうますなが》が「宝暦」「文功」を、同日野勝光《ひのかつみつ》が「至正」「安永」を、式部大輔唐橋在直《からはしありなお》が「慶長」「治万」「文長」を、左大弁高辻継長《たかつじつぎなが》が「文承」「康徳」「康楽」を、文章博士《もんじょうはかせ》五条為賢《ごじょうためかた》が「大応」「仁昭」「享徳」を、同唐橋在治《ありはる》が「治応」「建平」「長享」を勘進《かんしん》した。仗議《じょうぎ》は難航したが、最終的に「享徳《きょうとく》」に決した(『建内記』、『師郷記』)。

出典は『尚書《しょうしょ》』で、微子之命の「世世享レ徳、万邦作レ式」。改元詔書は承暦《じょうりゃく》の例によって作成された(『師郷記』、異本『元秘別録《げんぴべつろく》』)。なお、このたびの改元定では伝奏《てんそう》が定められなかった(『建内記』)。幕府においては、八月一一日に改元吉書始《きつしょはじめ》が行なわれた(『宗賢卿記《むねかたきょうき》』)。

足利成氏《あしかがしげうじ》は、康正《こうしょう》改元以降もそのまま文明《ぶんめい》一四年(一四八二)まで享徳を用いた。

―参考文献―

久水俊和「改元をめぐる公家と武家」『室町期の朝廷公事と公武関係』岩田書院　二〇一一年　初出二〇〇九年
峰岸純夫「災異と元号と天皇」『中世　災害・戦乱の社会史』吉川弘文館　二〇〇一年　初出一九七九年

189

康《こう》正《しょう》

天皇　後花園天皇
将軍　足利義政

享徳四年（一四五五）七月二五日戊戌　改元
康正三年（一四五七）九月二八日己丑　長禄に改元

兵革による改元（『師郷記《もろさとき》』）。改元理由について『康富記《やすとみき》』は「去年以来兵革連続に依り改元あるべきかの由、武家より執り申さるるの故」と記しており、改元詔書にも「兵塵間動《へいじんかんどう》し、越棘繁弱《えつきょくはんじゃく》す」と見える（『勘者宣下例年号勘文詔書等』）。兵革は前年の享徳《きょうとく》三年（一四五一）一二月より関東にて勃発した享徳の乱を指すのであろう。七月五日に年号勘者宣下《かんじゃせんげ》がなされている（『康富記』、『宗賢卿記《むねかたきょうき》』）。この時点では改元定は一七日が予定されていたが、その後、延引し（『康富記』）、二五日の実施となった。

年号字は前権大納言烏丸資任《からすまるすけとう》が「安永」「万貞」を、権中納言東坊城益長《ひがしぼうじょうますなが》が「康正」「宝暦」（内々に召されたときは「康正」「文仁」であったが、二度目に召された際に「宝暦」「万慶」に変え、当日の勘文《かんもん》では「康正」「宝暦」に改めたという）を、同日野勝光《ひのかつみつ》が「万貞」「安永」「文昭」を、式部大輔唐橋在直《からはしありなお》が「慶長」「治万」を、参議右大弁広橋綱光《ひろはしつねみつ》が「至安」「文康」を、文章博士《もんじょうはかせ》五条為賢《ごじょうためかた》が「大応」「文承」「仁昭」を、同唐橋在治《ありはる》が「文仁」「文観」「康正」を勘進《かんしん》した。二四日に内々の検討がなされ、「康正」との天皇の意向が示された（『宗賢卿記』）。定の場では上卿《しょうけい》久我《こが》通尚《みちひさ》が「文康」を推したのに対し、諸卿は「康正」を推し、勅定により「康正《こうしょう》」に決した。

引文は在治が『史記』宋微子《そうびし》の「平康正直」、益長が『尚書《しょうしょ》』洪範《こうはん》の「平康正直、注曰、世平安、用二正直一治之」。改元詔書は永久《えいきゅう》の例によって作成された。新年号は折紙に記され、将軍に報告され（『康富記』、『宗賢卿記』、『元秘別録《げんぴべつろく》』）、八月二七日に改元吉書《きつしょ》のことがあった（『康富記』、『宗賢卿記』所引義政公記）。なお、享徳の乱により、足利成氏《あしかがしげうじ》は康正改元以降もそのまま文明《ぶんめい》一四年（一四八二）まで享徳を用いた。ただし古河公方の膝下であっても、成氏の周辺を除くと、改元不承認は無視されていたとみられる。

―参考文献―

榎原雅治ほか「宮内庁書陵部所蔵三条西本『宗賢卿記』」榎原雅治編・発行『古記録の史料学的な研究にもとづく室町文化の基層の解明』二〇一二年
千々和到「改元と東国の金石文」『新編埼玉県史だより』第三二回（資料編中世五）一九八九年
「暦と改元」『講座前近代の天皇』四　青木書店　一九九五年
峰岸純夫「災異と元号と天皇」『中世　災害・戦乱の社会史』吉川弘文館　二〇〇一年　初出一九七九年

190 長《ちょう》 禄《ろく》

天皇 後花園天皇
将軍 足利義政

康正三年(一四五七)九月二八日己丑 改元
長禄四年(一四六〇)一二月二一日癸巳 寛正に改元

改元理由について、『大乗院《だいじょういん》日記目録』は「病患・旱損等に依る」と記す。一方、『皇代暦』は彗星《すいせい》によるとする。この年(康正《こうしょう》三年〈一四五七〉)三月下旬より雨が降らず、五月一四日に祈雨奉幣《ほうべい》がなされている(『山科家《やましなけ》礼記《らいき》』)。六月一八日には東寺《とうじ》に彗星祈攘が(『東寺廿一口供僧方評定引付』)、七月二二日には炎旱・彗星・疾疫《しつえき》等により五畿七道および洛中の僧俗男女に般若心経《はんにゃしんぎょう》読誦《どくじゅ》が命じられ、八月二六日には年号勘進《かんしん》に備えて文章博士《もんじょうはかせ》を任じることが検討されている。九月八日に年号勘者《かんじゃ》宣下のことがあった(『宗賢卿記《むねかたきょうき》』)。

年号字は文章博士高辻継長《たかつじつぎなが》が「長禄」「寧和」を、前権大納言烏丸資任《からすまるすけとう》が「安永」「文昭」を、権大納言日野勝光《ひのかつみつ》が「万貞」「安永」「文康」を、権中納言広橋綱光《ひろはしつねみつ》が「成徳」「仁応」「寛正」を、式部大輔唐橋《からはし》在直《ありなお》が「治万」「慶長」を勘進し、「長禄《ちょうろく》」が選ばれた。引文は「韓非子《かんぴし》曰、其建レ生也長、持レ禄也久」(解老《かいろう》第二〇。『元秘別録《げんぴべつろく》』、『綱光公記《つなみつこうき》』)。

幕府では一〇月一一日改元吉書始《きっしょはじめ》を行なった(『山科家礼記』)。なお、足利成氏《あしかがしげうじ》は文明《ぶんめい》一四年(一四八二)まで享徳《きょうとく》を用いた。

―参考文献―

峰岸純夫「災異と元号と天皇」『中世 災害・戦乱の社会史』吉川弘文館 二〇〇一年 初出一九七九年

191 寛《かん》正《しょう》

天皇　後花園天皇・後土御門天皇
将軍　足利義政

長禄四年（一四六〇）一二月二一日癸巳　改元
寛正七年（一四六六）二月二八日庚子　文正に改元

改元理由について、『大乗院日記目録《だいじょういんにっきもくろく》』一二月二八日条は「五穀熟さず、旱損、虫損、飢饉《ききん》等に依る」とする。一方、異本『元秘別録《げんぴべつろく》』は炎旱・兵革を理由に挙げる。

年号字は、権大納言日野勝光《ひのかつみつ》が「安永」「寛正」を、権中納言高辻継長《たかつじつぎなが》が「明和」「永正」を、同広橋綱《ひろはしつね》光《みつ》が「長慶」「仁応」「文正」を、式部大輔唐橋在治《からはしありはる》が「慶治」「文仁」を、文章博士《もんじょうはかせ》東坊城顕長《ひがしぼうじょうあきなが》が「成功」「和元」「仁昭」を、同東坊城長清《ながきよ》が「明応」「文仁」「文承」を勘進《かんしん》し、「寛正《かんしょう》」が選ばれた。引文は「孔子家語《こうしけご》曰、外寛而内正」（巻三・弟子行。『元秘別録』）。

なお、鶴岡八幡宮の『香蔵院珎祐記録《こうぞういんちんゆうきろく》』には、寛正二年（一四六一）一一月に「延徳《えんとく》」に改元したとの情報が伝わったこと、翌年七月にいたってその情報の誤りが判明したことが記されている。また足利成氏《あしかがしげうじ》は文明《ぶんめい》一四年（一四八二）まで享徳《きょうとく》を用いた。

—参考文献—

千々和到「暦と改元」『講座前近代の天皇』四　青木書店　一九九五年
峰岸純夫「災異と元号と天皇」『中世　災害・戦乱の社会史』吉川弘文館　二〇〇一年　初出一九七九年

192 文《ぶん》 正《しょう》

天皇　後土御門天皇
将軍　足利義政

寛正七年(一四六六)二月二八日庚子　改元
文正二年(一四六七)三月五日辛未　応仁に改元

代始《だいはじめ》改元(『綱光公記《つなみつこうき》』)。後花園《ごはなぞの》天皇は寛正《かんしょう》五年(一四六四)七月一九日に皇子成仁《ふさひと》親王(後土御門《ごつちみかど》天皇)に譲位《じょうい》した。後土御門天皇は翌六年一二月二七日に即位式を行なっている(大嘗祭《だいじょうさい》は文正《ぶんしょう》元年)。

年号字は、権中納言広橋綱光《ひろはしつねみつ》が「永宝」「文正」「至安」を、同高辻継長《たかつじつぎなが》が「文承」「永正」「長亨」を、式部大輔唐橋在治《からはしありはる》が「文観」「長享」を、文章博士《もんじょうはかせ》東坊城顕長《ひがしぼうじょうあきなが》が「寛安」「和元」「文寛」を、同東坊城長清《ながきよ》が「文仁」「安慶」「慶応」を勘進《かんしん》し、「文正《ぶんしょう》」の趣が後花園上皇に奏聞され決した。引文は「荀子《じゅんし》曰、積㆓文学㆒、正㆓身行㆒」(王制篇第九)。事前に「文正」「永正」至安」が上皇の叡慮に叶っており、その中での選択は議奏に任せる旨、伝えられていたという(『綱光公記』、『元秘別録《げんぴべつろく》』)。

翌二九日に幕府は改元吉書始《きっしょはじめ》を行なった(『綱光公記』等)。なお、足利成氏《あしかがしげうじ》は文明《ぶんめい》一四年(一四八二)まで享徳《きょうとく》を用いた。

―参考文献―

峰岸純夫「災異と元号と天皇」『中世　災害・戦乱の社会史』吉川弘文館　二〇〇一年　初出一九七九年

193　応《おう》仁《にん》

天皇　後土御門天皇
将軍　足利義政

文正二年（一四六七）三月五日辛未　改元
応仁三年（一四六九）四月二八日壬午　文明に改元

改元理由について、『後法興院記《ごほうこういんき》』は「兵革に依りこのこと有り」と記す。文正《ぶんしょう》二年（一四六七）正月二九日に権大納言近衛政家《このえまさいえ》は権中納言広橋綱光《ひろはしつなみつ》と、去年当年の兵革比類なきの間、来月あたり改元あるべき由を談じており（『後法興院記《ごほうこういんき》』）、二月一八日に室町第にて将軍足利義政《あしかがよしまさ》が上卿《しょうけい》となり、年号勘者《かんじゃ》宣下がなされた（『宗賢卿記《むねかたきょうき》』）。去年の兵革とは文正元年九月六日の文正の政変以降の混乱を指すのであろう。

年号字は、権中納言広橋綱光が「和宝」「天和」「文建」を、同高辻継長《たかつじつぐなが》が「安観」「応仁」を、式部大輔唐橋在治《からはしありはる》が「観徳」「文観」を、文章博士《もんじょうはかせ》東坊城顕長《ひがしぼうじょうあきなが》が「寛永」「文寛」「仁昭」を、同文章博士東坊城長清《ながきよ》が「宝暦」「文仁」「慶応」を勘進《かんしん》し、「応仁《おうにん》」に決した。引文は「維城典訓《いじょうてんくん》曰、仁之感レ物、〔物脱〕之応レ仁、若二影随レ形」（『元秘別録《げんぴべつろく》』）。同書承安度《じょうあん》・文和度《ぶんな》・康応度《こうおう》勘文《かんもん》には続いて「猶二声致レ響」の四字がある）。

翌六日に幕府は改元吉書始《きつしよはじめ》を行ない（『斎藤親基日記《さいとうちかもとにっき》』）、政家ら公卿は改元を幕府に賀した（『後法興院記』）。なお、足利成氏《あしかがしげうじ》は文明《ぶんめい》一四年（一四八二）まで享徳《きょうとく》を用いた。

—参考文献—

峰岸純夫「災異と元号と天皇」『中世　災害・戦乱の社会史』吉川弘文館　二〇〇一年　初出一九七九年

194　文《ぶん》明《めい》

天皇　後土御門天皇
将軍　足利義政・足利義尚

応仁三年(一四六九)四月二八日壬午　改元
文明一九年(一四八七)七月二〇日戊午　長享に改元

改元理由は兵革（『文明改元記（広光卿記《ひろみつきようき》）』等）。応仁《おうにん》の乱を指す。前年の応仁二年（一四六八）一二月二三日には明春に改元すべき由、御沙汰があり（『後法興院記《ごほうこういんき》』）、三月一四日には改元定の日次について四月一九日と二八日が勘申《かんじん》された。四月一〇日には仗議《じようぎ》がなくとも良いか否かについて検討され、また避難先の室町殿にて改元定を行なうことについて、洛外の皇居にて公事を行なった先例が注進されている。その後、天皇と上皇が同宿であることも問題とされたが、これは西門を内裏とし、東門を仙洞《せんとう》に擬することで解決された（柳原本『改元部類』所収糟粕記《そうはくき》同日・一一日・一七日条等）。

年号字は正二位《しようにい》高辻継長《たかつじつぎなが》が「永正」「長享」を、式部大輔唐橋在治《からはしありはる》が「長享」「斉徳」「康徳」を、参議東坊城長清《ひがしぼうじようながきよ》が「文明」「慶応」「宝暦」を、文章博士《もんじようはかせ》高辻長直《ながなお》が「章明」「大応」「和元」を、同烏丸季《からすまるすえ》光《みつ》が「弘文」「安永」を勘進《かんしん》し、「大応」「康徳」「文明」が天皇と後花園《ごはなぞの》上皇に奏聞され、「文明《ぶんめい》」に決した。

出典は『周易《しゆうえき》』同人卦象伝で、「文明以健、中正而応、君子正也」という部分。改元詔書作成の際は、具体的に先例を挙げることなく単に「例に任せて」とのみ仰せ下された。改元詔書には三歳兵塵の休みを聞かない（三年兵乱がやまない）ことだけでなく、去る二月の異星の変も挙げられている（『元秘別録《げんぴべつろく》』、『文明改元記』）。

なお、『経覚私要鈔《きょうがくしようしょう》』五月四日条には、西軍では別の年号が用いられているが、その文字は不分明であるとの説が伝えられている。また『大乗院寺社雑事記《だいじょういんじしゃぞうじき》』一一月二一日条には南朝後裔の兄弟が吉野の奥と熊野で蜂起し、明応《めいおう》元年と称しているとの風聞が見える。

—参考文献—

森　茂暁「後南朝の終焉」『闇の歴史、後南朝』角川選書　一九九七年

195 長《ちょう》享《きょう》

天皇　後土御門天皇
将軍　足利義尚

文明一九年（一四八七）七月二〇日戊午　改元
長享三年（一四八九）八月二一日丁未　延徳に改元

改元の仰詞《おおせことば》では、兵革・火災・天変が改元理由として挙げられている（『持通公《もちみちこう》前関白日記抄』）。『親長《ちかなが》卿記《きょうき》別記』文明《ぶんめい》一九年（一四八七）七月七日条および『長興宿禰《ながおきすくね》記《き》』当日条によれば、火事は昨年九月の東寺《とうじ》焼亡、一二月の外宮《げくう》炎上、病事は本年の流布、兵革は数年来の洛中の騒動のことであるという。早く正月一三日頃より改元のことが話題にのぼり、四月二五日には奉行の職事や参仕の公卿、勘者《かんじゃ》のことなどが検討され、四月二七日には甘露寺《かんろじ》親長《ちかなが》が改元伝奏《てんそう》を仰せつけられた（『親長卿記』・同別記）。五月四日には七月に改元することが計画されている（『親長卿記別記』）。

年号字は文章博士《もんじょうはかせ》唐橋在数《からはしありかず》が「功永」「寛安」「長享」を、同東坊城和長《ひがしぼうじょうかずなが》が「瑞応」「寛安」「宝暦」を、前権中納言唐橋在治《ありはる》が「康徳」「明治」を、参議式部大輔唐橋在永《ありなが》が「天定」「文元」「安長」を、従《じゅ》三位《さんみ》高辻長直《たかつじながなお》が「寛祐」「万和」「康楽」を勘進《かんしん》した。前権中納言日野《ひの》量光《かずみつ》が因幡《いなば》国に在国のため勘文《かんもん》を進めることができず、勘者は菅家の者五名だけであった。これ以降、前近代では勘者は菅原氏のみとなる。七月九日には前関白の二条持通《にじょうもちみち》・九条政基《くじょうまさもと》・鷹司政平《たかつかさまさひら》・近衛政家《このえまさいえ》、関白九条政忠《まさただ》に勅問が下されており、政家は一三日に「康徳」「長享」が良いと奉答している。当日の改元定では「長享」を推す声が強く、「長」字が上に来る年号は不快であるとの難もあったが、「長享《ちょうきょう》」に決した。出典は『文選《もんぜん》』で、巻四一・阮元瑜為㆓曹公㆒作㆑書与㆓孫権㆒の「喜㆑得㆓全功㆒、長享㆓其福㆒」という部分。ただし『後法興院記《ごほうこういんき》』七月九日条所引の勘文《かんもん》ではほかに「春秋左氏伝《しゅんじゅうさしでん》曰、元、体之長也、享〔亨〕、嘉之会也、利、義之和也、貞、事之幹也」（襄公《じょうこう》九年）も掲げており、当初は『春秋左氏伝』も出典に挙げていた。改元詔書は永久《えいきゅう》の例に任せて作成された。（『後法興院記』、『親長卿記』、『親長卿記別記』、『元秘別録《げんぴべつろく》』、『十輪院内府記《じゅうりんいんないふき》』、『持通公前関白日記抄』）。なお、近年は幕府より費用が下行されることになっていたが、今回は武家難渋により、朝廷からの下行であった（『親長卿記』）。

幕府は八月九日に改元吉書始《きっしょはじめ》を行なった（『十輪院内府記』、『後法興院記』）。

—参考文献—

池　享「朝廷政治の形態変化（一）」『戦国織豊期の武家と天皇』校倉書房　二〇〇三年　初出一九九二年

196 延《えん》徳《とく》

天皇　後土御門天皇
将軍　足利義稙

長享三年（一四八九）八月二一日丁未　改元
延徳四年（一四九二）七月一九日戊子　明応に改元

改元理由について、表向きは去年の後土御門《ごつちみかど》天皇不予や関白九条政忠《くじょうまさただ》の薨逝など病気の流行（病事）と、本年正月以来の二星合《にせいごう》（惑星のうちの二つが接近して見える）などの天変とされた（『親長卿記別記《ちかながきょうきべっき》』六月一九〜二二日条、『長享《ちょうきょう》三年八月廿一日改元記草』）が、幕府からの執奏によるものであり（『親長卿記別記』六月八日条）、『元秘別録《げんぴべつろく》』に「当年指而無㆓怪異儀㆒、自㆓東山殿㆒頻被㆓執申㆒之間、改元有㆑之、内々推㆓其儀㆒、若是大樹御事故歟」と記されているように、東山殿足利義政《あしかがよしまさ》からの申し入れであった。この年、将軍足利義尚《よしひさ》が三月二六日に近江の陣中にて薨じ、隠棲していた義政が再び政務を執ることになった。五月四日には改元のことを朝廷に申し入れるよう沙汰している（『実隆公記《さねたかこうき》』）。改元奉行の辞退が相次ぎ、六月六日にようやく広橋守光《ひろはしもりみつ》に決まり（『親長卿記別記』）、それを承けて七月二三日に改元定が計画された（『実隆公記』・『親長卿記別記』六月七日条）が、その後、義政が中風のため吉書《きっしょ》に判を加え難いとして延期され（『親長卿記別記』七月六日条）、八月改元には不快の例があるものの、最終的に八月二一日となった。

　年号字について、嘉吉《かきつ》以来、かつて使用された文字を使用してきたが、難しくなってきたため、新字も加えることとされ、内々勘文《かんもん》として前権中納言唐橋在治《からはしありはる》が「宝仁」「元喜」を、参議式部大輔高辻長直《たかつじながなお》が「順安」「寛永」「徳和」「永正」を、文章博士《もんじょうはかせ》唐橋在数《ありかず》が「昭仁」「永禄」「応平」を、同東坊城和長《ひがしぼうじょうかずなが》が「昭応」「明暦」「寛永」を勘進《かんしん》し、八月一三日に天皇に奏進された。しかし天皇はしかるべき号がないとして重ねて勘進することを命じ、一方でそれら年号案を公卿らに下して勅問した。そのうち前関白近衛政家《このえまさいえ》は一六日に「永禄」「寛永」を推す旨回答している。その後、一九日に追加の勘文として長直が「明治」「延徳」を、在数が「安永」「文観」を、和長が「明応」「建正」を提出し、このうち「安永」「建正」「延徳」について検討するよう政家に勅問があった。これに対し、政家は「安」が上につく年号は不快であり、「建」は建武《けんむ》以来用いられず、下が「正」であることも不快であること、「延」は延文《えんぶん》度に尊氏が他界したため、以後、武家が避けてきたことを述べている。二〇日には義政にも勅問がなされた。

定当日には在治はそのまま、長直は「順安」「徳和」「寛永」「永正」「延徳」、在数は「永禄」「安永」「応平」、和長は「昭応」「明暦」「寛永」「建正」を挙げた勘文を勘進した。定では「寛永」「明暦」が選ばれ挙奏されたが、叡慮にかなわず、他年号の進上が命じられ、「延」字を用いることには難があったものの最終的に「延徳《えんとく》」に決した。出典は『孟子《もうし》（題辞）』の「開二延道徳一」である。なお伝奏《てんそう》は甘露寺《かんろじ》親長《ちかなが》が勤めた（『親長卿記』・同別記、『後法興院記《ごほうこういんき》』、『実隆公記』、『長享三年八月廿一日改元記草』、『元秘別録《げんぴべつろく》』）。後土御門天皇・勝仁《かつひと》親王等は南殿より内々に陣儀を覧じたという（『御湯殿上日記《おゆどののうえのにっき》』）。

武家改元吉書始《きっしょはじめ》は義政の病により一〇月に予定され、さらに吉書以前に新年号が用いられることになった（『蔭涼軒日録《いんりょうけんにちろく》』八月八日、九月四日条）が義政の病は重く、結局、改元吉書は行なわれないこととなった（『後法興院記』一〇月一一日条）。翌年正月七日に義政は薨じた。

197 明《めい》応《おう》

天皇　後土御門天皇・後柏原天皇
将軍　足利義稙・足利義澄

延徳四年（一四九二）七月一九日戊子　改元
明応一〇年（一五〇一）二月二九日戊申　文亀に改元

改元理由は極暑と疾疫《しつえき》（『勘者宣下例年号勘文詔書等』所収改元詔書）。延徳《えんとく》四年（一四九二）五月一日に甘《かん》露《ろ》寺《じ》親長《ちかなが》が諸人病事により改元すべきことを申し入れている（『親長卿記《ちかながきょうき》』）が、もともとは幕府からの申沙汰であったか（『和長卿記《かずながきょうき》』七月一日条、『元秘《げんぴ》別録《べつろく》』）。疾疫のことは『後法興院記《ごほうこういんき》』にも「世間の病気以ての外興盛すと云々」「近日猶病死興盛と云々、此の儀に依り改元するなり」と記される（四月二九日、七月二〇日条）。六月三〇日には翌月一〇日が改元予定日とされた（『宣秀卿御《のぶひできょうみ》教書《ぎょうしょ》案』、『親長卿記』）が、武家に申し入れたところ、盂《う》蘭《ら》盆会《ぼんえ》前であることにより延引するよう要請があり（『宣秀卿御教書案』、『親長卿記』七月二日・一〇日条）、最終的に一九日に実施されることとなった。

年号字は、文章博士《もんじょうはかせ》唐橋在数《からはしありかず》が「立徳」「昭建」「明応」を、同東坊城和長《ひがしぼうじょうかずなが》が「陽安」「明暦」「永平」を（ただし「永平」は東晋穆帝《ぼくてい》や北斉武成帝《ぶせいてい》の陵名であるため、定当日「瑞応」に取り替えられた）、参議式部大輔高辻長直《たかつじながなお》が「順応」「明保」「文承」を勘進《かんしん》し、七月一三日に内々に進上された。公卿への下光《したびかり》は実施されず、幕府にのみ密々に下され、幕府からは「明」字がつく三案より選ぶよう申し入れがあった。改元定では「明応」を推す意見と「明暦」を推す意見に分かれたため両案が奏上され、「明応《めいおう》」に決した。親長は「明暦」につき、延徳《えんとく》度にも指摘された二日の難（「日」が二つ含まれること）を主張している。出典について勘文《かんもん》では『文選《もんぜん》』より巻四四・陳孔璋檄㆓呉将校部曲文㆒の「徳行脩明、皆宜㆘応㆓受多福㆒保㆗

父子孫上」という部分が挙げられたが、「応」字は五《ご》臣六臣《しんりくしん》注本では「膺」であり、どちらが正しいのか一決しなかったことから、和長が延徳度に出典とした『周易《しゅうえき》』大有の「其徳剛健而文明、応二乎天一（而時行）」が加えられた。もともとこの「明応」は寛正《かんしょう》度に和長の父長清が勘進した新号であり、そのときの出典に不審があったために、延徳度には和長が『周易』に改めたものであった。それを在数の所望により譲ったのであるが、他人の年号案を用いるときは引文を改めるのが故実であったという。改元詔書は永《えい》久《きゅう》の例によって作成された（『親長卿記』、『和長卿記』、『元秘別録』、『勘者宣下例年号勘文詔書等』）。なお、『後法興院記』は難陳《なんちん》が行なわれなかったとの風聞を記すが、事実ではない。

幕府では七月二八日より新年号の使用を開始した（『蔭凉軒日録《いんりょうけんにちろく》』）。

—参考文献—
久保常晴「公年号「明応」の改元に関する二、三の問題」『日本私年号の研究』吉川弘文館　一九六七年
久水俊和「改元をめぐる公家と武家」『室町期の朝廷公事と公武関係』岩田書院　二〇一一年　初出二〇〇九年

198 文《ぶん》亀《き》

天皇　後柏原天皇
将軍　足利義澄

明応一〇年(一五〇一)二月二九日戊申　改元
文亀四年(一五〇四)二月三〇日壬戌　永正に改元

改元詔書に践祚《せんそ》および辛酉《しんゆう》年のことが記されており、代始《だいはじめ》改元および辛酉改元であることが知られる(『和長卿記《かずながきょうき》』)。辛酉改元のことは前年の明応《めいおう》九年(一五〇〇)二月より話題にのぼっていた(『和長卿記』明応九年二月二日条等)が、後土御門《ごつちみかど》天皇が明応九年九月二八日に崩御《ほうぎょ》し、第一皇子勝仁《かつひと》親王が践祚したことにより、諒闇《りょうあん》中に改元すべきかどうかが問題となった(『砂巌《さがん》』巻五、『文亀《ぶんき》度革命雑事文書』等)。諒闇年の改元は不快の例が多かったためである。結局、正月二三日には二月に辛酉仗議《じょうぎ》を行なうことが決定し、諸道博士に今年が辛酉革命にあたるか否かの勘申《かんじん》を命じる宣旨が下される一方、諒闇中の改元についての勅問が諸卿に下され(『和長卿記』、『後法興院記《ごほうこういんき》』正月一七・二四日条、『革暦類《かくれきるい》』等)、二九日には二月二五日が辛酉定実施日とされたが、二月二三日にいたり、二九日に延引された(『守光公《もりみつこう》改元申沙汰記』)。

当日にはまず革命定の仗議が行なわれ、ついで改元定に移った。年号字は、式部大輔高辻長直《たかつじながなお》が「永正」「万治」を、文章博士《もんじょうはかせ》東坊城和長《ひがしぼうじょうかずなが》が「文亀」「貞徳」「延禄」「永禄」「寛永」を、同高辻章長《あきなが》が「永光」「文承」「寛永」を勘進《かんしん》した。このうち「永正」と「文亀」が奏上されることとなり、勅定により「文亀」に決した。引文は、「爾雅《じが》曰、十朋之亀者、一曰二神亀一、二曰二霊亀一、三曰二摂亀一、四曰二宝亀一、五曰二文亀一、六曰二山〔筮〕亀一、七曰二筮〔山〕亀一、八曰二沢亀一、九曰二水亀一、十曰二火亀一」(釈魚)。代始により改元詔書には赦のことは載せられなかった。なお改元定は長引き、翌三月一日未刻に終了した(『和長卿記』、『言国卿《ときくにきょ》

記《うき》』、『守光公記』、『拾芥記《しゅうがいき》』、『元長卿記《もとながきょうき》』、『元秘別録《げんぴべつろく》』）。

幕府の改元吉書始《きっしょはじめ》は三月一一日に行なわれ（『実隆公記《さねたかこうき》』）、公卿らは二一日に幕府に詣り改元を賀した（『後法興院記』）。

なお、後柏原《ごかしわばら》天皇の即位式は費用不足のためなかなか実施できず、践祚《せんそ》から二一年経った永正《えいしょう》一八年（一五二一）三月二二日にようやく行なわれ、大嘗祭《だいじょうさい》はついに実施されることがなかった。この後、東山《ひがしやま》天皇まで大嘗祭は中絶することになる。また辛酉改元も、永禄《えいろく》四年（一五六一）・元和《げんな》七年（一六二一）には実施されなかった。

199 永《えい》正《しょう》

天皇　後柏原天皇
将軍　足利義澄・足利義稙

文亀四年（一五〇四）二月三〇日壬戌　改元
永正一八年（一五二一）八月二三日壬寅　大永に改元

甲子《かっし》改元。いまだ即位式がなされていないため、改元を延引するかあるいは即位後に再び改元するか否かが問題となった（『後慈眼院殿雑筆』八）が、結局、前年の文亀《ぶんき》三年（一五〇三）一二月一三日および一五日に外記《げき》が甲子改元の先例を勘申《かんじん》し、二六日には明年が革令にあたるか否かの勘申を諸道博士および参議東坊城和長《ひがしぼうじょうかずなが》に命じる宣旨が下された（『革暦類《かくれきるい》』）。当初、甲子定・改元日として二月一八日が予定されたが、幕府から費用が進納されなかったため延引となり、三〇日に実施された（『実隆公記《さねたかこうき》』二月一五日条、『宣胤卿記《のぶたねきょうき》』正月二三日、二月一八日・三〇日条、『甲子条々』等）。

当日はまず甲子定が実施され、引き続き改元定が行なわれた。年号字は『元秘別録《げんぴべつろく》』によれば、文章《もんじょう》博士《はかせ》高辻章長《たかつじあきなが》が「康徳」「寛永」「徳暦」を、同五条為学《ごじょうためざね》が「文化」「徳和」「文承」を、式部大輔高辻長直《ながなお》が「永正」「明保」を、参議東坊城和長が「乾徳」「宝暦」「康徳」「久暦」を献じた。このうち和長については『後法興院記《ごほうこういんき》』二九日条では「宝暦」「康徳」「久保」と記されており、当日に改めた可能性がある。『元秘別録』には「参議初度の勘文《かんもん》に四を用いる事、大府卿の御例なり」と記されている。二九日に年号字案についての意見を求められた准三宮《じゅさんぐう》近衛政家《このえまさいえ》は、「宝暦」「徳和」は子細なく、人々が推す「永正」は、「正」は古来より「一タヒト、マル」と言い、キミとも訓む「正」を下に置くことも憚りがあり、不快の例である近年の「康正《こうしょう》」「寛正《かんしょう》」「文正《ぶんしょう》」以外にないことを述べている（『後法興院記』）。

改元定では「永正《えいしょう》」が推され、これに決した。引文は「周易緯《しゅうえきい》曰、永正二其道一、咸受二吉（化）一」。改元詔書は永徳《えいとく》四年（弘和《こうわ》四もしくは元中《げんちゅう》元・一三八四）（至徳《しとく》）の例に基づいて作成された。ただし至徳度は代始《だいはじめ》であるため赦令がなかったが、このたびは加えられた（東山御文庫本『改元記』丑所収実隆公記《さねたかこうき》、『後法興院記』、『宣胤卿記《のぶたねきょうき》』、『拾芥記《しゅうがいき》』、『元秘別録』）。なお、この次の甲子年である永禄《えいろく》七年（一五六四）には改元は実施されなかった。

永正四年（一五〇七）九月には幕府より兵革連続を理由として改元が申し入れられたが、費用が届かなかったこともあり、結局、改元は見送られた（『宣胤卿記』永正四年九月六日、一〇月八日・一一日、一一月四日条）。兵革連続とは、六月に細川政元《ほそかわまさもと》が暗殺され、八月に細川澄之《すみゆき》が対立する細川澄元《すみもと》・高国《たかくに》らに滅ぼされるという政変が続いたことを指すか。

―参考文献―

池　享「朝廷政治の形態変化（一）」『戦国織豊期の武家と天皇』校倉書房　二〇〇三年　初出一九九二年
久水俊和「改元をめぐる公家と武家」『室町期の朝廷公事と公武関係』岩田書院　二〇一一年　初出二〇〇九年

200 大《だい》永《えい》

天皇　後柏原天皇・後奈良天皇
将軍　足利義稙・足利義晴

永正一八年（一五二一）八月二三日壬寅　改元
大永八年（一五二八）八月二〇日己未　享禄に改元

改元詔書に「兵革如㆓日昏㆒、懼㆓四海之不穏㆒、乾象示㆓災変㆒、見㆓象星之犯来㆒」とあり、兵革および天変を改元理由とする（『拾芥記《しゅうがいき》』）。永正《えいしょう》一八年（一五二一）三月に将軍足利義稙《あしかがよしたね》が出京して淡路に逃れると、細川高国《ほそかわたかくに》は七月六日に足利義澄《よしずみ》男の亀王丸《かめおうまる》（義晴《よしはる》）を播磨より迎えて将軍擁立を図った。『宣胤卿記《のぶたねきょうき》抜書《ぬきがき》』八月二三日条によれば、高国が他主（義晴）を擁立するため新年号を用いるよう申沙汰をしたという。『正保《しょうほう》改元度記（道房公記別記）』寛永《かんえい》二一年（一六四四）九月七日条所引和長卿記《かずながきょうき》永正一八年七月二八日条には、幕府より来月改元の申し入れがあったことが記されている。ただし、朝廷でも永正年号が長く続いていることから、改元を予定していたのであり、必ずしも幕府の希望のままに改元が実施されたわけではないとする説もある。

八月七日には改元定の日が決定し（広橋家旧蔵『後《ご》柏原《かしわばら》天皇綸旨《りんじ》』）、八日に年号勘者宣旨《かんじゃせんじ》が下された。勘文《かんもん》は事前に天皇に内々に進上されたらしい（『拾芥記』）。

年号字は正二位《しょうにい》高辻長直《たかつじながなお》が「康徳」「万安」を、権大納言東坊城和長《ひがしぼうじょうかずなが》が「大暦」「寛安」「徳暦」を、参議五条為学《ごじょうためざね》が「大永」「乾天」「徳和」を、文章博士《もんじょうはかせ》東坊城長光《ながみつ》が「観国」「和元」「徳喜」を、同五条為康《ためやす》が「顕祥」「徳禄」「久和」を勘進《かんしん》した。改元定では「大暦」「寛安」「大永」が推され、最終的に「大《だい》永《えい》」に決した。この年号字は実際には和長が与えたものであるという。引文は「杜氏通典《としつてん》曰、庶務至㆑微至レ密、其大則以二永業一」。改元詔書は永久《えいきゅう》例によって作成された（『拾芥記』、東山御文庫本『改元記』癸所収広光卿記《ひろみつきょうき》、『宣胤卿記抜書《のぶたねきょうき》』、『中原康貞記《なかはらやすさだき》』、『二水記《にすいき》』、『元秘別録《げんぴべつろく》』、異本『元秘別録』、柳原本『改元部類』）。

なお、年号の訓みについて『春日社司《かすがしゃし》祐維記《すけつなき》』は「此年号スマシテ読之」と記している。

―参考文献―

池　享「朝廷政治の形態変化（一）」『戦国織豊期の武家と天皇』校倉書房　二〇〇三年　初出一九九二年
神田裕理「織豊期の改元」『戦国・織豊期の朝廷と公家社会』校倉書房　二〇一一年

201　享《きょう》禄《ろく》

天皇　後奈良天皇
将軍　足利義晴

大永八年（一五二八）八月二〇日己未　改元
享禄五年（一五三二）七月二九日乙亥　天文に改元

後《ご》柏《かしわ》原《ばら》天皇は大永《だいえい》六年（一五二六）四月七日に崩御《ほうぎょ》し、第二皇子知仁《ともひと》親王（後奈良《ごなら》天皇）が同月二九日に践祚《せんそ》した。本年六月二九日には近江国坂本にいた将軍足利義晴《あしかがよしはる》より改元のことが申し入れられている（『享禄度《きょうろくど》改元申沙汰愚記草《もうしさたぐきそう》（兼秀公記《かねひでこうき》）』、『実隆公記《さねたかこうき》』三〇日条）。当初、七月二三日が改元日に予定され（『資定卿《すけさだきょう》改元定記』）、一六日に前権大納言東坊城和長《ひがしぼうじょうかずなが》・文章博士《もんじょうはかせ》五条為康《ごじょうためやす》・同東坊城長淳《ながあつ》に年号勘者《かんじゃ》宣旨が下された（『実隆公記』等）が、宮中に触穢《しょくえ》が発生し、代始《だいはじめ》改元を穢中に実施した例が見当たらなかったため、八月二〇日に延引した（『資定卿改元定記』、『享禄度改元申沙汰愚記草』）。権中納言五条為学《ためざね》に勘進《かんしん》が命じられなかったのは、代始改元で勘者が四人となるのを憚ったためか（『二水記《にすいき》』）。年号字勘進は事前に内勘文《かんもん》が提出されて義晴および天皇が目を通し、三条西実隆《さんじょうにしさねたか》・公条《きんえだ》等の意見も聞いている。義晴からは「延禄」「同徳」を除くよう指示があり、天皇からは追加案の提出が命じられて、為康・長淳が再度提出した（『公頼公記《きんよりこうき》』八月九日条、『実隆公記』八月一二日条、『御湯殿上日記《おゆどののうえのにっき》』八月一三日条）。また内々に准三宮《じゅさんぐう》近衛尚通《このえひさみち》等にも勅問があった（『尚通公記《ひさみちこうき》』）。改元理由について、改元詔書には践祚のことに加え、「都鄙未レ安、動其聴二兵塵《へいじん》起一、人民労苦、況今罹二炎旱災一」と記されている（『勘者宣下例年号勘文詔書等』）。

当日提出された年号字案は、和長が「延禄」「文禄」「文元」「至元」「同徳」、為康が「寛安」「徳禄」

「和元」、長淳が「龍徳」「寛安」「享禄」である。このうち「寛安」「享禄」が推されて奏聞され、勅裁により「享禄《きょうろく》」に決した。出典は『周易《しゅうえき》』大畜卦象程氏伝注の「居二天位一享二天禄一也、国家養レ賢々者得レ行二其道一也」（『資定卿改元定記』、『尚通公記』、『二水記』、『公頼公記《きんよりこうき》』、『享禄度改元申沙汰愚記草』、『元秘別《げんぴべつ》録《ろく》』）。

なお、足利義維《よしつな》の堺公方《さかいくぼう》は一一月四日まで旧年号を用いた（『高山寺所蔵東寺文書』五六）。

—参考文献—

今谷　明「細川・三好体制研究序説」『室町幕府解体過程の研究』岩波書店　一九八五年　初出一九七三年
久水俊和「改元をめぐる公家と武家」『室町期の朝廷公事と公武関係』岩田書院　二〇一一年　初出二〇〇九年

202 天《てん》文《ぶん》

天皇　後奈良天皇
将軍　足利義晴・足利義輝

享禄五年（一五三二）七月二九日乙亥　改元
天文二四年（一五五五）一〇月二三日乙酉　弘治に改元

連年の兵乱により、近江にいた将軍足利義晴《あしかがよしはる》が改元を申し入れたことによる（『二水記《にすいき》』、『御湯殿上日記《おゆどののうえのにっき》』嘉禄《かろく》五年〈一五三二〉七月二二日条、広橋兼秀《ひろはしかねひで》『天文《てんぶん》度改元愚記草《ぐきそう》』七月一一日条）。前月に足利義維《あしかがよしつな》の堺《さかい》公方《くぼう》が崩壊したことと関連するか。二二日（宣旨の日付は二一日）に年号字の勘者《かんじゃ》宣下が行なわれた（『御湯殿上日記』、『二水記』、岩瀬文庫本『改元記事』所収業賢卿記《なりかたきょうき》抜書）が、実際にはこれ以前に内勘文《かんもん》が提出されていた（『天文度改元愚記草』）。

当日は伏見宮貞敦《ふしみのみやさだあつ》親王王子に親王宣下が行なわれた後、亥の刻より改元定が開始された。文章博士《もんじようはかせ》高《たか》辻長雅《つじながまさ》が「漢徳」「文承」「天文」を、同五条為康《ごじょうためやす》が「弘暦」「康徳」「寛永」「文元」を、権中納言五条為《ため》学《ざね》が「大応」「天保」「寛安」「徳和」「乾徳」を勘進《かんしん》し、仗議《じょうぎ》の結果、「天文」が推され、奏聞を経て「天《てん》文《ぶん》」に決した（『天文度改元愚記草』、岩瀬文庫本『改元記事』所収業賢卿記抜書。『二水記』はほかに「文元」も奏聞されたと記す）。

出典は『尚書《しょうしょ》』孔安国《こうあんこく》注で舜典《しゅんてん》第二の「舜察㆓天文㆒、斉㆓七政㆒」という部分。改元詔書は承久例によって作成された（『二水記』、『御湯殿上日記』、岩瀬文庫本『改元記事』所収業賢卿記抜書、『言継卿記《ときつぐきょうき》』、『天文度改元愚記草』、柳原本『改元部類』所収公条公記《きんえだこうき》、『元秘別録《げんぴべつろく》』）。訓みについては、『御湯殿上日記』天文一六年（一五四七）一二月一二日条に「てんぶん」と見える。

203 弘《こう》治《じ》

天皇　後奈良天皇・正親町天皇
将軍　足利義輝

天文二四年（一五五五）一〇月二三日乙酉　改元
弘治四年（一五五八）二月二八日丁未　永禄に改元

兵革を改元理由とする（『惟房公記《これふさこうき》』）。年号勘者《かんじゃ》宣下は天文《てんぶん》二四年（一五五五）一〇月二三日に行なわれた（『康雄記《やすおき》』）。今回、文章博士《もんじょうはかせ》にその仁《じん》がいなかったため、宣下に先立つ八日に権中納言高辻長雅《たかつじながまさ》が文章博士に任じられている。これ以降、慶長《けいちょう》度まで勘者二名が続く。なお、天文九年四月に前年諸国水損、当年世上病事を理由として朝廷より幕府に改元を申し入れたが、幕府では検討の結果、これまで将軍入洛や若君誕生のこともあってそれほど悪い年号ではないとして改元を見送っている（『大館常興日記《おおだてじょうこうにっき》』同月二一日・二二日条）。

年号字は権中納言五条為康《ごじょうためやす》が「乾徳」「寛安」「文元」「至正」「貞正」を、権中納言兼文章博士《もんじょうはかせ》高辻長《たかつじなが》雅《まさ》が「元亀」「文化」「弘治」を勘進《かんしん》した。定では「元亀」「文化」「弘治」が推され、奏聞の結果、「弘《こう》治《じ》」に決した。引文は「北斉書曰、祇承㆓宝命㆒、志弘㆓治体㆒」。改元詔書は永久《えいきゅう》例によって作成された（『惟房公記』、『康雄記』、『弘治改元定記』、『御湯殿上日記《おゆどののうえのにっき》』、『元秘別録《げんぴべつろく》』）。

―参考文献―

池　享「朝廷政治の形態変化（一）」『戦国織豊期の武家と天皇』校倉書房　二〇〇三年　初出一九九二年

204　永《えい》禄《ろく》

天皇　正親町天皇
将軍　足利義輝・足利義栄・足利義昭

弘治四年（一五五八）二月二八日丁未　改元
永禄一三年（一五七〇）四月二三日庚申　元亀に改元

代始《だいはじめ》改元。前年の弘治《こうじ》三年（一五五七）九月五日に後奈良《ごなら》天皇が崩御《ほうぎょ》し、一〇月二七日に第二皇子方仁《みちひと》親王が践祚《せんそ》した。二月二三日に年号勘者《かんじゃ》宣下が行なわれている（『康雄記《やすおき》』）が、それ以前の二一日には内勘文《かんもん》が提出されている（『御湯《おゆ》殿上日記《どののうえのにっき》』）。

年号字は権中納言五条為康《ごじょうためやす》が「永安」「延禄」「徳暦」を、権中納言兼文章博士《もんじょうはかせ》高辻長雅《たかつじながまさ》が「永禄」「寛安」「享寿」を勘進《かんしん》した。改元定には前大納言であった従一位《じゅいちい》柳原資定《やなぎわらすけさだ》も仰せにより参仕した。定では「永禄」「延禄」が選ばれ奏聞したところ、一つを選ぶよう勅定があり、群議は尽くしたとして叡断を求め、最終的に「永禄《えいろく》」に決した。出典は『群書治要《ぐんしょちよう》』巻二六・王昶伝の「保レ世持レ家、永二全福禄一者也」（原拠は『三国志』魏書。『資定卿《すけさだきょう》改元定記』、『康雄記』、『言継卿記《ときつぐきょうき》』、『元秘別録《げんぴべつろく》』）。

この時期、将軍足利義輝《あしかがよしてる》は三好長慶《みよしながよし》と対立して近江朽木《くつき》、ついで同国下龍華《しもりゅうげ》等に逃れており、改元のことはすぐに伝達されなかった。五月にいたりそのことが判明して、翌月伝達されている（『惟房公記《これふさこうき》』五月二一日・二六日、六月七日条等）。この点について、朝廷は義輝《よしてる》を無視したのであり、三好長慶が改元を申し入れたとの説が提出されているものの、史料的根拠は必ずしも充分ではない。

永禄四年（一五六一）は辛酉《しんゆう》年、また永禄七年は甲子《かっし》年であったが、辛酉改元・甲子改元は実施されなかった。永禄七年三月一六日に三好長慶の寵臣松永久秀《まつながひさひで》が改元の申し入れを行なっており（『御湯殿上日記』）、また八年一二月には改元が計画されたようである（『御湯殿上日記』一一日条）が、実施されることはなかった。三好長慶からの改元要請を拒否することによって、朝廷が武家勢力の分裂しうる状況を回避したとする見解がある。

—参考文献—

天野忠幸「三好政権と将軍・天皇」『戦国期三好政権の研究』清文堂出版　二〇一〇年（増補版二〇一五年）　初出二〇〇六年
　『三好一族と織田信長』戎光祥出版　二〇一六年
池　享「朝廷政治の形態変化（一）」『戦国織豊期の武家と天皇』校倉書房　二〇〇三年　初出一九九二年
神田裕理「織豊期の改元」『戦国・織豊期の朝廷と公家社会』校倉書房　二〇一一年
高梨真行「将軍足利義輝の側近衆」『立正史学』八四　一九九八年

205 元《げん》亀《き》

天皇　正親町天皇
将軍　足利義昭

永禄一三年（一五七〇）四月二三日庚申　改元
元亀四年（一五七三）七月二八日丙午　天正に改元

改元詔書では妖変（異星の犯）と兵塵《へいじん》が改元理由として挙げられている（『四巻之日記』）。永禄《えいろく》一一年（一五六八）九月二六日に織田信長《おだのぶなが》とともに入京した足利義昭《あしかがよしあき》は翌月征夷大将軍に任じられ、その年冬には改元の申し入れを行なっている（『言継卿記《ときつぐきょうき》』一二年四月八日条）。翌一二年四月には当月改元を希望しているが、朝廷からは余日がなく五月・閏月《うるう》・六月は先例が悪いとして七月に改元することを申し入れ、改元伝奏《てんそう》・改元奉行も定められた（『言継卿記』同月一五日・一六日・一八日・二一日条、『御湯殿上日記《おゆどののうえのにっき》』同月二四日条）。閏五月には参仕する公家の装束新調も申し入れ、武家が承諾している（『言継卿記』同月一五日・二四日条）。しかし七月には改元が実施されることなく、一三年正月になって再び改元のことが議論され費用負担の話も進み（『言継卿記』正月二〇日・二四日条等）、二月八日に年号勘者《かんじゃ》宣下があり（『勘者宣下例年号勘文詔書等』、『康雄記《やすおき》』等）、四月には内勘文《かんもん》が提出された（『御湯殿上日記』同月一三日条、『言継卿記』同月一四日条）。なお『康雄記』四月六日条によれば、武家が用意する改元費用は「毎度三十貫文余」であったが、今回は五〇貫文が義昭より渡されたという。

年号字は式部大輔高辻長雅《たかつじながまさ》が「元亀」「天正」「建正」「安化」「明和」を（内勘文の段階では「貞正」「安永」「建禄」「天正」「安化」「明和」）、文章博士《もんじょうはかせ》東坊城盛長《ひがしぼうじょうもりなが》が「明徴」「寛永」「乾徳」を勘進《かんしん》し、改元定では「元亀」と「天正」が選ばれて奏聞され、「元亀《げんき》」に決した。出典は『毛詩《もうし》』魯頌・泮水《はんすい》の「憬彼准夷、来献二其琛一、元亀象歯、大賂南金」と『文選《もんぜん》』賦乙・蜀都賦の「元亀〔龜〕水処、潜竜蟠二於沮沢一、応二鳴鼓一而興レ雨」。なお、長雅は改元定にも参仕している（『言継卿記』、『継芥記《けいかいき》』、『勘者宣下例年号勘文詔書等』、九条家本『改元覚書』）。

訓みは『御湯殿上日記』天正《てんしょう》三年（一五七五）五月四日条によれば「けんき」。

—参考文献—

池　享「朝廷政治の形態変化（一）」『戦国織豊期の武家と天皇』校倉書房　二〇〇三年　初出一九九二年
神田裕理「織豊期の改元」『戦国・織豊期の朝廷と公家社会』校倉書房　二〇一一年

206 天《てん》正《しょう》

天皇　正親町天皇・後陽成天皇

元亀四年（一五七三）七月二八日丙午　改元
天正二〇年（一五九二）一二月八日甲午　文禄に改元

改元詔書には「率土《そつと》の浜に兵革休まること無し」とあり、兵革を改元理由としている（『康雄記《やすおき》』、『勘者宣下例年号勘文詔書等』）。早く元亀《げんき》元年（一五七〇）一一月には将軍足利義昭《あしかがよしあき》より天下兵革を理由に改元のことが申し入れられたが、このときは関白二条晴良《にじょうはるよし》が一年に二度の改元は異例であるとして難色を示したこともあって取りやめとなった（『御湯殿上日記《おゆどののうえのにっき》』同月七日条、九条家本『改元覚書』）。その後、朝廷側から織田信長《おだのぶなが》に働きかけ、三年三月二八日に改元奉行・改元伝奏《てんそう》が定められ、四月九日には年号勘者《かんじゃ》宣下がなされている（『御湯殿上日記』、『康雄記』、『勘者宣下例年号勘文詔書等』）。しかし今度は義昭が費用を献じなかったため、延引された（『御湯殿上日記』四月二〇日条）。三年九月に信長が義昭に出した異見十七箇条では、元亀の年号が不吉であるとして改元すべきであったのに費用を献じなかった義昭を非難している（『尋憲記《じんけんき》』四年二月二二日条、『信長記《しんちょうき》』）。

その後、四年七月一八日に宇治槇島《まきしま》城にて足利義昭を降伏させると、信長は二一日には朝廷に改元を申し入れており、朝廷は改元勘文《かんもん》を信長に見せている（『御湯殿上日記』）。二七日に改元の日取りが決定し、翌二八日に改元定が実施された。

年号字は式部大輔高辻長雅《たかつじながまさ》が「貞正」「安永」「延禄」「天正」「文禄」を、文章博士《もんじょうはかせ》東坊城盛長《ひがしぼうじょうもりなが》が「寛永」「明暦」「永安」を勘進《かんしん》した。前年の勘文をそのまま再提出したものと見られる。信長は内々の勘文のうちより「天正」を望んだという。定には当初、七名が点じられたが、権中納言万里小路《までのこうじ》輔房《すけふさ》が所労により不参し、六名の例は不吉であるとして、権大納言山科言経《やましなときつね》も不参することとなった。年号字の出典は『文選《もんぜん》』と『老子《ろうし》経《きょう》』で、前者は賦丁七耕藉・潘安仁藉田賦の「高以レ下為レ基、民以レ食為レ天、正二其末一者端二其本一、善二其後一者慎二其先一」、後者は洪徳第四五の「清浄者為二天下正一」。改元詔書は永久《えいきゅう》の例によって作成された（『康雄記』、『四巻之日記』、『年号勘文写』、一条家本『改元部類記』、『改元勘文部類』）。

改元翌日、信長に年号が「天正《てんしょう》」に定まったこと、天下《てんか》静謐《せいひつ》安穏《あんのん》の基として満足に思うことを伝える綸《りん》旨《じ》が下された（東山御文庫収蔵『正親《おおぎ》町《まち》天皇綸旨案』）。

―参考文献―

神田裕理「織豊期の改元」『戦国・織豊期の朝廷と公家社会』校倉書房　二〇一一年

207　文《ぶん》禄《ろく》

天皇　後陽成天皇

天正二〇年（一五九二）一二月八日甲午　改元
文禄五年（一五九六）一〇月二七日庚寅　慶長に改元

異本『元秘別録《げんぴべつろく》』によれば代始《だいはじめ》改元である。ただし後陽成《ごようぜい》天皇が践祚《せんそ》、即位したのは天正《てんしょう》一四年（一五八六）一一月七日、同月二五日のことであり、すでに六年を経過する。豊臣秀吉《とよとみのひでよし》が天正一八年に小田原征伐、奥州仕置《しおき》を実施し、一九年九月に九戸政実《くのへまさざね》の乱を鎮圧して天下統一を完了させ、また二〇年三月には朝鮮出兵を開始したことと関連づけ、秀吉の主導によるものとする説がある。八月六日に改元伝奏《てんそう》および改元奉行が定められ（『親綱卿記《ちかつなきょうき》』）、一一月二七日に文章博士《もんじょうはかせ》五条為良《ごじょうためなが》に対し、年号勘者《かんじゃ》宣下がなされている（『改元一会諸書付』）。

年号字は、為良が「天澄」「享明」「延禄」を、権中納言兼式部大輔東坊城盛長《ひがしぼうじょうもりなが》が「万永」「文弘」「寛永」「正保」「文禄」を勘進《かんしん》し、定では「文禄《ぶんろく》」が選ばれて奏聞され、決した。出典は『通典《つてん》』巻三五で、引文に「杜氏通典禄秩巻、貞観二年制注曰、凡京文武官、毎㆑歳給㆑禄（総一十五万一千五百三十三石二斗）」と見える（『言経卿記《ときつねきょうき》』、『兼見卿記《かねみきょうき》』、九条本『改元覚書』、『改元勘文部類《かんもん》』）。

なお、四年一一月には改元の検討がなされている。これは関白豊臣秀次《ひでつぐ》が七月に自害したことにより、秀頼《ひでより》を中心とする新たな豊臣政権の展開を政権内外に示すことを目的としたものだったとの説がある。

―参考文献―

池　享「朝廷政治の形態変化（一）」『戦国織豊期の武家と天皇』校倉書房　二〇〇三年　初出一九九二年

神田裕理「織豊期の改元」『戦国・織豊期の朝廷と公家社会』校倉書房　二〇一一年
三鬼清一郎「戦国・近世初期の天皇と朝廷をめぐって」『織豊期の国家と秩序』青史出版　二〇一二年　初出一九九一年

208　慶《けい》長《ちょう》

天皇　後陽成天皇・後水尾天皇
将軍　徳川家康・徳川秀忠

文禄五年（一五九六）一〇月二七日庚寅　改元
慶長二〇年（一六一五）七月一三日丁亥　元和に改元

改元理由について異本『元秘別録《げんぴべつろく》』には「天変地妖」と記され、改元詔書（東山御文庫本『改元記』卯一所収）には「時々著㆓乾象之変異㆒、示㆓君臣之欽㆒、日々有㆓坤儀之動揺㆒、為㆓老若之労㆒」との文言がある。文禄《ぶんろく》五年（一五九六）閏《うるう》七月には九日に慶長《けいちょう》豊後《ぶんご》地震（推定マグニチュード七・〇前後）、一三日に慶長《けいちょう》伏見《ふしみ》地震（推定マグニチュード七・五前後）と続いて大地震が起こり、八月七日には前田玄以《まえだげんい》より朝廷に祈禱および改元の申し入れがなされた（『親綱卿記《ちかつなきょうき》』、『孝亮宿禰記《たかすけすくねき》』一八日条）。その後、九月には一〇月改元が決定した（『義演准后日記《ぎえんじゅごうにっき》』九月二五日条）。

年号字は権中納言兼文章博士《もんじょうはかせ》東坊城盛長《ひがしぼうじょうもりなが》が「長祥」「万安」「宝暦」「康徳」「享明」「寛安」を、文章博士五条為経《ごじょうためつね》が「大応」「建正」「天観」「慶長」「嘉福」を勘進《かんしん》し、「慶長《けいちょう》」に決した。難陳《なんちん》では「慶長」は取り上げられず、当初から「慶長」が意中とされていたか。出典は『毛詩《もうし》注疏《ちゅうそ》』巻一六之一・大雅・文王之什で、「文王功徳深厚、故福慶延長」という部分（東山御文庫本『改元記』卯一、岩瀬文庫本『改元記事』巻一・五二、『舜旧記《しゅんきゅうき》』、『孝亮宿禰記』、『改元勘文《かんもん》部類』）。嗣子秀頼《ひでより》とともに豊臣氏の永遠の反映を願う秀吉の気持ちが託されているとの推測がある。訓みについては、「きやうちやう」とも「けいちやう」とも訓まれた（『御湯殿上日記《おゆどののうえのにっき》』慶長三年〈一五九八〉一一月一〇日条、『石清水《いわしみず》文書』田中家文書八七八・九六〇）。

なお、後陽成《ごようぜい》天皇は慶長三年八月頃より体調をくずし、譲位《じょうい》を望んだが、徳川家康《とくがわいえやす》はそれを認めず（『御湯殿上日記』八月一三日、一〇月一一日・二二日、一一月一八日条、『義演准后日記』九月二六日、一一月一六日条、『言経卿記《ときつねきょうき》』一〇月二五日条等）、武家年寄衆《としよりしゅう》・奉行衆（五奉行五大老）からは改元の申し入れがあった（『御湯殿上日記』一一月一〇日条）。これは翌年まで検討されていたようであり（『義演准后日記』三年一二月九日条、『御湯殿上日記』四年五月一七日条）、さらに五年春頃にも企画されたが、結局、改元されることはなかった。

―参考文献―

宇佐美龍夫「慶長地震」『大地震　古記録に学ぶ』そしえて　一九七八年（吉川弘文館　二〇一四年復刊）
宇佐美龍夫ほか『日本被害地震総覧　五九九～二〇一二』東京大学出版会　二〇一三年
大長昭雄・山本武夫「文禄五年（慶長元年、一五九六）の地震」萩原尊禮編ほか『続古地震』東京大学出版会　一九八九年
神田裕理「織豊期の改元」『戦国・織豊期の朝廷と公家社会』校倉書房　二〇一一年
萩原尊禮編『古地震探究』東京大学出版会　一九九五年
萩原尊禮ほか「慶長元年の伏見桃山の地震」『古地震』東京大学出版会　一九八二年
三鬼清一郎「戦国・近世初期の天皇と朝廷をめぐって」『織豊期の国家と秩序』青史出版　二〇一二年　初出一九九一年
吉田洋子「豊臣秀頼と朝廷」『ヒストリア』一九六　二〇〇五年

Ⅵ　江戸時代

209

元《げん》和《な》

天皇 後水尾天皇
将軍 徳川秀忠・徳川家光

慶長二〇年（一六一五）七月一三日丁亥 改元
元和一〇年（一六二四）二月三〇日甲寅 寛永に改元

改元詔書（『孝亮宿禰記《たかすけすくねき》』・『勘者宣下例年号勘文詔書等』所収）は代始《だいはじめ》改元の形をとる。後水尾《ごみずのお》天皇は慶長《けいちょう》一六年（一六一一）三月二七日に践祚《せんそ》し、四月一二日に即位したが、二〇年にいたるまで改元の計画はなかったらしい。二〇年五月二八日には六月中で改元の日取りを勘申《かんじん》するよう土御門泰重《つちみかどやすしげ》が命を承っており（『泰重卿記』。『孝亮宿禰記』二九日条は徳川家康《とくがわいえやす》より申し入れがあったと伝える）、『兼賢公《かねたかこう》改元申沙汰記』には六月一日に家康より急ぎ申沙汰すべき旨があったことが記される。しかし六月改元の先例が良くなかったため延引となり（『孝亮宿禰記』六月二〇日条、『本光国師日記《ほんこうこくしにっき》』六月二一日条、『泰重卿記』六月二二日条）、閏《うるう》六月一七日に七月一三日に改元することを決定した（『駿府記《すんぷき》』、『本光国師日記』）。

七月一〇日に年号勘者《かんじゃ》宣下がなされた（『勘者宣下例勘文詔書等』）。ただしこれ以前に内勘文《かんもん》が提出され、下光《したびかり》により「興元」が挙がったという（『孝亮宿禰記』六月一九日条）。その後、将軍の意向により「元和《げんな》」に決まったらしい（『中臣祐範記《なかとみすけのりき》』八月一五日条）。しかし形式上、年号勘進《かんしん》は実施され、権中納言兼式部大輔五条為経《ごじょうためつね》が「元和」「天保」「永安」「文弘」「明暦」を、文章博士《もんじょうはかせ》東坊城長維《ひがしぼうじょうながつな》が「延禄」「寛永」を、同五条為適《ためゆく》が「建正」「享明」を勘進している。「元和」は「唐憲宗《けんそう》之元号」と勘文に記された（『泰重卿記』、『中臣祐範記』、『義演准后日記《ぎえんじゅごうにっき》』、『改元勘文部類』）。これについて『改元物語』には、「応仁《おうにん》以来乱世ニ由テ、其習礼モ未熟ナリケルニヤ、慶長ノ末、東照宮《とうしょうぐう》ノ命ニ曰、年号ノ字ハ漢唐ノ吉例ヲ勘《かん》テ是ヲ用ヒ、重テ習礼整リテ以後ハ、本朝ノ旧式ヲ用ヒラルヘシトノコトニ依テ、慶長改元アツテ元和ヲ用ラル、慶長ハ漢ノ章帝《しょうてい》ノ年号、元和ハ唐ノ憲宗ノ年号也、今ノ太上皇御在位ノ時ナリ」と記されている（「慶長」を漢の章帝の年号とするのは誤り）。改元の直後である七月一七日には禁中《きんちゅう》幷《ならびに》公家《くげ》中諸法度《ちゅうしょはっと》が幕府により発布されたが、その第八条には「一、改元、漢朝年号之内、以二吉例一可二相定一、但重而於習礼相熟者、可レ為二本朝先規之作法一事」と規定された。「元和」は後漢の章帝および唐の憲宗、またベトナム後黎朝の荘宗《そうそう》の時代に用いられたことがある。

訓みについて、「けんな」とも「けんわ」とも記された（『慶光院《けいこういん》文書』等）。

この時期に改元が計画されたのは、本年五月八日に大坂夏の陣が終わり、豊臣氏を滅ぼしたことと関連するか。ただし三月一二日の時点で、金地《こんち》院崇伝《いんすうでん》は禁中幷公家中諸法度第八条のもととなる所見をまとめている（『本光国師日記』）。なお改元について朝廷から仰せ下されることがなかったため、寺社は八月まで知らなかったという（『中臣祐範記』）。

この後、元和六年（一六二〇）三月には前月三〇日および今月四日に京都で大火があったことにより朝廷で改元の議があり、幕府に伝えられた（『本光国師日記』一四日・二四日条）が、改元されることはなかった。また七年秋にはやはり朝廷で辛酉《しんゆう》改元のことが議され準備が進められている（『資勝卿記《すけかつきょうき》』八月二四日・二七日条、『時慶卿記《ときよしきょうき》』八月一九日条、九月五日条等）が、やはり改元には及ばなかった。

―参考文献―

久保貴子「朝廷の再生と朝幕関係」『近世の朝廷運営』岩田書院　一九九八年
吉田洋子「元和改元」『大阪の歴史』八三　二〇一五年

210 寛《かん》永《えい》

天皇　後水尾天皇・明正天皇・後光明天皇
将軍　徳川家光

元和一〇年（一六二四）二月三〇日甲寅　改元
寛永二一年（一六四四）一二月一六日庚午　正保に改元

甲子《かつし》改元。前回の甲子年は改元されなかったため、一二〇年ぶりとなる。改元のことは前年の元和《げんな》九年（一六二三）三月より朝廷内で議論され（『忠利宿禰記《ただとしすくねき》』二二日条等）、一二月二七日には明年が甲子革令にあたるか否かの勘申《かんじん》を命じる宣旨が諸道に下されている（『元和甲子勘文』）。二月一六日付の書状で日取りを三〇日にすること、「寛永」「享明」「貞正」より年号を選びたいことが幕府に伝達され（『通村公記《みちむらこうき》』）、幕府からは叡慮に任せる旨回答があった（『東武実録《とうぶじつろく》』）。「寛永」が天皇の意中であったらしく、『康道公《やすみちこう》記《き》』寛永二〇年（一六四三）一〇月六日条には「寛永ト下光《したびかり》有之後、関東へ有二御談合一也」と見える。これ以前、二月九日までには内勘文《かんもん》が提出されている（『忠利宿禰記』同日条）。

当日は甲子仗議《じょうぎ》が行なわれた後、改元定が実施された。文章博士《もんじょうはかせ》東坊城長維《ひがしぼうじょうながつな》より「万治」「康徳」「寛永」「正保」「永安」が、文章博士五条為適《ごじょうためゆく》より「文承」「貞正」「嘉徳」「享明」「文化」が勘進《かんしん》され、「寛永《かんえい》」に決した。出典は「毛詩朱子註」（『詩集伝《ししゅうでん》』）の衛風《えいふう》・考槃《こうはん》の注で、「寛広、永長」。改元詔書は永《えい》正《しょう》元年（一五〇四）例によって作成された（『孝亮宿禰記《たかすけすくねき》』、『忠利宿禰記』、『泰重卿記《やすしげきょうき》』、『改元詔書』、『甲子諸道勘文幷外記勘例』、『改元勘文部類』）。

徳川家光《とくがわいえみつ》は元和九年七月二七日に将軍に任じられており、将軍代始《だいはじめ》の改元の意図があったのではないかとする説がある。『改元物語』は「元和年中京師大火アルニ由テ亨〔京〕童部ノ癖ナレハ、元和ノ字ハケムクハトヨムヘシナトトノ、シルニヨリ」改元されたと記す。また同書は「寛永」について「街説ニハ、ウサ見ルコト永シナト云シトナン」と記している。

―参考文献―

日下幸男「寛永改元について」『日本歴史』五五二　一九九四年
久保貴子「朝廷の再生と朝幕関係」『近世の朝廷運営』岩田書院　一九九八年
高埜利彦「江戸幕府の朝廷支配」『近世の朝廷と宗教』吉川弘文館　二〇一四年　初出一九八九年
所　功「年号の制定方法」『年号の歴史』雄山閣出版　一九八八年
峰岸純夫「災異と元号と天皇」『中世　災害・戦乱の社会史』吉川弘文館　二〇〇一年　初出一九七九年
山田忠雄「近世の元号雑感」『歴史評論』三四九　一九七九年

211 正《しょう》保《ほう》

天皇 後光明天皇
将軍 徳川家光

寛永二一年(一六四四)一二月一六日庚午 改元
正保五年(一六四八)二月一五日庚戌 慶安に改元

代始《だいはじめ》改元（『押小路《おしこうじ》文書』六六所収師定朝臣記《もろさだあそんき》）。後光明《ごこうみょう》天皇は明正《めいしょう》天皇の譲位《じょうい》を承けて寛永《かんえい》二〇年（一六四三）一〇月三日に践祚《せんそ》、同月二一日に即位した。先代の明正天皇は在位中に改元することがなく、『改元物語』には「一年号三帝ニワタル例ナシトテ」改元することになったと記す。八月二六日に年号勘者《かんじゃ》宣下が行なわれた（『正保改元度記（道房公記別記）』、『康道公記《やすみちこうき》』）。勘者は当初、文章博士《もんじょうはかせ》二名と大内記《だいないき》五条《ごじょう》為庸《ためのぶ》であったが為庸は大内記であること（文章博士の経験がないこと）が問題となり、九月一四日に父の五条為適《ためゆく》に変更された（『正保改元度記』、『康道公記』八月二八日条等）。寛永度とは異なり、下光《したびかり》以前に幕府にまず内勘文《かんもん》を提出することとし、幕府からは一一月一日付で「正保《しょうほう》」とすべき旨の返書が六日に届いた（『康道公記』一〇月六日、一一月六日条等）。『改元物語』には将軍徳川家光《とくがわいえみつ》が「年号ハ天下共ニ用ユルコトナレハ、武家ヨリ定ムヘキコト勿論ナリ、公家武家ノ政ハ正シキニ若ハナシ、正シクシテ保タハ大吉ナリ」として議定したことや、「其時酒井《さかい》讃岐守《さぬきのかみ》・堀田《ほった》加賀守《かがのかみ》・松平《まつだいら》伊豆守《いずのかみ》信綱《のぶつな》・阿部《あべ》対馬守《つしまのかみ》・阿部豊後守《ぶんごのかみ》伺候《しこう》シ、先考（林羅山《はやしらざん》）旧例ヲ考ヘ調進、公家ノ勘文ヲ御前ニテ読進ス、我（林鵞峰《はやしがほう》）モ其事ニアツカリ侍リヌ」と幕府における議論の様子を伝える。幕府に提出された内勘文は、文章博士東坊城《ひがしぼうじょう》知長《ともなが》（恒《つね》長《なが》）が「享封」「延禄」「正保」、同高辻長純《たかつじながずみ》が「載徳」「寛裕」「慶安」、前参議五条為適が「寛安」「享応」「明暦」「正観」であった。改元定に提出された勘文では、為適がこれに「貞正」を加えている。

改元定当日には「正保」「明暦」が選ばれて奏上され、「正保」に勅定するという形式がとられた。引文は「尚書《しょうしょ》正義曰、正㆓保衡㆒佐〔作〕（中略）我烈祖、格㆓于皇天㆒」（君奭。『忠利宿禰記《ただとしすくねき》』、『道房公記』、『押小路文書』六六、『改元勘文部類』）。

なお、寛永飢《き》饉《きん》後の新局面にあたって幕府が幕政の進展をめざそうとしたことを改元の背景に挙げる説もある。幕府では二三日に改元のことを諸大名に仰せ出した（『徳川実紀《とくがわじつき》』）。

―参考文献―

北原章男「家光の朝儀粛正と正保改元」『日本歴史』二八一　一九七一年
久保貴子「朝廷の再生と朝幕関係」『近世の朝廷運営』岩田書院　一九九八年
高埜利彦「江戸幕府の朝廷支配」『近世の朝廷と宗教』吉川弘文館　二〇一四年　初出一九八九年
山田忠雄「近世の元号雑感」『歴史評論』三四九　一九七九年

212　慶《けい》安《あん》

天皇　後光明天皇
将軍　徳川家光・徳川家綱

正保五年（一六四八）二月一五日庚戌　改元
慶安五年（一六五二）九月一八日丁亥　承応に改元

改元理由は御慎とされる（『尚嗣公記《ひさつぐこうき》別記』慶安《けいあん》五年〈一六五二〉八月一日条）が、詳細は不明である。『改元物語』は、「正保《しょうほう》ハ焼亡ト声ノ響似タリ、保ノ字ヲ分レハ、人口木（呆カ）トヨムベシ、又正保元年ト連署《れんしょ》スレバ正ニ保元ノ年トヨム、大乱ノキザシナリ」との京童部《きょうわらべ》の風説や、「正ノ字ハ一ニシテ止ト読、久シカルマジキ機ナリ」との雑説があり、京都所司代板倉重宗《いたくらしげむね》が内々に言上したとする。正保五年（一六四八）正月一九日に二月三日を改元予定日と定め、年号勘者《かんじゃ》宣下が行なわれた（『忠利宿禰《ただとしすくね》記《き》』）。閏《うるう》正月一二日の後《ご》水尾《みずのお》上皇二条亭御幸の折には年号の談合が行なわれ、「明暦」「慶安」両案を幕府に諮《はか》ることが決まり、二八日には「慶安」が良いとの幕府の返事が近衛尚嗣《このえひさつぐ》のもとに届いた（『尚嗣公記別記』）。このときも林羅山《はやしらざん》が将軍の御前に召されたという（『改元物語』）。その後、閏《うるう》正月二一日に後陽成《ごようぜい》天皇皇子覚深《かくしん》法親王（近衛尚嗣が甥、一条昭良《いちじょうあきよし》が弟にあたる）が薨じたことにより、改元定は二月一五日に変更された。

年号定では、年号字として権大納言兼式部大輔東坊城長維《ひがしぼうじょうながつな》が「天明」「文承」「貞正」「天保」「文建」を、前参議五条為適《ごじょうためゆく》が「明暦」「天和」「慶安」を、文章博士《もんじょうはかせ》東坊城知長《ともなが》が「文寛」「万祥」「明保」を、同高辻長純《たかつじながずみ》が「宝暦」「明治」「永安」を勘進《かんしん》している。出典は『周易《しゅうえき》』坤《こん》で、「乃終有㆑慶、安㆑貞之吉、応㆓地無㆒㆑疆」という部分。（東山御文庫本『改元記』卯三、『尚嗣公記別記』、『改元勘文《かんもん》部類』）。訓みについては、東山御文庫収蔵『女房奉書案留』に「きやうあん」と見える。

幕府では二月二六日に改元のことを仰せ出した（『徳川実紀《とくがわじつき》』）。

―参考文献―

久保貴子「朝廷の再生と朝幕関係」『近世の朝廷運営』岩田書院　一九九八年

213　承《じょう》応《おう》

天皇　後光明天皇・後西天皇
将軍　徳川家綱

慶安五年（一六五二）九月一八日丁亥　改元
承応四年（一六五五）四月一三日丁卯　明暦に改元

改元理由について、『改元物語』は前年の慶安《けいあん》四年（一六五一）四月二〇日に将軍徳川家光《とくがわいえみつ》が薨じ、八月一八日に家綱《いえつな》が将軍に任じられたことにより、翌年に改元することになったと伝える。『尚嗣公記《ひさつぐこうき》別記』八月一日条には、幕府より改元理由の説明がなかったため、慶安度にならって御慎を改元理由にしたことが記される。二月一〇日以前に幕府より改元が申し入れられ、朝廷では一六日には改元を八月ないし九月頃に実施することに決定した（『尚嗣公記別記』）。三月二一日には年号勘者《かんじゃ》宣下がなされている（『忠利宿《ただとしすく》禰記《ねき》』、『尚嗣公記別記』）。後光明《ごこうみょう》天皇は幕府への年号案提示方法について検討するよう前摂政二条康道《にじょうやすみち》・前関白一条昭良《いちじょうあきよし》・関白近衛尚嗣《このえひさつぐ》に仰せつけ、四月一四日に勘文《かんもん》すべてではなく「承応」「文嘉」「享応」に絞り、後水尾《ごみずのお》上皇に確認したうえで幕府に遣わすこととした（『尚嗣公記別記』）。

定に提出された年号勘文では、権大納言兼式部大輔東坊城長維《ひがしぼうじょうながつな》が「承禄」「文嘉」「承延」「享応」「寛承」を、文章博士《もんじょうはかせ》東坊城知長《ともなが》が「承応」「文承」「文長」を、同高辻良長《たかつじ》（豊長《とよなが》）が「清寛」「明保」「文元」を勘進《かんしん》している。出典は『晋書《しんじょ》』律暦志《りつれきし》で、「夏商〔殷〕承レ運、周氏応レ期」という部分（『忠利宿禰記』、『尚嗣公記別記』、『承応度撰進年号字勘例草』、『改元勘文部類』）。訓みは『本朝年代暦《ほんちょうねんだいれき》』には「セウヲウ」と清音で記される。

幕府には二四日に飛脚が到来し、二八日に改元のことを仰せ出した（『吉良家《きらけ》日記』、『徳川実紀《とくがわじつき》』）。

—参考文献—

久保貴子「朝廷の再生と朝幕関係」『近世の朝廷運営』岩田書院　一九九八年

214　明《めい》暦《れき》

天皇　後西天皇
将軍　徳川家綱

承応四年（一六五五）四月一三日丁卯　改元
明暦四年（一六五八）七月二三日戊午　万治に改元

後光明《ごこうみょう》天皇が疱瘡《ほうそう》により承応《じょうおう》三年（一六五四）九月二〇日に崩御《ほうぎょ》したため、急遽、異母弟の花町宮良《はなまちのみやなが》仁《ひと》親王が一一月二八日に践祚《せんそ》することとなった。これによる代始《だいはじめ》改元である（『忠利宿禰記《ただとしすくねき》』、『改元物語』等）。ただし、後光明天皇崩御以前の三年五月二七日時点で同年秋か来年春の改元が検討されており、六月一三日には年号字の勘者《かんじゃ》宣下が行なわれている（『宣順卿記《のぶよりきょうき》』、『忠利宿禰記』）。このときの改元理由は不明であるが、承応二年六月の皇居炎上がきっかけとなった可能性が指摘されている。

年号字は式部大輔東坊城長維《ひがしぼうじょうながつな》が「貞正」「明治」「文長」「明保」「安永」を、式部権大輔五条為庸《ごじょうためのぶ》が「文化」「明暦」「貞正」「寛安」「宝暦」を、文章博士《もんじょうはかせ》東坊城知長《ともなが》が「文元」「徳久」「天明」を勘進《かんしん》している。引文は「漢書律暦志《りつれきし》曰、大法九章、而五紀明二歴〔暦〕法一、続漢書曰、黄帝造レ歴、歴与レ暦同作」である（『忠利宿禰記』、『改元勘文《かんもん》部類』）。訓みは、「めいりやく」（『京童《きょうわらべ》』巻一）と「めいれき」（『八十翁《はちじゅうおう》疇昔《むかし》話《ばなし》』）の両様が確認される。なお、後西《ごさい》天皇は自らの蔵書印として「明暦《めいれき》」印を作成した。

幕府は四月二八日に改元のことを仰せ出した（『徳川実紀《とくがわじつき》』）。江戸町中への触れは二九日。『正宝事《しょうほうじ》録《ろく》』一―一一二）。

―参考文献―

久保貴子「朝廷の再生と朝幕関係」『近世の朝廷運営』岩田書院　一九九八年

215 万《まん》治《じ》

天皇　後西天皇
将軍　徳川家綱

明暦四年（一六五八）七月二三日戊午　改元
万治四年（一六六一）四月二五日甲辰　寛文に改元

改元理由は、前年の明暦《めいれき》三年（一六五七）正月一八日から一九日にかけて発生した江戸における明暦の大火（『宣順卿記《のぶよりきょうき》』、『改元物語』等）。『改元物語』は巷説に「明暦ノ二字、日月ニ又日ヲソヘタリ、光リ過キタルニ由テ大火事アル」とあったことを伝える。この大火により幕府より改元が申し入れられ、三年八月二二日には一一月に改元を行なうことが検討された。三〇日には式部大輔東坊城長維《ひがしぼうじょうながつな》・参議文章博《もんじょうはか》士《せ》東坊城知長《ともなが》・式部権大輔五条為庸《ごじょうためのぶ》・文章博士高辻豊長《たかつじとよなが》から寄せられた年号勘文《かんもん》から「貞正」「安永」「康徳」が選ばれている。その後、一〇月九日に幕府から改元を延引して明年正月か二月に行なうことが申し入れられた。翌年に入ると再度年号案の検討が行なわれ、三月一日には「乾永」「永禎」「万治」「文建」「享久」が候補に挙げられている（勧《か》修寺《じゅうじ》経広《つねひろ》『改元伝奏《てんそう》記』）。その後、幕府にて審議がなされ、「万治《まんじ》」に決した。『改元物語』は、父林羅山《はやしらざん》の例にならって林鵞峰《がほう》が公家の勘文を検討し、井伊直孝《いいなおたか》・酒井忠《さかいただ》世《よ》・酒井忠勝《ただかつ》・松平信綱《まつだいらのぶつな》・阿部忠秋《あべただあき》・稲葉正則《いなばまさのり》が列座するなかで、「貞観政要《じょうがんせいよう》ノ文ヲ引テ、本《もと》固レバ万事治ルトイヘル」と読み上げて賛同を得、将軍に言上したとする。

改元定当日に提出された年号勘文では、長維が「永安」「文長」「至正」「文嘉」「康徳」を、知長が「文元」「文平」「大正」を、為庸が「乾永」「寛禄」「貞正」「宝観」を、豊長が「永禎」「嘉徳」「万治」を勘《かん》進《しん》している。出典は『史記』夏本紀で「衆民乃定、万国為レ治」。前年に出された当初の年号案では引文が「唐書曰、正レ本則万事治」とされていたが、『唐書』に見えないとして引文が改められた（実際には『新唐書』列伝六に見える）（『万治度改元記』、『忠利宿禰記《ただとしすくねき》』、『改元勘文部類』）。

幕府には七月三〇日に京より改元の注進があり、八月一日に仰せ出した（『徳川実紀《とくがわじつき》』）。

―参考文献―

久保貴子「朝廷の再生と朝幕関係」『近世の朝廷運営』岩田書院　一九九八年

216 寛《かん》　文《ぶん》

天皇　後西天皇・霊元天皇
将軍　徳川家綱

万治四年（一六六一）四月二五日甲辰　改元
寛文一三年（一六七三）九月二一日丁亥　延宝に改元

万治《まんじ》四年（一六六一）正月一五日に京都で大火が起こり、御所が炎上した。「万治の大火」と呼ばれる。朝廷より京都所司代牧野親成《まきのちかしげ》を通じて改元の申し入れがあり、幕府はそれを了承した（『改元物語』）。三月下旬には年号勘文《かんもん》が幕府に届けられ、林鵞峰《はやしがほう》は「寛文」を第一とし、保科正光《ほしなまさみつ》らも賛同した。ただし、このたびの改元は朝廷より申し入れがあったことなので、ただ一つに絞ることはせず、二案を加えて三案を提示し、叡慮によることとした。朝廷でも「寛文」が選ばれたが、実際には高家の吉良義冬《きらよしふゆ》が内意を公家側に伝えていたという（『改元物語』）。

年号勘文は、参議文章博士《もんじょうはかせ》東坊城知長《ひがしぼうじょうともなが》が「享久」「文元」「文久」を、参議式部権大輔五条為庸《ごじょうためのぶ》が「寛文」「宝永」「貞正」「安永」を、文章博士高辻豊長《たかつじとよなが》が「文長」「嘉徳」「永禎」を勘進《かんしん》し、改元定で「嘉徳」と「寛文」が選ばれて奏され、聖断により「寛文《かんぶん》」に決するという形をとった。出典は『荀子《じゅんし》』致士《ちし》篇第一四で、「節奏陵而文、生民寛而安、上文下安、功名之極也」という部分（『寛文度改元年号勘文写』、『忠《ただ》利宿禰記《としすくねき》』）。訓みについては、東山御文庫収蔵『霊元天皇女房奉書写《れいげんてんのうにょうぼうほうしょ》』の端書に「くわんふん」と見える。

幕府では五月四日に京より改元の注進があり、翌五日に改元のことを仰せ出した（『徳川実紀《とくがわじつき》』）。

―参考文献―

久保貴子「朝廷の再生と朝幕関係」『近世の朝廷運営』岩田書院　一九九八年

217　延《えん》宝《ぽう》

天皇　霊元天皇　寛文一三年(一六七三)九月二一日丁亥　改元
将軍　徳川家綱・徳川綱吉　延宝九年(一六八一)九月二九日己卯　天和に改元

寛文《かんぶん》三年(一六六三)正月二六日に後西《ごさい》天皇からの譲位《じょうい》により、霊元《れいげん》天皇が践祚《せんそ》したが、幕府が認めなかったため代始《だいはじめ》改元は実施されなかった(『改元物語』)。幕府は天皇の代始改元を否定しようとしていたとの説がある。この年五月九日に京都に大火が起こり、内裏等が焼失したことにより、七月下旬に朝廷は幕府へ改元を申し入れ、了承を得た。朝廷では代始改元ともする(『改元私勘』)。七月二九日に勘者《かんじゃ》五人に年号勘進《かんしん》を命じている(『頼業卿記《よりなりきょうき》』)。『勧慶日記《かんけいにっき》』八月四日条には「延宝」「宝永」「天亀」、また新字として「永禎」が挙がっていることが記される。江戸には八つの年号字案が送られ、幕府では九月四日に議定を行なった。林鵞峰《はやしがほう》の「延宝」「弘徳」「天亀」を上とする案が言上されたという(『改元物語』)。九月一三日に正式に年号字勘者宣下が行なわれた(『兼晴公記《かねはるこうき》』等)。

改元定に提出された年号勘文《かんもん》では、権中納言五条為庸《ごじょうためのぶ》が「延宝」「宝永」「建禄」「享延」「天亀」を、式部大輔東坊城《ひがしぼうじょう》知長《ともなが》が「貞享」「享久」「弘徳」を、式部権大輔高辻豊長《たかつじとよなが》が「嘉徳」「永禎」「貞久」を、文《もん》章博士《じょうはかせ》五条為致《ためむね》が「永清」「享宝」「嘉永」を、同東坊城長詮《ながあき》が「俊徳」「至元」「貞徳」を勘進した。「延宝」の出典は『隋書』音楽志で、「分㆓四序㆒、綴㆓三光㆒、延㆓宝祚㆒、渺無㆑疆」という部分(『基量卿記《もとかずきょうき》』、『重《しげ》房宿禰《ふさすくね》記《き》』、『延宝度改元年号勘文』、『改元勘文部類』、東山御文庫本『改元記』辰)。なお霊元天皇は年号字を検討するにあたって、「延宝《えんぽう》」の字を打ち返す(ひっくり返す)と「ホウエン」であり、「保延」と同音になることも意識した（『改元私勘』）。

幕府では九月二六日に京より改元の注進が届いた（『徳川実紀《とくがわじつき》』）。江戸町中への触れは二九日。『正宝事録《しょうほうじろく》』一―五二四）。

―参考文献―

久保貴子「朝廷の再生と朝幕関係」『近世の朝廷運営』岩田書院　一九九八年

218 天《てん》和《な》

天皇　霊元天皇
将軍　徳川綱吉

延宝九年（一六八一）九月二九日己卯　改元
天和四年（一六八四）二月二一日丁巳　貞享に改元

辛酉《しんゆう》御慎を改元理由とする（『改元詔書』）。文亀《ぶんき》度以来一八〇年ぶりの辛酉改元である。朝廷から改元を打診し、幕府がそれを認めたものか。辛酉改元は春に行なうのが先例であったが、後水尾《ごみずのお》上皇が延宝《えんぽう》八年（一六八〇）八月一九日に崩御《ほうぎょ》したため延引した（『妙法院日次記《みょうほういんひなみき》』）。六月には九～一〇月頃に改元することが決定し（『基量卿記《もとかずきょうき》』同月一九日条）、八月二九日に諒闇《りょうあん》が終わり大祓がなされている（『兼輝公記《かねてるこうき》』）。九月七日に辛酉革命当否勘者《かんじゃ》宣下がなされた（『基熙公記《もとひろこうき》』）。八月中に朝廷内で年号案の検討がなされているが、霊元《れいげん》天皇や左大臣近衛基熙《このえもとひろ》は当初の内勘文《かんもん》に納得せず、再度の勘文提出が命じられ、九月一六日に三案に絞って幕府に遣わした（『基熙公記』一一日・一三日、九月一六日条）。三案のうち霊元天皇は「天明」を推していたものの、幕府は「天和」を選んだとの風聞がなされている（『基熙公記』九月二八日条）。

当日は辛酉革命定が行なわれた後、改元定が実施され、「文長」（「寛安」とする説もある）と「天和」の二案が奏上され、「天和《てんな》」に決した。出典は『後漢書』孝桓帝紀の「天人協和、万国咸寧」。提出された年号勘文では、権中納言兼式部大輔高辻豊長《たかつじとよなが》が「享久」「嘉永」「寛安」「文嘉」「天明」を、文章博士《もんじょうはかせ》東坊《ひがしぼう》城長詮《じょうながあき》が「嘉徳」「文長」「永安」を、文章博士唐橋在庸《からはしありのぶ》が「慎徳」「明治」「天和」を挙げている。改元詔書は永享《えいきょう》一三年（一四四一）例にならって作成された（『天和改元記』、『基熙公記』、『基量卿記』、『改元勘文部類』）。訓みについて『八十翁《はちじゅうおう》疇昔話《むかしばなし》』には「てんわ」と見える。

幕府では一〇月九日に改元のことを仰せ出した（『徳川実紀《とくがわじつき》』）。

―参考文献―

久保貴子「改元に見る朝幕関係」『近世の朝廷運営』岩田書院　一九九八年

219 貞《じょう》享《きょう》

天皇 霊元天皇・東山天皇
将軍 徳川綱吉

天和四年(一六八四)二月二一日丁巳 改元
貞享五年(一六八八)九月三〇日己亥 元禄に改元

甲子《かっし》改元。前年の天和《てんな》三年(一六八三)一一月一七日には明年の改元に備えて年号勘者《かんじゃ》や伝奏《てんそう》が定められ、一二月七日には革令当否勘者宣下がなされた(『禁中日次記《きんちゅうひなみき》』、『押小路《おしこうじ》文書』六七)。

年号案について、当初、「文長」「天明」が良いとする案を幕府に伝えた(『基熙公記《もとひろこうき》』正月一二日条)が、幕府は字が不快であるとして再提出を求めた(『基熙公記』二月九日条)。霊元《れいげん》天皇は出された諸家の勘進《かんしん》案に不満があり、延宝《えんぽう》度に出された「宝永」が良いのではないかと主張し、幕府へは「宝永」「安永」「貞享」が提案されることになった(『兼輝公記《かねてるこうき》』正月七日・一九日条)。これに対し、幕府からは定二日前の一九日になって「貞享」とすべき旨の回答が到来した(『基熙公記』)。

当日は甲子革令定が行なわれた後、改元定が実施され、「貞享」と「文長」の二案が奏上され、「貞享《じょうきょう》」に決した。出典は『周易《しゅうえき》』(下経益)で「永貞、吉、王用享二于帝一、吉」。改元定に提出された年号勘文《かんもん》では、正二位《しょうにい》東坊城恒長《ひがしぼうじょうつねなが》(知長)が「康徳」「貞享」「元寧」(内勘文《かんもん》では「貞徳」「元寧」「貞享」)を、式部大輔高辻豊長《たかつじとよなが》が「文長」「寛禄」「貞正」を、式部権大輔東坊城長詮《ながあき》が「大応」「嘉徳」「文承」を、文章博士唐《から》橋在庸《はしありのぶ》が「宝永」「安永」「明和」(内勘文では「仁長」〈ついで「安永」〉「明和」「享応」)を、同高辻長量《ながかず》が「祉長」「天明」「弘徳」(内勘文では「祉長」「天明」「大正」)を挙げている。改元詔書は寛永《かんえい》元年(一六二四)例によって作成された(『基熙公記』、『兼輝公記』、『改元勘文部類』、『貞享度改元年号勘文』、『貞享度改元年号内勘文写』)。

幕府では二月二八日に改元のことが仰せ出された(『徳川実紀《とくがわじつき》』)。

—参考文献—

久保貴子「改元に見る朝幕関係」『近世の朝廷運営』岩田書院　一九九八年

220　元《げん》禄《ろく》

天皇　東山天皇
将軍　徳川綱吉

貞享五年(一六八八)九月三〇日己亥　改元
元禄一七年(一七〇四)三月一三日壬子　宝永に改元

代始《だいはじめ》改元。貞享《じょうきょう》四年（一六八七）三月二一日に霊元《れいげん》天皇より譲位《じょうい》された皇太子朝仁《あさひと》親王（東山《ひがしやま》天皇）は、四月二八日に即位式を行ない、一一月一六日に大嘗祭《だいじょうさい》を行なった。

八月四日に来月改元のことが仰せ出され（『基熙公記《もとひろこうき》』）、一二日には年号勘者《かんじゃ》宣下がなされ、九月一日に年号案を幕府に伝えた。この際、京都所司代に、今後は年号字を一つに決定するのではなく、二、三案を示してもらい、その中から仗議《じょうぎ》で決定したいこと、また霊元上皇は「宝永」を推している旨を伝えたという（『基量卿記《もとかずきょうき》』）。これに対し、九月一八日に幕府より「元禄」「享和」の二案を支持する旨の回答があった。ただしこのうち「元禄」の方が良いとしており、事実上は「元禄」を指定する形をとっていた。また「元禄」の引文が檄文《げきぶん》であることは不快であるとして、引文の変更を求めた（『基熙公記』、『基量卿記』九月二四日条）。そのため、引文が『文選《もんぜん》』檄四四・陳孔璋檄㆓呉将校部曲㆒文の「建㆓立元勲㆒、以応㆓顕禄㆒、福之上也」から『宋史《そうし》』礼志七封禅の「以㆑仁守㆑位、以㆑孝奉㆑先、祈㆑福逮㆑下、侑㆑神昭㆑徳、恵綏㆓黎元㆒、懋建㆓皇極㆒、天禄無疆、霊休允迪、万葉其昌」に改められることとなった（『基熙公記』九月一九日・二〇日条）。

定当日の年号案は、前権大納言東坊城恒長《ひがしぼうじょうつねなが》が「宝文」「天成」「文定」を、式部大輔高辻豊長《たかつじとよなが》が「寛延」「文嘉」「寛禄」を、文章博士《もんじょうはかせ》高辻長量《ながかず》が「宝永」「文享」「元禄」「弘永」「享和」を勘進《かんしん》している。

難陳《なんちん》の後、「元禄」と「享延」が選ばれて天皇・上皇に奏上され、「元禄《げんろく》」に決するとの仰せが下った（『基熙公記』、『基量卿記』、『改元勘文部類』）。

これまで天皇の代始改元に否定的であった幕府が代始改元を認めたのは、徳川綱吉《とくがわつなよし》政権が儀式典例を重視していたことと関連するとの見方がある。

幕府では一〇月六日に改元のことを仰せ出した（『徳川実紀《とくがわじつき》』）。

―参考文献―

久保貴子「改元に見る朝幕関係」『近世の朝廷運営』岩田書院　一九九八年

221

宝《ほう》永《えい》

天皇 東山天皇・中御門天皇
将軍 徳川綱吉・徳川家宣

元禄一七年(一七〇四)三月一三日壬子 改元
宝永八年(一七一一)四月二五日甲申 正徳に改元

改元理由は関東大地震および大火事連続（『基熙公記《もとひろこうき》別記』元禄《げんろく》一六年〈一七〇三〉一一月一九日条）。前年の元禄一六年一一月二三日未明に房総半島南端の野島崎付近を震源地とする元禄地震（推定マグニチュード七・九〜八・二）が発生し、その後も余震が続いた。大火も地震にともなって発生したものである。そこで幕府は朝廷に改元を申し入れ（『基熙公記別記』一六年一二月一九日条）、朝廷では二月中旬以前に改元することを正月五日に決定した（『基量卿記《もとかずきょうき》』）。同二六日には年号勘者《かんじゃ》宣下がなされている（『基熙公記』、『季《すえ》連宿禰《つらすくね》記《き》』）が、年号字案の選定にあたっては東山《ひがしやま》天皇および霊元《れいげん》上皇が深く関与し指示を与えていた。正月二八日時点での年号字案は式部大輔東坊城長詮《ひがしぼうじょうながあき》が「万寧」「嘉徳」「大応」「寛安」「文嘉」、式部権大輔清岡長時《きよおかながとき》が「堅安」「天保」「宝暦」「永安」「乾永」「寛延」、式部少輔唐橋在隆《からはしありたか》が「恭明」「嘉永」「安長」、文章博士《もんじょうはかせ》東坊城資長《すけなが》が「容徳」「大正」「慶応」、同高辻総長《たかつじふさなが》が「文邦」「正観」「明和」、侍従五条為《ごじょうため》範《のり》が「有治」「安永」「享和」である。それより「安永」「正観」「享和」「乾永」「明和」「寛延」「天保」が選ばれて幕府に遣わされたが、幕府側は再検討を要請し、改元は延引することとなった（『基量卿記』二月七日条、『基熙公記別記』正月二九日・二月一〇日条等）。改めて勘文《かんもん》が提出され、「正徳」「宝暦」「宝永」「寛保」「安観」「天亀」の六案を挙げて幕府に遣わしたところ（『基長卿記《もとながきょうき》』二月二九日・三月二日条）、「宝永」で幕府の了承が得られたらしい。

定当日には長詮が「正永」「文元」「天亀」「万安」「文化」を、長時が「堅安」「宝暦」「永安」「保徳」「享宝」を、在隆が「恭明」「安観」「慶永」を、資長が「容徳」「天祐」「宝安」を、総長が「文邦」「正徳」「長祥」を、為範が「有治」「宝永」「寛保」を勘進《かんしん》し、「宝永《ほうえい》」に決した。出典は『旧唐書《くとうじょ》』音楽志で、「宝祚惟永、暉光日新」という部分（『宝永度改元年号勘文』）。

江戸では三月三〇日に改元のことが仰せ出された（『徳川実紀《とくがわじつき》』）。

―参考文献―

宇佐美龍夫「元禄地震」『大地震　古記録に学ぶ』そしえて　一九七八年（吉川弘文館　二〇一四年復刊）
宇佐美龍夫ほか『日本被害地震総覧　五九九～二〇一二』東京大学出版会　二〇一三年
久保貴子「改元に見る朝幕関係」『近世の朝廷運営』岩田書院　一九九八年
所　功「霊元上皇宸筆　国立歴史民俗博物館所蔵「年号事」覚書」水上雅晴編『年号と東アジア』八木書店　二〇一九年
野村　玄「旧高松宮家伝来東山天皇宸翰と宝永改元」『国立歴史民俗博物館研究報告』一六〇　二〇一〇年

222　正《しょう》徳《とく》

天皇　中御門天皇
将軍　徳川家宣・徳川家継

宝永八年(一七一一)四月二五日甲申　改元
正徳六年(一七一六)六月二二日庚戌　享保に改元

代始《だいはじめ》改元。東山《ひがしやま》天皇は宝永《ほうえい》六年(一七〇九)六月二一日に皇太子慶仁《やすひと》親王(中御門《なかみかど》天皇)に譲位《じょうい》した。東山上皇は同年一二月一七日に疱瘡《ほうそう》により崩御《ほうぎょ》したため、中御門天皇の即位式は延引して七年一一月一一日に、御元服は八年正月一日に行なわれた。それより改元の準備が進められ、三月には幕府からも即位式が済み、また凶事が続いているので早く改元するよう申し入れがなされている(『基煕公記《もとひろこうき》』六日条)。宝永六年正月に将軍徳川綱吉《とくがわつなよし》が薨じ、五月に家宣《いえのぶ》が将軍に任じられていることも関連するか。

四月二日に改元所役が仰せ出され、八日には改元勘者《かんじゃ》宣下が行なわれた(『禁裏番衆所日記《きんりばんしゅうじょにっき》』、『基長卿記《もとながきょうき》』)。一〇日には年号字につき諸卿に勅問が下されている(『禁裏番衆所日記』)。朝廷では内勘文《かんもん》より「正徳」「寛保」「享和」「享保」「明和」の五案を選び幕府に提示した(坊城家《ぼうじょうけ》本『改元記』所収尚房卿記《ひさふさきょうき》四月一二日条)が、このうち「寛保」が霊元《れいげん》上皇の内意であり、中御門天皇は「享和」を推していたという(『定基卿記《さだもときょうき》』四月二五日条)。これに対し幕府からの回答は、「保」は松平保山《まつだいらほざん》(柳沢吉保《やなぎさわよしやす》)と一致し、「明和」は猛火を連想させ、「享和」は音の響きが良くないとして、「正徳《しょうとく》」を第一とするものであった(『基煕公記』四月一五日条)。新井白石《あらいはくせき》が「正徳」を推したという(『正徳年号弁』)。

定に提出された年号勘文では、式部権大輔清岡長時《きよおかながとき》が「建中」「天保」「明和」「寛禄」「享和」を、文《もん》章博士《じょうはかせ》高辻総長《たかつじふさなが》が「長祥」「正徳」「文長」「大亨」「明治」を、侍従五条為範《ごじょうためのり》が「寛保」「天亀」「安長」

を、同唐橋在廉《からはしありかど》が「天啓」「万和」「享保」を勘進《かんしん》している。典拠は『尚書《しょうしょ》』大禹謨《だいうぼ》で「正徳利用厚生惟和」という部分（『資堯朝臣記《すけたかあそんき》』、『改元勘文部類』、『正徳度改元文書』）。

幕府では五月一日に改元のことが仰せ出された（『徳川実紀《とくがわじつき》』等）。

なお、正徳二年（一七一二）一〇月一四日に将軍家宣が薨じると、林信篤《はやしのぶあつ》は年号に「正」字を用いるのは不祥であり、将軍代替わりに際し改元すべきことを幕府に上奏したが、白石は『正徳年号弁』を記して反論し、改元が実施されることはなかった。

―参考文献―
荒川久壽男「正徳の年号と新井白石」『新井白石の学問思想の研究』皇学館大学出版部　一九八七年　初出一九八一年
久保貴子「改元に見る朝幕関係」『近世の朝廷運営』岩田書院　一九九八年
平井誠二「新井白石と正徳改元」『日本思想史』四六　一九九五年
「正徳改元の経緯について」『大倉山論集』三九　一九九六年

223　享《きょう》　保《ほう》

天皇　中御門天皇・桜町天皇
将軍　徳川吉宗

正徳六年（一七一六）六月二二日庚戌　改元
享保二一年（一七三六）四月二八日壬辰　元文に改元

『徳川実紀《とくがわじつき》』正徳《しょうとく》六年（一七一六）七月一日条には「近年大喪うちつゞきしかば京にて改元あり」と見える。第六代将軍徳川家宣《とくがわいえのぶ》は正徳二年一〇月一四日薨じ、ついで第七代将軍となった家継《いえつぐ》もこの年四月三〇日に薨じた。五月二四日には来月中旬に改元のことが幕府より申し入れられている（『基熙公記《もとひろこうき》』）。ただし『押小路《おしこうじ》文書』七二所収万治《まんじ》以来改元上卿已《しょうけいい》下《か》勧進之留には「御慎に依る也」と見える。『基長卿記《もとながきょうき》』六月一九日条によれば、改元定の仰詞《おおせことば》に議論があり、当初「変災」との案が出されたが、「災」の字は重く聞こえるとして「変異」に変更されたという。六月三日に年号勘者《かんじゃ》宣下がなされている（『基長卿記』、『兼香《かねか》公記《こうき》』等）。六月の改元は先例が良くなかったが、幕府は早期改元を望んだ（『基熙公記』六月二日条等）。六月一〇日に年号字案として「享保」「明宝」「文長」「保和」「延享」「明和」「元文」を幕府に提案し、幕府からは「文長」「享保」の回答があった。内々には「享保」が意中であったという（『兼香公記』一〇日・一八日条）。これまで朝廷が主導権を持っていた改元日の決定も、今回は幕府によって二二日に決定された（『基熙公記』一八日条）。『兼香公記』一四日条によれば、これ以前は朝廷内の諮問を指して使用されていた「下光《したびかり》」という語が、「御下光」として幕府に対しても使用されるようになっていたことが知られる。なお霊元《れいげん》上皇は正徳三年に落飾したため、天皇からの問い合わせに対し、事前の奏聞を必要としない旨回答している（『院中番衆所日記《いんちゅうばんしゅうじょにっき》』六月一九日条）。

年号勘文《かんもん》は参議式部権大輔が「天業」「元文」「大暦」「享保」「明宝」を、大学頭《だいがくのかみ》東坊城資長《ひがしぼうじょうすけなが》が「大亨」「文長」「天亀」を、文章博士《もんじょうはかせ》高辻総長《たかつじふさなが》が「保和」「元長」「天明」「万宝」「和徳」を、侍従唐橋在廉《からはしありかど》が「明和」「嘉延」「永安」を、同清岡致長《きよおかゆきなが》が「紹明」「天保」「延享」を勘進《かんしん》し、定の後、「享保《きょうほう》」に確定した。引文は「後周書《こうしゅうしょ》曰、享㆓茲大命㆒、保㆓有万国㆒」である（『享保度改元年号勘文』）が、あるいは『周書』（孝閔帝紀）の誤りか。

なお幕府では七月一日に改元のことが仰せ出された（『徳川実紀《とくがわじつき》』）。

—参考文献—

久保貴子「改元に見る朝幕関係」『近世の朝廷運営』岩田書院　一九九八年

224 元《げん》文《ぶん》

天皇 桜町天皇
将軍 徳川吉宗

享保二一年（一七三六）四月二八日壬辰 改元
元文六年（一七四一）二月二七日壬戌 寛保に改元

代始《だいはじめ》改元。享保《きょうほう》二〇年（一七三五）三月二一日、中御門《なかみかど》天皇が皇太子昭仁《てるひと》親王（桜町《さくらまち》天皇）に譲位《じょうい》し、桜町天皇は一一月三日に即位式を挙げた。いつ頃より改元の検討がなされたか不明であるが、二月一九日には四月下旬に代始により改元することが発表され、二二日には内々に五人に年号勘者《かんじゃ》が仰せ下された（『八槐記《はっかいき》』）。このとき、叡慮をもってこれまで年号勘進《かんしん》を勤めたことがなかった明経道《みょうぎょうどう》の清原氏より従《じゅ》二《に》位《い》伏原宣通《ふしはらのぶみち》がその一人に選ばれたため、菅原《すがわら》氏は反発し、最終的に宣通は除かれ、また勘者人数が四名となることを避けるため、東坊城長誠《ひがしぼうじょうながのぶ》（綱忠《つなただ》）もはずされることになった（『兼香公記《かねかこうき》』三月一日・五日条）。三月二四日に内々勘文《かんもん》が提出された。内々勘文の年号字案は式部大輔高辻総長《たかつじふさなが》が「天明」「文長」「寛延」「久治」「明安」、文章博士《もんじょうはかせ》唐橋在秀《からはしありひで》が「天悠」「元文」「明治」「宝文」「万録」、同五条為成《ごじょうためしげ》が「応輝」「大亀」「宝暦」「明和」「永安」である（『八槐記』三月二四日条）。四月一日には正式に年号勘者宣下がなされ、八日には年号字案のうち七号が幕府に提示された（『通兄公記《みちえこうき》』、『元文改元一会』等）。朝廷は七号のなかでも「元文」を推していたが、一九日にそれを認める返答があった（『通兄公記』二二日条）。二六日に国解ならびに年号勘文が奏されている（『八槐記』等）。朝廷内の意思決定の主体は中御門上皇であった。

改元定では為成が「応輝」に代えて「得寿」を勘進したほかは内々勘文と同字をそれぞれ勘進し、「元文」に決した。出典は『文選《もんぜん》』賦己一一宮殿・何平叔景福殿賦で、「武創㆓元基㆒、文集㆓大命㆒、皆体㆑天作レ制、順レ時立レ政、至二于帝皇一、遂重熙而累盛」という部分（『八槐記』、『稙房卿記《たねふさきょうき》』、岩瀬文庫本『改元記事』三）。

なお、幕府では五月七日に改元のことが出仕の輩に伝えられた（『徳川実紀《とくがわじっき》』）。

―参考文献―

久保貴子「改元に見る朝幕関係」『近世の朝廷運営』岩田書院　一九九八年

225　寛《かん》　保《ぽう》

天皇　桜町天皇
将軍　徳川吉宗

元文六年(一七四一)二月二七日壬戌　改元
寛保四年(一七四四)二月二一日己巳　延享に改元

辛酉《しんゆう》改元。前年の元文《げんぶん》五年（一七四〇）一一月四日には辛酉改元を二月に行なうことについて幕府の内意を得（『兼香《かねか》公記《こうき》』一一月五日条）、それより準備が進められて一二月一八日には辛酉革命当否勘者《かんじゃ》宣下がなされ、二月七日に「寛保」「延享」「嘉徳」「文長」「嘉延」「天保」「享和」を選び、うち「寛保」と「延享」なかでも「寛保」を推すことを幕府に伝えた（『兼香公記』）。二月二四日に条事定がなされ、二七日にはまず辛酉革命当否の仗議《じょうぎ》がなされた後、改元定が行なわれ、文章博士《もんじょうはかせ》高辻家長《たかつじいえなが》が「開成」「明安」「天保」「天明」「文長」（内勘文《かんもん》も同じ。内々勘文は「開成」「明安」「文長」の三つ）を、同清岡長香《きよおかながか》が「祥見」「寛保」「延享」「万安」「安長」（内々勘文は「祥見」「寛保」「延享」の三つ）を、式部権大輔唐橋在廉《からはしありかど》が「嘉延」「万和」「永安」「享和」「嘉徳」（内々勘文は「享和」と「嘉徳」、内勘文は「安観」「明和」「嘉延」「万和」「永安」）を勘進《かんしん》し、定が行なわれて「寛保《かんぽう》」に確定した。出典は『国語』周語で、「寛所二以保一レ本也、注云、本位也、寛則得レ衆」という部分（『八槐記』、『寛保度改元一件文書』、岩瀬文庫本『改元記事』二二）。改元詔書は天和《てんな》の例によって作成された（『八槐記』、押小路《おしこうじ》本『改元部類』、『革命改元記　寛保度』）。

幕府では三月三日に改元のことが仰せ出された（『徳川実紀《とくがわじつき》』）。

―参考文献―
久保貴子「改元に見る朝幕関係」『近世の朝廷運営』岩田書院　一九九八年

226 延《えん》享《きょう》

天皇　桜町天皇・桃園天皇　寛保四年（一七四四）二月二一日己巳　改元
将軍　徳川吉宗・徳川家重　延享五年（一七四八）七月一二日甲午　寛延に改元

甲子《かっし》改元。前年の一一月三日には二月の甲子改元が仰せ出され（『改元雑事日記』）、二月八日には京都所司代に年号案として「天明」「延享」「宝暦」「明和」「嘉徳」が示され、うち「天明」「延享」「宝暦」を推すことが伝えられた。幕府からは「延享」か「宝暦」、特に「延享」を推すことが返答されている（『延享度年号字往来留』）。二一日に甲子革令定ならびに改元定が実施された。

年号勘文《かんもん》は式部大輔五条為範《ごじょうためのり》が「弘暦」「永安」「宝暦」「天久」「万徳」を、参議大学頭《だいがくのかみ》東坊城長誠《ひがしぼうじょうながのぶ》（綱忠《つなただ》）が「永錫」「寛禄」「観徳」「建正」「明享」を、式部権大輔唐橋在廉《からはしありかど》が「嘉延」「万和」「享和」「嘉徳」「延祚」を、文章博士《もんじょうはかせ》高辻家長《たかつじいえなが》が「明安」「文長」「天明」を、同清岡長香《きよおかながか》が「延享」「天保」「明和」を勘進《かんしん》し、定が行なわれて「延享《えんきょう》」に確定した。出典は『芸文類聚《げいもんるいじゅ》』巻一天部上で、「聖主寿延、享祚元吉」という部分（『憲台記《けんだいき》（光綱卿記《みつつなきょうき》）』、『八槐記《はっかいき》』、岩瀬文庫本『改元記事』四）。

幕府では二月二九日に改元のことが仰せ出された（『徳川実紀《とくがわじっき》』）。

―参考文献―
久保貴子「改元に見る朝幕関係」『近世の朝廷運営』岩田書院　一九九八年

227 寛《かん》延《えん》

天皇　桃園天皇
将軍　徳川家重

延享五年（一七四八）七月一二日甲午　改元
寛延四年（一七五一）一〇月二七日庚申　宝暦に改元

代始《だいはじめ》改元。桜町《さくらまち》天皇は延享《えんきょう》四年（一七四七）五月二日に皇太子遐仁《とおひと》親王（桃園《ももぞの》天皇）に譲位《じょうい》し、桃園天皇は九月二一日に即位式を実施した。五年二月一三日には四月に改元することが定められた（『八槐記《はっかいき》』、『正親町実連《おおぎまちさねつら》改元奉行記』）。三月二七日には改元日時定が行なわれ、四月二五日改元が予定された（『頼言《よりとき》卿記《きょうき》』、『正親町実連改元奉行記』）が、四月一〇日に年号案を京都所司代に示そうとしたところ、幕府は同日は徳川家継《とくがわいえつぐ》の三三回忌法会の初日であるとして延期を求めた（『光綱卿記別記《みつつなきょうきべっき》』）。そのため朝廷では改元日を六月二日に変更し、再度年号案を幕府に示した。年号案は「寛延」「天明」「宝暦」「嘉徳」「弘暦」「保禄」「嘉延」「万保」の八号で、そのうち「寛延」「天明」「宝暦」を推した（四月の時点では「嘉徳」「天明」「宝暦」）。しかし前日になっても返答がないため、再度、改元が延引することとなった（『日次醜満《ひなみしゅうまん》』、『通兄公記《みちえこうき》』二日条）。一一日にいたり幕府より朝鮮通信使が帰国のため京都を通過して以降に改元するよう要求があり、二四日に年号案について「寛延」とする返答があった。これを承けて六月二八日に朝廷は七月一二日を改元日とすることを幕府に打診し、幕府の承認を得て改元が実施されることとなった（『光綱卿記別記』、『八槐記』七月一二日条）。

年号勘文《かんもん》は式部大輔五条為範《ごじょうためのり》が「保禄」「天明」「万保」「寛延」（当初は「応禄」）「嘉徳」を、文章博士《もんじょうはかせ》清岡長香《きよおかながか》が「弘暦」（当初は「明禄」）「享和」（当初は「万安」）「大応」を、同桑原長視《くわはらながみ》が「綏禄」「宝暦」

「嘉延」（当初は「明和」）を勘進《かんしん》し、定が行なわれて「寛延」に確定した。出典は『文選《もんぜん》』巻四七・王子淵聖主得二賢臣一頌で、「開二寛裕之路一、以延二天下之英俊一也」（『稙房卿記《たねふさきょうき》』、『八槐記』、『正親町実連改元奉行記』、『押小路《おしこうじ》文書』六九）。

幕府では一八日に改元のことが仰せ出された（『徳川実紀《とくがわじつき》』）。

――参考文献――

久保貴子「改元に見る朝幕関係」『近世の朝廷運営』岩田書院　一九九八年

228 宝《ほう》暦《れき》

天皇　桃園天皇・後桜町天皇
将軍　徳川家重・徳川家治

寛延四年（一七五一）一〇月二七日庚申　改元
宝暦一四年（一七六四）六月二日壬午　明和に改元

『八槐記《はつかいき》』寛延《かんえん》四年（一七五一）一〇月二日条によれば、去年以来凶変がしばしば有ることによる改元で、具体的には三年四月二三日の桜町《さくらまち》上皇崩御《ほうぎょ》、八月二六日の大雷および同夜の殿守（二条城天守）焼亡、今年二月二九日の京都の地震（推定マグニチュード五・五〜六・〇）であったという。その後、六月二〇日に大御所徳川吉宗《とくがわよしむね》が薨去しており、おそらくはそれ以前より改元のことが議されていたのであろう。『通兄公《みちえこう》記《き》』は吉宗薨去も改元理由の一つであるとの風聞を伝える。

八月五日には幕府より、朝廷から正式に改元の内慮を伝えるよう返書がなされている（『広橋兼胤公武御《ひろはしかねたねこうぶご》用日記《ようにつき》』）。当初、九月中の改元が検討されていたが、摂政一条道香《いちじょうみちか》が父兼香《かねか》の喪に服したため、除服を待って手続きを進めることになり、冬に延引となった（『広橋兼胤公武御用日記』八月九日条）。九月二二日に一〇月改元が幕府に伝えられ、幕府の承諾があった一〇月二日には庭田重熙《にわたしげひろ》に改元伝奏《てんそう》が命じられる（『広橋兼胤公武御用日記』）。年号字の内勘文《かんもん》として式部大輔五条為範《ごじょうためのり》が「天明」「宝暦」「明和」「安亨」「万保」を、文章博士《もんじょうはかせ》清岡長香《きよおかながか》が「万安」「久和」「天保」「明禄」「安長」を、同唐橋在富《からはしありとみ》（在家《ありいえ》）が「天節」「万禄」「天享」「文長」「万和」を勘進《かんしん》し（『通兄公記』一〇月四日条）、八日にそれらより「宝暦」「天明」「明和」「安長」「天保」「万保」「文長」が選ばれて幕府に諮《はか》られた。このうち朝廷では「宝暦」「天明」「明和」を推し、特に「宝暦」が内意であることを伝えている。一九日に幕府から返答があり年号は「宝暦」に内定した（『光綱卿記別記《みつつなきようき》』八日条、『広橋兼胤公武御用日記』一九日条）。

当日の改元勘文は為範が「天明」「宝暦」「明和」「安享」「万保」を、長香が「久和」「天保」「安長」を、在富が「天節」「天享」「文長」を勘進し、定が行なわれて「宝暦《ほうれき》」に確定した。出典は『貞観政要《じようがんせいよう》』巻五論誠信で、「及（衍カ）恭承㆓宝暦㆒、夤奉㆓帝図㆒、垂拱無為、氛埃靖〔静〕息」（『八槐記』。戈直集論本は本引用文と同文）。改元詔書は享保《きようほう》の例によることとされた（『通兄公記』）。年号の訓みは「ハウリヤク」（『広橋兼胤公武御用日記』七日条）。

幕府では一一月三日に改元のことが仰せ出された（『徳川実紀《とくがわじつき》』）。

—参考文献—

宇佐美龍夫ほか『日本被害地震総覧　五九九～二〇一二』東京大学出版会　二〇一三年
久保貴子「改元に見る朝幕関係」『近世の朝廷運営』岩田書院　一九九八年

229 明《めい》和《わ》

天皇 後桜町天皇・後桃園天皇
将軍 徳川家治

宝暦一四年（一七六四）六月二日壬午 改元
明和九年（一七七二）一一月一六日丁未 安永に改元

代始《だいはじめ》改元。桃園《ももぞの》天皇は脚気《かっけ》衝心《しょうしん》のため宝暦《ほうれき》一二年（一七六二）七月一二日に崩御《ほうぎょ》し、天皇の皇子英仁《ひでひと》親王がまだ五歳であったため、桜町《さくらまち》天皇皇女智子《としこ》内親王（後《ご》桜町《さくらまち》天皇）が同月二七日に践祚《せんそ》した。翌一三年一一月二七日に即位式を挙げている。それに先立つ一一月二日に来年正月下旬に改元することとし、改元伝奏《てんそう》を仰せつけるなど朝廷内で改元の準備が始まった（『八槐記《はっかいき》』）。一一月四日に翌年正月二八日を改元予定日として幕府に連絡し（『八槐記』）、一二月下旬には年号字案として「明和」「大応」「万保」「天明」「嘉亨」「天亀」「文化」の七号が選ばれ、このうち「明和」と「天明」、特に「明和」を推すとして幕府に申し入れがなされた（『広橋兼胤公武御用日記《ひろはしかねたねこうぶごようにっき》』一二月二〇日・二二日条）。しかし四年正月四日になり、幕府が朝鮮通信使の来府による改元延引を求めてきたため、朝廷では朝鮮通信使が帰国のため京都を通過する三月下旬（実際には四月上旬）以降で、桜町天皇の忌月である四月を避け、五月二七日を改元予定日として幕府に問い合わせた。これに対し幕府は「明和《めいわ》」を承認する一方、改元日については六月二日を指定し（『広橋兼胤公武御用日記』三月八日、五月一五日条、『後桜町天皇宸記』五月一六日・一七日条、『頼言卿《よりとききょう》記《き》』五月一七日条）、結局その日に改元することとなった。

改元勘文《かんもん》では式部大輔東坊城綱忠《ひがしぼうじょうつなただ》が「天亀」「咸和」「万福」「文久」「承禄」を、右大弁唐橋在家《からはしありいえ》が「永明」「嘉亨」「明和」「万安」「天嘉」を、文章博士《もんじょうはかせ》高辻世長《たかつじつぐなが》（胤長《たねなが》）が「高充」「大亨」「文化」「明安」

「長祥」を、同東坊城輝長《てるなが》が「協和」「永錫」「長養」「大応」「順享」を、式部権大輔五条為璞《ごじょうためたま》（為俊《ためとし》）が「輔徳」「天明」「永安」「嘉徳」「万保」を勘進《かんしん》し、定が行なわれて「明和《めいわ》」に確定した。典拠は『尚書《しょうしょ》』堯典《ぎょうてん》で、「百姓昭明、協㆓和万邦㆒」。改元日当日には内侍所《ないしどころ》に御百度のことが行なわれている（『八槐記』、『後桜町天皇宸記』、岩瀬文庫本『改元記事』四二）。

幕府では六月一三日に改元のことが仰せ出された（『徳川実紀《とくがわじつき》』）。

なお、英仁親王は当初、霊元《れいげん》天皇の先例にならって一〇歳頃に践祚する予定であったが、実際には一一歳の明和五年（一七六八）に立太子して元服を遂げ、一三歳となった明和七年一一月二四日に践祚した（後桃園《ごももぞの》天皇）。即位式は翌八年四月二八日。践祚の経緯が霊元天皇の場合と似通っていたためか、霊元天皇の例にならって代始改元は行なわれなかった（『古事類苑《こじるいえん》』所引年号勘文部類）。

―参考文献―
久保貴子「改元に見る朝幕関係」『近世の朝廷運営』岩田書院　一九九八年
　「上皇・天皇の早世と朝廷運営」『近世の朝廷運営』岩田書院　一九九八年
後桜町女帝宸記研究会「後桜町天皇宸記」『京都産業大学日本文化研究所紀要』一五・一六　二〇一〇・一一年

230 安《あん》永《えい》

天皇 後桃園天皇・光格天皇
将軍 徳川家治

明和九年（一七七二）一一月一六日丁未 改元
安永一〇年（一七八一）四月二日乙巳 天明に改元

幕府が春の関東大火と秋の大風を理由に改元を申し入れた（『紀光卿記《もとみつきょうき》』明和《めいわ》九年〈一七七二〉一〇月一七日条）。大火とは明和九年二月二九日から三〇日にかけて発生した目黒行人坂《ぎょうにんざか》大火のことで、大風とは八月二日の東海から江戸・東北地方にかけての大風雨洪水を指すのであろう。ただし改元時の仰詞《おおせことば》は、ただ「変異」により改元するとされた（『紀光卿記』）。なお、明和改元の当初から九年にいたると世人「迷惑」する事あらんとの風聞があったという（『翁草《おきなぐさ》』巻一六一）。

九月七日に静謐《せいひつ》を祈って内侍所千反楽《ないしどころせんたんがく》が催され（『広橋兼胤公武御用日記《ひろはしかねたねこうぶごようにっき》』）、二〇日には京都所司代が武《ぶ》家《け》伝奏広橋兼胤《てんそうひろはしかねたね》に幕府より改元を申し入れた先例について問い合わせをしている。これに対し兼胤は二日後に享保《きょうほう》改元のことを伝えた（『広橋兼胤公武御用日記』）。幕府の意向を承けて、形式的には朝廷から幕府に改元の内慮を伝えるという形をとることとなった（『八槐記《はっかいき》』一〇月一日条）。そして一〇月一八日には改元日を一一月一六日に決定している（『知音《ともね》卿記《きょうき》』）。年号字案は内勘文《かんもん》より「安永」「文長」「万保」「建正」「嘉徳」「天保」「建安」「天久」「永安」の九号が選ばれ、このうち「安永」「文長」、特に「安永」を天皇・上皇が推し大臣も支持しているとして幕府に諮《はか》ることになった（『広橋兼胤公武御用日記』一〇月二七日条）幕府では林鳳谷《はやしほうこく》が召され、やはり「安永」を具申したという（『一話一言』巻五一所収安永改元林家書上）。

年号勘文は式部大輔唐橋在家《からはしありいえ》が「万保」「万禄」「嘉徳」「延祚」「嘉享」を、右大弁高辻世長《たかつじつぐなが》（胤長《たねなが》）が「天保」「万宝」「大亨」「貞久」「建安」を、文章博士《もんじょうはかせ》東坊城益良《ひがしぼうじょうますよし》が「敬徳」「万福」「永吉」「建正」「万安」を、式部権大輔兼文章博士清岡輝忠《きよおかてるただ》が「欽永」「天久」「文長」「寛禄」「永安」を、侍従唐橋在熈《ありひろ》が「天純」「天明」「万徳」「安永」を勘進《かんしん》し、定めが行なわれて「安永《あんえい》」に確定した。当初は在熈ではなく大《だい》学頭《がくのかみ》桑原為弘《くわはらためひろ》（忠長《ただなが》）に宣下があり、同人が勘じていたが、所労により在熈に交替したものである。出典は『文選《もんぜん》』賦乙三・京都中・張平子東京賦《とうけいふ》で「寿安永寧」。改元詔書は享保元年の例によって作成された（『紀光卿記』、『安永度改元定申沙汰雑誌』）。

幕府では一一月二五日に改元のことが仰せ出されれた（『徳川実紀《とくがわじつき》』）。

―参考文献―

久保貴子「改元に見る朝幕関係」『近世の朝廷運営』岩田書院　一九九八年

231 天《てん》明《めい》

天皇 光格天皇
将軍 徳川家治・徳川家斉

安永一〇年(一七八一)四月二日乙巳 改元
天明九年(一七八九)正月二五日壬午 寛政に改元

代始《だいはじめ》改元。安永《あんえい》八年(一七七九)一〇月二九日に後桃園《ごももぞの》天皇が崩御《ほうぎょ》したことにより、閑院宮《かんいんのみや》典仁《すけひと》親王の皇子兼仁王《ともひとおう》(光格《こうかく》天皇)が同年一一月二五日に践祚《せんそ》した。即位式は九年一一月四日に実施された。

即位式に先立つ一一月二二日に翌年二月ないし三月に改元を行なう方針が京都所司代に伝えられ、幕府もこれを承認した(『日野《ひの》資枝《すけき》公武《こうぶ》御用雑記《ごようざつき》』同日、一二月九日条)。その後、改元日は延引となり、三月に入り年号字案として「天明」「天保」「延祚」「文長」「保和」「明保」「文化」の七号が選ばれ、このうち「天明」「天保」、なかでも「天明」を推すこと、四月二日を改元予定日としたいことが幕府に伝えられ、幕府の承認を得た(『日野資枝公武御用雑記』三月二日・四日・一八日条)。

改元勘文《かんもん》は権中納言高辻胤長《たかつじたねなが》が「万禄」「保和」「文長」「文化」「嘉延」を、式部大資五条為俊《ごじょうためとし》が「大応」「天明」「観徳」「天保」「慶応」を、文章《もんじょう》博士《はかせ》唐橋在熙《からはしありひろ》が「天弘」「万徳」「明保」「延祚」「万和」を勘進《かんしん》し、定が行なわれて「天明《てんめい》」に確定した(『紀光卿記』)。

出典は『尚書《しょうしょ》』商書太甲上の「(先王)顧㆓諟天之明命㆒」(『紀光卿記《もとみつきょうき》』)。なお、ある人が眉をひそめて「天命に尽《つ》きる」という言葉があるから、この年号の間に何ぞ尽きる大事があるであろうと述べたという(『翁草』巻一六一)。

幕府では一三日に改元のことが仰せ出された(『徳川実紀《とくがわじつき》』)。

―参考文献―
久保貴子「改元に見る朝幕関係」『近世の朝廷運営』岩田書院　一九九八年

232 寛《かん》政《せい》

天皇　光格天皇
将軍　徳川家斉

天明九年(一七八九)正月二五日壬午　改元
寛政一三年(一八〇一)二月五日壬子　享和に改元

改元理由は前年の天明《てんめい》八年（一七八八）正月三〇日から二月二日にかけての京都大火。この大火は鴨川東の宮川町団栗辻子《どんぐりのずし》が出火元であったことから団栗焼けとも呼ばれ、御所や二条城も含め、京都市街の八割が焼失したといわれる。京都大火による改元の先例である寛文《かんぶん》・延宝《えんぽう》時が三、四ヵ月で改元しているのに比し、今回が改元まで約一年かかっているのは御所造営をめぐる朝幕間の調整が優先されたためか。御所造営の方針が定まった後の天明八年一二月二日に翌年正月中下旬の改元が仰せ出され（『経熙公記《つねひろこうき》』、坊城俊親《ぼうじようとしちか》『改元定申沙汰雑誌』）、一二月一七日には年号字勘者宣下《かんじやせんげ》がなされた（『大外記師武記《だいげきもろたけき》』）。ただし実際にはそれ以前に勘者が定められ、内勘文《かんもん》が提出されている（『経熙公記』一二月四日条、『改元定申沙汰雑誌』一二月一〇日条）。

それらの年号字案より「寛政」「文化」「文長」「寛安」「享和」「嘉享」「天祐」が選ばれ、うち「寛政」「文化」「寛安」、なかでも天皇および上皇は「寛政」か「寛安」を推していたという（『経熙公記』正月一〇日・一四日条、『改元定申沙汰雑誌』正月一一日条）。幕府との折衝の経緯は定かでないが、幕府の選択によって「寛政《かんせい》」に定まったと推測される。

改元勘文は前権中納言高辻胤長《たかつじたねなが》が「長祥」「至元」「久和」「文化」「寛政」、式部大輔東坊城益良《ひがしぼうじようますよし》が「文長」「寛安」「嘉延」「洪徳」「建正」を、式部権大輔唐橋在熙《からはしありひろ》が「延祚」「享和」「嘉延」「文同」「嘉

享」を、文章《もんじょう》博士《はかせ》高辻福長《とみなが》が「用保」「和平」「弘化」「天祐」「平章」を、同五条為徳《ごじょうためのり》が「允徳」「大応」「応保」を勘申《かんじん》した。「寛政《かんせい》」の出典は『春秋左氏伝《しゅんじゅうさしでん》』昭公《しょうこう》二〇年で「(残則)施レ之以レ寛、寛以済レ猛、猛以済レ寛、政是以和」という部分(『寛政改元難陳《なんちん》』、『改元年号勘文難陳記』)。

幕府では二月三日に改元のことが仰せ出された(『続徳川実紀《ぞくとくがわじつき》』)。

なお、この年から五年にかけて、天皇が父典仁《すけひと》親王への太上天皇号宣下を求めた尊号一件《そんごういっけん》が起きている。

—参考文献—

久保貴子「改元に見る朝幕関係」『近世の朝廷運営』岩田書院　一九九八年

233 享《きょう》和《わ》

天皇　光格天皇
将軍　徳川家斉

寛政一三年(一八〇一)二月五日壬子　改元
享和四年(一八〇四)二月一一日辛未　文化に改元

辛酉《しんゆう》改元。前年の寛政《かんせい》一二年（一八〇〇）一二月四日には来年の辛酉改元、六日には年号勘者《かんじゃ》等についての御内意が仰せ出され、二七日には辛酉革命諸道勘文《かんもん》等の奏聞や年号勘者宣下が行なわれた（『享和《きょうわ》辛酉革命改元申沙汰備忘』、『忠良公記《ただよしこうき》』）。

年が明けて正月五日には改元日の日取りが決まり（『御湯殿上日記《おゆどののうえのにっき》』）、一七日には年号字案が「享和」「嘉延」「文化」「嘉永」「安延」「嘉徳」「嘉享」に絞られている（『享和辛酉革命改元申沙汰備忘』）。「享和」「嘉永」が有力とされたらしい（『享和度辛酉革命改元一会』）。ちなみに勘者より提出された年号字の内勘文《かんもん》および当日提出の正勘文は、前権大納言高辻胤長《たかつじたねなが》が「万保」「大暦」「元吉」「慶応」「嘉永」、参議文章博士《もんじょうはかせ》高辻福長《とみなが》が「保和」「大亀」「保禄」「万宝」「嘉延」、前参議唐橋在熙《からはしありひろ》が「嘉徳」「文長」「万禄」「享和」「文同」、参議式部大輔五条為徳《ごじょうためのり》が「嘉享」「延祚」「享寿」「文政」「万和」、式部権大輔兼文章博士清岡長親《きよおかながちか》が「含弘」「和保」「嘉延」、大内記《だいないき》東坊城尚長《ひがしぼうじょうひさなが》が「洽和」「文嘉」「万喜」、大学頭《だいがくのかみ》桑原為顕《くわはらためあき》が「嘉彰」「安延」「文化」であった。

当日は辛酉革命定に次いで改元定が実施され、「享和《きょうわ》」に確定した。出典は『文選《もんぜん》』巻四九史論上・干令升晋紀総論で、「順㆓乎天㆒而享㆓其運㆒、応㆓乎人㆒而和㆓其義㆒」という部分（『享和度年号勘文』、『享和度辛酉革命改元一会』、『享和辛酉革命改元申沙汰備忘』）。

幕府では二月一三日に改元のことが仰せ出された（『続徳川実紀《ぞくとくがわじつき》』）。

―参考文献―

久保貴子「改元に見る朝幕関係」『近世の朝廷運営』岩田書院　一九九八年

234　文《ぶん》化《か》

天皇　光格天皇・仁孝天皇
将軍　徳川家斉

享和四年(一八〇四)二月一一日辛未　改元
文化一五年(一八一八)四月二二日己丑　文政に改元

甲子《かっし》改元。前年の享和《きょうわ》三年(一八〇三)一一月一七日に来年二月上旬に革令改元定を行なうことが仰せ出され、一二月一三日に甲子革令勘者《かんじゃ》宣下、一九日に甲子革令諸道勘文《かんもん》および外記《げき》勘例《かんれい》奏聞、二一日に年号勘者宣下がなされた(山科《やましな》本『改元記』、『公卿補任《くぎょうぶにん》』)。二七日に年号字案として「文化」「嘉徳」「嘉政」「万宝」「嘉永」「文政」「万徳」の七号を選び、このうち「文化」と「嘉徳」、なかでも「文化」を推していることを京都所司代に伝え、幕府に検討を求めた(『一話一言』巻五一所収甲子改元記)。

年が明けて正月一四日には翌月一一日に改元を実施することが確定した(山科本『改元記』)。当初は一四日が予定されていたが、六代将軍徳川家宣《とくがわいえのぶ》の命日が(一〇月)一四日であることを理由に変更されたものである(『伊光記《これみつき》』正月一一日条)。改元日当日は革令定に次いで改元定が実施された。

年号字の内勘文《かんもん》は式部大輔五条為徳《ごじょうためのり》が「文化」「嘉延」「文長」「万延」「嘉政」を、前参議唐橋在熙《からはしありひろ》が「万保」「延祚」「文政」「万安」「明保」を、勘解由《かげゆ》長官《ちょうかん》桑原為弘《くわはらためひろ》(忠長《ただなが》)が「嘉績」「万徳」「嘉享」を、文章博士《もんじょうはかせ》清岡長親《きよおかながちか》が「嘉徳」「嘉延」「文享」「万和」「寛禄」を、大学頭桑原為顕《だいがくのかみくわはらためあき》が「万宝」「安延」「大暦」「文暦」「慶応」「享祚」を、大内記《だいないき》(文章博士)高辻俊長《たかつじとしなが》が「万基」「嘉永」「寛裕」を勘進《かんしん》した。「文化」の出典は『周易《しゅうえき》』賁卦彖伝と『後漢書』巻六二・荀淑伝で、前者は「観㆓乎天文㆒、以㆓察時変㆒、観㆓乎人文㆒、以化㆓成天下㆒」、後者は「宣㆓文教㆒以章㆓其化㆒、立㆓武備㆒以秉㆓其威㆒」(『文化度改元記』、『文化度改元一件文書』）。

幕府では一九日に改元のことが仰せ出された（『続徳川実紀《ぞくとくがわじつき》』）。なお、この改元のとき、江戸において「元明」改元という誤った情報を売り広めたとして幕府より処罰された者がいた（『街談文々集要』巻一）。

―参考文献―

久保貴子「改元に見る朝幕関係」『近世の朝廷運営』岩田書院　一九九八年
国立公文書館平成三一年春の特別展図録『江戸時代の天皇』同館　二〇一九年

235 文《ぶん》政《せい》

天皇 仁孝天皇
将軍 徳川家斉

文化一五年(一八一八)四月二二日己丑 改元
文政一三年(一八三〇)一二月一〇日甲午 天保に改元

代始《だいはじめ》改元。皇太子恵仁《あやひと》親王(仁孝《にんこう》天皇)は父光格《こうかく》天皇より文化《ぶんか》一四年(一八一七)三月二二日に受禅し、同年九月二一日に即位式を挙げた。翌一五年正月一二日には四、五月中に改元を希望する旨、幕府に伝えることとし(『山科忠言卿伝奏記《やましなただときょうてんそうき》』)、その回答を承けて二月二九日に四月中に代始改元を行なうことが発表され、三月八日には一九日に年号勘者《かんじゃ》宣下、四月二〇日に改元定を行なうことが幕府に告げられた(『改元申沙汰記(実堅卿記《さねかたきょうき》)』)。年号字の内勘文《かんもん》として式部大輔清岡長親《きよおかながちか》より「文政」「嘉延」「亨正」「文長」「延化」、文章博士《もんじょうはかせ》東坊城聡長《ひがしぼうじょうとしなが》より「政教」「安政」「洪徳」「嘉政」「文久」、同五条為定《ごじょうためさだ》より「廷正」「文政」「寛化」「嘉政」「万延」が勘進《かんしん》、三月二三日にそのうち「文政」「万延」「文長」「延化」「嘉政」「洪徳」「嘉延」が選ばれ、うち「文政」と「文長」、特に「文政」を推していることが武家伝奏《ぶけてんそう》に伝えられた。九日に幕府より返答が寄せられている(『広橋胤定公武御用日記《ひろはしたねさだこうぶごようにっき》』、『山科忠言卿伝奏記』)。なお二五日には改元予定日を四月二二日に変更した(『改元申沙汰記(実堅卿記)』)。また直前の四月二〇日には下御《しもご》霊社《りょうしゃ》に七日間の祈禱が仰せつけられている(『禁裏執次詰所日記《きんりしつじつめしょにっき》』)。当日は条事定に次いで改元定が実施された(『山科忠言卿伝奏記』)。

「文政《ぶんせい》」の出典は『漢書』巻六武帝本紀と『群書治要《ぐんしょちよう》』巻四〇・賈子、『尚書《しょうしょ》』舜典孔安国《しゅんてんこうあんこく》で、それぞれ「選㆓豪俊㆒、講㆓文学㆒、稽㆓参政事㆒、祈㆓進民心㆒」、「政㆓平於人㆒者、謂㆓之文政㆒矣」、「舜察㆓天文㆒斉㆓七かれた）。

政一」（『文政度改元年号勘申並難陳』、『改元年号難陳記』、『文政度改元年号勘申並難陳』。『尚書』は正勘文では省

幕府では五月四日に改元のことが仰せ出された（『続徳川実紀《ぞくとくがわじつき》』）。なお、仁孝天皇践祚まもなくの四月二七～二八日頃、年号改元ありとの風説が流れ、なかには「永長」であるとの情報を売り歩き、召し捕らえられる者もいたという（『我衣』巻一二）。

―参考文献―

久保貴子「改元に見る朝幕関係」『近世の朝廷運営』岩田書院　一九九八年
山田忠雄「近世の元号雑感」『歴史評論』三四九　一九七九年

236 天《てん》保《ぽう》

天皇　仁孝天皇
将軍　徳川家斉・徳川家慶

文政一三年(一八三〇)一二月一〇日甲午　改元
天保一五年(一八四四)一二月二日甲午　弘化に改元

改元時の仰詞《おおせことば》によれば、近来災異が多く特に昨秋に起きた地震が理由であるという(『天保改元記《てんぽうかいげんき》』)。また改元詔書には「宗廟《そうびょう》」の有事にも触れられているが、「宗廟」は伊勢神宮のことで、文政《ぶんせい》一三年(一八三〇)閏《うるう》三月一九日に荒祭宮《あらまつりのみや》等が火災により焼失したことを指している。七月二日に京都において大地震が発生し(文政京都地震。推定マグニチュード六・五前後)、二条城などに大きな被害が発生した。八月下旬には宝暦《ほうれき》度の例に任せて改元の準備が進められている(広橋胤定《ひろはしたねさだ》『公武御用日記《こうぶごようにっき》』二三日・二八日条)。その後、幕府の承諾も得られ、一〇月四日に正式な発表となり、改元予定日についても一一月下旬から一二月上旬の時期とされた(柳原隆光《やなぎわらたかみつ》『改元申沙汰雑誌』)。

年号字案の内勘文《かんもん》は、式部大輔桑原為顕《くわはらためあき》が「天保」「嘉享」「万徳」「保和」「安延」を、式部権大輔高辻《たかつじ》以長《もちなが》が「監徳」「嘉延」「万延」「嘉永」「寛安」を、文章博士《もんじょうはかせ》唐橋在久《からはしありひさ》が「天叙」「嘉延」「嘉徳」「万和」「元化」を提出し、それより「天保」「嘉延」「嘉享」「安延」「寛安」「嘉徳」「万和」の七号が選ばれている。その後、「天保」と「嘉延」、なかでも「天保《てんぽう》」を推すこととして幕府に提示した(『改元申沙汰雑誌』一一月一八日条)。出典は『尚書《しょうしょ》』商書八・仲虺之誥で「欽崇㆓天道㆒、永保㆓天命㆒」(『天保度改元参仕雑誌』、『実久卿記《さねひさきょうき》』)。

幕府では一二月一六日に改元のことが仰せ出された(『続徳川実紀《ぞくとくがわじつき》』、『柳営日次記《りゅうえいひなみき》』)。なお、江戸市中では改元前に新年号が「永長」であるという書付を売り歩き、処罰された者がいたという（『藤岡屋日記』弘化元年一二月七日条）。

—参考文献—

宇佐美龍夫ほか『日本被害地震総覧　五九九～二〇一二』東京大学出版会　二〇一三年
久保貴子「改元に見る朝幕関係」『近世の朝廷運営』岩田書院　一九九八年
西山昭仁「文政京都地震（一八三〇年）における京都盆地での被害要因の検討」『地震研究所彙報』八五　二〇一〇年
三木晴男『京都大地震』思文閣出版　一九七九年
山田忠雄「近世の元号雑感」『歴史評論』三四九　一九七九年

237　弘《こう》化《か》

天皇　仁孝天皇・孝明天皇
将軍　徳川家慶

天保一五年（一八四四）一二月二日甲午　改元
弘化五年（一八四八）二月二八日壬申　嘉永に改元

天保《てんぽう》一五年（一八四四）五月一〇日の江戸城本丸御殿火災による。同月二〇日には朝廷にて改元の実施について検討が始まり（『万延《まんえん》度改元号記』安政《あんせい》六年〈一八五九〉一〇月二二日条所引実堅公記《さねかたこうき》）、翌二一日には武家《ぶけ》伝奏《てんそう》と京都所司代との間で話し合いがもたれた。七月三日には幕府からの返答が武家伝奏に伝えられ、一五日に改元の御内慮を武家伝奏が京都所司代に伝えるよう明示された際には、天保九年三月の江戸城西の丸炎上も改元理由に加えられることになった（『日野資愛公武御用日記《ひのすけなるこうぶごようにっき》』）。九月二二日には一一月下旬ないし一二月上旬に改元を行なうことが正式に発表される（『実久卿記《さねひさきょうき》』）。一〇月一三日、内勘文《かんもん》から「弘化」「嘉徳」「万安」「万延」「文久」「嘉永」「嘉延」の七号が選ばれ、そのうち「弘化」と「嘉徳」、なかでも「弘化」を強く推す旨が幕府に伝えられた（徳大寺《とくだいじ》実堅《さねかた》『武家伝奏記録』、『日野資愛公武御用日記』）。

当日の改元定では、式部大輔五条為定《ごじょうためさだ》が「大寛」「万安」「弘化」「嘉政」「享安」を、式部権大輔高辻以《たかつじもち》長《なが》が「嘉永」「文久」「万延」「嘉徳」「永寧」を、文章博士《もんじょうはかせ》清岡長煕《きよおかながてる》が「天秩」「嘉延」「大暦」を、同唐橋在久《からはしありひさ》が「嘉延」「万和」「嘉享」「寛安」「和平」を勘進《かんしん》し、「弘化」に確定した。出典は『尚書《しょうしょ》』周官と『晋書《しんじょ》』巻一一四・王猛伝で、前者は「（貳公）弘レ化、寅二亮天地一」、後者は「（今）聖徳格二于皇天一威霊被二于八表一、弘化已熙、六合清泰」（巻一四四載記第一四・苻堅下・王猛。『弘化度改元勘文』、『定祥卿記《さだなかきょうき》』）。

幕府では一二月一三日に改元のことが仰せ出された（『続徳川実紀《ぞくとくがわじっき》』）。この仰出の直前には、「嘉政」に改元したとの偽情報を売り広めて処罰された者がいたという（『藤岡屋日記』一二月七日条）。

―参考文献―

久保貴子「改元に見る朝幕関係」『近世の朝廷運営』岩田書院　一九九八年
山田忠雄「近世の元号雑感」『歴史評論』三四九　一九七九年

238 嘉《か》永《えい》

天皇　孝明天皇
将軍　徳川家慶・徳川家定

弘化五年（一八四八）二月二八日壬申　改元
嘉永七年（一八五四）一一月二七日壬辰　安政に改元

代始《だいはじめ》改元。仁孝《にんこう》天皇は弘化《こうか》三年（一八四六）正月二六日に崩御《ほうぎょ》し、皇太子皇子統仁《おさひと》親王（孝明《こうめい》天皇）が二月一三日に践祚《せんそ》した。翌弘化四年九月二三日に即位式を挙げている。

いったん四年一〇月一日に当年冬に代始改元を行なうことが仰せ出されたが、一三日に仁孝天皇の女御《にょうご》であった新朔平門院《しんさくへいもんいん》（藤原祺子《ふじわらのやすこ》）が崩御《ほうぎょ》したため、延引することとなった。一二月二三日になり二月下旬ないし三月上旬に改元を行なうこととし、式部大輔五条為定《ごじょうためさだ》、式部権大輔高辻以長《たかつじもちなが》、文章博士《もんじょうはかせ》清岡長熙《きよおかながてる》、同桑原為政《くわはらためまさ》に二七日に内々に年号字案を勘進《かんしん》するよう命じることとなる。為定は「天久」「万安」「嘉政」「大元」「万寧」を、以長は「延祚」「嘉徳」「嘉永」「万延」「永寧」を、長熙は「嘉延」「寛禄」「文久」「明治」「至元」を、為政は「天佑」「嘉享」「万保」を勘進した（坊城俊克《ぼうじょうとしかつ》『改元申沙汰雑誌草』）。このうち「天久」「嘉永」「大元」「明治」「嘉延」「永寧」「万延」が選ばれ、そのうち「天久」と「嘉永」、なかでも「天久」を推していることを正月二五日に幕府に伝えて検討を依頼したところ、二月一三日に「嘉永」を推すという幕府からの返答が届いた（『公武御用雑誌』）。「嘉永」の出典は『宋書《そうじょ》』楽志《がくし》で、「思皇享多レ祜、嘉楽永無レ央」という部分（『嘉永度改元勘文』）。二月二八日に改元定が行なわれて「嘉永《かえい》」に決した。

幕府では三月一五日に改元が布告された（『続徳川実紀《ぞくとくがわじつき》』）。

―参考文献―

久保貴子「改元に見る朝幕関係」『近世の朝廷運営』岩田書院　一九九八年
所　功「「慶応」年号の成立過程」慶応義塾大学法学部編・発行『慶応義塾大学法学部法律学科開設百年記念論文集』
慶応法学会篇　一九九〇年
中澤伸弘「近世改元日考〈補〉」『神道学』復刊一四八　一九九一年

239 安《あん》政《せい》

天皇 孝明天皇
将軍 徳川家定・徳川家茂

嘉永七年(一八五四)一一月二七日壬辰 改元
安政七年(一八六〇)三月一八日壬午 万延に改元

嘉《か》永《えい》七年(一八五四)八月二三日に、朝廷は四月の内裏炎上と最近の異国船渡来(ペリー来航)により物情が穏やかでないとして、年内に天明《てんめい》度にならって改元することを申し入れた(『脇坂安宅日記《わきさかやすおりにっき》』)。幕府もこれに同意し、朝廷は九月一五日に一一月中の改元を仰せ出した(『聡長卿記《としながきょうき》』、『久我家記《こがけき》』)。このときには六月一五日の近畿地方の地震(伊賀上野地震。推定マグニチュード七・二五前後)も改元理由に追加されている。年号字案は前権大納言東坊城聡長《ひがしぼうじょうとしなが》が「至元」「安政」「天久」「和平」「寛裕」を、式部大輔高辻以《たかつじもち》長《なが》が「万和」「万延」「延祚」「寛禄」「永寧」を、文章博士《もんじょうはかせ》桑原為政《くわはらためまさ》が「大亨」「安延」「天祐」「文長」「保和」を、同唐橋在光《からはしありてる》が「天健」「和平」「元化」を提出した(中御門経之《なかみかどつねゆき》『条事定改元定雑誌』。『久我家記』はこれに参議五条為定《ごじょうためさだ》の「大元」「文久」「元寧」「大寛」「建天」を加え記す)。

一〇月一五日には年号字案「文長」「安政」「安延」「和平」「寛裕」「寛禄」「保和」七号が定まり、このうち「文長」と「安政」、特に「文長」を推し、また一一月二二日を改元予定日として幕府に伝えた。これに対し、幕府は一一月三日に「安政」を推し、かつ二二日は一二代将軍徳川家慶《とくがわいえよし》の忌日であることから改元日の変更を求めた。そのため改元日を二七日に変更することとなった(『脇坂安宅日記』、『聡長卿記』等)。当日は改元定が行なわれ「安政《あんせい》」に確定した。出典は『群書治要《ぐんしょちよう》』三八・孫卿子で「庶人安レ政、然後君子安レ位矣」という部分(『久我家記』)。

幕府では一二月五日に改元のことが仰せ出された（『続徳川実紀《ぞくとくがわじつき》』）。

—参考文献—

宇佐美龍夫ほか『日本被害地震総覧　五九九〜二〇一二』東京大学出版会　二〇一三年
久保貴子「改元に見る朝幕関係」『近世の朝廷運営』岩田書院　一九九八年
所　功「「慶応」年号の成立過程」慶応義塾大学法学部編・発行『慶応義塾大学法学部法律学科開設百年記念論文集』
　慶応法学会篇　一九九〇年
土佐圭ほか「安政元年伊賀上野自身の断層運動の再検討」『歴史地震』一四　一九九八年
萩原尊禮ほか「安政元年六月の伊賀上野地震」『古地震』東京大学出版会　一九八二年

240 万《まん》延《えん》

天皇　孝明天皇
将軍　徳川家茂

安政七年(一八六〇)三月一八日壬午　改元
万延二年(一八六一)二月一九日丁丑　文久に改元

安政《あんせい》六年（一八五九）一〇月一七日の江戸城本丸焼失による改元。二一日には孝明《こうめい》天皇のもとに情報がもたらされ、早速、改元の検討がなされた。一一月七日に京都所司代より武家伝奏《ぶけてんそう》へ改元を受け入れる旨、返答があった。朝廷では二、三月の改元をめざして準備を進めた。改元御沙汰書では蕃夷（異国船渡来）による混乱や旧年の異病（コレラ）流行も改元理由として挙げられている。

年号字案について前中納言五条為定《ごじょうためさだ》が「大元」「至治」「文久」「万延」「享寿」、文章博士《もんじょうはかせ》桑原為政《くわはらためまさ》が「大亨」「久治」「和平」「万徳」「文長」、式部大輔唐橋在光《からはしありてる》が「万和」「永寧」「大応」「建正」「至元」という内勘文《かんもん》を提出し、二月一三日にそれより「万延」「文久」「和平」「万和」「大応」「建正」「至元」が選ばれ、なかでも「万延」「文久」が優れていること、翌一四日にはさらに「万延」を推すことが定まった。これを一五日に改元予定日とともに京都所司代に示し、幕府からは三月一日に朝廷の意向通り新年号を「万延《まんえん》」とし、改元日を三月一八日とすることを承諾する回答があった。当日、改元定によって新年号が確定した。「万延」の出典は『後漢書』馬融伝で、「豊㆓千億之子孫㆒、歴㆓万載㆒而永延」という部分（『万延度改元号記』、坊城俊克《ぼうじょうとしかつ》『公武御用雑誌』、『万延度改元書類』）。

幕府では閏《うるう》三月一日に改元のことが仰せ出された（『続徳川実紀《ぞくとくがわじつき》』）。

辛酉《しんゆう》年の前年であるにも関わらず改元を行なったことには、朝廷が当時の世上不穏な状況に不安を覚えていたためではないかとする見解がある。

―参考文献―

久保貴子「改元に見る朝幕関係」『近世の朝廷運営』岩田書院　一九九八年
所　功「「慶応」年号の成立過程」慶応義塾大学法学部編・発行『慶応義塾大学法学部法律学科開設百年記念論文集』慶応法学会篇　一九九〇年
沼倉延幸「万延改元御沙汰書写」『皇室の至宝　東山御文庫御物』四　毎日新聞社　二〇〇〇年

241 文《ぶん》久《きゅう》

天皇 孝明天皇
将軍 徳川家茂

万延二年（一八六一）二月一九日丁丑 改元
文久四年（一八六四）二月二〇日辛卯 元治に改元

辛酉《しんゆう》改元。万延《まんえん》元年（一八六〇）九月一九日には改元について幕府に申し入れ、一一月一八日には明年二月中下旬に辛酉改元を行なうことが発表された。年号字の内勘文《かんもん》として従二位《じゅにい》五条為定《ごじょうためさだ》より「喜元」「文久」「和寧」「乾亨」「大政」、文章博士《もんじょうはかせ》桑原為政《くわはらためまさ》より「保和」「万保」「延祚」「嘉徳」「寛安」、同高辻《たかつじ》修長《おさなが》より「令徳」「明安」「建中」、式部大輔唐橋在光《からはしありてる》より「建正」「明治」「元化」「嘉亨」「永明」が提出され、一二月二七日にはそれらより「文久」「令徳」「明治」「建正」「万保」「永明」「大政」が選ばれて幕府に送られることとなった。正月一〇日に改元日時が定まり、先例のごとく内侍《ないし》所《どころ》へ御鈴のことが仰せ付けられた。正月一八日には幕府からの返答が朝廷に届き、新年号を「文久《ぶんきゅう》」とすることに定まった。二月一九日には辛酉革令定に次いで改元定が実施され、改元された。「文久」の出典は『後漢書』謝該伝で、「文武並用、成㆓長久之計㆒」（『孝明天皇宸記《こうめいてんのうしんき》』、『文久度改元年号内勘文』、『文久度改元年号勘文』）。

幕府では二月二八日に改元のことが仰せ出された（『続徳川実紀《ぞくとくがわじつき》』）。

万延改元からわずか一年足らずで改元されたことから、当時の朝廷には辛酉改元は二月に行なうものとする確固とした意思があったとの見解がある。

——参考文献——

久保貴子「改元に見る朝幕関係」『近世の朝廷運営』岩田書院 一九九八年

所　功「「慶応」年号の成立過程」慶応義塾大学法学部編・発行『慶応義塾大学法学部法律学科開設百年記念論文集』慶応法学会篇　一九九〇年

242 元《げん》治《じ》

天皇 孝明天皇
将軍 徳川家茂

文久四年（一八六四）二月二〇日辛卯　改元
元治二年（一八六五）四月七日辛未　慶応に改元

甲子《かっし》改元。前年の文久三年（一八六三）一一月一一日に翌年二月中下旬の改元が発表され、一二月一七日には年号字案を「令徳」「天静」「文寛」「政化」「大応」「元治」「寧治」の七号に定まり、二一日にはそのうち「令徳」を強く推すことが幕府に伝えられた。次に推していたのは「元治」であったらしい。飛脚が江戸に到着した二七日には将軍徳川家茂《とくがわいえもち》が京に向けて出立したため、京に入ってから検討がなされたが、幕府では「令徳」は「令二徳川一」であるとして難ありとした。松平慶永《まつだいらよしなが》は「令」字がこれまで使用例がない字であり、「元治」の方が穏当であるとし、関白二条斉敬《にじょうなりゆき》に伝えたところ、斉敬もまた自身は「元治」を推していたと回答した。そこで朝彦《あさひこ》親王の同意も得て、幕府は朝廷に「元治」を推すことを回答したという。

改元日は革令定に次いで改元定が実施され、正三位桑原為政《しょうさんみくわはらためまさ》が「大寧」「政化」「文祥」「治延」「万化」「保和」「和平」を、式部大輔唐橋在光《からはしありてる》が「政化」「順治」「明教」「政至」「寧延」「天悠」「明治」を、文《もん》章博士《じょうはかせ》高辻修長《たかつじおさなが》が「明政」「建功」「政徳」「文寛」「寧治」「令徳」「天建」を、同五条為栄《ごじょうためしげ》が「天静」「元治」「大応」を勘進《かんしん》し、「元治」に決した。出典は『周易《しゅうえき》』乾伝と『三国志』魏書・高柔伝で、前者は「乾元用九、天下治也」、後者は「天地以二四時一成功、元首以二輔弼一興治」（『逸事《いつじ》史補《しほ》』、山科言成《やましなときなる》『革令改元定等備忘』、『野宮定功《ののみやさだいさ》公武《こうぶ》御用記《ごようき》』、『元治元年改元記』、『押小路《おしこうじ》文書』七一）。

幕府では三月一日に改元のことが仰せ出された（『続徳川実紀《ぞくとくがわじつき》』）。

―参考文献―

久保貴子「改元に見る朝幕関係」『近世の朝廷運営』岩田書院　一九九八年
所　功「「慶応」年号の成立過程」慶応義塾大学法学部編・発行『慶応義塾大学法学部法律学科開設百年記念論文集』慶応法学会篇　一九九〇年

243 慶《けい》応《おう》

天皇　孝明天皇・明治天皇
将軍　徳川家茂・徳川慶喜

元治二年（一八六五）四月七日辛未　改元
慶応四年（一八六八）九月八日壬午　明治に改元

元治《げんじ》二年（一八六五）二月七日に関白が孝明《こうめい》天皇に「元治」年号が「保元《ほうげん》」「平治《へいじ》」の組み合わせであると言上し、また一橋慶喜《ひとつばしよしのぶ》より昨年七月一九日の禁門の変は悪兆であるとして内々に改元の申し入れがあったため、改元の検討が始まった。『慶応改元号記』二月一五日条にも改元理由を昨年七月一九日の変動と見える。二月二二日には式部権大輔清岡長煕《きよおかながてる》・式部大輔唐橋在光《からはしありてる》・文章博士《もんじようはかせ》高辻修長《たかつじおさなが》に新号を七号ずつ仮に勘進《かんしん》するよう命じることとされたが、負担が大きいため二四日には三号に減らされ、二八日までに提出された。しかし佳号がないとして三月八日に再提出が命じられ、長煕は「明定」「徳化」「天秩」「観徳」「大暦」「万寧」「大寛」を、在光は「天政」「万弘」「天健」「文隆」「万徳」「慶応」「天享」を、修長は「永基」「平成」「天寧」「乾永」「万保」「永寧」「大亨」を再勘進した。一七日にはこれらより「乾永」「文隆」「大暦」「万徳」「慶応」「明定」「天政」の七号が選ばれ、なかでも「慶応」が意中であり、次に「大暦」を推すとして関東へ遣わした。四月二日には将軍より「慶応」を支持する旨の返書が届いている。七日には改元につき内侍所《ないしどころ》に御百度が行なわれ、改元定が行なわれて「慶応《けいおう》」に確定した。出典は『文選《もんぜん》』巻四七・陸士衡漢高祖功臣頌の「慶雲応レ輝」である（『慶応改元号記』、『元治慶応両度改元参仕備忘』）。

幕府では四月一八日に仰せ出された（『嘉永明治年間録《かえいめいじ》』巻一四）。

なお、改元定の拝見を在京中の諸藩の者に許可することが行なわれたが、これを幕府の弱体化ととらえる見解がある。また長州藩士間で慶応改元後も元治年号が使用された例がある。「慶応」が「慶喜に応ず」であったからという。

—参考文献—

久保貴子「改元に見る朝幕関係」『近世の朝廷運営』岩田書院　一九九八年
所　功「「慶応」年号の成立過程」慶應義塾大学法学部編・発行『慶応義塾大学法学部法律学科開設百年記念論文集』慶応法学会篇　一九九〇年
藤井貞文「元治四年と言ふ年号」『日本歴史』三六八　一九七九年

Ⅶ 近現代

244 明《めい》治《じ》

天皇 明治天皇

慶応四年(一八六八)九月八日壬午 改元
明治四五年(一九一二)七月三〇日 大正に改元

代始《だいはじめ》改元。孝明《こうめい》天皇の崩御《ほうぎょ》により睦仁《むつひと》親王（明治《めいじ》天皇）は慶応《けいおう》三年（一八六七）正月九日に践祚《せんそ》し、翌慶応四年八月二七日に即位式を挙げた。このたびは輔相岩倉具視《いわくらともみ》の提案により旧慣を改め、難陳《なんちん》の儀を廃し、議定《ぎじょう》松平《まつだいら》慶永《よしなが》に命じて式部大輔唐橋在光《からはしありてる》・式部権大輔清岡長熈《きよおかながてる》・文章博士《もんじょうはかせ》清岡長延《ながひさ》に年号を勘進《かんしん》せしめ、それぞれ「明治」「観徳」「康徳」が勘進された。それらについて天皇が七日夜に内侍所《ないしどころ》において神意をうかがって鬮《くじ》を抽き、「明治《めいじ》」を選んだ。出典は『周易《しゅうえき》』説卦伝の「聖人南面而聴二天下一、嚮レ明而治」。その後、改元定の儀を行ない、改元詔書が出された。一二日の詔書覆奏においては公卿が加署したもののほか、別に輔相岩倉具視以下議定・参与等が署名する一通が作成された。大赦《たいしゃ》も行なわれた（『明治度年号勘文』、『明治天皇紀』、『岩倉公実記』）。

このたびの改元に際しては、改元詔書を全国に通達した行政官布告に「自今以後、革二易旧制一、一世一元以為二永式一」として、明・清において実施されていた一世一元の制が採用された。この制はその後、明治二二年（一八八九）二月一一日制定の皇室典範《こうしつてんぱん》第一二条に「践祚ノ後元号ヲ建テ一世ノ間ニ再ヒ改メサルコト明治元年ノ定制ニ従フ」、また明治四二年二月一一日公布の登極令《とうきょくれい》第二条に「天皇践祚ノ後ハ直ニ元号ヲ改ム　元号ハ枢密顧問《すうみつこもん》官ニ諮詢《しじゅん》シタル後之ヲ勅定ス」、第三条に「元号ハ詔書ヲ以テ之ヲ公布ス」と規定された。

なお、明治天皇には崩御後に「明治」の追号《ついごう》が贈られたが、大正《たいしょう》一五年（一九二六）一〇月二一日公布の皇室喪儀令では第二条に「天皇太皇太后皇太后皇后崩御シタルトキハ追号ヲ勅定ス」、第三条に「大《たい》行《こう》天皇ノ追号ハ宮内大臣内閣総理大臣ノ連署《れんしょ》ヲ以テ之ヲ公告ス」とのみ規定され、伊藤博文《いとうひろぶみ》『秘書類纂《ひしょるいさん》』所収の「皇室喪儀令」にも「皇室典範一世一元ノ制ニ因《よ》リ元号ヲ以テ之ニ充ツルモ亦妨ナカルベシ」と按文が付されているだけであって元号を追号とすることが規定されているわけではない。この点について『明治天皇紀』は「古来諡号《しごう》を年号に採ること、和漢其例を見ず。然《しか》れども先帝四十五年間の大業を表彰するに足るべき適恰《てきごう》せる文字を得ること容易ならず、而して先帝治世の元号は、最も聖績を徴象するに庶幾し、是れ此の追号を撰みたてまつる所以《ゆえん》なり」と記す。

—参考文献—

荒川久壽男「一世一元制の成立」『神道史研究』二五—五・六　一九七七年
井田敦彦「改元をめぐる制度と歴史」『レファレンス』八一一　二〇一八年
所　功「近代の一世一元制度」所功編『日本年号史大事典』雄山閣　二〇一四年　初出一九八七年
「五箇条の御誓文と「明治」改元」『近代大礼関係の基本史料集成』国書刊行会　二〇一八年　初出二〇〇九年

245 大《たい》 正《しょう》

天皇 大正天皇

明治四五年(一九一二)七月三〇日 改元
大正一五年(一九二六)一二月二五日 昭和に改元

践祚《せんそ》による改元。明治《めいじ》天皇は明治四五年(一九一二)七月二九日午後一〇時四三分に崩御《ほうぎょ》したが、二時間ほど喪を秘し、三〇日午前零時四三分崩御として公表され、同日皇太子嘉仁《よしひと》親王が践祚《せんそ》した。明治四二年二月一一日公布の登極令《とうきょくれい》第二条に「天皇践祚ノ後ハ直ニ元号ヲ改ム 元号ハ枢密顧問《すうみつこもん》官ニ諮詢《しじゅん》シタル後之ヲ勅定ス」と規定されており、この手順に則って改元が行なわれることになる。

まず崩御以前の七月二八日から総理大臣西園寺《さいおんじ》公望《きんもち》のもとで改元の準備が進められ、第一案として学習院教授岡田《おかだ》正之《まさゆき》より「乾徳」、宮内省図書助高島張輔《たかしまちょうすけ》より「永安」が提出、第二案として内大臣秘書官長股野《またの》琢《たく》より「昭徳」、内閣書記官長室事務嘱託国府《こくぶ》種徳《たねのり》より「天興」、第三案として国府種徳より「大正」、宮内省御用掛多田《ただ》好問《こうもん》より「興化」が提出された。これらより西園寺首相は「大正」を第一案、「天興」を第二案、「興化」を第三案として準備を整えた。

三〇日の践祚直後には「元号建定ノ詔書案・元号案」を枢密院に諮詢、西園寺首相が枢密院に提出し、全会一致にて「大正《たいしょう》」に決定、午後五時三〇分過ぎ上表、改元詔書が公布された。出典は『易経《えききょう》』(離卦、大畜卦)。「易経曰、大亨以正、天之道也、又曰、剛上而尚レ賢、能止レ健、大正也」と公表された。詔書には「明治四十五年七月三十日以後ヲ改メテ大正元年ト為ス」と記載され、改元を日によって限った点がこれまでの改元詔書とは異なる。(『大正大礼記録』、『官報号外』)。

なお、改元の時点が改元詔をさかのぼって三〇日午前零時なのか、明治天皇崩御（大正天皇践祚）の瞬間なのか、大正天皇践祚後の改元詔書公布時なのかについては議論がある。ちなみに歴史教科書の記載方法については、明治四五年七月三〇日午前零時四三分までを明治四五年、それ以後を大正元年とし、践祚は大正の年号にかけることとされた（大正元年九月九日・二五日発文部省図書局照会、一一日・二六日内閣書記官長回答）。

—参考文献—

井田敦彦「改元をめぐる制度と歴史」『レファレンス』八一一　二〇一八年
芝　葛盛「皇室制度」国史研究会編『岩波講座日本歴史』一〇　岩波書店　一九三四年
高橋茂夫「明治以来の元号」『日本歴史』二五三　一九六九年
「元号の境目」『日本歴史』三〇五　一九七三年
所　功「近代の一世一元制度」所功編『日本年号史大事典』雄山閣　二〇一四年　初出一九八七年
「『大礼記録』の「大正」改元」『近代大礼関係の基本史料集成』国書刊行会　二〇一八年　初出一九九三年
橋本義彦「改元雑考」『平安貴族社会の研究』吉川弘文館　一九七六年　初出一九七三年
松島栄一「近代天皇制における元号問題」鈴木武樹編『元号を考える』現代評論社　一九七七年

246 昭《しょう》和《わ》

天皇 昭和天皇

大正一五年（一九二六）一二月二五日 改元
昭和六四年（一九八九）一月七日 翌日平成に改元

践祚《せんそ》による改元。大正《たいしょう》天皇は大正一五年（一九二六）一二月二五日午前一時二五分に崩御《ほうぎょ》し、皇太子裕仁《ひろひと》親王がただちに践祚した。午前三時三〇分には内閣総理大臣以下の閣僚が葉山御用邸本邸にて緊急閣議を開き、元号建定の件等を閣議決定、元号建定詔書案を枢密院《すうみついん》へ送った。枢密院では午前六時四五分より審査委員会を開き、元号案は全会一致で、詔書案は原案に修正を加えて可決され、奉答書が内閣に下付される。内閣は再度閣議を開催し、枢密院の奉答通り公布することを閣議決定した。天皇は上奏を受け、一〇時二〇分詔書に署名する。「朕皇祖皇宗ノ威霊《いれい》ニ頼リ大統ヲ承ケ万機ヲ総フ茲《ここ》ニ定制ニ遵《したが》ヒ元号ヲ建テ大正十五年十二月二十五日以後ヲ改メテ昭和《しょうわ》元年ト為ス」との詔書が同日付『官報号外』にて公布された。

出典は『尚書《しょうしょ》』堯典《ぎょうてん》で、「克明二俊徳一、以親二九族一、九族既睦、平二章百姓一、百姓昭明、協二和万邦一、黎民於変、時雍」という部分。これ以前、宮内大臣一木《いちき》喜《き》徳郎《とくろう》より図書寮編修官吉田《よしだ》増蔵《ますぞう》に元号勘進《かんしん》が命じられ、吉田は第一案として「神化」「元化」「昭和」「神和」「同和」「継明」「順明」「明保」「寛安」「元安」を選び、次いで宮相の指示により最終的に「昭和」「神化」「元化」について勘進案を作成した。宮相は内大臣牧野《まきの》伸顕《のぶあき》・公爵西園寺《さいおんじ》公望《きんもち》の意見を求めたうえで内閣総理大臣若槻《わかつき》礼次郎《れいじろう》に元号案を送った。一方、内閣においても事前に内閣官房総務課事務嘱託国府《こくぶ》種徳《たねのり》に元号の勘進を命じており、国府からは「立成」

「定業」「光文」「章明」「協中」からなる勘進案が提出された。若槻首相は両案について一木宮相と協議を行ない、最終的に「昭和《しょうわ》」を撰定、「元化」「同和」を参考案としていた（『昭和大礼記録』、『昭和天皇実録』）。なお翌昭和二年一月二〇日、大行《たいこう》天皇の追号《ついごう》を大正天皇と治定した。

明治《めいじ》の皇室典範《こうしつてんぱん》は昭和二二年五月一日「皇室典範及び皇室典範増補を廃止する皇室典範」により翌二日限り廃止、登極令《とうきょくれい》も二日「皇室令及び附属法令廃止の皇室令」により即日廃止されたため、元号使用の法的根拠は曖昧なものとなり、二五年には参議院で元号廃止の議論もなされた。そこで昭和五四年六月一二日に元号法が制定され、「元号は、政令で定める」ことと「元号は、皇位の継承があつた場合に限り改める」ことが規定された。

—参考文献—

石渡隆之「公的記録上の「昭和」」『北の丸』七　一九七六年
井田敦彦「改元をめぐる制度と歴史」『レファレンス』八一一　二〇一八年
所　功「近代の一世一元制度」所功編『日本年号史大事典』雄山閣　二〇一四年　初出一九八七年
「「昭和」の改元と「元号法」」『近代大礼関係の基本史料集成』国書刊行会　二〇一八年　初出一九八八年
松島栄一「近代天皇制における元号問題」鈴木武樹編『元号を考える』現代評論社　一九七七年

247 平《へい》成《せい》

天皇 上皇(明仁)

昭和六四年(一九八九)一月七日翌日(八日) 改元
平成三一年(二〇一九)四月三〇日 翌日令和に改元

即位による改元。明治《めいじ》の皇室典範《こうしつてんぱん》では、皇位継承について「践祚《せんそ》」の語が用いられたが、昭和《しょうわ》の皇室典範では「即位」の語が用いられることとなった。

昭和天皇は昭和六四年(一九八九)一月七日午前六時三三分崩御《ほうぎょ》し、皇太子明仁《あきひと》親王が即位した。内閣は事前に元号案検討を依頼していた人々に午前中に連絡をとって正式な委嘱を行ない、午後一時過ぎからは総理官邸で「元号に関する懇談会」を開催、「平成」「正化」「修文」の三案が示され、また衆参両議院正副議長に対しても意見聴取を行なった。懇談会および続いて開催の全閣僚会議において「平成」が支持され、臨時閣議の後、新天皇に奏上されて、「元号を改める政令」が公布され、元号が「平成《へいせい》」に改められた。「平成」の考案者は東京大学名誉教授山本達郎《やまもとたつろう》。元号字考案者としてほかに宇野精一《うのせいいち》・目賀田誠《めかたまこと》・市古貞次《いちこていじ》が委嘱されていたという。典拠は『史記』五帝本紀の「内平かに外成る」と『書経』大禹謨《だいうぼ》の「地平かに天成る」(『官報号外』、「改元に際しての内閣総理大臣談話」)。新元号は践祚当日の施行であった大正・昭和とは異なり、政令の附則によって即位翌日の一月八日より施行されることとなった。発表の記者会見にあたって内閣官房長官小渕恵三《おぶちけいぞう》が墨で「平成」と書かれた紙を白木の額に入れて示したことが話題となった。

これ以前、昭和五四年一〇月二三日付閣議報告「元号選定手続について」が作成され(昭和五九年七月に一部改正）、大平正芳《おおひらまさよし》内閣以降、内閣審議室（内閣内政審議室）にて元号案の検討が進められていた。福《ふく》田赳夫《だたけお》内閣時より検討されていたとの説もある。没すると元号案から除かれるため、考案者の総数はかなりの人数にのぼったと推測されている。「平成」について、元来は安岡正篤《やすおかまさひろ》の案であったとの説も根強い。

なお、一月一三日、大行《たいこう》天皇の追号《ついごう》が昭和《しょうわ》天皇と定められた。

―参考文献―

井田敦彦「改元をめぐる制度と歴史」『レファレンス』八一一　二〇一八年

ＮＨＫ報道局編『全記録・昭和の終った日』日本放送出版協会　一九八九年

選択編集部「元号はどうやって決まるのか」『選択』四四―一　二〇一八年

所　功「元号『平成』の誕生」所功編『日本年号史大事典』雄山閣　二〇一四年　初出一九八九年

「「平成」元号の誕生と意味」所功ほか『元号』中公新書　二〇一八年

毎日新聞政治部『ドキュメント新元号　平成』角川書店　一九八九年

的場順三「元号」『日本の七つの大問題』海竜社　二〇一五年

読売新聞政治部『平成改元』行研出版局　一九八九年

二〇一九年三月二九日日本テレビ報道

248 令《れい》和《わ》

天皇 今上天皇(徳仁)

平成三一年(二〇一九)四月三〇日翌日(五月一日) 改元

近代以降、天皇は終身在位とされていたが、天皇が八二歳であった平成《へいせい》二八年(二〇一六)七月一三日に退位の意向があることがNHKにより報道され、八月八日にはビデオメッセージ「象徴としてのお務めについての天皇陛下のおことば」が公表されて、退位に向けての制度整備が動き出すこととなった。政府は「天皇の公務の負担軽減等に関する有識者会議」を開催し、同会議では一〇月より検討を重ね、四月二一日に最終報告を提出し、退位が実現した場合の制度設計がなされた。この間、衆参両議院正副議長による議論とりまとめもなされた。最終的に退位の規定を皇室典範《こうしつてんぱん》本文に盛り込むことはせず、「天皇の退位について定める天皇の退位等に関する皇室典範特例法」(平成二九年六月一六日公布)による特例として処理されることになった。同特例法では「天皇は、この法律の施行の日限り、退位し、皇嗣《こうし》が、直ちに即位する」とし、また附則にて施行時期について「公布の日から起算して三年を超えない範囲内において政令で定める日から施行する」と定めており、具体的には平成三〇年一二月三一日、三一年三月三一日なども検討されたが、二九年一二月一日開催の皇室会議において三一年四月三〇日退位と意見集約され、一二月一三日に「天皇の退位等に関する皇室典範特例法の施行期日を定める政令」が公布されて、三一年四月三〇日に退位することが定められた。「施行の日限り、退位」との特例法の文言から、退位日決定とともに五月一日即位として準備が進められることになった。

新元号については当初、コンピューター等のシステム改修や国民生活上の便宜から改元前年の秋頃に事前公表との報道がなされたが、改元の政令に署名するのは新天皇であるべきである、また早すぎる公表は現天皇に失礼、せめて四月一〇日に開催される「天皇陛下御即位三十年奉祝感謝の集い」の後にすべきであるなどとの批判もあり、公表時期の決定は遅れた。最終的に、四月一日に改元の政令を閣議決定、公布した後、五月一日に施行されることが、三一年一月四日に発表された。三月一四日には複数の研究者に元号字考案の正式委嘱がなされた。

四月一日は午前九時半より「元号に関する懇談会」が開かれ、その後、衆参両議院正副議長からの意見聴取を行ない、さらに全閣僚会議を経て臨時閣議にて新元号についての政令が決定され、午前一一時四一分、官房長官が発表した。出典は『万葉集』巻五—八一五～八四六番歌の序で、「初春令月、気淑風和、梅披二鏡前之粉一、蘭薫二珮後之香一（初春の令月にして、気淑《よ》く風和《やわら》ぎ、梅は鏡前《きょうぜん》の粉《こ》を披《ひら》き、蘭は珮後《はいご》の香《こう》を薫《かお》らす）」という部分。これまで出典が判明する年号はすべて漢籍が出典とされており、今回、初めて国書が典拠に選ばれた。考案者は国際日本文化研究センター名誉教授中西進で、首相安倍《あべ》晋三《しんぞう》の指示により三月下旬に追加提出された案であること、またその他の元号案は「英弘《えいこう》」「久化《きゅうか》」「広至《こうし》」「万和《ばんな》」「万保《ばんぽう》」であったとの報道がなされている。

—参考文献—

井田敦彦「天皇の退位をめぐる主な議論」『調査と情報』九四三　二〇一七年
二〇一九年四月二日・三日朝日新聞・日本経済新聞・毎日新聞・読売新聞・共同通信報道等

主要史料典拠目録

Ⅰ　飛鳥・奈良・平安時代前期

『一代要記』続神道大系
『伊呂波字類抄』日本古典全集
『延喜式』訳注日本史料
『延喜十三年亭子院歌合』萩谷朴『平安朝歌合大成　増補新訂』一
千葉本『大鏡』天理図書館善本叢書
『改元部類』続群書類従
『河海抄』玉上琢彌編『紫明抄河海抄』角川書店
『革命勘文』群書類従
『楽家録』日本古典全集
『菅家文草』日本古典文学大系
御所本『教訓抄』『雅楽・声明資料集』2『雅楽資料集』3
曼殊院本『教訓抄』『雅楽・声明資料集』2
『宮寺縁事抄』神道大系
『愚管抄』日本古典文学大系
『公卿補任』新訂増補国史大系
『旧唐書』中華書局点校本
『群書治要』古典研究会叢書
『芸文類聚』上海古籍出版社汪紹楹校本
『元亨釈書』新訂増補国史大系
『元秘抄』続群書類従
『元秘別録』宮内庁書陵部九条家本
『皇代暦』京都大学総合博物館勧修寺家本
冷泉家本『皇年代記』冷泉家時雨亭叢書
東山御文庫本『皇年代記頌』東山御文庫蔵
『皇年代略記』群書類従
『古今著聞集』日本古典文学大系
『御諡号及年号読例』文部省一八七四年刊本
『西宮記』神道大系
『爾雅』十三経注疏阮元刊宋本
『十訓抄』日本古典文学大系
『釈日本紀』神道大系
『拾遺和歌集』新日本古典文学大系
『拾芥抄』故実叢書
『続日本紀』新日本古典文学大系
『続日本後紀』新訂増補国史大系
護国寺本『諸寺縁起集』『校刊美術史料』寺院篇上

『宋書』中華書局点校本
『大神宮諸雑事記』新校群書類従
『太平御覧』中華書局本
『柱史抄』群書類従
『天台座主記』渋谷慈鎧編『校訂増補天台座主記』
『天地瑞祥志』高柯立選編『稀見唐代天文史料三種』下
『東大寺要録』国書刊行会本
『都氏文集』群書類従、『都氏文集全釈』
『日本紀略』新訂増補国史大系
『日本後紀』訳注日本史料
『日本三代実録』新訂増補国史大系
『日本書紀』日本古典文学大系
『日本大文典』土井忠生訳註三省堂本
『日本霊異記』新日本古典文学大系
『光源氏物語抄』源氏物語古註釈叢刊1
『白虎通』新編諸子集成『白虎通疏証』
『扶桑略記』新訂増補国史大系
前田本『方丈記』尊経閣叢刊
法隆寺金銅釈迦三尊像光背銘『飛鳥・白鳳の在銘金銅仏』
『本朝年代歴』石川県立図書館森田文庫蔵
『本要記』仁和寺史料寺誌編2
『万葉集』新日本古典文学大系
『文選』新釈漢文大系
『文選』李善注　四部叢刊『六臣註文選』
『文徳天皇実録』新訂増補国史大系
『龍鳴抄』上　群書類従
『類聚国史』新訂増補国史大系
『類聚三代格』新訂増補国史大系
『歴代編年集成（帝王編年記）』新訂増補国史大系

Ⅱ　平安時代中後期

『顕時卿改元定記』続群書類従
『顕広王記』国立歴史民俗博物館田中本
『伊勢公卿勅使雑例』神道大系神宮編3
『一代要記』続神道大系
『永昌記』史料大成
『園太暦』史料纂集
『応和四年甲子革令勘文』続群書類従
千葉本『大鏡』天理図書館善本叢書
『押小路文書』国立公文書館蔵
『改元勘文部類』国立歴史民俗博物館高松宮本
『改元記（敦光朝臣記）』宮内庁書陵部九条家本

『改元部類』続群書類従、『時範記逸文集成』
三条西本『改元部類記』宮内庁書陵部三条西家本
広橋本『改元部類記』国立歴史民俗博物館広橋家本
『河海抄』玉上琢彌編『紫明抄河海抄』角川書店
『革命』東山御文庫蔵
『革暦類』東山御文庫本
『楽家録』日本古典全集
『甲子紀伝勘文部類』佐藤均『革命・革令勘文と改元の研究』
『菅家後集』日本古典文学大系
『顔氏家訓』四部備要本
『漢書』中華書局点校本
『祈雨記』宮内庁書陵部高山寺旧蔵本
『久寿改元定記』続群書類従
御所本『教訓抄』『雅楽資料集』3
『行類抄』改元定　宮内庁書陵部三条西家本
『玉葉』図書寮叢刊
『禁秘抄』尊経閣善本影印集成
『公卿補任』新訂増補国史大系
真福寺本『孔雀経法記』東京大学史料編纂所影写本
『口言部類』大日本古記録『中右記別巻』
『愚昧記』大日本古記録
『芸文類聚』上海古籍出版社汪紹楹校本
『元号字抄』続群書類従
『建仁度革命諸道勘文』宮内庁書陵部葉室家本
『元秘抄』続群書類従
『元秘別録』宮内庁書陵部九条家本
異本『元秘別録』宮内庁書陵部三条西家本
『江家次第』神道大系
群書類従本『皇代記』群書類従
『皇代略記』続群書類従
『江談抄』新日本古典文学大系
冷泉家本『皇年代記』冷泉家時雨亭叢書
東山御文庫本『皇年代記頌』東山御文庫蔵
『皇年代略記』群書類従
『高麗史』国書刊行会本
『江吏部集』群書類従
『後漢書』中華書局点校本
『御諡号及年号読例』文部省一八七四年刊本
『古事談』新日本古典文学大系
『後二条師通記』大日本古記録
『権記』史料纂集

『今昔物語集』新日本古典文学大系
『西宮記』神道大系
『左経記』史料大成
『実隆公記』続群書類従完成会本
『山槐記』史料大成
『山丞記』歴代残闕日記、大日本史料所引
『史記』中華書局点校本
『信貴山縁起』日本絵巻大成
『七大寺巡礼私記』『校刊美術史料』寺院篇上
『寺門高僧記』続群書類従
『周易』新釈漢文大系『易経』
『十三代要略』続群書類従
『春記』国立歴史民俗博物館ＤＢ
『少外記重憲記』平田俊春『私撰国史の批判的研究』
『小記目録』大日本古記録『小右記』
『尚書』新釈漢文大系『書経』、十三経注疏阮元刊宋本
『尚書正義』十三経注疏阮元刊宋本（泰誓上）
『小右記』大日本古記録
『初学記』古香斎袖珍本
『続日本紀』新日本古典文学大系
『諸道勘文』群書類従
『晋書』中華書局点校本
『水左記』史料大成
『政事要略』新訂増補国史大系
『西濡抄』東山御文庫本
『宋韻』『大唐重修広韻』杭州刊本
『宋史』中華書局点校本
『宋書』中華書局点校本
『帥記』史料大成
『台記』史料大成
『醍醐雑事記』中村俊司編刊本
『大治改元定記』続群書類従
『太平御覧』中華書局本
『為房卿記』大日本史料所引
『親信卿記』佐藤宗諄先生退官記念論文集刊行会編『親信卿記』の研究』
『柱史抄』群書類従
『中右記』大日本古記録、史料大成
『長秋記』史料大成
『朝野群載』新訂増補国史大系
『樗嚢抄』続群書類従
『経信卿記』史料大成（『帥記』）

『廷尉故実』続群書類従
『貞信公記抄』大日本古記録
『殿暦』大日本古記録
東寺観智院本『東寺長者補任』『成田山仏教研究所紀要』二二
『東大寺要録』国書刊行会本
『時範記』『時範記逸文集成』
『中家実録』続々群書類従
『中原師光中原師弘甲子改元勘例写』東山御文庫蔵
『二中歴』尊経閣善本影印集成
『二東記』歴代残闕日記
『日本紀略』新訂増補国史大系
『日本三代実録』新訂増補国史大系
『日本大文典』土井忠生訳註三省堂本
『如是院年代記』群書類従
広橋本『年号字』国立歴史民俗博物館広橋家本
『百練抄』新訂増補国史大系
『白虎通』新編諸子集成『白虎通疏証』
『藤原行盛年号勘文写』国立歴史民俗博物館広橋家本
『扶桑略記』新訂増補国史大系
『平戸記』史料大成
『兵範記』史料大成
『編御記』群書類従
『抱朴子』新編諸子集成『抱朴子内篇校釈』
『本朝世紀』新訂増補国史大系
田中本『本朝世紀』国立歴史民俗博物館田中本
『本朝年代歴』石川県立図書館森田文庫蔵
『本朝文粋』新日本古典文学大系
『御堂関白記』大日本古記録
『毛詩』新釈漢文大系『詩経』
『毛詩正義』十三経注疏阮元刊宋本
『文選』新釈漢文大系
『薬師寺縁起』勉誠社文庫
『行親記』陽明叢書
『礼記』新釈漢文大系
『類聚符宣抄』新訂増補国史大系
『歴代編年集成（帝王編年記）』新訂増補国史大系
『老子』新釈漢文大系

Ⅲ　鎌倉時代

『吾妻鏡』新訂増補国史大系
『吾妻鏡脱漏』新訂増補国史大系

『一代要記』続神道大系
『猪隈関白記』大日本古記録
『園太暦』史料纂集
『岡屋関白記』大日本古記録
広橋本『改元勘文』国立歴史民俗博物館広橋家本
東山御文庫本『改元記』東山御文庫蔵
『改元宸記』続群書類従
『改元部類』続群書類従、大日本史料所引、史料大成『三長記』
『改元部類記』大日本史料所引
三条西本『改元部類記』宮内庁書陵部三条西家本
庭田本『改元部類記』史料纂集『葉黄記』
広橋本『改元部類記』国立歴史民俗博物館広橋家本、大日本古記録『猪隈関白記』
伏見宮本『改元部類記』宮内庁書陵部伏見宮本
『鰐淵寺文書』東京大学史料編纂所影写本
『革暦類』東山御文庫本
『甲子文書』東山御文庫蔵
『兼光卿改元定記』続群書類従
『鎌倉武将執権記』国立公文書館蔵
『管見記』宮内庁書陵部西園寺家本
『勘仲記』史料纂集、史料大成
『勘仲記』裏書　国立歴史民俗博物館広橋家本
『吉記』高橋秀樹編『新訂吉記』
『行類抄』改元定　宮内庁書陵部三条西家本
『玉蘂』今川文雄校訂本
『玉葉』図書寮叢刊
『愚管抄』日本古典文学大系
『公卿補任』新訂増補国史大系
『旧唐書』中華書局点校本
『芸文類聚』上海古籍出版社汪紹楹校本
『元号字抄』続群書類従
『元弘日記裏書』群書類従
『建仁度革命諸道勘文』宮内庁書陵部葉室家本
『元秘抄』続群書類従
『元秘別録』宮内庁書陵部九条家本
異本『元秘別録』宮内庁書陵部三条西家本
『元暦改元定記』続群書類従
『弘安改元定記（吉続記）』続群書類従
『後魏書』中華書局点校本『魏書』
『孔子家語』新釈漢文大系
群書類従本『皇代記』群書類従

『皇代略記』続群書類従
『皇代暦』京都大学総合博物館勧修寺家文書
『皇帝紀抄』群書類従
『皇年代略記』群書類従
『迎陽記』史料纂集、国立公文書館蔵紅葉山文庫本
『荒涼記』歴代残闕日記、大日本史料所引
『後漢書』中華書局点校本
『後京極摂政記』大日本史料所引
『五代帝王物語』和泉書院影印叢刊
『権中納言冬定卿記』歴代残闕日記
『相良家文書』大日本古文書
『実任卿改元定記』続群書類従
『実躬卿記』大日本古記録
『山槐記』史料大成
『三国志』中華書局点校本
『山丞記』歴代残闕日記、大日本史料所引
『三長記』史料大成
『赦事詔書官符事』大日本史料所引
『周易』新釈漢文大系『易経』
『周易注疏』十三経注疏阮元刊宋本
『寿永改元定記』続群書類従
『春秋左氏伝』新釈漢文大系
『春秋繁露』新編諸子集成『春秋繁露義証』
『貞観政要』新釈漢文大系
『尚書』新釈漢文大系『書経』、十三経注疏阮元刊宋本
『親元僧正日記』東京大学史料編纂所謄写本
『晋書』中華書局点校本
『新唐書』中華書局点校本
『仁部記』『鎌倉遺文研究』三三
『隋書』中華書局点校本
『宋韻』『大唐重修広韻』杭州刊本
『荘子』新釈漢文大系
『宋書』中華書局点校本
『醍醐寺新要録』醍醐寺文化財研究所編法蔵館刊本
『大徳寺文書』大日本古文書
『太平御覧』中華書局本
『通典』中華書局校点本
『経俊卿記』図書寮叢刊
『経光卿改元定記』大日本古記録『民経記』
『経光卿記』大日本古記録『民経記』
『経光卿記抄』大日本古記録『民経記』
『洞院教実公記』図書寮叢刊『九条家歴世記録』

『唐会要』中華書局三冊本
『東宝記』『国宝東宝記原本影印』
『仲資王記』国立歴史民俗博物館田中本
『日本大文典』土井忠生訳註三省堂本
『仁和寺日次記』大日本史料所引
広橋本『年号字』国立歴史民俗博物館広橋家本
『範輔卿記』歴代残闕日記
『博物志』四庫全書本
『花園天皇宸記』史料纂集
『百練抄』新訂増補国史大系
『伏見天皇宸筆宣命案』宮内庁書陵部『伏見院御文類』
『冬平公記』史料大成
『平戸記』史料大成
『編御記』群書類従
『北斉書』中華書局点校本
『増鏡』河北騰『増鏡全注釈』
『光業卿改元定記』国立歴史民俗博物館広橋家本
『妙槐記』史料大成
『明月記』冷泉家時雨亭叢書別巻
『毛詩』新釈漢文大系『詩経』
『毛詩正義』十三経注疏阮元刊宋本
『師重改元定記』続群書類従
『師守記』史料纂集
『文選』新釈漢文大系、四部叢刊『六臣註文選』
『康富記』史料大成
『葉黄記』史料纂集
『吉田家日次記』天理大学附属天理図書館蔵
『頼資卿改元定記』国立歴史民俗博物館広橋家本
『礼記』新釈漢文大系
『暦仁以来年代記』続群書類従

Ⅳ 南北朝時代

『阿蘇文書』大日本古文書
『栄山寺文書』『五条市史』史料
『円覚寺文書』東京大学史料編纂所影写本
『園太暦』史料纂集
『応安改元定記』続群書類従
広橋本『改元雑事例』国立歴史民俗博物館広橋家本
『改元部類』続群書類従
伏見宮本『改元部類記』宮内庁書陵部伏見宮本
『花営三代記』群書類従
『革暦類』東山御文庫本

『兼綱公記』国立歴史民俗博物館広橋家本
『兼宣公記』史料纂集
『河合寺文書』東京大学史料編纂所影写本
『管見記』宮内庁書陵部西園寺家本
『漢書』中華書局点校本
『玉英記抄』史料大成
『公清公記』歴代残闕日記
『公尚卿記』歴代残闕日記
『朽木文書』史料纂集
『旧唐書』中華書局点校本
『芸文類聚』上海古籍出版社汪紹楹校本
『建内記』大日本古記録
『元秘別録』宮内庁書陵部九条家本
『康永改元記（中院一品記）』大日本古記録
『孝経』十三経注疏阮元刊宋本
『皇代略記』続群書類従
東山御文庫本『皇年代記頌』東山御文庫蔵
柳原本『皇年代私記』宮内庁書陵部柳原家本
『皇年代略記』群書類従
『光明院御記』東山御文庫蔵
『高野山文書』大日本古文書
『迎陽記』史料纂集
『後愚昧記』大日本古記録
『五条文書』大日本史料所引
『後深心院関白記』大日本古記録
『金剛寺文書』大日本古文書
『砂巌』図書寮叢刊
『実夏公記』大日本史料所引
『三国志』中華書局点校本
『史記』中華書局点校本
『周易』十三経注疏阮元刊宋本
『貞治改元定記』続群書類従
『尚書』新釈漢文大系『書経』、十三経注疏阮元刊宋本
『新唐書』中華書局点校本
『水月明鑑』国立公文書館蔵
『荘子』『荘子集釈』
『続史愚抄』新訂増補国史大系
『大徳寺真珠庵文書』大日本古文書
『大徳寺文書』大日本古文書
『太平記』日本古典文学大系
『中院一品記』大日本古記録
『南狩遺文』明治三年序版本

『南朝公卿補任』東京大学史料編纂所朽木文庫旧蔵本
『南朝編年記略』東京大学史料編纂所謄写本
『南方紀伝』東京大学史料編纂所謄写本
広橋本『年号勘文部類』国立歴史民俗博物館広橋家本
広橋本『年号字』国立歴史民俗博物館広橋家本
『三島神社文書』東京大学史料編纂所影写本
『通氏卿改元定記』国立歴史民俗博物館広橋家本
『毛詩正義』十三経注疏阮元刊宋本
『師守記』史料纂集
『文選』新釈漢文大系
『山内首藤家文書』大日本古文書
『良賢真人記』歴代残闕日記
『吉川家文書』大日本古文書
『吉田家日次記』天理大学附属天理図書館蔵
広橋本『頼資卿年号勘文案』国立歴史民俗博物館広橋家本
『鹿苑院殿御元服記』群書類従

V　室町・戦国・安土桃山時代

『石清水文書田中家文書』大日本古文書
『蔭涼軒日録』続史料大成
東山御文庫収蔵『正親町天皇綸旨案』東山御文庫蔵
『大館常興日記』続史料大成
『御湯殿上日記』続群書類従完成会本
『改元一会諸書付』宮内庁書陵部外記局本
九条家本『改元覚書』宮内庁書陵部九条家本
『改元勘文部類』国立歴史民俗博物館高松宮本
『改元記　師郷記』国立歴史民俗博物館田中本
東山御文庫本『改元記』東山御文庫蔵
岩瀬文庫本『改元記事』岩瀬文庫柳原家本
『改元年号勘文　応永度』国立歴史民俗博物館広橋家本
柳原本『改元部類』宮内庁書陵部柳原家本
一条家本『改元部類記』東京大学史料編纂所謄写本
『革暦類』東山御文庫本
『春日社司祐維記』大日本史料所引
『和長卿記』宮内庁書陵部藤波家本『和長記』
『甲子条々』東山御文庫蔵
『兼宣公記』史料纂集
『兼見卿記』史料纂集
『鎌倉九代後記』史籍集覧
『管見記（公名公記）』宮内庁書陵部西園寺家本
『勘者宣下例年号勘文詔書等』宮内庁書陵部九条家本
『漢書』中華書局点校本

『韓非子』新釈漢文大系
『看聞日記』図書寮叢刊
『義演准后日記』史料纂集
『経覚私要鈔』史料纂集
『享禄度改元申沙汰愚記草（兼秀公記）』国立歴史民俗博物館広橋家本
『公頼公記』東京大学史料編纂所蔵
『公卿補任』新訂増補国史大系
『旧唐書』中華書局点校本
『群書治要』古典研究会叢書26
『継芥記』大日本史料所引
『建内記』大日本古記録
『元秘抄』続群書類従
『元秘別録』宮内庁書陵部九条家本
異本『元秘別録』宮内庁書陵部三条西家本
『高山寺所蔵東寺文書』高山寺資料叢書『高山寺古文書』
『弘治改元定記』続群書類従
『孔子家語』新釈漢文大系
『香蔵院珎祐記録』神道大系神社編20
『皇代暦』京都大学総合博物館勧修寺家文書
『迎陽記』史料纂集
『後柏原天皇綸旨』国立歴史民俗博物館広橋家本
『後慈眼院殿雑筆』図書寮叢刊『九条家歴世記録』三
『後法興院記』続史料大成
『惟房公記』続々群書類従
『斎藤親基日記』続史料大成
『砂巌』図書寮叢刊
『薩戒記』大日本古記録
『薩戒記目録』大日本古記録『薩戒記』別巻
『実隆公記』続群書類従完成会本
『爾雅』十三経注疏元刊宋本
『四巻之日記』宮内庁書陵部壬生家本
『史記』中華書局校点本
『周易』新釈漢文大系『易経』、十三経注疏阮元刊宋本
『周易』大畜卦象程氏伝注　世界書局本『易程伝』
『拾芥記』史籍集覧、大日本史料所引
『十輪院内府記』史料纂集
『舜旧記』史料纂集
『荀子』新釈漢文大系
『春秋左氏伝』新釈漢文大系
『成恩寺関白記』歴代残闕日記『荒暦』
『尚書』新釈漢文大系『書経』、十三経注疏阮元刊宋本

『正保改元度記（道房公記別記）』宮内庁書陵部九条家本
『尋憲記』国立公文書館蔵
『晋書』中華書局点校本
『信長記』大日本史料所引
『資定卿改元定記』続群書類従
『大乗院寺社雑事記』続史料大成
『大乗院日記目録』続史料大成
『孝亮宿禰記』宮内庁書陵部壬生家本
『親綱卿記』遠藤珠紀『室町後期・織豊期古記録の史料学的研究による政治・制度史再構築の試み』
『親長卿記』史料纂集、史料大成
『親長卿記別記』史料纂集、大日本史料所引
『長享三年八月廿一日改元記草』大日本史料所引
『通典』中華書局校点本
『綱光公記』国立歴史民俗博物館広橋家本
広橋兼秀『天文度改元愚記草』国立歴史民俗博物館広橋家本
『唐会要』中華書局三冊本
『東寺廿一口供僧方評定引付』東寺百合文書
『言国卿記』史料纂集
『言継卿記』続群書類従完成会本
『言経卿記』大日本古記録
『長興宿禰記』史料纂集
『中原康貞記』大日本史料所引
『二水記』大日本古記録
『年号勘文写』京都大学総合博物館勧修寺家文書
『宣胤卿記』史料大成
『宣胤卿記抜書』大日本史料所引
『宣秀卿御教書案』末柄豊『室町・戦国期の符案に関する基礎的研究』
『尚通公記』陽明叢書（後法成寺関白記）
『武家年代記裏書』続史料大成
『文亀度革命雑事文書』国立歴史民俗博物館広橋家本
『文明改元記（広光卿記）』国立歴史民俗博物館広橋家本
『満済准后日記』京都帝国大学文科大学叢書本
『宗賢卿記』榎原雅治編『古記録の史料学的な研究にもとづく室町文化の基層の解明』
『孟子』十三経注疏阮元刊宋本
『毛詩』新釈漢文大系『詩経』、十三経注疏阮元刊宋本
『毛詩注疏』十三経注疏阮元刊宋本
『持通公前関白日記抄』京都大学総合博物館狩野蒐集文書
『元長卿記』史料纂集

『守光公改元申沙汰記』国立歴史民俗博物館広橋家本
『師郷記』史料纂集
『文選』新釈漢文大系
『八坂神社文書』八坂神社文書編纂委員会刊本
『康雄記』早稲田大学図書館平田家本、大日本史料所引
『康富記』史料大成
『山科家礼記』史料纂集
『礼記』新釈漢文大系『大学・中庸』
『礼記正義』十三経注疏阮元刊宋本
『老子経』新釈漢文大系

Ⅵ 江戸時代

『安永度改元定申沙汰雑誌』宮内庁書陵部柳原家本
『一話一言』日本随筆大成
『逸事史補』幕末維新史料叢書4
『院中番衆所日記』東山御文庫蔵
『延享度年号字往来留』宮内庁書陵部葉室家本
『延宝度改元年号勘文』東山御文庫蔵
『翁草』日本随筆大成
『押小路文書』国立公文書館蔵
『御湯殿上日記』別置御物
『改元勘文部類』国立歴史民俗博物館高松宮本
東山御文庫本『改元記』東山御文庫蔵
坊城家本『改元記』国立公文書館坊城家本
山科本『改元記』東京大学史料編纂所蔵
岩瀬文庫本『改元記事』岩瀬文庫柳原家本
坊城俊親『改元定申沙汰雑誌』国立公文書館坊城家本
『改元私勘』東山御文庫蔵
『改元詔書』宮内庁書陵部外記局本
『改元雑事日記』国立公文書館押小路家本
勧修寺経広『改元伝奏記』国立公文書館坊城家本
『改元年号勘文難陳記』岩瀬文庫柳原家本
『改元年号難陳記』岩瀬文庫柳原家本
正親町実連『改元奉行記』国立公文書館蔵
押小路本『改元部類』国立公文書館押小路家本
『改元申沙汰記（実堅卿記）』国立公文書館蔵
柳原隆光『改元申沙汰雑誌』国立公文書館蔵
坊城俊克『改元申沙汰雑誌草』国立公文書館蔵
『改元物語』国立公文書館林家本
『街談文々集要』国立公文書館蔵
『嘉永度改元勘文』東山御文庫蔵
『嘉永明治年間録』巌南堂刊本

『革命改元記　寛保度』宮内庁書陵部九条家本
『甲子諸道勘文幷外記勘例』宮内庁書陵部九条家本
『兼香公記』東京大学史料編纂所謄写本
『兼賢公改元申沙汰記』国立歴史民俗博物館広橋家本
『兼輝公記』東京大学史料編纂所謄写本
『兼晴公記』宮内庁書陵部九条家本
『勧慶日記』京都大学総合博物館勧修寺家文書
『勘者宣下例年号勘文詔書等』宮内庁書陵部九条家本
『漢書』中華書局点校本
『寛政改元難陳』宮内庁書陵部松岡家本
『寛文度改元年号勘文写』東山御文庫蔵
『寛保度改元一件文書』宮内庁書陵部九条家本
『享保度改元年号勘文』東山御文庫蔵
『享和辛酉革命改元申沙汰備忘』東山御文庫蔵
『享和度辛酉革命改元一会』宮内庁書陵部壬生家本
『享和度年号勘文』宮内庁書陵部葉室家本
『京童』近世文学資料類従古板地誌編1
『義演准后日記』史料纂集
『吉良家日記』『吉良町史』別冊資料
『禁中日次記』宮内庁書陵部葉室家本
『禁裏執次詰所日記』宮内庁書陵部蔵
『禁裏番衆所日記』宮内庁書陵部柳原家本
『公卿補任』新訂増補国史大系
『旧唐書』中華書局点校本
『群書治要』古典研究会叢書
『慶応改元号記』東山御文庫蔵
『慶光院文書』東京大学史料編纂所影写本
『芸文類聚』上海古籍出版社汪紹楹校本
『元治元年改元記』孝明天皇紀所引
『元治慶応両度改元参仕備忘』宮内庁書陵部葉室家本
『憲台記』岩瀬文庫柳原家本
『元和甲子勘文』宮内庁書陵部壬生家本
『元文改元一会』宮内庁書陵部外記局本
『弘化度改元勘文』東山御文庫蔵
坊城俊克『公武御用雑誌』国立公文書館坊城家本
広橋胤定『公武御用日記』国立公文書館
『孝明天皇宸記』『孝明天皇紀』所引
『久我家記』『孝明天皇紀』所引
『後漢書』中華書局点校本
『国語』四部叢刊本（韋氏解）
『後桜町天皇宸記』『京都産業大学日本文化研究所紀要』
15・16

『伊光記』東京大学史料編纂所謄写本
『定祥卿記』宮内庁書陵部野宮家本『野宮定祥日記』
『定基卿記』国立公文書館蔵
『実久卿記』宮内庁書陵部橋本家本『橋本実久日記』
『三国志』中華書局点校本
『史記』中華書局点校本
『重房宿禰記』宮内庁書陵部壬生家本
『詩集伝』四部叢刊本
『周易』新釈漢文大系『易経』
『周書』中華書局点校本
『荀子』新釈漢文大系
『春秋左氏伝』新釈漢文大系
『承応度撰進年号字勘例草』国立歴史民俗博物館広橋家本
『貞観政要』新釈漢文大系
『貞享度改元年号勘文』東山御文庫蔵
『貞享度改元年号内勘文写』東山御文庫蔵
中御門経之『条事定改元定雑誌』国立公文書館蔵
『尚書』新釈漢文大系『書経』、十三経注疏阮元刊宋本
『尚書正義』
『正徳度改元文書』宮内庁書陵部野宮本
『正徳年号弁』新井白石全集
『正保改元度記（道房公記）』宮内庁書陵部九条家本
『正宝事録』近世史料研究会編刊本
『晋書』中華書局点校本
『新唐書』中華書局点校本
『隋書』中華書局点校本　音楽志
『季連宿禰記』宮内庁書陵部壬生家本
『資勝卿記』東京大学史料編纂所謄写本
『資尭朝臣記』宮内庁書陵部柳原本『資尭日記』
『駿府記』東京大学史料編纂所謄写本
『宋史』中華書局点校本
『宋書』中華書局点校本
『続徳川実紀』新訂増補国史大系
『大外記師武記』国立公文書館押小路本
『孝亮宿禰記』宮内庁書陵部壬生家本
『忠利宿禰記』宮内庁書陵部壬生家本
『忠良公記』東京大学史料編纂所謄写本
『稙房卿記』国立公文書館蔵
『経熙公記』陽明文庫蔵
『天保度改元参仕雑誌』宮内庁書陵部葉室家本
『天和改元記』東山御文庫蔵
『東武実録』内閣文庫蔵史籍叢刊

『時慶卿記』西本願寺蔵
『徳川実紀』新訂増補国史大系
『聡長卿記』『孝明天皇紀』所引
『知音卿記』宮内庁書陵部壬生家本『知音宿禰記』
『中臣祐範記』史料纂集
東山御文庫収蔵『女房奉書案留』東山御文庫蔵
『野宮定功公武御用記』宮内庁書陵部野宮家本
『宣順卿記』宮内庁書陵部柳原本
『八槐記』東京大学史料編纂所謄写本『兼胤記』
『八十翁疇昔話』日本随筆大成
『尚嗣公記別記』陽明文庫蔵
『日次醜満』宮内庁書陵部蔵
『日野資枝公武御用雑記』宮内庁書陵部日野家本
『日野資愛公武御用日記』宮内庁書陵部日野家本
『広橋兼胤公武御用日記』大日本近世史料、東京大学史料編纂所謄写本『兼胤記』
徳大寺実堅『武家伝奏記録』宮内庁書陵部三条公行実編輯掛本
『藤岡屋日記』近世庶民生活史料
『文化度改元一件文書』宮内庁書陵部九条家本
『文化度改元記』宮内庁書陵部葉室家本

『文久度改元年号勘文』東山御文庫蔵
『文久度改元年号内勘文』東山御文庫蔵
『文政度改元年号勘申並難陳』宮内庁書陵部壬生家本
東山御文庫収蔵『宝永度改元年号勘文』東山御文庫蔵
『本光国師日記』続群書類従完成会刊本
『本朝年代歴』石川県立図書館森田文庫蔵
『万延度改元号記』東山御文庫蔵
『万延度改元書類』東山御文庫蔵
『万治度改元記』国立公文書館坊城家本『改元記万治度』
『通兄公記』史料纂集
『通村公記』東京大学史料編纂所謄写本『中院通村日記』
『光綱卿記　別記』岩瀬文庫柳原家本
『妙法院日次記』史料纂集
『基量卿記』宮内庁書陵部柳原家本
『基長卿記』東京大学史料編纂所謄写本
『基熙公記』陽明文庫蔵
『紀光卿記』宮内庁書陵部柳原家本『柳原紀光日記』
『文選』新釈漢文大系
『泰重卿記』史料纂集
『康道公記』東京大学史料編纂所二条家記録
『山科忠言卿伝奏記』宮内庁書陵部蔵

『頼言卿記』国立公文書館蔵『山科家日記』
『頼業卿記』宮内庁書陵部葉室家本『葉室頼業記』
『柳営日次記』国立公文書館蔵
東山御文庫収蔵『霊元天皇女房奉書写』東山御文庫蔵
『我衣』日本庶民生活史料集成
『脇坂安宅日記』東京大学史料編纂所謄写本

Ⅶ　近現代

『岩倉公実記』岩倉公旧蹟保存会刊本
『易経』新釈漢文大系
『史記』中華書局点校本
『周易』新釈漢文大系『易経』
『尚書』新釈漢文大系『書経』
『昭和天皇実録』東京書籍刊本
『書経』新釈漢文大系
『明治天皇紀』吉川弘文館刊本
『明治度年号勘文』宮内庁書陵部蔵

著者略歴

一九六七年　東京都生まれ
一九九五年　東京大学大学院人文社会系研究科博士課程単位修得　退学
宮内庁書陵部編修課主任研究官などを経て
現在　国立歴史民俗博物館・総合研究大学院大学准教授　博士（文学）

〔主要著書〕
『天皇の歴史9　天皇と宗教』（共著）講談社学術文庫　二〇一八年
『古代日本と朝鮮の石碑文化』（共編）朝倉書店　二〇一八年
『古代東アジアと文字文化』（共編）同成社　二〇一六年

事典　日本の年号

二〇一九年（令和元）七月十日　第一刷発行

著　者　小《お》倉《ぐら》慈《しげ》司《じ》
発行者　吉川道郎
発行所　株式会社　吉川弘文館
郵便番号一一三―〇〇三三
東京都文京区本郷七丁目二番八号
電話〇三―三八一三―九一五一〈代〉
振替口座〇〇一〇〇―五―二四四番
http://www.yoshikawa-k.co.jp/
印刷＝株式会社　東京印書館
製本＝誠製本株式会社
装幀＝河村　誠

ISBN978-4-642-08353-9

年号索引

＊配列は，訓みの五十音順とした．ただし，検索の便を図り一字目が同一のものは一括した．

あ行

安永(あんえい)〔1772-1781〕**358**
安元(あんげん)〔1175-1177〕**163**
安政(あんせい)〔1854-1860〕**376**
安貞(あんてい)〔1227-1229〕**186**
安和(あんな)〔968-970〕**81**
永延(えいえん)〔987-989〕**90**
永観(えいかん)〔983-985〕**88**
永久(えいきゅう)〔1113-1118〕**139**
永享(えいきょう)〔1429-1441〕**276**
永治(えいじ)〔1141-1142〕**148**
永正(えいしょう)〔1540-1521〕**300**
永承(えいしょう)〔1046-1053〕**112**
永祚(えいそ)〔989-990〕**91**
永長(えいちょう)〔1096-1097〕**126**
永徳(えいとく)〔1381-1384〕**263**
永仁(えいにん)〔1293-1299〕**213**
永保(えいほ)〔1081-1084〕**121**
永万(えいまん)〔1165-1166〕**159**
永暦(えいりゃく)〔1160-1161〕**156**
永禄(えいろく)〔1558-1570〕**308**
永和(えいわ)〔1375-1379〕**259**
延応(えんおう)〔1239-1240〕**198**
延喜(えんぎ)〔901-923〕**66**
延久(えんきゅう)〔1069-1074〕**117**
延享(えんきょう)〔1744-1748〕**351**
延慶(えんぎょう)〔1308-1311〕**218**
延元(えんげん)〔1336-1340〕**236**
延長(えんちょう)〔923-931〕**69**
延徳(えんとく)〔1489-1492〕**294**
延文(えんぶん)〔1356-1361〕**252**
延宝(えんぽう)〔1673-1681〕**334**
延暦(えんりゃく)〔782-806〕**41**
応安(おうあん)〔1368-1375〕**257**
応永(おうえい)〔1394-1428〕**272**
応長(おうちょう)〔1311-1312〕**220**
応徳(おうとく)〔1084-1087〕**123**
応仁(おうにん)〔1467-1469〕**289**
応保(おうほう)〔1161-1163〕**157**
応和(おうわ)〔961-964〕**78**

か行

嘉永(かえい)〔1848-1854〕**374**
嘉応(かおう)〔1169-1171〕**161**
嘉吉(かきつ)〔1441-1444〕**278**
嘉慶(かけい)〔1387-1389〕**266**
嘉元(かげん)〔1303-1306〕**216**
嘉承(かしょう)〔1106-1108〕**134**
嘉祥(かしょう)〔848-851〕**49**
嘉禎(かてい)〔1235-1238〕**195**
嘉保(かほう)〔1094-1096〕**125**
嘉暦(かりゃく)〔1326-1329〕**227**
嘉禄(かろく)〔1225-1227〕**185**
寛永(かんえい)〔1624-1644〕**322**
寛延(かんえん)〔1748-1751〕**352**
寛喜(かんぎ)〔1229-1232〕**188**
寛元(かんげん)〔1243-1247〕**201**

寛弘(かんこう)　〔1004-1012〕 **98**
寛治(かんじ)　〔1087-1094〕 **124**
寛正(かんしょう)　〔1460-1466〕 **287**
寛政(かんせい)　〔1789-1801〕 **362**
寛徳(かんとく)　〔1044-1046〕 **111**
寛和(かんな)　〔 985- 987〕 **89**
寛仁(かんにん)　〔1017-1021〕 **101**
寛平(かんぴょう)　〔 889- 898〕 **62**
寛文(かんぶん)　〔1661-1673〕 **333**
寛保(かんぽう)　〔1741-1744〕 **350**
観応(かんのう)　〔1350-1352〕 **248**
元慶(がんぎょう)　〔 877- 885〕 **59**
久安(きゅうあん)　〔1145-1151〕 **151**
久寿(きゅうじゅ)　〔1154-1156〕 **153**
享徳(きょうとく)　〔1452-1455〕 **282**
享保(きょうほう)　〔1716-1736〕 **346**
享禄(きょうろく)　〔1528-1532〕 **304**
享和(きょうわ)　〔1801-1804〕 **364**
慶安(けいあん)　〔1648-1652〕 **326**
慶雲(けいうん)　〔 704- 708〕 **13**
慶応(けいおう)　〔1865-1868〕 **384**
慶長(けいちょう)　〔1596-1615〕 **316**
建永(けんえい)　〔1206-1207〕 **177**
建久(けんきゅう)　〔1190-1199〕 **172**
建治(けんじ)　〔1275-1278〕 **210**
建長(けんちょう)　〔1249-1256〕 **203**
建徳(けんとく)　〔1370-1372〕 **239**
建仁(けんにん)　〔1201-1204〕 **174**
建保(けんぽう)　〔1213-1219〕 **180**
建武(けんむ)　〔1334-1336〕 **233**
建暦(けんりゃく)　〔1211-1213〕 **179**
乾元(けんげん)　〔1302-1303〕 **215**
元永(げんえい)　〔1118-1120〕 **141**
元応(げんおう)　〔1319-1321〕 **223**
元亀(げんき)　〔1570-1573〕 **310**
元久(げんきゅう)　〔1204-1206〕 **176**
元弘(げんこう)　〔1331-1334〕 **230**
元亨(げんこう)　〔1321-1324〕 **224**
元治(げんじ)　〔1864-1865〕 **382**
元中(げんちゅう)　〔1384-1392〕 **243**
元徳(げんとく)　〔1329-1331〕 **229**
元和(げんな)　〔1615-1624〕 **320**
元仁(げんにん)　〔1224-1225〕 **184**
元文(げんぶん)　〔1736-1741〕 **348**
元暦(げんりゃく)　〔1184-1185〕 **169**
元禄(げんろく)　〔1688-1704〕 **340**
弘安(こうあん)　〔1278-1288〕 **211**
弘化(こうか)　〔1844-1848〕 **372**
弘治(こうじ)　〔1555-1558〕 **307**
弘長(こうちょう)　〔1261-1264〕 **208**
弘仁(こうにん)　〔 810- 824〕 **46**
弘和(こうわ)　〔1381-1384〕 **242**
康安(こうあん)　〔1361-1362〕 **253**
康永(こうえい)　〔1342-1345〕 **245**
康応(こうおう)　〔1389-1390〕 **268**
康元(こうげん)　〔1256-1557〕 **204**
康治(こうじ)　〔1142-1144〕 **149**
康正(こうしょう)　〔1455-1457〕 **284**
康平(こうへい)　〔1058-1065〕 **114**
康保(こうほう)　〔 964- 968〕 **79**
康暦(こうりゃく)　〔1379-1381〕 **261**
康和(こうわ)　〔1099-1104〕 **130**
興国(こうこく)　〔1340-1346〕 **237**

さ　行

斉衡(さいこう)　〔 854- 857〕 **53**
治安(じあん)　〔1021-1024〕 **103**
治承(じしょう)　〔1177-1181〕 **164**
治暦(じりゃく)　〔1065-1069〕 **115**
至徳(しとく)　〔1384-1387〕 **264**
朱鳥(しゅちょう)　〔 686〕 **9**
寿永(じゅえい)　〔1182-1184〕 **167**

正安(しょうあん)〔1299-1302〕**214**
正応(しょうおう)〔1288-1293〕**212**
正嘉(しょうか)〔1257-1259〕**205**
正慶(しょうきょう)〔1332-1333〕**231**
正元(しょうげん)〔1259-1260〕**206**
正治(しょうじ)〔1199-1201〕**173**
正中(しょうちゅう)〔1324-1326〕**225**
正長(しょうちょう)〔1428-1429〕**274**
正徳(しょうとく)〔1711-1716〕**344**
正平(しょうへい)〔1346-1370〕**238**
正保(しょうほう)〔1644-1648〕**324**
正暦(しょうりゃく)〔 990- 995〕**92**
正和(しょうわ)〔1312-1317〕**221**
昌泰(しょうたい)〔 898- 901〕**63**
承安(じょうあん)〔1171-1175〕**162**
承応(じょうおう)〔1652-1655〕**328**
承久(じょうきゅう)〔1219-1222〕**182**
承元(じょうげん)〔1207-1211〕**178**
承徳(じょうとく)〔1097-1099〕**128**
承平(じょうへい)〔 931- 938〕**71**
承保(じょうほ)〔1074-1077〕**118**
承暦(じょうりゃく)〔1077-1081〕**119**
承和(じょうわ)〔 834- 848〕**48**
昭和(しょうわ)〔1926-1989〕**392**
貞永(じょうえい)〔1232-1233〕**190**
貞応(じょうおう)〔1222-1224〕**183**
貞観(じょうがん)〔 859- 877〕**57**
貞享(じょうきょう)〔1684-1688〕**338**
貞元(じょうげん)〔 976- 978〕**85**
貞治(じょうじ)〔1362-1368〕**255**
貞和(じょうわ)〔1345-1350〕**246**
神亀(じんき)〔 724- 729〕**22**
神護景雲(じんごけいうん)〔 767- 770〕**35**

た　行

大化(たいか)〔 645- 650〕**2**
大正(たいしょう)〔1912-1926〕**390**
大宝(たいほう)〔 701- 704〕**11**
大永(だいえい)〔1521-1528〕**302**
大治(だいじ)〔1126-1131〕**144**
大同(だいどう)〔 806- 810〕**44**
長寛(ちょうかん)〔1163-1165〕**158**
長久(ちょうきゅう)〔1040-1044〕**110**
長享(ちょうきょう)〔1487-1489〕**292**
長元(ちょうげん)〔1028-1037〕**107**
長治(ちょうじ)〔1104-1106〕**132**
長承(ちょうしょう)〔1132-1135〕**146**
長徳(ちょうとく)〔 995- 999〕**94**
長保(ちょうほう)〔 999-1004〕**96**
長暦(ちょうりゃく)〔1037-1040〕**109**
長禄(ちょうろく)〔1457-1460〕**286**
長和(ちょうわ)〔1012-1017〕**99**
天安(てんあん)〔 857- 859〕**55**
天永(てんえい)〔1110-1113〕**137**
天延(てんえん)〔 973- 976〕**83**
天応(てんおう)〔 781- 782〕**39**
天喜(てんぎ)〔1053-1058〕**113**
天慶(てんぎょう)〔 938- 947〕**72**
天元(てんげん)〔 978- 983〕**87**
天治(てんじ)〔1124-1126〕**143**
天授(てんじゅ)〔1375-1381〕**241**
天正(てんしょう)〔1573-1592〕**312**
天承(てんしょう)〔1131-1132〕**145**
天長(てんちょう)〔 824- 834〕**47**
天徳(てんとく)〔 957- 961〕**76**
天和(てんな)〔1681-1684〕**336**
天仁(てんにん)〔1108-1110〕**135**
天平(てんぴょう)〔 729- 749〕**24**
天平感宝(てんぴょうかんぽう)〔 749〕**26**
天平勝宝(てんぴょうしょうほう)〔 749- 757〕**29**
天平神護(てんぴょうじんご)〔 765- 767〕**33**
天平宝字(てんぴょうほうじ)〔 757- 765〕**31**

天福(てんぷく)　〔1233-1234〕 **192**
天文(てんぶん)　〔1532-1555〕 **306**
天保(てんぽう)　〔1830-1844〕 **370**
天明(てんめい)　〔1781-1789〕 **360**
天養(てんよう)　〔1144-1145〕 **150**
天暦(てんりゃく)　〔 947- 957〕 **74**
天禄(てんろく)　〔 970- 973〕 **82**
徳治(とくじ)　〔1306-1308〕 **217**

な　行

仁安(にんあん)　〔1166-1169〕 **160**
仁治(にんじ)　〔1240-1243〕 **199**
仁寿(にんじゅ)　〔 851- 854〕 **51**
仁和(にんな)　〔 885- 889〕 **61**
仁平(にんぴょう)　〔1151-1154〕 **152**

は　行

白雉(はくち)　〔 650- 654〕 **6**
文安(ぶんあん)　〔1444-1449〕 **279**
文永(ぶんえい)　〔1264-1275〕 **209**
文応(ぶんおう)　〔1260-1261〕 **207**
文化(ぶんか)　〔1804-1818〕 **366**
文亀(ぶんき)　〔1501-1504〕 **298**
文久(ぶんきゅう)　〔1861-1864〕 **380**
文治(ぶんじ)　〔1185-1190〕 **171**
文正(ぶんしょう)　〔1466-1467〕 **288**
文政(ぶんせい)　〔1818-1830〕 **368**
文中(ぶんちゅう)　〔1372-1375〕 **240**
文和(ぶんな)　〔1352-1356〕 **250**
文保(ぶんぽう)　〔1317-1319〕 **222**
文明(ぶんめい)　〔1469-1487〕 **290**
文暦(ぶんりゃく)　〔1234-1235〕 **193**
文禄(ぶんろく)　〔1592-1596〕 **314**
平治(へいじ)　〔1159-1160〕 **155**
平成(へいせい)　〔1989-2019〕 **394**
保安(ほうあん)　〔1120-1124〕 **142**
保延(ほうえん)　〔1135-1141〕 **147**
保元(ほうげん)　〔1156-1159〕 **154**
宝永(ほうえい)　〔1704-1711〕 **342**
宝亀(ほうき)　〔 770- 781〕 **37**
宝治(ほうじ)　〔1247-1249〕 **202**
宝徳(ほうとく)　〔1449-1452〕 **280**
宝暦(ほうれき)　〔1751-1764〕 **354**
法興(ほうこう)　〔 591?〕 **4**

ま　行

万延(まんえん)　〔1860-1861〕 **378**
万治(まんじ)　〔1658-1661〕 **331**
万寿(まんじゅ)　〔1024-1028〕 **105**
明応(めいおう)　〔1492-1501〕 **296**
明治(めいじ)　〔1868-1912〕 **388**
明徳(めいとく)　〔1390-1394〕 **270**
明暦(めいれき)　〔1655-1658〕 **330**
明和(めいわ)　〔1764-1772〕 **356**

や　行

養老(ようろう)　〔 717- 724〕 **19**
養和(ようわ)　〔1181-1182〕 **166**

ら　行

暦応(りゃくおう)　〔1338-1342〕 **244**
暦仁(りゃくにん)　〔1238-1239〕 **197**
霊亀(れいき)　〔 715- 717〕 **17**
令和(れいわ)　〔2019- 〕 **396**

わ　行

和銅(わどう)　〔 708- 715〕 **15**

西暦・和暦対照表

＊年号のない時代は,『日本書紀』『続日本紀』により天皇の治世をもって示した.
＊南北朝時代は, 南朝の年号・天皇を上段に, 北朝の年号・天皇を下段に示した.
＊天皇欄に〈　〉で括ったのは称制を示す.

西暦	和暦	干支	天皇
591	(崇峻)4	辛亥	
592	5	壬子	推古
593	(推古)1	癸丑	
594	2	甲寅	
595	3	乙卯	
596	4	丙辰	
597	5	丁巳	
598	6	戊午	
599	7	己未	
600	8	庚申	
601	9	辛酉	
602	10	壬戌	
603	11	癸亥	
604	12	甲子	
605	13	乙丑	
606	14	丙寅	
607	15	丁卯	
608	16	戊辰	
609	17	己巳	
610	18	庚午	
611	19	辛未	
612	20	壬申	
613	21	癸酉	
614	22	甲戌	
615	23	乙亥	
616	24	丙子	
617	25	丁丑	
618	26	戊寅	
619	27	己卯	
620	28	庚辰	
621	29	辛巳	
622	30	壬午	
623	31	癸未	
624	32	甲申	
625	33	乙酉	
626	34	丙戌	
627	35	丁亥	
628	36	戊子	
629	(舒明)1	己丑	舒明
630	2	庚寅	
631	3	辛卯	
632	4	壬辰	
633	5	癸巳	
634	6	甲午	
635	7	乙未	
636	8	丙申	
637	9	丁酉	
638	10	戊戌	
639	11	己亥	
640	12	庚子	
641	13	辛丑	
642	(皇極)1	壬寅	皇極
643	2	癸卯	
644	3	甲辰	
645	大化 1	乙巳	孝徳
646	2	丙午	
647	3	丁未	
648	4	戊申	
649	5	己酉	
650	白雉 1	庚戌	
651	2	辛亥	
652	3	壬子	
653	4	癸丑	
654	5	甲寅	
655	(斉明)1	乙卯	斉明
656	2	丙辰	
657	3	丁巳	
658	4	戊午	
659	5	己未	
660	6	庚申	
661	7	辛酉	〈天智〉
662	(天智)1	壬戌	
663	2	癸亥	
664	3	甲子	
665	4	乙丑	
666	5	丙寅	
667	6	丁卯	
668	7	戊辰	天智
669	8	己巳	
670	9	庚午	
671	10	辛未	
672	(天武)1	壬申	
673	2	癸酉	天武
674	3	甲戌	
675	4	乙亥	
676	5	丙子	
677	6	丁丑	
678	7	戊寅	
679	8	己卯	
680	9	庚辰	
681	10	辛巳	
682	11	壬午	
683	12	癸未	
684	13	甲申	
685	14	乙酉	
686	朱鳥 1	丙戌	〈持統〉
687	(持統)1	丁亥	
688	2	戊子	
689	3	己丑	

西暦	和暦	干支	天皇
690	4	庚寅	持統
691	5	辛卯	
692	6	壬辰	
693	7	癸巳	
694	8	甲午	
695	9	乙未	
696	10	丙申	
697	(文武)1	丁酉	文武
698	2	戊戌	
699	3	己亥	
700	4	庚子	
701	大宝 1	辛丑	
702	2	壬寅	
703	3	癸卯	
704	慶雲 1	甲辰	
705	2	乙巳	
706	3	丙午	
707	4	丁未	元明
708	和銅 1	戊申	
709	2	己酉	
710	3	庚戌	
711	4	辛亥	
712	5	壬子	
713	6	癸丑	
714	7	甲寅	
715	霊亀 1	乙卯	元正
716	2	丙辰	
717	養老 1	丁巳	
718	2	戊午	
719	3	己未	
720	4	庚申	
721	5	辛酉	
722	6	壬戌	
723	7	癸亥	
724	神亀 1	甲子	聖武
725	2	乙丑	
726	3	丙寅	
727	4	丁卯	
728	5	戊辰	
729	天平 1	己巳	
730	2	庚午	
731	3	辛未	
732	4	壬申	
733	5	癸酉	
734	6	甲戌	
735	7	乙亥	
736	8	丙子	
737	9	丁丑	
738	10	戊寅	
739	11	己卯	
740	12	庚辰	
741	13	辛巳	
742	14	壬午	
743	15	癸未	
744	16	甲申	
745	17	乙酉	
746	18	丙戌	
747	19	丁亥	
748	20	戊子	
749	天平感宝 1	己丑	孝謙
	天平勝宝 1		
750	2	庚寅	
751	3	辛卯	
752	4	壬辰	
753	5	癸巳	
754	6	甲午	
755	7	乙未	
756	8	丙申	
757	天平宝字 1	丁酉	
758	2	戊戌	淳仁
759	3	己亥	
760	4	庚子	
761	5	辛丑	
762	6	壬寅	
763	7	癸卯	
764	8	甲辰	称徳
765	天平神護 1	乙巳	
766	2	丙午	
767	神護景雲 1	丁未	
768	2	戊申	
769	3	己酉	
770	宝亀 1	庚戌	光仁
771	2	辛亥	
772	3	壬子	
773	4	癸丑	
774	5	甲寅	
775	6	乙卯	
776	7	丙辰	
777	8	丁巳	
778	9	戊午	
779	10	己未	
780	11	庚申	
781	天応 1	辛酉	桓武
782	延暦 1	壬戌	
783	2	癸亥	
784	3	甲子	
785	4	乙丑	
786	5	丙寅	
787	6	丁卯	
788	7	戊辰	
789	8	己巳	
790	9	庚午	
791	10	辛未	
792	11	壬申	
793	12	癸酉	
794	13	甲戌	
795	14	乙亥	
796	15	丙子	
797	16	丁丑	
798	17	戊寅	
799	18	己卯	
800	19	庚辰	
801	20	辛巳	
802	21	壬午	
803	22	癸未	
804	23	甲申	
805	24	乙酉	
806	大同 1	丙戌	平城

西暦	和暦		干支	天皇
807		2	丁亥	
808		3	戊子	
809		4	己丑	嵯　峨
810	弘仁	1	庚寅	
811		2	辛卯	
812		3	壬辰	
813		4	癸巳	
814		5	甲午	
815		6	乙未	
816		7	丙申	
817		8	丁酉	
818		9	戊戌	
819		10	己亥	
820		11	庚子	
821		12	辛丑	
822		13	壬寅	
823		14	癸卯	淳　和
824	天長	1	甲辰	
825		2	乙巳	
826		3	丙午	
827		4	丁未	
828		5	戊申	
829		6	己酉	
830		7	庚戌	
831		8	辛亥	
832		9	壬子	
833		10	癸丑	仁　明
834	承和	1	甲寅	
835		2	乙卯	
836		3	丙辰	
837		4	丁巳	
838		5	戊午	
839		6	己未	
840		7	庚申	
841		8	辛酉	
842		9	壬戌	
843		10	癸亥	
844		11	甲子	
845		12	乙丑	
846		13	丙寅	
847		14	丁卯	
848	嘉祥	1	戊辰	
849		2	己巳	
850		3	庚午	文　徳
851	仁寿	1	辛未	
852		2	壬申	
853		3	癸酉	
854	斉衡	1	甲戌	
855		2	乙亥	
856		3	丙子	
857	天安	1	丁丑	
858		2	戊寅	清　和
859	貞観	1	己卯	
860		2	庚辰	
861		3	辛巳	
862		4	壬午	
863		5	癸未	
864		6	甲申	
865		7	乙酉	
866		8	丙戌	
867		9	丁亥	
868		10	戊子	
869		11	己丑	
870		12	庚寅	
871		13	辛卯	
872		14	壬辰	
873		15	癸巳	
874		16	甲午	
875		17	乙未	
876		18	丙申	陽　成
877	元慶	1	丁酉	
878		2	戊戌	
879		3	己亥	
880		4	庚子	
881		5	辛丑	
882		6	壬寅	
883		7	癸卯	
884		8	甲辰	光　孝
885	仁和	1	乙巳	
886		2	丙午	
887		3	丁未	宇　多
888		4	戊申	
889	寛平	1	己酉	
890		2	庚戌	
891		3	辛亥	
892		4	壬子	
893		5	癸丑	
894		6	甲寅	
895		7	乙卯	
896		8	丙辰	
897		9	丁巳	醍　醐
898	昌泰	1	戊午	
899		2	己未	
900		3	庚申	
901	延喜	1	辛酉	
902		2	壬戌	
903		3	癸亥	
904		4	甲子	
905		5	乙丑	
906		6	丙寅	
907		7	丁卯	
908		8	戊辰	
909		9	己巳	
910		10	庚午	
911		11	辛未	
912		12	壬申	
913		13	癸酉	
914		14	甲戌	
915		15	乙亥	
916		16	丙子	
917		17	丁丑	
918		18	戊寅	
919		19	己卯	
920		20	庚辰	
921		21	辛巳	
922		22	壬午	
923	延長	1	癸未	
924		2	甲申	
925		3	乙酉	
926		4	丙戌	
927		5	丁亥	
928		6	戊子	
929		7	己丑	

西暦	和暦		干支	天皇	西暦	和暦		干支	天皇	西暦	和暦		干支	天皇
930		8	庚寅	朱　雀	971		2	辛未		1012	長和	1	壬子	
931	承平	1	辛卯		972		3	壬申		1013		2	癸丑	
932		2	壬辰		973	天延	1	癸酉		1014		3	甲寅	
933		3	癸巳		974		2	甲戌		1015		4	乙卯	
934		4	甲午		975		3	乙亥		1016		5	丙辰	後一条
935		5	乙未		976	貞元	1	丙子		1017	寛仁	1	丁巳	
936		6	丙申		977		2	丁丑		1018		2	戊午	
937		7	丁酉		978	天元	1	戊寅		1019		3	己未	
938	天慶	1	戊戌		979		2	己卯		1020		4	庚申	
939		2	己亥		980		3	庚辰		1021	治安	1	辛酉	
940		3	庚子		981		4	辛巳		1022		2	壬戌	
941		4	辛丑		982		5	壬午		1023		3	癸亥	
942		5	壬寅		983	永観	1	癸未		1024	万寿	1	甲子	
943		6	癸卯		984		2	甲申	花　山	1025		2	乙丑	
944		7	甲辰		985	寛和	1	乙酉		1026		3	丙寅	
945		8	乙巳		986		2	丙戌	一　条	1027		4	丁卯	
946		9	丙午	村　上	987	永延	1	丁亥		1028	長元	1	戊辰	
947	天暦	1	丁未		988		2	戊子		1029		2	己巳	
948		2	戊申		989	永祚	1	己丑		1030		3	庚午	
949		3	己酉		990	正暦	1	庚寅		1031		4	辛未	
950		4	庚戌		991		2	辛卯		1032		5	壬申	
951		5	辛亥		992		3	壬辰		1033		6	癸酉	
952		6	壬子		993		4	癸巳		1034		7	甲戌	
953		7	癸丑		994		5	甲午		1035		8	乙亥	
954		8	甲寅		995	長徳	1	乙未		1036		9	丙子	後朱雀
955		9	乙卯		996		2	丙申		1037	長暦	1	丁丑	
956		10	丙辰		997		3	丁酉		1038		2	戊寅	
957	天徳	1	丁巳		998		4	戊戌		1039		3	己卯	
958		2	戊午		999	長保	1	己亥		1040	長久	1	庚辰	
959		3	己未		1000		2	庚子		1041		2	辛巳	
960		4	庚申		1001		3	辛丑		1042		3	壬午	
961	応和	1	辛酉		1002		4	壬寅		1043		4	癸未	
962		2	壬戌		1003		5	癸卯		1044	寛徳	1	甲申	
963		3	癸亥		1004	寛弘	1	甲辰		1045		2	乙酉	後冷泉
964	康保	1	甲子		1005		2	乙巳		1046	永承	1	丙戌	
965		2	乙丑		1006		3	丙午		1047		2	丁亥	
966		3	丙寅		1007		4	丁未		1048		3	戊子	
967		4	丁卯	冷　泉	1008		5	戊申		1049		4	己丑	
968	安和	1	戊辰		1009		6	己酉		1050		5	庚寅	
969		2	己巳	円　融	1010		7	庚戌		1051		6	辛卯	
970	天禄	1	庚午		1011		8	辛亥	三　条	1052		7	壬辰	

西暦	和暦		干支	天皇
1053	天喜	1	癸巳	
1054		2	甲午	
1055		3	乙未	
1056		4	丙申	
1057		5	丁酉	
1058	康平	1	戊戌	
1059		2	己亥	
1060		3	庚子	
1061		4	辛丑	
1062		5	壬寅	
1063		6	癸卯	
1064		7	甲辰	
1065	治暦	1	乙巳	
1066		2	丙午	
1067		3	丁未	
1068		4	戊申	後三条
1069	延久	1	己酉	
1070		2	庚戌	
1071		3	辛亥	
1072		4	壬子	白　河
1073		5	癸丑	
1074	承保	1	甲寅	
1075		2	乙卯	
1076		3	丙辰	
1077	承暦	1	丁巳	
1078		2	戊午	
1079		3	己未	
1080		4	庚申	
1081	永保	1	辛酉	
1082		2	壬戌	
1083		3	癸亥	
1084	応徳	1	甲子	
1085		2	乙丑	
1086		3	丙寅	堀　河
1087	寛治	1	丁卯	
1088		2	戊辰	
1089		3	己巳	
1090		4	庚午	
1091		5	辛未	
1092		6	壬申	
1093		7	癸酉	

西暦	和暦		干支	天皇
1094	嘉保	1	甲戌	
1095		2	乙亥	
1096	永長	1	丙子	
1097	承徳	1	丁丑	
1098		2	戊寅	
1099	康和	1	己卯	
1100		2	庚辰	
1101		3	辛巳	
1102		4	壬午	
1103		5	癸未	
1104	長治	1	甲申	
1105		2	乙酉	
1106	嘉承	1	丙戌	
1107		2	丁亥	鳥　羽
1108	天仁	1	戊子	
1109		2	己丑	
1110	天永	1	庚寅	
1111		2	辛卯	
1112		3	壬辰	
1113	永久	1	癸巳	
1114		2	甲午	
1115		3	乙未	
1116		4	丙申	
1117		5	丁酉	
1118	元永	1	戊戌	
1119		2	己亥	
1120	保安	1	庚子	
1121		2	辛丑	
1122		3	壬寅	
1123		4	癸卯	崇　徳
1124	天治	1	甲辰	
1125		2	乙巳	
1126	大治	1	丙午	
1127		2	丁未	
1128		3	戊申	
1129		4	己酉	
1130		5	庚戌	
1131	天承	1	辛亥	
1132	長承	1	壬子	
1133		2	癸丑	
1134		3	甲寅	

西暦	和暦		干支	天皇
1135	保延	1	乙卯	
1136		2	丙辰	
1137		3	丁巳	
1138		4	戊午	
1139		5	己未	
1140		6	庚申	
1141	永治	1	辛酉	近　衛
1142	康治	1	壬戌	
1143		2	癸亥	
1144	天養	1	甲子	
1145	久安	1	乙丑	
1146		2	丙寅	
1147		3	丁卯	
1148		4	戊辰	
1149		5	己巳	
1150		6	庚午	
1151	仁平	1	辛未	
1152		2	壬申	
1153		3	癸酉	
1154	久寿	1	甲戌	
1155		2	乙亥	後白河
1156	保元	1	丙子	
1157		2	丁丑	
1158		3	戊寅	二　条
1159	平治	1	己卯	
1160	永暦	1	庚辰	
1161	応保	1	辛巳	
1162		2	壬午	
1163	長寛	1	癸未	
1164		2	甲申	
1165	永万	1	乙酉	六　条
1166	仁安	1	丙戌	
1167		2	丁亥	
1168		3	戊子	高　倉
1169	嘉応	1	己丑	
1170		2	庚寅	
1171	承安	1	辛卯	
1172		2	壬辰	
1173		3	癸巳	
1174		4	甲午	
1175	安元	1	乙未	

西暦	和暦	干支	天皇
1176	2	丙申	
1177	治承 1	丁酉	
1178	2	戊戌	
1179	3	己亥	
1180	4	庚子	安　徳
1181	養和 1	辛丑	
1182	寿永 1	壬寅	
1183	2	癸卯	後鳥羽
1184	元暦 1	甲辰	
1185	文治 1	乙巳	
1186	2	丙午	
1187	3	丁未	
1188	4	戊申	
1189	5	己酉	
1190	建久 1	庚戌	
1191	2	辛亥	
1192	3	壬子	
1193	4	癸丑	
1194	5	甲寅	
1195	6	乙卯	
1196	7	丙辰	
1197	8	丁巳	
1198	9	戊午	土御門
1199	正治 1	己未	
1200	2	庚申	
1201	建仁 1	辛酉	
1202	2	壬戌	
1203	3	癸亥	
1204	元久 1	甲子	
1205	2	乙丑	
1206	建永 1	丙寅	
1207	承元 1	丁卯	
1208	2	戊辰	
1209	3	己巳	
1210	4	庚午	順　徳
1211	建暦 1	辛未	
1212	2	壬申	
1213	建保 1	癸酉	
1214	2	甲戌	
1215	3	乙亥	
1216	4	丙子	
1217	5	丁丑	
1218	6	戊寅	
1219	承久 1	己卯	
1220	2	庚辰	
1221	3	辛巳	仲　恭
			後堀河
1222	貞応 1	壬午	
1223	2	癸未	
1224	元仁 1	甲申	
1225	嘉禄 1	乙酉	
1226	2	丙戌	
1227	安貞 1	丁亥	
1228	2	戊子	
1229	寛喜 1	己丑	
1230	2	庚寅	
1231	3	辛卯	
1232	貞永 1	壬辰	四　条
1233	天福 1	癸巳	
1234	文暦 1	甲午	
1235	嘉禎 1	乙未	
1236	2	丙申	
1237	3	丁酉	
1238	暦仁 1	戊戌	
1239	延応 1	己亥	
1240	仁治 1	庚子	
1241	2	辛丑	
1242	3	壬寅	後嵯峨
1243	寛元 1	癸卯	
1244	2	甲辰	
1245	3	乙巳	
1246	4	丙午	後深草
1247	宝治 1	丁未	
1248	2	戊申	
1249	建長 1	己酉	
1250	2	庚戌	
1251	3	辛亥	
1252	4	壬子	
1253	5	癸丑	
1254	6	甲寅	
1255	7	乙卯	
1256	康元 1	丙辰	
1257	正嘉 1	丁巳	
1258	2	戊午	
1259	正元 1	己未	亀　山
1260	文応 1	庚申	
1261	弘長 1	辛酉	
1262	2	壬戌	
1263	3	癸亥	
1264	文永 1	甲子	
1265	2	乙丑	
1266	3	丙寅	
1267	4	丁卯	
1268	5	戊辰	
1269	6	己巳	
1270	7	庚午	
1271	8	辛未	
1272	9	壬申	
1273	10	癸酉	
1274	11	甲戌	後宇多
1275	建治 1	乙亥	
1276	2	丙子	
1277	3	丁丑	
1278	弘安 1	戊寅	
1279	2	己卯	
1280	3	庚辰	
1281	4	辛巳	
1282	5	壬午	
1283	6	癸未	
1284	7	甲申	
1285	8	乙酉	
1286	9	丙戌	
1287	10	丁亥	伏　見
1288	正応 1	戊子	
1289	2	己丑	
1290	3	庚寅	
1291	4	辛卯	
1292	5	壬辰	
1293	永仁 1	癸巳	
1294	2	甲午	
1295	3	乙未	
1296	4	丙申	
1297	5	丁酉	

西暦	和暦	干支	天皇
1298	6	戊戌	後伏見
1299	正安 1	己亥	
1300	2	庚子	
1301	3	辛丑	後二条
1302	乾元 1	壬寅	
1303	嘉元 1	癸卯	
1304	2	甲辰	
1305	3	乙巳	
1306	徳治 1	丙午	
1307	2	丁未	
1308	延慶 1	戊申	花園
1309	2	己酉	
1310	3	庚戌	
1311	応長 1	辛亥	
1312	正和 1	壬子	
1313	2	癸丑	
1314	3	甲寅	
1315	4	乙卯	
1316	5	丙辰	
1317	文保 1	丁巳	
1318	2	戊午	後醍醐
1319	元応 1	己未	
1320	2	庚申	
1321	元亨 1	辛酉	
1322	2	壬戌	
1323	3	癸亥	
1324	正中 1	甲子	
1325	2	乙丑	
1326	嘉暦 1	丙寅	
1327	2	丁卯	
1328	3	戊辰	
1329	元徳 1	己巳	
1330	2	庚午	
1331	元弘 1	辛未	(後醍醐)
	元徳 3		光厳
1332	元弘 2	壬申	
	正慶 1		
1333	元弘 3	癸酉	
	正慶 2		
1334	建武 1	甲戌	(後醍醐)
1335	建武 2	乙亥	
1336	延元 1	丙子	(後醍醐)
	建武 3		光明
1337	延元 2	丁丑	
	建武 4		
1338	延元 3	戊寅	
	暦応 1		
1339	延元 4	己卯	後村上
	暦応 2		(光明)
1340	興国 1	庚辰	
	暦応 3		
1341	興国 2	辛巳	
	暦応 4		
1342	興国 3	壬午	
	康永 1		
1343	興国 4	癸未	
	康永 2		
1344	興国 5	甲申	
	康永 3		
1345	興国 6	乙酉	
	貞和 1		
1346	正平 1	丙戌	
	貞和 2		
1347	正平 2	丁亥	
	貞和 3		
1348	正平 3	戊子	(後村上)
	貞和 4		崇光
1349	正平 4	己丑	
	貞和 5		
1350	正平 5	庚寅	
	観応 1		
1351	正平 6	辛卯	
	観応 2		
1352	正平 7	壬辰	(後村上)
	文和 1		後光厳
1353	正平 8	癸巳	
	文和 2		
1354	正平 9	甲午	
	文和 3		
1355	正平10	乙未	
	文和 4		
1356	正平11	丙申	
	延文 1		
1357	正平12	丁酉	
	延文 2		
1358	正平13	戊戌	
	延文 3		
1359	正平14	己亥	
	延文 4		
1360	正平15	庚子	
	延文 5		
1361	正平16	辛丑	
	康安 1		
1362	正平17	壬寅	
	貞治 1		
1363	正平18	癸卯	
	貞治 2		
1364	正平19	甲辰	
	貞治 3		
1365	正平20	乙巳	
	貞治 4		
1366	正平21	丙午	
	貞治 5		
1367	正平22	丁未	
	貞治 6		
1368	正平23	戊申	長慶
	応安 1		(後光厳)
1369	正平24	己酉	
	応安 2		
1370	建徳 1	庚戌	
	応安 3		
1371	建徳 2	辛亥	(長慶)
	応安 4		後円融
1372	文中 1	壬子	
	応安 5		
1373	文中 2	癸丑	
	応安 6		
1374	文中 3	甲寅	
	応安 7		
1375	天授 1	乙卯	
	永和 1		
1376	天授 2	丙辰	
	永和 2		

西暦	和暦	干支	天皇	西暦	和暦	干支	天皇	西暦	和暦	干支	天皇
1377	天授 3	丁巳		1403	10	癸未		1444	文安 1	甲子	
	永和 3			1404	11	甲申		1445	2	乙丑	
1378	天授 4	戊午		1405	12	乙酉		1446	3	丙寅	
	永和 4			1406	13	丙戌		1447	4	丁卯	
1379	天授 5	己未		1407	14	丁亥		1448	5	戊辰	
	康暦 1			1408	15	戊子		1449	宝徳 1	己巳	
1380	天授 6	庚申		1409	16	己丑		1450	2	庚午	
	康暦 2			1410	17	庚寅		1451	3	辛未	
1381	弘和 1?	辛酉		1411	18	辛卯		1452	享徳 1	壬申	
	永徳 1			1412	19	壬辰	称　光	1453	2	癸酉	
1382	弘和 2?	壬戌	(長　慶)	1413	20	癸巳		1454	3	甲戌	
	永徳 2		後小松	1414	21	甲午		1455	康正 1	乙亥	
1383	弘和 3?	癸亥	後亀山	1415	22	乙未		1456	2	丙子	
	永徳 3		(後小松)	1416	23	丙申		1457	長禄 1	丁丑	
1384	元中 1	甲子		1417	24	丁酉		1458	2	戊寅	
	至徳 1			1418	25	戊戌		1459	3	己卯	
1385	元中 2	乙丑		1419	26	己亥		1460	寛正 1	庚辰	
	至徳 2			1420	27	庚子		1461	2	辛巳	
1386	元中 3	丙寅		1421	28	辛丑		1462	3	壬午	
	至徳 3			1422	29	壬寅		1463	4	癸未	
1387	元中 4	丁卯		1423	30	癸卯		1464	5	甲申	後土御門
	嘉慶 1			1424	31	甲辰		1465	6	乙酉	
1388	元中 5	戊辰		1425	32	乙巳		1466	文正 1	丙戌	
	嘉慶 2			1426	33	丙午		1467	応仁 1	丁亥	
1389	元中 6	己巳		1427	34	丁未		1468	2	戊子	
	康応 1			1428	正長 1	戊申	後花園	1469	文明 1	己丑	
1390	元中 7	庚午		1429	永享 1	己酉		1470	2	庚寅	
	明徳 1			1430	2	庚戌		1471	3	辛卯	
1391	元中 8	辛未		1431	3	辛亥		1472	4	壬辰	
	明徳 2			1432	4	壬子		1473	5	癸巳	
1392	3	壬申		1433	5	癸丑		1474	6	甲午	
1393	4	癸酉	(後小松)	1434	6	甲寅		1475	7	乙未	
1394	応永 1	甲戌		1435	7	乙卯		1476	8	丙申	
1395	2	乙亥		1436	8	丙辰		1477	9	丁酉	
1396	3	丙子		1437	9	丁巳		1478	10	戊戌	
1397	4	丁丑		1438	10	戊午		1479	11	己亥	
1398	5	戊寅		1439	11	己未		1480	12	庚子	
1399	6	己卯		1440	12	庚申		1481	13	辛丑	
1400	7	庚辰		1441	嘉吉 1	辛酉		1482	14	壬寅	
1401	8	辛巳		1442	2	壬戌		1483	15	癸卯	
1402	9	壬午		1443	3	癸亥		1484	16	甲辰	

西暦	和暦		干支	天皇
1485		17	乙巳	
1486		18	丙午	
1487	長享	1	丁未	
1488		2	戊申	
1489	延徳	1	己酉	
1490		2	庚戌	
1491		3	辛亥	
1492	明応	1	壬子	
1493		2	癸丑	
1494		3	甲寅	
1495		4	乙卯	
1496		5	丙辰	
1497		6	丁巳	
1498		7	戊午	
1499		8	己未	
1500		9	庚申	後柏原
1501	文亀	1	辛酉	
1502		2	壬戌	
1503		3	癸亥	
1504	永正	1	甲子	
1505		2	乙丑	
1506		3	丙寅	
1507		4	丁卯	
1508		5	戊辰	
1509		6	己巳	
1510		7	庚午	
1511		8	辛未	
1512		9	壬申	
1513		10	癸酉	
1514		11	甲戌	
1515		12	乙亥	
1516		13	丙子	
1517		14	丁丑	
1518		15	戊寅	
1519		16	己卯	
1520		17	庚辰	
1521	大永	1	辛巳	
1522		2	壬午	
1523		3	癸未	
1524		4	甲申	
1525		5	乙酉	

西暦	和暦		干支	天皇
1526		6	丙戌	後奈良
1527		7	丁亥	
1528	享禄	1	戊子	
1529		2	己丑	
1530		3	庚寅	
1531		4	辛卯	
1532	天文	1	壬辰	
1533		2	癸巳	
1534		3	甲午	
1535		4	乙未	
1536		5	丙申	
1537		6	丁酉	
1538		7	戊戌	
1539		8	己亥	
1540		9	庚子	
1541		10	辛丑	
1542		11	壬寅	
1543		12	癸卯	
1544		13	甲辰	
1545		14	乙巳	
1546		15	丙午	
1547		16	丁未	
1548		17	戊申	
1549		18	己酉	
1550		19	庚戌	
1551		20	辛亥	
1552		21	壬子	
1553		22	癸丑	
1554		23	甲寅	
1555	弘治	1	乙卯	
1556		2	丙辰	
1557		3	丁巳	正親町
1558	永禄	1	戊午	
1559		2	己未	
1560		3	庚申	
1561		4	辛酉	
1562		5	壬戌	
1563		6	癸亥	
1564		7	甲子	
1565		8	乙丑	
1566		9	丙寅	

西暦	和暦		干支	天皇
1567		10	丁卯	
1568		11	戊辰	
1569		12	己巳	
1570	元亀	1	庚午	
1571		2	辛未	
1572		3	壬申	
1573	天正	1	癸酉	
1574		2	甲戌	
1575		3	乙亥	
1576		4	丙子	
1577		5	丁丑	
1578		6	戊寅	
1579		7	己卯	
1580		8	庚辰	
1581		9	辛巳	
1582		10	壬午	
1583		11	癸未	
1584		12	甲申	
1585		13	乙酉	
1586		14	丙戌	後陽成
1587		15	丁亥	
1588		16	戊子	
1589		17	己丑	
1590		18	庚寅	
1591		19	辛卯	
1592	文禄	1	壬辰	
1593		2	癸巳	
1594		3	甲午	
1595		4	乙未	
1596	慶長	1	丙申	
1597		2	丁酉	
1598		3	戊戌	
1599		4	己亥	
1600		5	庚子	
1601		6	辛丑	
1602		7	壬寅	
1603		8	癸卯	
1604		9	甲辰	
1605		10	乙巳	
1606		11	丙午	
1607		12	丁未	

西暦	和暦		干支	天皇
1608		13	戊申	
1609		14	己酉	
1610		15	庚戌	
1611		16	辛亥	後水尾
1612		17	壬子	
1613		18	癸丑	
1614		19	甲寅	
1615	元和	1	乙卯	
1616		2	丙辰	
1617		3	丁巳	
1618		4	戊午	
1619		5	己未	
1620		6	庚申	
1621		7	辛酉	
1622		8	壬戌	
1623		9	癸亥	
1624	寛永	1	甲子	
1625		2	乙丑	
1626		3	丙寅	
1627		4	丁卯	
1628		5	戊辰	
1629		6	己巳	明　正
1630		7	庚午	
1631		8	辛未	
1632		9	壬申	
1633		10	癸酉	
1634		11	甲戌	
1635		12	乙亥	
1636		13	丙子	
1637		14	丁丑	
1638		15	戊寅	
1639		16	己卯	
1640		17	庚辰	
1641		18	辛巳	
1642		19	壬午	
1643		20	癸未	後光明
1644	正保	1	甲申	
1645		2	乙酉	
1646		3	丙戌	
1647		4	丁亥	
1648	慶安	1	戊子	
1649		2	己丑	
1650		3	庚寅	
1651		4	辛卯	
1652	承応	1	壬辰	
1653		2	癸巳	
1654		3	甲午	後　西
1655	明暦	1	乙未	
1656		2	丙申	
1657		3	丁酉	
1658	万治	1	戊戌	
1659		2	己亥	
1660		3	庚子	
1661	寛文	1	辛丑	
1662		2	壬寅	
1663		3	癸卯	霊　元
1664		4	甲辰	
1665		5	乙巳	
1666		6	丙午	
1667		7	丁未	
1668		8	戊申	
1669		9	己酉	
1670		10	庚戌	
1671		11	辛亥	
1672		12	壬子	
1673	延宝	1	癸丑	
1674		2	甲寅	
1675		3	乙卯	
1676		4	丙辰	
1677		5	丁巳	
1678		6	戊午	
1679		7	己未	
1680		8	庚申	
1681	天和	1	辛酉	
1682		2	壬戌	
1683		3	癸亥	
1684	貞享	1	甲子	
1685		2	乙丑	
1686		3	丙寅	
1687		4	丁卯	東　山
1688	元禄	1	戊辰	
1689		2	己巳	
1690		3	庚午	
1691		4	辛未	
1692		5	壬申	
1693		6	癸酉	
1694		7	甲戌	
1695		8	乙亥	
1696		9	丙子	
1697		10	丁丑	
1698		11	戊寅	
1699		12	己卯	
1700		13	庚辰	
1701		14	辛巳	
1702		15	壬午	
1703		16	癸未	
1704	宝永	1	甲申	
1705		2	乙酉	
1706		3	丙戌	
1707		4	丁亥	
1708		5	戊子	
1709		6	己丑	中御門
1710		7	庚寅	
1711	正徳	1	辛卯	
1712		2	壬辰	
1713		3	癸巳	
1714		4	甲午	
1715		5	乙未	
1716	享保	1	丙申	
1717		2	丁酉	
1718		3	戊戌	
1719		4	己亥	
1720		5	庚子	
1721		6	辛丑	
1722		7	壬寅	
1723		8	癸卯	
1724		9	甲辰	
1725		10	乙巳	
1726		11	丙午	
1727		12	丁未	
1728		13	戊申	
1729		14	己酉	
1730		15	庚戌	

西暦	和暦	干支	天皇
1731	16	辛亥	
1732	17	壬子	
1733	18	癸丑	
1734	19	甲寅	
1735	20	乙卯	桜町
1736	元文 1	丙辰	
1737	2	丁巳	
1738	3	戊午	
1739	4	己未	
1740	5	庚申	
1741	寛保 1	辛酉	
1742	2	壬戌	
1743	3	癸亥	
1744	延享 1	甲子	
1745	2	乙丑	
1746	3	丙寅	
1747	4	丁卯	桃園
1748	寛延 1	戊辰	
1749	2	己巳	
1750	3	庚午	
1751	宝暦 1	辛未	
1752	2	壬申	
1753	3	癸酉	
1754	4	甲戌	
1755	5	乙亥	
1756	6	丙子	
1757	7	丁丑	
1758	8	戊寅	
1759	9	己卯	
1760	10	庚辰	
1761	11	辛巳	
1762	12	壬午	後桜町
1763	13	癸未	
1764	明和 1	甲申	
1765	2	乙酉	
1766	3	丙戌	
1767	4	丁亥	
1768	5	戊子	
1769	6	己丑	
1770	7	庚寅	後桃園
1771	8	辛卯	
1772	安永 1	壬辰	
1773	2	癸巳	
1774	3	甲午	
1775	4	乙未	
1776	5	丙申	
1777	6	丁酉	
1778	7	戊戌	
1779	8	己亥	光格
1780	9	庚子	
1781	天明 1	辛丑	
1782	2	壬寅	
1783	3	癸卯	
1784	4	甲辰	
1785	5	乙巳	
1786	6	丙午	
1787	7	丁未	
1788	8	戊申	
1789	寛政 1	己酉	
1790	2	庚戌	
1791	3	辛亥	
1792	4	壬子	
1793	5	癸丑	
1794	6	甲寅	
1795	7	乙卯	
1796	8	丙辰	
1797	9	丁巳	
1798	10	戊午	
1799	11	己未	
1800	12	庚申	
1801	享和 1	辛酉	
1802	2	壬戌	
1803	3	癸亥	
1804	文化 1	甲子	
1805	2	乙丑	
1806	3	丙寅	
1807	4	丁卯	
1808	5	戊辰	
1809	6	己巳	
1810	7	庚午	
1811	8	辛未	
1812	9	壬申	
1813	10	癸酉	
1814	11	甲戌	
1815	12	乙亥	
1816	13	丙子	
1817	14	丁丑	仁孝
1818	文政 1	戊寅	
1819	2	己卯	
1820	3	庚辰	
1821	4	辛巳	
1822	5	壬午	
1823	6	癸未	
1824	7	甲申	
1825	8	乙酉	
1826	9	丙戌	
1827	10	丁亥	
1828	11	戊子	
1829	12	己丑	
1830	天保 1	庚寅	
1831	2	辛卯	
1832	3	壬辰	
1833	4	癸巳	
1834	5	甲午	
1835	6	乙未	
1836	7	丙申	
1837	8	丁酉	
1838	9	戊戌	
1839	10	己亥	
1840	11	庚子	
1841	12	辛丑	
1842	13	壬寅	
1843	14	癸卯	
1844	弘化 1	甲辰	
1845	2	乙巳	
1846	3	丙午	孝明
1847	4	丁未	
1848	嘉永 1	戊申	
1849	2	己酉	
1850	3	庚戌	
1851	4	辛亥	
1852	5	壬子	
1853	6	癸丑	

西暦	和暦	干支	天皇
1854	安政 1	甲寅	
1855	2	乙卯	
1856	3	丙辰	
1857	4	丁巳	
1858	5	戊午	
1859	6	己未	
1860	万延 1	庚申	
1861	文久 1	辛酉	
1862	2	壬戌	
1863	3	癸亥	
1864	元治 1	甲子	
1865	慶応 1	乙丑	
1866	2	丙寅	
1867	3	丁卯	明治
1868	明治 1	戊辰	
1869	2	己巳	
1870	3	庚午	
1871	4	辛未	
1872	5	壬申	
1873	6	癸酉	
1874	7	甲戌	
1875	8	乙亥	
1876	9	丙子	
1877	10	丁丑	
1878	11	戊寅	
1879	12	己卯	
1880	13	庚辰	
1881	14	辛巳	
1882	15	壬午	
1883	16	癸未	
1884	17	甲申	
1885	18	乙酉	
1886	19	丙戌	
1887	20	丁亥	
1888	21	戊子	
1889	22	己丑	
1890	23	庚寅	
1891	24	辛卯	
1892	25	壬辰	
1893	26	癸巳	
1894	27	甲午	
1895	28	乙未	
1896	29	丙申	
1897	30	丁酉	
1898	31	戊戌	
1899	32	己亥	
1900	33	庚子	
1901	34	辛丑	
1902	35	壬寅	
1903	36	癸卯	
1904	37	甲辰	
1905	38	乙巳	
1906	39	丙午	
1907	40	丁未	
1908	41	戊申	
1909	42	己酉	
1910	43	庚戌	
1911	44	辛亥	
1912	大正 1	壬子	大正
1913	2	癸丑	
1914	3	甲寅	
1915	4	乙卯	
1916	5	丙辰	
1917	6	丁巳	
1918	7	戊午	
1919	8	己未	
1920	9	庚申	
1921	10	辛酉	
1922	11	壬戌	
1923	12	癸亥	
1924	13	甲子	
1925	14	乙丑	
1926	昭和 1	丙寅	昭和
1927	2	丁卯	
1928	3	戊辰	
1929	4	己巳	
1930	5	庚午	
1931	6	辛未	
1932	7	壬申	
1933	8	癸酉	
1934	9	甲戌	
1935	10	乙亥	
1936	11	丙子	
1937	12	丁丑	
1938	13	戊寅	
1939	14	己卯	
1940	15	庚辰	
1941	16	辛巳	
1942	17	壬午	
1943	18	癸未	
1944	19	甲申	
1945	20	乙酉	
1946	21	丙戌	
1947	22	丁亥	
1948	23	戊子	
1949	24	己丑	
1950	25	庚寅	
1951	26	辛卯	
1952	27	壬辰	
1953	28	癸巳	
1954	29	甲午	
1955	30	乙未	
1956	31	丙申	
1957	32	丁酉	
1958	33	戊戌	
1959	34	己亥	
1960	35	庚子	
1961	36	辛丑	
1962	37	壬寅	
1963	38	癸卯	
1964	39	甲辰	
1965	40	乙巳	
1966	41	丙午	
1967	42	丁未	
1968	43	戊申	
1969	44	己酉	
1970	45	庚戌	
1971	46	辛亥	
1972	47	壬子	
1973	48	癸丑	
1974	49	甲寅	
1975	50	乙卯	
1976	51	丙辰	

西暦	和暦	干支	天皇	西暦	和暦	干支	天皇	西暦	和暦	干支	天皇
1977	52	丁巳		1992	4	壬申		2007	19	丁亥	
1978	53	戊午		1993	5	癸酉		2008	20	戊子	
1979	54	己未		1994	6	甲戌		2009	21	己丑	
1980	55	庚申		1995	7	乙亥		2010	22	庚寅	
1981	56	辛酉		1996	8	丙子		2011	23	辛卯	
1982	57	壬戌		1997	9	丁丑		2012	24	壬辰	
1983	58	癸亥		1998	10	戊寅		2013	25	癸巳	
1984	59	甲子		1999	11	己卯		2014	26	甲午	
1985	60	乙丑		2000	12	庚辰		2015	27	乙未	
1986	61	丙寅		2001	13	辛巳		2016	28	丙申	
1987	62	丁卯		2002	14	壬午		2017	29	丁酉	
1988	63	戊辰		2003	15	癸未		2018	30	戊戌	
1989	平成 1	己巳	上　皇	2004	16	甲申		2019	令和 1	己亥	今　上
1990	2	庚午		2005	17	乙酉					
1991	3	辛未		2006	18	丙戌					